El Bosque de las Lágrimas

Katherine J. Bennett

Los personajes y situaciones que se narran en esta historia son ficticios, cualquier hecho parecido a la realidad es mera coincidencia.

El bosque de las lágrimas
©Cristina Tebar Rodríguez
©**De esta edición:** Red Apple Ediciones
www.redappleediciones.com
info@redappleediciones.com

Diseño de la cubierta y maquetación: SW Design
Imagen de la cubierta: ©conrado/ Shutterstock

Primera edición: Julio 2015
Re impresión: Marzo 2017

ISBN: 978-84-944283-4-0

Bajo las sanciones establecidas por las leyes queda rigurosamente prohibidas, si la autorización expresa de su titular, la reproducción total o parcial de esta obra por cualquier medio o procedimiento mecánico o electrónico, actual o futuro —incluyendo la impresión para su posterior copia o la difusión a través de "amigos" en internet— y la distribución de ejemplares de esta edición o posteriores y futuras mediante alquileres o prestamos públicos.

Dedicatoria
A Qourk y a Eobe por compartir su mundo conmigo.

La unión

La ciudad de Galduru, o como comúnmente se la conocía, la Ciudad Soleada, se había engalanado para celebrar la unión de la hija del srers, Hergard Worji, con el nawaii de la ciudad montañosa de Wagga, Iges Staanka.

Todas las casas de la ciudad habían sido esmeradamente encaladas y decoradas para la ocasión con decenas de olorosas macetas. Las brillantes y coloridas flores contrastaban con el blanco de las paredes, y el sol, que ese día brillaba radiante en lo alto del cielo, se reflejaba en ellas cubriendo de luz y alegría cada rincón.

En el ambiente se respiraba un aire de festivo júbilo que se contagiaba de unos a otros. Los vecinos se afanaban porque todo estuviese perfecto antes de la unión. Arrancaban las hojas feas de cada planta, barrían las calles, y limpiaban el polvo de las azuladas puertas y ventanas producido por la cabalgata del día anterior, al ritmo de animadas melodías y risas.

Había sido un día largo e intenso, con las dos familias y su sequito recorriendo la ciudad sobre elegantes carrozas descubiertas, mientras los galdurianos les vitoreaban y les recibían agitando frondosas ramas de linto a su paso para ahuyentar los malos espíritus y traer felicidad y buena suerte a los novios, especialmente a Eobe Worji, a la que incluso le habían arrojado pétalos de flores de todos los colores como muestra de su simpatía hacia ella. Al fin y al cabo era la hija del srers y una galduriana más al igual que todos ellos.

La música no había cesado en ningún instante durante el recorrido. Cada cierto tiempo las carrozas se habían visto obligadas a detenerse para escuchar con atención a algún músico que destacaba por su destreza, o a algún cantante que sobresalía por su melodiosa voz. En ese momento, tal y como mandaba la tradición, las mujeres galdurianas les habían obsequiado con bebidas o comidas típicas preparadas por ellas para la ocasión. Normalmente se solían pasar todo un día cocinando sus mejores platos con la esperanza que el srers, o la srarsa, o alguno de sus familiares o acompañantes, pudiese deleitarse con sus dulces o sus licores. Para esas mujeres no se les podía hacer mayor honor que el que alguno de ellos comiese algo preparado con sus manos. Por supuesto, una avanzadilla de la guardia personal del srers era la encargada de probar que todas las bebidas y viandas que fueran a tomar estuviesen en buen estado, no podían arriesgarse a que alguien intentase envenenar al srers. Habían aprendido bien la lección cuando hace muchos años, en la celebración de la unión de Maeron el Breve, una anciana ofreció al srers una bandeja de pastelitos de hojaldre con miel. Maeron ni siquiera tuvo tiempo de unirse. Al llegar a la Fortaleza comenzó a sentirse enfermo y un par de horas más tarde se anunció su fallecimiento.

La cabalgata duró todo el día y buena parte de la noche. Eso es lo que tardaron en recorrer toda la ciudad y contemplar el esmerado trabajo que los galdurianos habían realizado para decorar sus calles.

Entre un edificio y otro habían colgado finas telas de seda que proyectaban coloridas sombras en las avenidas que se encontraban repletas de gentes procedentes de todas partes de las regiones del este, y que esperaban ansiosos por volver a ver al srers, o a su esposa, la srarsa Nivi de Worji, o a alguno de los prometidos, o de algunas de las familias más importantes de todas las regiones de aquel lado del mundo. Incluso La Fortaleza estaba engalanada para la gran ocasión.

Desde cada una de las diecisiete almenas blancas ondeaban estandartes con el escudo de las dos familias que pronto se convertirían en una. El del srers era de color anaranjado con una figura de un águila en color negro y la del nawaii de Wagga era de color marrón con la silueta de la cabeza de un carnero con unos retorcidos y enormes cuernos en color blanco.

Asomado por una de las ventanas de su dormitorio el srers contempló orgulloso el buen trabajo que sus súbditos habían realizado. Sí, iba a ser un día glorioso para todos. Su hija Eobe hija iba a unirse con Iges Staanka, el nawaii de la ciudad de Wagga, situada en medio de las Montañas Waggosh. Allí hacía frío y a su pequeña le costaría adaptarse, sin embargo, eso a él le daba igual, lo que realmente le importaba era que gracias a esa unión se cercioraría un buen futuro para ella y la alianza entre las dos ciudades.

Según las noticias que le estaban llegando de sus informadores, los ejércitos del oeste llevaban algún tiempo formando estratégicas alianzas para, llegado el momento oportuno, atacarles y hacerse con el poder absoluto.

Él no se lo iba a permitir. Si querían guerra eso es lo que iban a encontrar.

Entre sus soldados, los de su futuro hijo político, y los de su viejo y fiel amigo Oron Zraii, el nawaii de la península de Goddium, formarían el ejército más poderoso de toda la región del este. De ese modo se asegurarían que si las gentes del oeste intentaban sublevarse contra él para quitarle el poder fracasarían por completo. Nadie podría contra ellos.

Había meditado durante mucho tiempo con quien unir a su hija, ella era una muchacha especial, demasiado, por eso la tenía tan escondida del mundo y le había hecho ciertas cosas que en otras circunstancias ni siquiera se habría atrevido a pensar, pero todo lo había hecho por su bien. Por ese motivo su futuro esposo debería ser alguien que no solo sirviera a sus propósitos y estrategias, si no alguien que además pudiera protegerla tanto de ella misma como del exterior, y guardar su secreto para siempre. Si alguien llegase a descubrirlo… Ni siquiera quería pensar en las consecuencias que podría acarrear.

No había tenido muchas opciones, solo dos hombres cumplían los requisitos, el nawaii de la ciudad marítima de Santaree, un muchacho barrigudo, apenas un par de años mayor que su hija y que olía continuamente a pescado; O el nawaii de la ciudad montañosa de Wagga.

Se había decidido por este último por dos motivos, era un hombre de unos cuarenta años, y aunque no era demasiado agraciado físicamente parecía un hombre amable y educado, además su ejército casi doblaba en número al del nawaii de Santaree.

No le había quedado más remedio que contarle a Staanka una pequeña parte de la verdad, el resto ni siquiera su esposa Nivi lo conocía. Se llevaría su secreto a la tumba para que muriera con él y así mantener a salvo a su pequeña Eobe.

Hacía casi diecinueve largos años de aquello y todavía lo recordaba como si fuera ayer.

No corrían tiempos fáciles. Su padre, Samek Worji, era el srers en aquella época y la guerra con las regiones del oeste parecía no tener un final cercano. Nadie sabía cómo el resto de los clanes del oeste habían conseguido convencer a los habitantes del Bosque de las Lágrimas, los ianeekous, para participar en aquella guerra. Por todo el mundo era sabido que eran gente de paz a los que no les gustaba meterse en las disputas ajenas, ellos solo vivían preocupados por su bosque y sus árboles, por eso, el que tomaran parte en aquel conflicto fue tan sorpresivo.

Con los ianeekous de su lado, el ejército de las regiones del oeste les iba comiendo cada vez más y más terreno, así que no les quedó otra alternativa, los ejércitos del este marcharon hacia el Bosque de las Lágrimas.

Se decía que los ianeekous estaban unidos de algún extraño modo a la naturaleza, en especial a ese lugar, y que si uno de sus árboles sufría ellos podrían sentirlo, por lo que acabar con el bosque era su principal cometido.

Sin duda todo lo que se decía de aquel lugar era cierto. El Bosque de las Lágrimas era un inacabable bosque de árboles repletos de ovaladas y finas hojas sonrosadas que emitían una leve luz blanquecina, y de duros y robustos troncos de color morado. Hergard nunca había visto nada tan impresionante ni tan hermoso como aquel lugar.

Les costó nueve días aniquilar medio bosque, y eso que eran un grupo de dos mil aguerridos soldados. Por fin, al amanecer del décimo día, el nawaii de los ianeekous se rindió. Roto por el dolor de ver su amado bosque ardiendo, con las gruesas ramas de los neekais retorciéndose por culpa del fuego, su población gritando asustada, intentando acabar con el incendio y salvando lo poco que les quedaba. Un gran número de ianeekous murieron asfixiados, otros no tuvieron tanta suerte y fueron el entretenimiento de sus compañeros. Especialmente las mujeres jóvenes.

Una masacre, eso es lo que fue aquello.

Hergard recordó como por un momento sintió que se asfixiaba él también a causa del humo y de los horrores que estaba presenciando, le faltaba el aire y se alejó de su grupo. Necesitaba respirar y despejarse.

Caminó hasta que se encontró a las afueras de lo poco que quedaba de bosque, y allí, se sentó sobre una roca para beber algo de agua del odre que llevaba consigo colgando del cinturón de su pantalón. Pronto comenzó a oír algo, al principio no reconoció el sonido, sin embargo, no tardó mucho en hacerlo, era un bebé que no debía hacer mucho que había nacido. Con cautela se acercó hasta el lugar de donde procedía el sonido, allí, un centenar de pasos más adelante, desangrándose, yacía una mujer en el suelo con un bebe en sus brazos. Los mechones de su larguísimo y rosado cabello se mezclaban con las hebras de hierba y con su propia sangre, y sus ojos se habían vuelto casi tan blancos como el fondo sobre el que se apagaban.

Debería matar a ese bebé, esas habían sido las órdenes de sus superiores, pero no podía hacerlo, apenas debía tener un par de meses de vida. Si su esposa Nivi no hubiese parido una niña muerta hace unos meses seguramente su hijita, excepto por la fina capa de pelo rosa que el de enfrente suyo poseía, hubiese sido igual que el bebé, que estaba contemplando. Con las pocas energías que a la ianeekou le quedaban le suplicó que no le hiciera daño a su hijo y le abrazó fuertemente contra su pecho.

Esas fueron sus últimas palabras.

Por un breve instante se puso en su lugar, se imaginó en esa misma situación, con su pequeño Mawith, que iba a cumplir dos años dentro de poco, y el pánico se apoderó de él. Asustado por la suerte que iba a correr tu pequeño no era una manera justa de morir.

Como si hubiese presentido que algo malo había sucedido, el bebé comenzó a llorar con fuerza.

Durante un instante no supo que hacer, si alguno de sus compañeros le oía no tendrían compasión, así que se arrodilló y sacó al bebé de entre los laxos brazos de su madre. Sorprendentemente este se calló al instante.

Sus parduzcos ojos se desviaron al collar que llevaba la mujer y que reposaba sobre su níveo cuello. Una cadena plateada con un colgante en forma de árbol, y no uno cualquiera, sino uno de sus apreciados y venerados neekais. Sin duda ella era la nawae de los ianeekous, solo a alguien de su alcurnia se le permitiría llevar semejante joya.

Hergard miró al bebé, tenía su pequeña y redonda carita mojada, así que se quitó un guante y le limpió las lágrimas. Nunca en su vida había tocado nada tan suave, ni siquiera su hijo Mawith del que había creído que era la cosa más tierna que había contemplado en su vida.

No, no iba a dejar que a ese bebé le hiciesen daño, no podía. Se lo llevaría con él y se lo daría a su mujer para que lo criase como si fuera su propio hijo, seguro que eso le alegraría y le sacaría de la profunda tristeza que había entrado desde el parto. Si el Gran Asej le había enviado hasta allí para encontrarse con ese bebé tenía que significar algo.

Le arrancó a la mujer el colgante que llevaba, no quería que si por una casualidad alguno de los suyos la encontraba supiesen quien era y atasen cabos. Con premura se lo guardó en un bolsillo, ya pensaría más tarde que hacer con aquello.

Sitió unos pasos detrás suyo y preocupado se levantó y se giró. Era su amigo Oron Zraii que se acercaba a él con grandes y pesadas zancadas.

—¿Dónde te habías medido? —le preguntó mirando el bulto que llevaba en los brazos.

—Solo intentaba respirar algo de aire.

—¿Y eso? —Su amigo señaló al bebé. Él simplemente se encogió de hombros

—He pensado que sería bueno para Nivi tener un bebé del que preocuparse. La muerte de nuestra hija la ha causado una gran tristeza, tal vez esta criatura le ayude a recuperarse.

—¿Era suyo? —le preguntó Oron señalando a la mujer que había en el suelo y él asintió.

—Es un camino muy largo, el que hay desde aquí a tu hogar, amigo.

—Lo sé. Yo cuidaré del bebé.

—¿Y si nos encontramos con alguna emboscada por el camino? ¿Qué harás con él?

—No me vas a hacer cambiar de idea. Yo lo he encontrado y yo me lo quedo. —respondió furioso. Su amigo levantó las manos.

—Nadie te lo va a querer quitar, no te preocupes por eso. —Pero eso no era cierto.

Cuando ambos volvieron al campamento su selekis, un hombre grande como un oso e igual de peludo, intentó arrebatarle el bebé de los brazos. Él se lo impidió, no iba a consentir que nadie le quitase a ese bebé y le hiciesen daño, si alguien lo quería tendrían que pasar sobre su cadáver para ello. Por suerte no fue necesario llegar a tanto, tal vez el hecho de que él era el hijo del srers, el koirun, el heredero al trono, había influido en que nadie lo intentase con verdaderas ganas, así que a la mañana siguiente emprendieron la larga marcha de vuelta a su hogar, y desde entonces habían pasado diecinueve años.

Sintiéndose plenamente satisfecho, Hergard se puso su túnica de color anaranjado. Él, por ser el srers, era el único que podía usar la ropa de ese color. Unos golpes sonaron en la puerta.

—Señor, la srarsa le espera. —Le anunció una voz de hombre al otro lado.

Se miró una vez más en el espejo. No tenía mala planta para su edad, todavía se encontraba en forma y sus músculos conservaban cierta dureza, además poseía su espesa cabellera marrón oscura intacta, solo cuando se dejaba crecer la barba podía ver algún pelo cano sobresalir entre el resto. Ese era el precio que tenía que pagar por envejecer.

Su esposa le esperaba nerviosa en el rellano que daba a las escaleras para que juntos bajasen a la sala en la que, a juzgar por el ruido, se encontraban ya todos los invitados a la unión. Al llegar a su lado le dio un suave beso en la mejilla derecha.

—Estás preciosa. —le dijo. Nivi también vestía una túnica de color anaranjado, más ligera que la suya, y algo más ceñida a sus curvas.

Ni siquiera le sonrió, no es que le extrañase, no lo había vuelto hacer desde hacía diecinueve años, solo le entristeció.

—Ahórrate la palabrería y bajemos. Cuanto antes empecemos antes terminaremos. —le dijo con sequedad.

Hergard le ofreció el brazo, ella se agarró y comenzaron a bajar como si fueran un matrimonio feliz y bien avenido. Nada más lejos de la realidad. Nivi nunca le perdonó que quisiese sustituir a su hija muerta por algo que se había encontrado en el bosque y que ni siquiera era de su misma raza. Pese a los esfuerzos que había hecho para que su esposa por lo menos aceptase a Eobe, nunca lo consiguió, y finalmente terminó por admitir que Nivi nunca llegaría a quererla.

La sala en donde se iba a celebrar la unión era un vasto rectángulo de piedra con grandes vidrieras de colores decoradas con motivos florales y con representaciones de los primeros srers. En ella cabían por lo menos mil personas, que debían ser las que aproximadamente había en ese instante, sentadas alrededor de grandes mesas de madera de color oscuro, esperando a que comenzase el banquete nupcial. El sol, que entraba a raudales por las cristaleras, llenaba la sala de luz y brillantes colores que le otorgaban a aquel lugar tan sobrio la alegría que se merecía la unión de su pequeña Eobe.

Al fondo de la sala, una gran puerta con relieves de motivos vegetales se erguía majestuosa, esperando pacientemente a que la ceremonia comenzara, y la pareja, tal y como la tradición mandaba, saliese al patio principal para darle las gracias al Dios Asej por bendecir su enlace mediante una ofrenda floral. A continuación, deberían subir a la torre descubierta del ala oeste para saludar al pueblo que tan ansiosamente les esperaba.

Una fanfarria de trompetines anunció la entrada del srers y la srarsa.

Mientras se adentraban con paso firme Hergard observó como todos los presentes se pusieron de pie para a continuación arrodillarse ante ellos.

Los tronos, de oscura madera de toke, estaban dispuestos sobre una tarima de piedra cubierta casi en su totalidad por anaranjadas y mullidas alfombras de lana de peyack.

Hergard acompañó a su esposa hasta que estuvo sentada y a continuación, con aire solemne, lo hizo él.

A pesar de que la sala estaba abarrotada de gente el silencio era absoluto, solo la inoportuna tos de alguien que debía estar situado muy al fondo rompió la calma.

Desde la posición privilegiada que le ofrecía estar sentado en su trono observó con detenimiento las cabezas de los asistentes, los Staanka y sus invitados estaban situados a su izquierda, mientras que a su derecha pudo ver a los suyos, con su hijo Mawith, su koirun, su heredero, en primera fila. Iba a ser un día memorable.

No quería demorar mucho la ceremonia, así que dio un par de palmadas y la suave y dulce música de las flautas y de los wuoyis comenzó a sonar, al tiempo que todos los presentes se incorporaban para a continuación volver a sentarse.

Como bien mandaba la tradición, la familia de su futuro hijo, seguida de su numeroso sequito, se acercó hasta ellos y se arrodillaron para mostrarles su respeto y su conformidad por la ceremonia que en pocos instantes se iba a celebrar. Una docena de sirvientes waggoshianos depositaron a los pies de la tarima, a modo de obsequio, una veintena de cestos repletos de productos típicos de su región que él les agradeció con un gesto de la cabeza. Desde luego, físicamente Iges Staanka era idéntico a su padre, solo que a este el poco pelo que le quedaba lo tenía del mismo color blanco que la nieve que se amontonaba en su pedregoso hogar, y su hijo todavía poseía una espesa mata de color marrón oscuro.

—Sus majestades. —dijo el padre haciéndoles una reverencia con la cabeza— A partir de hoy, y gracias a la unión de nuestros dos hijos, los destinos de ambos se unirán y nuestra lealtad estará siempre a vuestro lado.

Hergard le hizo un gesto con la cabeza en señal de aprobación.

—Así sea. Ya podéis retiraros. —les ordenó. Advirtió como al hombre le costaba ponerse de pie pero en ningún momento perdió la compostura, ni pidió ayuda, ni nadie se la ofreció desde luego. Era un hombre orgulloso, sin duda.

Tanto su futura familia política como su sequito volvieron a sentarse en sus lugares. Los Staanka estaban situados en el primer banco que estaba delante a la izquierda, e inmediatamente detrás de ellos un buen número de soldados de Wagga. Eran claramente reconocibles debido a su pesada y calurosa vestimenta.

Hergard miró a su derecha, allí estaba su hijo mayor, Mawith, charlando animadamente con el jefe de su guardia personal, Hurius Lasos, un hombre de unos cincuenta años, con una fea cicatriz en la mejilla derecha y que estaba comenzando a perder el poco pelo que tenía. Su hijo era su viva imagen aunque por suerte Mawith era mucho más inteligente que él, cosa de la que se sentía muy orgulloso. Además, era muy bueno con la espada y el arco, sus maestros alababan su capacidad y rapidez al aprender. Seguro que cuando le tocase sería muy buen srers.

Su hijo siempre había sido un niño muy despierto, tanto que con doce años no le quedó más remedio que explicarle porque su hermanita tenía el pelo de color rosa y su madre no la quería. Por supuesto nunca le dijo la verdad, sin embargo, sospechaba que Mawith, desde hacía varios años, conocía lo que su hermana era, por eso la protegía tanto. A él nunca le había echado nada en cara, ni le había preguntado, ni siquiera le había insinuado que tuviese curiosidad por saber el porqué, el cómo o el cuándo, y eso solo le hacía sentirse más orgulloso de su hijo.

Muy poca gente conocía el color de pelo de Eobe ya que la obligaba a ir siempre con la cabeza cubierta y a teñirse las cejas con carbón. Esa era alguna de las protecciones que había tomado para que nadie descubriese la verdad de su procedencia. Solo esperaba que Staanka cumpliese con su parte del trato y la tuviese bien protegida, de otro modo, el mismo, en persona, se encargaría de recordárselo dolorosamente. Por el pelo no se preocupaba, ya que las mujeres waggoshianas se cubrían toda la cabeza con unas gruesas y calurosas telas que solo les dejaban al descubierto nariz, ojos, boca y barbilla. Ni un centímetro de piel más de lo necesario.

Los sirvientes de la Fortaleza, vestidos con largas túnicas blancas, hicieron su aparición cargados con pesadas bandejas de plata repletas de elegantes copas de cristal, grandes jarras rebosantes de los mejores vinos de las regiones del este y jugosos gajos de fruta cortada, que amablemente fueron repartiéndolas entre todos los invitados para que comenzase la celebración.

Uno de los sirvientes se acercó a ellos y les ofreció a cada uno una copa de cristal labrada con motivos geométricos llena de un oscuro vino.

Una vez los invitados dieron buena cuenta del vino y los sirvientes les retiraron las copas se oyó una nueva fanfarria y tanto el srers como la srarsa se pusieron de pie.

De cada lado de la sala comenzó a salir un pequeño grupo de gente, a su izquierda Hergard vio aparecer seis soldados con el uniforme de gala de la guardia de Wagga, pesadas y gruesas túnicas de color marrón oscuro, abotonadas hasta el cuello con la silueta de una cabeza de carnero bordada a la altura del corazón, y dos espadas cruzadas por la espalda que sobresalían por sus cabezas. El primero de ellos llevaba entre sus manos una escudilla de oro labrado, la depositó con cuidado sobre la tarima y tanto él como sus hombres se hicieron a un lado.

Por la derecha, un grupo de seis muchachas, hicieron su entrada vestidas con livianas túnicas de gasa de color amarillo claro, y una corona de flores en el pelo que llevaban trenzado alrededor de la cabeza. Al igual que sucedió con los waggoshianos, la joven que iba a la cabeza del grupo portaba un plato de blanca cerámica, repleta de jugosos pedazos de fruta, que depositó al lado del cuenco. Las doncellas se dispusieron en fila, esperando de pie a que Eobe hiciese acto de presencia.

Detrás de ambos grupos aparecieron los futuros esposos. Iges Staanka iba vestido del mismo modo que su guardia, con la diferencia que los botones de su túnica eran gordos y dorados y los de sus hombres pequeños y oscuros, y que él no llevaba ninguna espada, solo un fajín atado a la altura de su cintura en colores verdes oscuro, marrón y dorado. Era un hombre delgado y solo un poco más alto que su hija. Sus pequeños ojos de color oscuro estaban más juntos de lo normal, pero Hergard sabía él sería un buen marido para su pequeña Eobe.

Ella apareció con su suave caminar siguiendo a sus doncellas. Nunca había conocido a nadie que se moviese con tanta elegancia y delicadeza como Eobe, parecía flotar, y no es que le cegase el orgullo de padre, ni su amor, los ianeekous poseían una elegancia y una delicadeza en los movimientos innata, y su hija no iba a ser menos.

Hergard se emocionó al verla. Estaba preciosa, vestida con una ligera túnica de seda de color rosa pálido, con las mangas que le caían en pico hasta las muñecas. Llevaba el pelo cubierto por un larguísimo pañuelo de color morado anudado en la nuca, y que lo sujetaba trenzándolo doblemente sobre su cabeza. Sobre ella una corona de plata negra trenzada descansaba en forma de punta sobre su frente. En el medio, un pequeño ixt con su característico color blanco nacarado y de forma ovalada, se escapaba de entre las oscuras y sinuosas líneas metálicas.

Los dos novios caminaron hasta llegar a su altura. Hergard observó cómo su hija miraba de reojo a su futuro marido. La conocía bien y sabía que estaba muy nerviosa. Rápidamente Eobe dirigió sus ojos hacia él. No pudo evitar que se le hiciese un nudo en la garganta, su pequeña Eobe iba a dejar de ser su pequeña y a marcharse lejos.

Cuanto la iba a echar de menos. Iges Staanka hincó una rodilla en el suelo.

—Con su consentimiento, mi señor. —A continuación introdujo ambas manos dentro de la escudilla y se levantó portando en ellas una pequeña porción de agua. Su hija se aproximó y colocó ambas manos debajo de las de su casi esposo—. A mi lado nunca pasarás sed. —le dijo Staanka y a continuación ella bebió lo poco que le quedaba del líquido.

A su hija no le había dado tiempo ni siquiera tragarse el agua cuando la majestuosa puerta de madera que se encontraba a sus espaldas se abrió de golpe, con un fortísimo estruendo, y una horda de hombres a caballo, a yawatt y a pie, irrumpieron en el salón y comenzaron a atacar a los invitados asistentes a la unión.

Una vez pasada la impresión y el desconcierto del primer momento el srers le gritó a su mujer y a su hija que escapasen y se pusiesen a salvo, le quitó una espada a uno de los guardias de los Staanka, que habían comenzado a encararse contra los asaltantes, y se apresuró a enfrentarse a aquellos hombres.

El momento que tanto había temido se había cumplido, y justo el día de la unión de su hija. Juraba sobre la memoria de sus antepasados que se iba a vengar de todos los hombres del oeste por haberse atrevido a semejante osadía.

Hurius Lasos, el jefe de su guardia personal, corrió hasta su lado.

—Salga de aquí, mi señor, nosotros nos encargaremos de ellos.

—Ni hablar. Esto es una afrenta personal. Se van a enterar esos animales de quien es el srers.

A pocos pasos de allí vio cómo su hijo luchaba contra un par de hombres vestidos con pantalones y chalecos de cuero, uno de ellos tenía el cabello corto y del color de la paja, el otro lo llevaba trenzado y de color azul claro. Halirianos e Iraluqs, sin duda.

Un grito le obligó a mirar hacia su izquierda, Iges Staanka estaba siendo golpeado con dureza por una maza de púas. Uno de los soldados de su guardia personal intentó socorrerle, pero un yawatt se abalanzó sobre su garganta y en menos tiempo de lo que se tarda en pestañear el animal se la había arrancado de cuajo.

Todo ocurrió a una extraña y lenta velocidad, era como si Hergard estuviera presenciando todo aquello desde algún punto fuera de su cuerpo, apenas podía escuchar los gritos de los hombres que resultaban heridos y sus músculos eran incapaces de obedecer las órdenes que su atontado cerebro intentaba dar.

Sus enemigos no cesaban de entrar en la sala, no les importaba que hubiese cientos de muertos en el suelo y los bancos estuviesen derribados, ellos pasaban por encima, pisoteándolos, golpeando a los pocos que quedaban en pie. Su hijo, su heredero, Mawith, cayó apenas un par de segundos antes de que lo hiciera él, no sin antes haberle cortado la cabeza a uno de ellos.

Su muerte no fue rápida, ni siquiera en eso tuvieron honor esos bárbaros del oeste. Le abrieron las tripas y le dejaron desangrase como si fuera un cerdo el día de la matanza.

Un hombre de enmarañado pelo largo, rubio oscuro y barba se acercó a él dando fuertes pisadas mientras que Hergard permanecía en el suelo tumbado, desangrándose. Llevaba agarrada del pelo a su esposa y ella forcejeaba contra él. Eso le llenó de furia, así que apretó con fuerza la espada que tenía en la mano derecha, se levantó, e intentó asestarle un golpe a aquel bárbaro. Él lo esquivó como si nada y Hergard lo intentó de nuevo. Apenas le quedaban fuerzas y la vista se le estaba comenzando a nublar, pero les iba a plantar cara hasta su último aliento. Esta vez su oponente bloqueó con su espada su ataque, levantó su pierna derecha hasta la altura de su muslo y le empujó con fuerza. Hergard se tambaleó y terminó cayéndose al suelo.

—Mira —le dijo la bestia. Levantó la cabeza de su mujer y le cortó el cuello. Cuando la sangre comenzó a brotar empujó a Nivi y la tiró contra él.

Hergard comenzó a llorar y se abrazó al cuerpo sin vida de su esposa. Os he fallado a todos, pensó antes de cerrar los ojos por última vez.

Los Halirianos

No podía ser cierto lo que estaba sucediendo.

No entendía cómo era posible que esos hombres hubiesen sido capaces de sortear a toda la guardia que se encontraba apostada en las entradas de la Fortaleza y traspasar sus muros de ese modo.

Se suponía que el día de su unión debía haber sido un día de fiesta, no un baño de sangre.

Asustada corrió escaleras arriba hasta la segunda planta para escapar de aquella barbarie, tal y como le había pedido su padre. Allí tendría que entrar en la habitación que estaba repleta de cabezas de animales disecados. Detrás del pesado tapiz que mostraba una escena de caza había una pequeña puerta que daba al laberintico conducto de pasadizos secretos que poseía la Fortaleza. Ella se los conocía muy bien, ya que se había pasado la mitad de su infancia recorriéndolos acompañada por su hermano Mawith. En cuanto terminaban sus clases echaban a correr para buscar nuevas entradas secretas, o nuevos pasillos que dieran a alguna salida lejos de la Fortaleza, o a las cloacas, o a la parte trasera de alguna de las habitaciones de invitados. Para ellos era una aventura fascinante, tanto que cuando Mawith no podía acompañarla por culpa de sus obligaciones como koirun ella se marchaba sola y más tarde le explicaba todo lo que había descubierto, y entre los dos imaginaban fantásticas aventuras sobre criaturas feroces y monstruos que alguna vez habían recorrido esos mismos pasadizos y a los que algún valeroso guerrero les había dado caza.

Si, aquellos momentos habían sido los más felices para Eobe. Mawith no solo había sido su hermano, sino el único amigo que había tenido pese a los intentos de su madre de separarlos. Nivi nunca la había querido y no tenía ni la más mínima idea del porqué, su padre le decía que era por su pelo, por eso siempre le obligaba a llevarlo cubierto y a pintarse las cejas con carboncillo. Si alguien más llegaba a descubrir su verdadero color la odiarían tanto como lo hacía su madre.

Ella no quería eso, así que acataba las órdenes de su padre con tristeza. Eobe solo quería tener amigos y que todos le quisieran tanto como a Mawith, así que escondía su pelo tras largas telas de colores suaves, y a continuación se ponía su pequeña corona para que todos supieran quién era.

Lo cierto es que no conocía a nadie que tuviese el cabello como ella. Cuando fue lo suficientemente mayor su padre y sus maestros le explicaron que el color de su pelo había sido una malformación al nacer. Eso explicaba porque era única en el mundo, ella era especial, sin embargo, eso no le proporcionaba ningún alivio. Eobe quería ser normal, como el resto de la gente, no especial.

No le dio tiempo a llegar a la puerta de la sala de los trofeos de caza, un par de pasos antes de llegar un hombre le sujetó por un brazo y se lo retorció logrando que se girase para mirarlo. Nunca había visto a nadie como él, era alto y fuerte, vestía con ropas de cuero y tenía el pelo largo de color azul como el mar en un tranquilo día de verano. Lo llevaba trenzado desde la raíz del cráneo y sus ojos eran tan claros como el cielo en un día soleado. Aquel hombre le arrastró escaleras abajo ante su oposición. Eobe le arañó, le escupió, le dio patadas, pero fue solo en el instante en el que le mordió cuando él se detuvo y le golpeó en la cara con tanta fuerza que cayó rodando por las escaleras.

Debió perder el conocimiento durante algún tiempo porque lo siguiente de lo que fue consciente fue estar tirada sobre las anaranjadas alfombras de peyack en sala en donde se suponía que ella debería haberse unido con Iges Staanka, en el lugar en donde hasta no hacía mucho habían estado los tronos en los que sus padres habían estado sentados, observando como trascurría la ceremonia.

No había terminado de asimilar dónde se encontraba cuando un hombre grande como un oso, con el pelo rubio enmarañado y barba espesa, que apestaba a sudor rancio, le comenzó a subir la túnica por las piernas. Él estaba tan absorto que no se dio cuenta de que ella le estaba observando, así que aprovechando la distracción Eobe le propinó una fuerte patada en la cara con la pierna derecha que le hizo gritar y maldecir. Ella se arrastró por el suelo hacia atrás, y cuando creyó que estaba lo suficientemente lejos se dio la vuelta y comenzó a andar a gatas lo más aprisa que pudo. Tenía que escapar de allí y buscar un lugar para esconderse. Debería volver a subir, pero esta vez iría al primer piso, de allí cruzaría el largo pasillo y bajaría otro piso, después tendría que cruzar el patio hasta las cocinas y desde allí... alguien se abalanzó sobre ella y le dio un fuerte tirón del pañuelo, haciéndole saltar su corona de plata negra por el aire. Aquel bruto le arrancó un buen mechón de pelo, dolía como tal, pero Eobe, ignorando el daño intentó ponerse de pie.

—¿Qué demonios...? —Comenzó a preguntar el hombre que se había tirado sobre ella en cuanto le quitó el pañuelo.

Sin molestarse en acabar la frase le sujetó el pelo con fuerza y le echó la cabeza atrás, tanto que creyó que le iba a partir el cuello, sin embargo, no tuvo esa suerte, y solamente una respiración más tarde sintió algo frío y afilado posarse sobre su garganta. No sabía qué hacer para escapar de aquel hombre, y cuando le subió la túnica hasta más arriba de su trasero el pánico le invadió.

—¡Talaqtto! ¡Quiero mi recompensa! —gritó una profunda voz de hombre con un extraño acento a sus espaldas.

—¡¿No ves que ahora no es momento para eso?! —gritó el hombre que estaba encima de ella sin ni siquiera girar la cabeza para ver quién era la persona que le reclamaba.

—Sí que lo es, porque es ella lo que quiero de recompensa.

El hombre que estaba sobre ella le agarró por el hombro derecho con su mano libre y se incorporó llevándosela con él.

—Ese no era el trato que hicimos.

Aunque estaba muerta de miedo se atrevió a mirar al hombre que les había interrumpido, y lo que vio le hizo temblar con más fuerza. Nunca había visto a nadie tan alto y con una mirada tan cruel como la suya. Tenía el pelo de color azul oscuro y de finas trenzas que le nacían desde la propia raíz del cabello y le terminaban casi en la cintura.

—He cambiado de idea. La quiero a ella. —respondió con firmeza.

Sus palabras solo le hicieron temblar más. Por un instante Eobe deseó que al hombre rubio le temblase el pulso y deslizase la afilada hoja por su garganta, prefería mil veces eso a que abusasen de ella. El bárbaro que la tenía sujeta la miró con asco.

—¿Quieres cambiar el khuat y los esclavos a cambio de una puta?

—Sí. Eso es exactamente lo que quiero.

El hombre rubio rió, le quitó la daga del cuello y de un fuerte empujón la lanzó contra los pies del otro hombre.

—Pues aquí la tienes, hombre. Toda para ti.

Con tal el hombre rubio se levantó y se alejó de ellos murmurando algo que no llegó a escuchar, estaba demasiado asustada por todo lo que estaba ocurriendo y demasiado horrorizada por el mar de cuerpos muertos, apilados unos encima de otros, que tenía delante de sus ojos. Antes, mientras el otro hombre estaba intentando abusar de ella, no se había dado cuenta, sin embargo, en ese instante, se fijó en que el suelo, antes de fría piedra gris, se había teñido de un rojo tan oscuro como el vino dulce de los valles de la isla de Iacara, y se encontraba cubierto por cientos de cuerpos sin vida. A muchos de ellos no les conocía, pero a pocos pasos de ella pudo distinguir el cuerpo de alguien a quien ella quería mucho, su hermano Mawith, que permanecía inerte sobre un gran charco de sangre sobre el que también descansaba su corona.

Eobe se levantó y echó a correr hacia él.

Cuando llegó a su altura se agachó y le levantó la cabeza con cuidado. Mawith tenía los ojos medio cerrados. Esa era la primera vez que veía a alguien sin vida, sin embargo, en cuanto sostuvo la cabeza de su hermano entre sus manos tuvo la certeza de que estaba muerto. Eobe se abrazó a él y comenzó a llorar. No podía ser verdad, él no podía haberla dejado así. El día antes de su unión le había prometido que aunque estuviera lejos iría a visitarla cada vez que pudiera, y le mandaría cartas contándole como le estaban yendo las cosas, pero cada vez su piel estaba más blanca y fría, y sus labios iban amoratándose, y ni siquiera respiraba.

Unas fuertes manos le sujetaron por los hombros.

—Vámonos. —le dijo una masculina voz con dureza. Ella negó con la cabeza.

Pronto las manos abandonaron sus hombros para introducirse por debajo de sus axilas y con ímpetu la elevaron del suelo.

Con todo el dolor de su corazón tuvo que soltarse del abrazo de su hermano, y cuando estuvo en pie se giró y golpeó con el puño cerrado en el pecho a la persona que le hubo separado de él. Aquel hombre ni siquiera se inmutó. Eobe continuó golpeándole hasta que él le agarró los puños con su enorme mano y la detuvo. Forcejeó contra él con todas sus fuerzas, pero todo su empeño era inútil, él era más grande y fuerte que ella, hasta que derrotada dejó de luchar.

—Nos vamos. —le dijo él de malos modos sujetándola con fuerza del brazo.

El hombre de pelo azul tiró con violencia de su brazo para ponerse en marcha haciéndole tropezar. Fue justo en ese momento cuando lo vio. Sus padres estaban tendidos en la tarima en donde estaban situados los tronos, sobre un inmenso charco de sangre. Su padre abrazando a su madre. Su raptor le llevaba agarrada con tanta fuerza que cuando intentó echar a correr hacia ellos apenas logró moverse.

—¡No! ¡Mi padre! ¡No! ¡Padre! —gritaba Eobe mientras luchaba contra él. Todo su cuerpo clamaba por abrazarse a su cuerpo sin vida y llorar hasta caer agotada.

Todo ocurrió en apenas una respiración. Su raptor gruñó, le inmovilizó los brazos contra el pecho y cuando se quiso dar cuenta la llevaba cargada sobre su hombro izquierdo.

El hombre del pelo azul subió hasta el primer piso por las escaleras por las que había bajado su futuro marido junto con su pequeña guarda privada, una vez allí la depositó en el suelo sin ningún tipo de cuidado, le agarró por el brazo y enfiló el pasillo tirando de ella. Sus pasos eran largos y veloces por lo que Eobe prácticamente tenía que correr si no quería caerse y que la llevase a cuestas de nuevo.

Al llegar al segundo corredor giraron a la derecha, y desde allí se dirigieron hacia el despacho que solía usar habitualmente, el hasta hace unos minutos srers, Hergard Worji.

Lo que más llamaba la atención de esa amplia y luminosa sala era la robusta mesa de madera de nogal que permanecía siempre cubierta de documentos, y las macizas estanterías repletas de pesados libros que cubrían las paredes.

Sentado en la silla que siempre usaba Hergard, y acompañado por un par de hombres que se afanaban en rebuscar entre los papeles que su padre tenía sobre el escritorio, había un hombre con el pelo trenzado desde la raíz de su cabeza y una espesa barba de un color azul más claro que el del hombre que la llevaba bien sujeta. Tenía sus sucias botas de cuero apoyadas sobre el mueble mientras leía varios documentos.

Al notar su presencia el hombre se levantó de un salto y les hizo una reverencia.

—¿Hay algo que nos sirva, Hamalk? —preguntó su raptor.

—De momento no hemos encontrado nada, mi señor. —respondió observándola de reojo furtivamente.

Esos hombres habían estado toqueteando todas las pertenencias de su padre. ¡Cómo se habían atrevido! La rabia y el dolor que sentía en ese instante consiguieron que las lágrimas y los sollozos brotaran con más intensidad.

—¡Si no quieres que pierda la paciencia contigo, deja de llorar de una maldita vez, mujer! —le gritó el hombre que la tenía sujeta.

Eobe se encogió de miedo e intentó tragarse las lágrimas. Quien sabía lo que era capaz de hacer aquel bárbaro.

—Si se me permite ¿De dónde la ha sacado? —le preguntó Hamalk sin dejar de observarla.

—Era la hija del srers.

—¿En serio? —preguntó sorprendido. El hombre enorme del pelo azul oscuro asintió con seriedad.

Hamalk se acercó a Eobe y la observó con curiosidad.

—Seguro que por ella nos van a dar un montón de khuats. —Lo que era seguro es que se le estaba haciendo la boca agua imaginándose lo que cualquier traficante de esclavos pagaría por ella.

¡Qué se había creído! Ella era Eobe Worji, hija del srers, Hergard Worji, no una desvalida campesina con la que traficar.

No conocía mucho sobre los pueblos bárbaros, solo que eran salvajes, asesinos, violadores, guerreros despiadados y no respetaban a nada y a nadie. Recuerdos de los cuerpos sin vida de su familia y del resto de asistentes a la unión se le entremezclaron con sus pensamientos. No, ellos no tendrían piedad con ella. Solo le quedaba una opción.

Tenía que escapar.

Decidida comenzó a trazar un plan. Tendría que esperar a que esos bárbaros se distrajesen para echar a correr hasta la entrada oculta más cercana de los pasadizos, una vez allí dentro podría huir con facilidad, escapando por alguna de las salidas más alejadas de la Fortaleza.

Su firme propósito de fuga le estaba ayudando a controlar bastante bien todo el tema del llanto pese a que de que de vez en cuando alguna lágrima se le escapaba.

Él hombre que la llevaba sujeta aflojó su agarre y la miró con intensidad como si quisiera leer sus pensamientos. El corazón comenzó a palpitarle con violencia, asustada porque descubriese sus planes y se los echase a perder de algún modo.

Rauda Eobe giró su rostro hacia uno de los hombres que seguía afanado en encontrar algo entre los documentos. Aunque no era como si pudiese abstraerse por completo y dejar de sentir su penetrante mirada clavándose en su nuca y enviándole fríos temblores por todo el cuerpo.

—No la quiero vender. —dijo media docena de pesadas respiraciones más tarde.

Hamalk asintió, su mirada recelosa recorrió su cuerpo de los pies a la cabeza y cuando consideró que ya había visto suficiente se cruzó de brazos y respondió.

—Sí, nos puede ser útil. Se la ve algo debilucha y flaca pero dentro de un mes de duro trabajo comenzará a fortalecerse y trabajará tanto como las otras esclavas.

—No la quiero como esclava.

—Ah, ya veo. —Dijo con una pícara sonrisa—. Mi señor tiene muy buen gusto para las mujeres. Estas tan modositas se vuelven tan fieras como un yawatt en la cama.

—Cuidado con lo que dices a partir de ahora sobre ella porque va a ser mi esposa.

Hamalk abrió mucho los ojos, dio un par de pasos hacia atrás y le hizo una reverencia.

—Mi señor perdone. No volverá a suceder.

Eobe le miró sorprendida.

—¡¿Qué?! Yo no me pienso unir con nadie, y menos con un salvaje. —le dijo altivamente levantando la barbilla.

El hombre del pelo azul la miró, la furia reflejada en sus ojos.

—Tú eliges. O te unes a mí o te encadeno desnuda a mi cama hasta que me harte de ti y te mande a las pocilgas con los cerdos.

Eobe gimió ante la dureza de sus palabras y comenzó a temblar de nuevo.

—¿Y qué diferencia hay? —preguntó en un acto de valentía intentando que la voz no le vacilase demasiado.

—Si te casas conmigo ningún otro hombre que no sea yo podrá ponerte una mano encima, del otro modo serás el entretenimiento de cualquiera de mis casi veinte mil soldados, incluso podrían tomarte varios a la vez. —le dijo con dureza— Tal vez eso te guste. —añadió.

Eobe dirigió su mirada hacia la ventana, que se encontraba más cerca de ella, intentando no parecer tan asustada como lo estaba. No sabía qué hacer, ni siquiera podía pensar, solo quería despertar y que todo fuera igual que antes, incluso aceptaría de buena gana los desplantes de su madre, cualquier cosa con tal de borrar aquel horror. Pero no, los segundos pasaban y todo seguía del mismo modo.

—¿Cómo sé qué es cierto que si me uno a usted ningún otro hombre podrá tocarme?

Él se agarró las trenzas, se las llevó a los labios y las besó.

—Te juro por mi honor que si te unes a mí nadie que no sea yo podrá ponerte una mano encima.

—¿Y cómo sé que no va a faltar a él?

—¿Ves a Hamalk? —preguntó señalando al hombre de barba que estaba enfrente suyo. Eobe asintió.

—Cuando uno de nosotros hace un juramento estamos obligados a cumplirlo o a morir. Si yo falto a él Hamalk me cortará el cuello.

—Pero usted es su señor, nadie intenta hacerle daño a su señor. —respondió.

—Nuestras costumbres son diferentes a las vuestras, nadie, ni siquiera el gran nawaii de la ciudad de Halira puede huir de la ley. —le explicó con seriedad.

Pese al modo en como ese tal Hamalk trataba al hombre que la tenía sujeta no se esperaba que él fuese a ser nawaii de ningún sitio, más bien su selekis o su ghalee, aun así Eobe se preocupó, si el nawaii se comportaba de ese modo no se quería ni imaginar cómo lo harían el resto de bárbaros.

En las excursiones secretas que hacía a través de los túneles de la Fortaleza había visto como algunos soldados trataban a las esclavas, las forzaban e incluso las pegaban si no accedían a sus peticiones, alguna de las cuales eran realmente horribles. Ella las había oído gritar, las había visto cómo se quedaban después, tiradas en el suelo, algunas sangrando y llorando, y nadie había hecho nada para ayudar a esas pobres mujeres.

Ninguna persona se merecía un trato como ese y por eso Eobe había intentado ser lo más amable posible con los esclavos y los sirvientes, incluso había hablado en una ocasión con su padre sobre eso. Hergard le había quitado importancia al asunto, sin embargo, seguía sin parecerle bien que alguien tuviera que sufrir de ese modo. Ella no podría soportar vivir así.

Solo le quedaba una opción, escapar, aunque para eso tendría que esperar a que esos hombres bajasen la guardia, y por el fuerte agarre que su raptor seguía teniendo sobre su brazo le daba la sensación que no iba a ser pronto, y para entonces él habría abusado de ella todo lo que hubiese querido.

—Estoy esperando.

No podía unirse con alguien que había contribuido a asesinar a su familia y a su futuro marido, la simple idea le repugnaba, aunque la otra opción que ese bárbaro le había dado no era mucho mejor. Eobe suspiró, tal vez, si aceptaba pudiese ganar algo de tiempo para huir sin que se diesen cuenta.

Eobe cerró los ojos y dos gruesas lágrimas se deslizaron por su mejilla. Que los dioses la protegiesen.

—Acepto ser su esposa.

—Hamalk, trae unos cuantos testigos. Que ninguno sea de Iraluq, no me interesa que Talaqtto se entere antes de tiempo. —le pidió—. ¡Ah! Y busca uno de los yawatt, el más manso de todos, ese será mi regalo para mi futura esposa. —El hombre hizo una reverencia y salió corriendo del despacho.

Enseguida su futuro marido se volvió para mirarla y la observó con pereza desde la cabeza hasta los pies.

—¿Dónde está tu dormitorio? —Eobe se sobresaltó. ¿Todavía no se habían unido y ya quería obligarla a cumplir con sus deberes?— No querrás unirte a mí con esa pinta, ¿verdad? —añadió él.

Eobe se miró, tenía el vestido repleto de sangre, sangre que supuso sería de su hermano. Los ojos se le llenaron de lágrimas nuevamente.

—Está en el otro extremo de la Fortaleza. —susurró ella esforzándose por impedir que se le escapasen de los ojos. Tenía demasiado clara en su mente la amenaza que él le había hecho sobre su llanto.

Él resopló y le sujetó con fuerza de la mano.

—Guíame hasta allí. —Su cerebro comenzó a tramar diferentes modos de escapar—Sin trucos. —le avisó su futuro marido. Si lograba despistarle durante unos instantes podría echar a correr hasta el final del pasillo y allí…

Al llegar al pasillo principal todo su plan se vino abajo. Un grupo de tres hombres, dos de ellos rubios y otro moreno, que se encontraban cerca de las escaleras les vieron y les abordaron.

—Si ya has terminado con ella nos la podías pasar, nunca me lo he montado con una ianeekou. —dijo uno de los dos rubios riendo.

Eobe volvió a temblar de miedo. ¿Y si su raptor la entregaba a esos hombres para que se divirtieran con ella un rato?

—Buscaos otra con la que entreteneros. —les espetó el hombre del pelo azul, le apretó el brazo con fuerza y la instó a que continuase andando. Ella le hizo caso. ¿Qué otra opción tenía? Y cuando sobrepasaron a los tres soldados uno de ellos la sujetó por el brazo que tenía libre y de un tirón la arrimó hasta él.

En cuanto notó que su cuerpo chocaba con el del soldado sintió como el hombre del pelo azul la soltaba.

—Os he dicho que os busquéis a otra. Ella es mía. —les gruñó.

—Eso no lo decides tú. —dijo un segundo soldado—. Nosotros somos tres y tú estás solo.

Eobe sintió como el hombre que le había agarrado comenzaba a sobarle por encima de la túnica. Eso no lo iba a consentir, así que le dio un codazo con fuerza en la boca del estómago tal y como hacía con su hermano cuando jugaban a las peleas, y exactamente igual que pasaba con él, el soldado apenas se inmutó, sin embargo, su agresión le resultó lo suficientemente ofensiva como para golpearla.

Eobe vio como levantaba la mano e inconscientemente cerró los ojos con fuerza y se encogió esperando el golpe. Este nunca vino y cuando escuchó al soldado gritar levantó la cabeza y abrió los ojos. Su futuro marido le había sujetado del brazo con el que iba a pegarle y se lo había retorcido hasta partírselo.

Sin pensárselo dos veces su futuro esposo, se giró y les golpeó a los otros dos soldados con tanta fuerza que les dejó tirados inconscientes sobre el blanquecino suelo de mármol. Con tal se giró, la sujetó del brazo con suavidad y le pidió que le guiara.

No salía de su asombro. Eobe estaba convencida de que les iba a dejar que hicieran con ella lo que les viniese en gana, sin embargo, la había defendido.

—¿No creerías que les iba a dejar hacerte daño, verdad? —le preguntó como si le hubiese leído la mente.

Avergonzada se encogió de hombros mientras caminaba por el pasillo en línea recta.

—Nunca dejo que nadie lastime lo que me pertenece, y tú me perteneces.

Pese a que le agradecía que se hubiese portado de ese modo con ella le respondió orgullosa.

—Todavía no.

Estaban casi al final del pasillo y allí no había salida. Aparentemente.

—¿A dónde me llevas? —le preguntó con desconfianza—. Me dijiste que tu dormitorio estaba en la otra ala.

—Así es.

—No me gusta que jueguen conmigo, niña.

A ella no le importó el tono en el que le habló, sencillamente se limitó a abrir una vieja puerta de madera. Era una estancia pequeña, fría, y húmeda, en la que solo había un viejo mueble que parecía querer deshacerse de un momento a otro.

—Pase. —Le pidió al hombre que le sujetaba del brazo— Vamos, pase. —Cuando entró Eobe cerró la puerta y se apresuró a mover el mueble.

—¿Qué estás intentando hacer?

—Llegar a mi dormitorio sin sobresaltos. —le respondió y siguió tirando. Le estaba costando, así que de mal humor se volvió hacia él—. ¿Podría ayudarme?

En dos zancadas el hombre del pelo azul se colocó a su lado, puso su mano derecha en un lateral del mueble, y si no llega a ser porque estaba firmemente sujeta se hubiese caído por la fuerza y la velocidad con la que él movió el armario.

Al otro lado, en vez de un sólido trozo de muro de piedra, había un oscuro y estrecho pasadizo.

Había meditado si llevarle por aquel camino y enseñarle las entrañas más secretas de la Fortaleza. Pronto se respondió afirmativamente, allí dentro ella podría escapar con facilidad. La oscuridad y los enrevesados pasillos le daban ventaja sobre ese hombre, mucha ventaja. Seguro que él estaría horas dando vueltas hasta encontrar una salida, y por entonces ella ya se encontraría muy lejos de lo que hasta ese instante había sido su hogar.

El bárbaro no confiaba en ella, podía notárselo en la mirada.

—Tu primero. Y nada de trucos.

Se disponía a echar a correr cuando con agilidad él le agarró del pelo.

—No quiero que te escapes. —le dijo con un extraño tono de voz.

Eobe le pidió que corriese el mueble, no le apetecía que nadie más descubriese su secreto y les encontrase fastidiándole su plan. No le resultó muy complicado porque por la parte de atrás el mueble poseía una gruesa argolla metálica.

Una vez el armario estuvo colocado en su lugar el pasadizo se quedó completamente a oscuras.

Su primer casi intento de fuga no había dado el resultado que esperaba, pero no se iba a dar por vencida con tanta rapidez. Continuó recorriendo aquel lugar, buscando la ocasión perfecta para echar a correr y escapar lejos de él.

Caminaron con cuidado y en silencio, serpenteando por aquellos laberínticos y estrechos pasillos, intentando acostumbrarse a la densa oscuridad para poder manejarse con mayor facilidad. Eobe sabía que les costaría bastante tiempo, hasta entonces, tendrían que valerse de sus otros sentidos. Sobre todo el tacto y el oído.

Eobe se conocía los sinuosos dibujos que formaban los sillares de piedra de aquellas paredes, por lo que sus manos eran su guía principal. Apoyándolas y deslizándolas por la fría piedra se orientaba, y si afinaba mucho el oído podía escuchar los sonidos que se filtraban a través de las mirillas que había cada cierta distancia. Muchas de ellas estaban cerradas, solo unas pocas, apenas una docena, permanecían abiertas para permitir que algo de aire puro penetrase entre aquellos pasadizos. Junto con el aire se colaban los sonidos y las voces de cuanto ocurría a su alrededor. Sin embargo, en aquel momento no era capaz de escuchar ningún sonido que no fuese sus propias respiraciones y el eco de sus pasos.

De vez en cuando ella le avisaba que tenían que subir escaleras, o bajarlas, y pronto llegaron hasta la salida, a la habitación de los trofeos de caza que tan poco le gustaba, sin que él hubiese aflojado su agarre ni una sola respiración.

Dos puertas más allá se encontraba su alcoba.

No era una estancia demasiado amplia, sin embargo, tenía un bonito balcón con vistas al mar.

Al entrar le pidió a su futuro esposo que aguardase en la entrada mientras ella se cambiaba de ropa. No es que esperase que le fuese a hacer caso pero su negativa le inquietó, ningún hombre le había visto desnuda, y él no le quitaba los ojos de encima.

Nunca en toda su vida había pasado tanto vergüenza como en aquel instante. Sentía como sus mejillas le ardían y todo su cuerpo temblaba. Ella estaba allí, desnuda, delante de un hombre que le había obligado a casarse con él y que había contribuido a que matasen a su familia. Se sentía tan impotente que comenzó a fallarle la respiración y a marearse.

Ponerse así no le iba a ayudar, por lo que intentó tranquilizarse. Eobe miró al balcón, contemplar el mar siempre le había ayudado.

Aquella era la primera vez que se había apenado tanto que la Fortaleza estuviera construida sobre un pequeño acantilado y no sobre la playa directamente, de ese modo podría saltar por el balcón y escapar de ese aterrador hombre de larguísimas trenzas azules.

—Coge algo de ropa para el camino. —le dijo él con el mismo tono severo de siempre.

Obedeció sin rechistar, más que nada porque no se sentía con fuerzas de hacerlo. Se acercó al armario y sacó un par de túnicas y un par de pañuelos para el pelo. Al mirarse en el espejo para colocarse uno de ellos se sorprendió al observar que llevaba puesta su corona. Recordaba como aquel hombre que había intentado abusar de ella se la había arrancado junto con su pañuelo, y que después la había visto tirada junto al cadáver de su hermano. Confusa, supuso que en algún momento mientras estaba abrazada a su cuerpo sin vida debió de ponérsela, solo que no podía recordarlo.

—¿Pasa algo, mujer?

La voz grave y dura del hombre que le acompañaba le sacó de la nebulosa de sus recuerdos. Al prestar atención de nuevo al espejo se dio cuenta de que tenía la barbilla y la mejilla izquierda manchada de sangre y el carboncillo de las cejas corrido. Todos los intentos que hacía por limpiarse la cara eran inútiles, la sangre estaba seca y el carboncillo se empeñaba en extenderse. No pudo evitarlo y comenzó a llorar de nuevo.

—No tenemos tiempo para eso —le dijo él.

—No puedo salir así. —le dijo Eobe entre sollozos.

Él resopló y con grandes zancadas se dirigió a donde había dejado el vestido sucio, lo recogió del suelo y lo mojó en una fina palangana de cerámica blanca que había en el otro lado de la habitación, le sujetó la cara y comenzó a limpiarla. Le frotaba con rudeza y rapidez, tanto que estaba convencida que en uno de esos restregones le arrancaría un trozo de piel.

—¿Has pensado que vas a regalarme por nuestra unión? —preguntó de pronto.

La respuesta le salió disparada sin pensar.

—¿Le parece poco mi virginidad? —Él le soltó la cara sorprendido.

—¿Me la vas a entregar ahora? —Ella se escandalizó.

—¿Cómo se le ocurre?

—¿Acaso a tu otro marido no le regalaste algo antes de la unión?

Si, lo había hecho. Más bien había sido su padre, le había obsequiado a Staanka un palacio a las afueras de Galduru, con un inmenso jardín y unas preciosas vistas al mar. En cambio, ella no tenía nada.

Aunque con ese enorme hombre de pelo azul no fuese a ser una unión al uso tenía que regalarle algo, era la tradición, solo que no sabía el que, no tenía nada. Le había escuchado decir que él iba a darle un yawatt manso, que a decir verdad no tenía ni idea que era.

Se volvió a mirar en el espejo, su cara ya estaba limpia, incluidas sus cejas que estaban de su color natural, sin embargo, no fue eso lo que le llamó la atención. La fina corona que siempre llevaba con ella descansaba sobre su frente como si nada hubiese sucedido. Esa era su única posesión y el único recuerdo que le iba a quedar de su familia y su hogar. Era de plata negra, un metal no muy común y por ello escandalosamente caro, al igual que el ixt que llevaba en el centro.

Sintiendo como el corazón se le rompía en mil pedazos se llevó las manos a la frente y se la quitó.

—Esto es lo único que poseo. —le dijo con la voz rota y se la ofreció.

Eobe ni siquiera pudo mirarle a la cara mientras lo hacía, si lo hubiera hecho hubiese visto como su rostro se había relajado ligeramente, incluso hubiese visto en su mirada un destello de compasión.

Él cogió la fina corona y le hizo una pequeña reverencia.

—Si mi señora ya está lista, ¿podemos salir de aquí? —Ella asintió intentando contener las lágrimas que estaban a punto de escaparse una vez más.

Recorrió su dormitorio con la vista por última vez. El lugar en donde había pasado toda su vida se encontraba alegremente iluminado por el sol que descaradamente entraba por el balcón ignorando la tragedia que había acontecido unos minutos antes un par de pisos por debajo.

Dejar aquella habitación en donde se había refugiado cuando estaba triste y tenía ganas de llorar, en donde había soñado que algún día cruzaría el mar que tenía enfrente y conocería todos aquellos lugares que sus profesores le habían enseñado, era casi tan doloroso como haber perdido a toda su familia. Eobe cerró los ojos y un par de lágrimas rodaron por su rostro. Al volver a abrirlos suspiró y se marchó de allí dejando parte de su corazón en ese lugar.

En esa ocasión, en vez de agarrarle por el pelo antes de entrar en el pasadizo, su futuro marido le sujetó de la mano. Cada paso que daba alejándole de su dormitorio le costaba mucho más que el anterior, tanto que iba arrastrando los pies.

A mitad de camino Eobe escuchó resoplar a su raptor.

—No me gusta la oscuridad. —le confesó él de malos modos y en voz baja.

Su confesión le sorprendió ¿un guerrero tan feroz como él asustado como un chiquillo por ir a oscuras? Si no hubiese sido por lo asustada y conmocionada que se encontraba hubiese reído con ganas.

—Siempre puede cerrar los ojos e imaginar que está en la playa, enfrente del mar. —le susurró. A ella le funcionaba.

—Si hago eso te escaparás.

—Me tiene fuertemente agarrada de la mano, creo que si intentara escapar lo notaria y lo impediría.

—Por supuesto. No pienso dejarte marchar, y menos después de verte desnuda. —Eobe sofocó un grito.

—Vamos, no te escandalices tanto, no hay nada más natural que el cuerpo desnudo de una persona.

Ni siquiera se molestó con contestarle, solo le avisó cuando llegaron al primer tramo de escaleras que tenían que bajar.

—No es que vayas a ser la primera mujer, que meto en mi cama, de la que no conozco el nombre, pero ya que vamos a unirnos y vas a ser mi legítima esposa me gustaría saber cuál es el tuyo. —le dijo él cuando terminaron de bajar los escalones.

—Eobe Worji. —respondió con un susurro. Pese a que no tenía muchas ganas de conversación él tenía razón, ya que iban a unirse que menos que conocer su nombre—. ¿Y el vuestro?

—Yo soy Qourk Nakhawatt, el nawaii de la ciudad de Halira.

—Nunca he oído hablar de ese lugar ¿Dónde está?

—¿En serio? —Él pareció sorprendido.

—Sí.

—Está en el oeste. Es un lugar muy bonito, rodeado por bosques y colinas verdes. No hace tanto calor como aquí y suele llover bastante.

Estoy seguro que te gustará.

No sonaba demasiado mal, la verdad es que prefería eso al frío intenso de las Montañas Waggosh.

Por fin salieron del pasadizo y al llegar al despacho de su padre lo que vio le hizo sobresaltarse. Dentro de la habitación había una docena de hombres con el pelo azul trenzado, la mayoría manchados de sangre, y uno de esos enormes animales sobre los que algunos habían entrado cabalgando. El animal era como un gato gigante, algo más pequeño que un ternero joven, de amarillo pelo corto y redondas manchas negras. Sus patas eran robustas, aun así cuando el animal echó a andar tenía un caminar elegante e hipnótico y sus ojos, dorados como el sol, tenían una fina y alargada pupila vertical negra. El animal llevaba una correa alrededor de la cabeza y el cuello que le bajaba hasta su esbelto cuerpo formando un arnés y con unos pequeños estribos a cada lado.

—Este es el yawatt más manso que hemos podido encontrar, mi señor. —le informó Hamalk.

—Dame tu mano. —le ordenó Nakhawatt.

Eobe le obedeció y él se la puso al animal delante del hocico, el yawatt comenzó a olisquearla y cuando se familiarizó con su aroma le lamió los dedos. Su lengua era áspera al tiempo que templada, y a ella le gustó la sensación. A continuación, Qourk llevó su mano sobre la cabeza del animal y le pidió a Eobe que le acariciase. Al hacerlo se sorprendió gratamente, su piel era mucho más suave de lo que parecía y al yawatt también le debió de gustar porque ronroneó y se tumbó a sus pies.

—¿Este es mi regalo? —preguntó Eobe.

—Sí.

—Es muy bonito.

—Me alegro que te guste porque los próximos meses los vas a pasar sentada sobre su lomo. —El resto de hombres se echó a reír aunque ella no le pareció gracioso el comentario—. Venga, comencemos con esto.

El grupo de soldados se apartó y dejaron a la vista el escritorio de su padre. Sobre la mesa alguien había colocado un plato de barro con uvas y una jarra del mismo material. Qourk la cogió y se la tendió. Él era mucho más alto que ella, tanto que si no levantaba la cabeza sus ojos quedaban a la altura de su fornido pecho y sus axilas.

—A mi lado nunca pasaras sed. —le dijo. Eobe apoyó sus temblorosas manos sobre las de su futuro marido y dio un pequeño sorbo de la jarra que le estaba ofreciendo.

Estaba paralizada, no podía creer que todo hubiese sucedido tan rápido, en apenas unos segundos iba a ser la esposa de ese aterrador hombre. Conocía los votos que tenía que pronunciar, se lo había enseñado su meeca, así que como lo que debía ocurrir entre un marido y su esposa la noche después de la unión. Ella lo había visto cuando los soldados o alguno de los benawais de su padre abusaban de las esclavas o las sirvientas, sin embargo, no había dicho nada y dejó que esa mujer le contase los pormenores del acto.

Simplemente las palabras no salían de su boca, y su casi marido comenzó a mirarle de ese modo que las rodillas comenzaron a temblarle.

—Mi señora, no tenemos todo el día. —le apremió Hamalk.

Eobe inspiró armándose de valor y al expirar sujetó la vasija de barro.

—A mi lado nunca pasaras sed. —Y entonces él bebió de lo que ella le ofrecía.

Qourk le arrebató la jarra y alguien le tendió el plato repleto de uvas. Eobe arrancó una y se la ofreció.

—A mi lado nunca pasaras hambre. —Él la tomó entre sus labios y la masticó, escupiendo las dos pequeñas pipas que contenía.

Disgustada por su gesto cerró los ojos con fuerza y giró la cara.

—Eobe, mírame. —le ordenó Nakhawatt. Con lentitud abrió los ojos e hizo lo que le había pedido, él sostenía una uva de color verdoso entre su dedo pulgar y su dedo índice y la estaba haciendo rodar, impaciente— A mi lado nunca pasaras hambre. —ella abrió los labios y Qourk colocó el ovalado fruto dentro de ella.

Mientras masticaba él mantenía la vista fija sobre sus labios. Eobe había visto esa mirada, una vez en el mercado. Un hombre enjuto, con ropas raídas y no muy buena higiene, contemplaba con esa misma avaricia una hogaza de pan recién hecho.

Tragó con dificultad, desviando la mirada hacia el suelo, y en el instante que la pequeña fruta hubo abandonado su garganta su ya marido se giró y les ordenó a los hombres preparar su partida.

Solo esperaba haber hecho lo correcto al unirse a ese bárbaro.

Según iban abandonando el despacho de su padre los soldados que habían presenciado la ceremonia les hacían una reverencia a ambos.

—Celebraremos el banquete por nuestra unión y la ofrenda a los dioses en cuanto lleguemos a Halira —le dijo Nakhawatt y Eobe se limitó a asentir.

—Coge tu animal y salgamos de aquí, tenemos que estar lo suficientemente lejos cuando el nuevo srers sepa que nos hemos unido.

—¿Por qué? ¿No se supone que sois aliados?

—Yo no tengo aliados, uso a la gente según me conviene.

Eobe se preocupó, quizá cuando Nakhawatt se cansase de ella olvidaría la promesa que le había hecho y entonces, ¿qué sería de ella?

Su nuevo esposo echó a andar sin molestarse en mirar si le seguía o no. Durante un breve sopesó la situación, nadie la seguía y él no se daría cuenta que había desaparecido, por lo que pronto se decidió. Echó a andar detrás de Qourk y una vez en el rellano, mientras él comenzaba a bajar las escaleras, ella echó a correr hacia el fondo del pasillo. Antes de poder dar dos pasos una mano le agarró con fuerza por el brazo y le cortó la huida.

—Ni se te ocurra pensarlo. —le amenazó Nakhawatt.

Frustrada siguió a su esposo, escaleras abajo, acompañada por su nueva mascota. Se esforzó por encontrar otro modo de escapar, primero debería deshacerse del agarre que tenía su esposo sobre su brazo y después... Hamalk junto con un par de hombres más aparecieron y les hicieron una señal de que se quedasen quietos y en silencio.

—Tallaqtto y la Serpiente están abajo junto con media docena de iraluqs. —susurró Hamalk.

Inmediatamente todas las miradas se centraron en ella.

—Tallaqtto es el hombre que ha intentado violarte, y si no quieres que lo intente de nuevo más te vale que no te oiga ni respirar. —le susurró su esposo al oído.

Eobe comenzó a temblar y no pudo dejar de hacerlo ni siquiera después de que tuviesen el camino despejado y ese tal Tallaqtto hubo desaparecido.

Pasaron de nuevo por la sala en la que se iba a celebrar su unión con Staanka, los cadáveres seguían tirados en el suelo, por lo que su esposo apretó el agarre que tenía sobre su brazo y la instó para caminar más rápido, pero era tan difícil no escurrirse con la sangre ni tropezar con ninguno de los cuerpos que no lo consiguió. Buscó con la mirada los cadáveres de su familia y solo pudo divisar el de su padre. Todo su ser clamaba por quedarse en ese lugar, abrazada a su cuerpo sin vida y al de su hermano, sin embargo, los tirones de su esposo se lo impidieron.

No podía irse de ese modo, sin ni siquiera saber si su meeca, la mujer que había sido lo más cercano a una madre que había tenido, se encontraba bien. No podía marcharse sin despedirse de ella.

—Disculpe. —Le dijo a su marido—. ¿Podría ir a despedirme de mi meeca antes de irnos?

En ningún momento Nakhawatt bajó el ritmo de sus pasos, ni siquiera la miró.

—No tenemos tiempo.

—No voy a tardar, será solo un minuto.

—No tenemos tiempo. —le repitió.

Al atravesar la gran puerta de madera y salir al patio el sol la cegó durante unos instantes, lo que le hizo tropezarse con algo. Eobe se puso la mano derecha a la altura de las cejas y miró hacia el suelo, cadáveres de soldados se apilaban sobre el empedrado, antes de color grisáceo y ahora de color marrón oscuro. En ese instante comprendió como fueron capaces todos aquellos hombres de entrar en el salón donde se estaba celebrando su unión. Había matado a todos los soldados que estaban apostados en las puertas.

Sorteando los cuerpos sin vida consiguieron salir de la Fortaleza. Al otro lado de las murallas un buen número de hombres de pelo azulado les estaban esperando junto con sus yawatts.

—¿Sabes montar a caballo? —le preguntó Qourk.

—Sí. —Había aprendido casi al mismo tiempo que su hermano aunque ella no era ni la mitad de buen jinete que él.

—Entonces montar en yawatt te será fácil, solo tienes que tumbarte hacia delante y dejarle saber quién es el que manda de los dos. —le explicó su esposo.

Eobe vio cómo su esposo, con un ágil movimiento, montaba en su yawatt. Ella le imitó y pronto un grupo de al menos treinta hombres acompañados por caballos cargados con lo que parecían pesados bultos se unieron a ellos, rodeándola e impidiéndole huir.

Con un golpe de talones el yawatt de su marido comenzó a caminar, seguido de cerca por el resto de hombres. Eobe miró hacia atrás un instante antes de seguir a esos inquietantes hombres, un par de gruesas lágrimas resbalaron por sus mejillas. En su interior sabía que nunca más iba a volver a su casa y eso terminó de desgarrarle el corazón.

La leyenda de Aeneris

Estaba completamente agotada y le dolían todos los músculos del cuerpo.

La noche se les había echado encima y por fin Nakhawatt, después de todo el día de viaje, les había ordenado desmontar y comenzar a instalar el campamento en una explanada cerca de un pequeño y frondoso bosque de encinas y matorrales. Ese lugar les proporcionaría algo de resguardo de las inclemencias del tiempo y de cualquier viajante.

Un par de los soldados que le habían estado rodeando durante todo el camino le tuvieron que ayudar a bajar del yawatt porque tenía los músculos tan agarrotados y doloridos que no era capaz ni de cambiar de posición por sí misma.

Los hombres comenzaron a desatar los aparatosos bultos de encima de los caballos, a montar sus tiendas de campaña y encender fuego. Sorprendida observó como su marido ayudaba a organizar el campamento. Por lo visto ella era la única que no hacía nada, solo estorbar.

Cuando notaba que molestaba o recibía alguna mala mirada por estorbar Eobe se cambiaba de lugar. Había perdido la cuenta de las veces que le había cedido su sitio a alguno de los soldados cuando pasaban por su lado cargado con algo, o comenzaban a montar una tienda demasiado cerca suyo. Sintiéndose incómoda decidió colaborar ella también. Se dirigió hasta el grupo más cercano y les ayudó a apilar trozos de madera dentro del círculo de piedras que acababan de formar. Hamalk se acercó a ella.

—Mi señora, el nawaii quiere que le acompañe. —Eobe se limpió las manos en el vestido y siguió al mensajero.

Nakhawatt se encontraba armando una tienda junto a un pequeño grupo de hombres. Con lo que parecía un pesado mazo golpeaba un grueso taco de madera para clavarlo en el suelo y tensar las cuerdas que sostenían la lona.

—Mi esposa no trabaja. —le dijo de malos modos en cuanto llegó a su lado.

—Solo quería ayudar.

—Pues en cuanto la tienda esté montada desnúdate y caliéntame la cama.

Oyó como alguno de los hombres que había alrededor reían el comentario de su esposo y se sintió ofendida por sus palabras. Se cruzó de brazos girando el torso y miró hacia más allá, hacia las estrellas que brillaban insolentes en lo alto de un cielo sin lunas.

Al principio creyó que nadie le había prestado el más mínimo caso cuando echó a andar en dirección al pequeño bosque y se alejó de ellos. Esperanzada aceleró el paso dispuesta a escapar de esos bárbaros. No le importaba perderse y quedar a merced de los animales salvajes que lo habitaban, solo quería huir. Pronto sus ilusiones se desvanecieron, el crujido de las pisadas y el ruido de alguien a sus espaldas al escupir le dejó claro que no le iban a poner las cosas tan sencillas.

No se alejó demasiado, solo lo suficiente para poder llorar sin que al menos le molestase. Se sentía tan asustada y sola que creía que no lo iba a soportar.

A lo lejos podía escuchar las voces de los hombres hablando, gritando, riéndose. ¿Cómo podían estar de ese humor después de todo lo que había sucedido, después de toda la gente que había muerto? Tal vez porque ellos habían sido los vencedores y ella la vencida. Así es como se sentía, completamente derrotada y hundida.

Una lengua áspera le acarició la mano y Eobe miró hacia abajo, allí estaba su yawatt, el que su esposo le había regalado antes de su unión. Ella se agachó para acariciarle entre las orejas.

—¿Qué haces aquí? —le preguntó y él le lamió la cara. La primera vez que le había visto había creído que era una bestia salvaje, sin embargo, en ese momento parecía tan manso como un cachorrito recién nacido.

—Deberías estar con tus compañeros descansando, seguro que mañana vamos a tener un día muy duro. —Él la escuchó con la cabeza ladeada y cuando terminó de hablar se sentó a sus pies como si sintiera que necesitaba compañía de la buena, de la que podías cerrar los ojos en un lugar como ese y no preocuparte porque un animal fuera a atacarte porque el te protegería, o compañía de la que no necesita preguntarte como te encuentras porque solo con mirarte a los ojos ya sabe la respuesta. Ella había tenido todo eso con su hermano Mawith y con su padre, pero lo había perdido y ahora se encontraba compartiendo su vida con un grupo de bárbaros que no la trataban mucho mejor que a un apestado.

Eobe sonrió con tristeza y prosiguió con sus caricias, pronto el animal se tumbó bocarriba para que ella le rascase bien por la tripa y entre las patas.

—Creo que necesitas un nombre. —le dijo. Eso le serviría para entretenerse un rato y dejar de centrarse en su tristeza.

—¿Qué te parece manchitas? —El yawatt se retorció y gruñó— Vale, está bien, algo más agresivo. —Después de un buen rato de darle vueltas a la cabeza y de un par de inofensivos arañazos más tarde decidió que Garra sería un buen nombre, y lo mejor es que a él pareció gustarle.

El yawatt de pronto se incorporó y comenzó a gruñir mostrando sus colmillos. Eobe se levantó también y miró hacia donde el animal dirigía su interés. Pese a que no podía ver nada a causa de la oscuridad de la noche y las frondosas ramas de los árboles que le entorpecían la visión, Eobe sentía que había algo extraño al otro lado de aquellos árboles, algo que le ponía nerviosa. Un crujido le sobresaltó y afinó el oído. Por un instante se relajó al creer que provenía de los hombres que le habían seguido. Rápidamente rechazó esa idea, el estornudo de uno de los soldados halirianos procedente de la dirección contraria de donde había escuchado el crujido le indicó que no habían sido ellos y afinó nuevamente el oído. En ese instante pudo escuchar con claridad unas pisadas, que cada vez se encontraban más cerca de ella. Sujetando a Garra de la correa echó a correr en dirección al campamento.

En cuanto los hombres la vieron aparecer de ese modo se pusieron en guardia, incluso su marido se preocupó. Para su sorpresa Nakhawatt fue en su busca y la abrazó protectoramente. Hasta ese instante no se había dado cuenta de que estaba temblando.

—¿Qué sucede? —le preguntó con tono duro.

—Hay alguien allí. —le dijo señalando al lugar en el que había estado hace poco.

—¿Quién?

—No sé, estaba paseando con Garra y de pronto comenzó a gruñir y se oían pasos de gente.

El nawaii señaló a los tres hombres que la habían seguido hasta el bosque.

—Id a mirar. —les ordenó. Sus soldados le hicieron una reverencia y se adentraron en la negrura.

—Y tú. —Le dijo girando para mirarla—. La próxima vez no te alejes tanto. —añadió soltándose de ella y volviendo a sus quehaceres.

Los tres soldados volvieron más tarde de lo más tranquilos. Lo que Eobe había escuchado era una avanzadilla de unos cien hombres que iban a reunirse con sus compañeros y su nawaii. Había oído comentar a esos tres soldados que aquel grupo de hombres no estaba lo suficientemente cerca como para que un oído humano hubiera captados sus pasos, sin embargo, ella los había escuchado con claridad, no se lo había inventado.

La tienda de su esposo, que ya estaba montada, parecía más amplia que el resto, y por lo que había podido ver de reojo más confortable. Una lámpara de aceite que habían dejado dentro encendida le había permitido observar que estaba llena de lo que parecían mullidos almohadones. Estuvo tentada de encerrarse allí, esconderse debajo de las mantas de peyack y no volver a salir nunca más en la vida, pero le preocupaba que tal vez si lo hacía su esposo pensase que quería cumplir con sus deberes maritales antes de tiempo, por lo que descartó la idea.

No sabía qué hacer, así que le quitó la correa a Garra y se sentó frente al fuego, abrazándose las rodillas, y permaneció con la mirada perdida entre las llamas no supo cuánto. Estaba tan cansada…

Lentamente las lenguas de fuego fueron hipnotizándola con su sinuosa danza y su arrítmico crepitar, trasportándole hasta un mundo en donde no existía ni el dolor ni el miedo ni la angustia, sencillamente no existían los sentimientos, por lo que podía introducirse en sus recuerdos como si fuera una espectadora neutral que está viendo una aburrida obra de teatro. Podía ver los cadáveres de sus familiares descansando sobre enormes charcos de sangre, podía oír los gritos de dolor y pánico de la gente, podía recordar el intento de violación y como fue forzada a unirse a Nakhawatt. Extrañamente nada de eso le afectaba, se encontraba en un extraño adormecimiento como cuando te sientas de mala postura y se te duerme la pierna, sabes que sigue estando ahí pero si la golpeas no notas el dolor, pues así era como se sentía Eobe, adormecida.

—Mi señora, el nawaii le manda llamar. —le dijo una voz de hombre que consiguió sobresaltarla. Eobe agitó la cabeza y se dio cuenta que los cien hombres que habían llegado más tarde que ellos habían terminado de montar sus tiendas.

Se levantó del suelo y se sacudió el polvo del vestido. Enseguida notó la ausencia de la cercanía del fuego, quizá se había aproximado demasiado ya que sentía la piel de su rostro tirante y las mejillas le ardían.

Su esposo estaba sentado detrás de ella, y a su lado, a la derecha, observó que había un pequeño cojín de cuero marrón algo desgastado. Qourk se lo señaló y ella se dirigió hasta allí, se dejó caer a su lado y cruzó las piernas.

Pronto un hombre les ofreció una jarra de barro llena de vino a cada uno. Hamalk, que estaba situado a la izquierda de su esposo, se puso en pie.

—¡A la salud del nawaii y su esposa! —gritó levantando su jarra al cielo. El resto de soldados le imitaron y profirieron en gritos. Todos ellos tenían un extraño acento que no había escuchado nunca. No era del todo desagradable, solo diferente. Las consonantes sonaban fuertes y las vocales suaves como un susurro.

Nakhawatt levantó su jarra y se la llevó a la boca dando un largo trago. Todos los soldados la miraban en silencio, esperando, y cuando por fin ella bebió de su jarra el resto de hombres rieron e hicieron lo mismo. Normalmente, no bebía vino, su padre no se lo había permitido salvo el día de su compromiso con Iges Staanka, por ese motivo en cuanto el primer trago se deslizó por su garganta sintió como el alcohol le quemaba ligeramente. A pesar de eso el sabor no le desagradó, era dulce y delicado, y le dejó un delicioso regusto a frambuesas todo alrededor de su boca.

Nos les había dado tiempo a preparar mucha comida así que hogazas de pan de centeno y mijo, queso, salchichas y uvas, la mayoría de los alimentos robados de las cocinas de la Fortaleza, fueron el banquete del día de su unión. Que diferente a como se suponía que tenían que haber sido las cosas.

Después de la ceremonia hubiese comenzado un abundante banquete repleto de sabrosos pescados y mariscos de todo tipo, pasteles de verduras, carnes asadas, panes crujientes de todas las variedades conocidas, y dulces frutas y pasteles rellenos de crema, todo ello acompañado de los mejores vinos y licores de toda la región y amenizado por los mejores músicos, poetas y malabaristas de Galduru.

Una vez hubiesen dado buena cuenta de todas las viandas la recién unida pareja tendría que pasarse la tarde agradeciendo a los invitados que les hubiesen acompañado en un día tan especial, y justo, al comenzar el ocaso deberían retirarse a sus aposentos para consumar la unión mientras el resto de los invitados seguían divirtiéndose.

Se suponía que las fiestas por su unión durarían tres días con sus tres noches. Habría bailes, música, obras de teatro, títeres, juegos, concursos de todo tipo y comida, mucha comida y bebida, y que serían días alegres llenos de risas.

Que distinto a la realidad.

Pronto el vino se le subió a la cabeza y comenzó a sentir una extraña euforia y un desconcertante cosquilleo por sus extremidades. Dos jarras más tarde la gente se movía de modo extraño y estaba comenzando a ver doble. Escuchaba las risas y los comentarios de las personas de su alrededor sin lograr entender lo que decían por mucho que se esforzase en ello. De pronto alguien le quitó el vaso de entre las manos.

—Creo que ya has bebido bastante por hoy— le dijo una profunda y masculina voz. Ella le miró, era su marido, y así, todo borroso, le parecía hasta guapo, muy guapo, con esos penetrantes ojos azul oscuro y esos labios carnosos, y sus trenzas tan largas. Además, apostaba que debajo de esa ropa de cuero podría encontrar unos músculos duros y bien formados.

Qourk le tendió la mano. Ella se la sujetó y se puso de pie. Estaba realmente mareada y que todo a su alrededor se moviese de ese modo, incluso el suelo, no le facilitaba nada las cosas. Su esposo pasó sus brazos por detrás de sus piernas y la levantó. Todos los hombres comenzaron a vitorear y a aplaudir y ella se agarró con fuerza a su esposo por temor a caerse.

No fue consciente de lo que sucedía hasta que Nakhawatt entró en su tienda de campaña y la depositó con suavidad en lo que supuestamente debería ser una cama repleta de mullidos almohadones y mantas de oscura piel de peyack.

Que él fuera lo único que parecía sólido y estable en aquel lugar fue lo que le hizo que no apartase sus ojos de él, temiendo que si lo hacía el mundo se hundiría y ella se precipitaría irremediablemente al vacío.

Nakhawatt comenzó a desnudarse ante su atenta mirada, y sí, había estado completamente en lo cierto, su cuerpo era duro y marcado, con una fina capa de bello de color azul oscuro por sus piernas, su pecho e incluso en sus partes más íntimas. Esa era la primera vez que veía a un hombre desnudo y le causaba una gran curiosidad. Para su sorpresa el alargado miembro que tenía entre sus piernas se iba dilatando, endureciendo y levantando según iban pasando los segundos.

Fascinada Eobe se quedó observando como el cuerpo de su esposo cambiaba.

—¿Te gusta lo que ves, esposa mía? —le preguntó Qourk.

Avergonzada por su descaro al mirarle de ese modo desvió la cabeza. No estaba lo suficientemente borracha para no darse cuenta que su esposo se acercaba a ella lentamente, y pronto sintió como se arrodillaba ante ella y dejaba caer su cuerpo sobre el suyo. Eobe podía notar como su vello le acariciaba la sensible piel que tenía al descubierto, y como el calor del cuerpo de su esposo le entibiaba el suyo propio.

—¿Es la primera vez que ves a un hombre desnudo? —le susurró al oído.

Ofendida por la pregunta se sobresaltó y se giró para enfrentarle, molesta porque dudase de su inocencia. Ella no era una de esas mujeres que se iba metiendo en la cama de cualquier hombre.

—Por supuesto que…

Qourk aprovechó ese momento para besarla. Fue un beso corto y suave y después de ese vino otro más, y luego otro.

No creía que el besar a un hombre fuese a ser tan agradable. Sus labios eran tiernos y cuidadosos y su aliento le hacía graciosas cosquillas en la cara.

Su meeca no le había hablado de eso, se suponía que la consumación no era algo agradable. Le había explicado que para la mujer era muy doloroso y que tenía que aguantar sin llorar si no quería que su marido la odiase desde su primera noche juntos.

Se estaba acostumbrando a sus besos cuando los labios de Qourk comenzaron a bajar hasta su cuello, al tiempo que sus manos se entretenían en quitarle el pañuelo de la cabeza y desnudarla ante sus más que evidentes temblores.

Los minutos pasaban y él se limitaba a besarla y acariciarla, susurrando lo suave que era su piel y lo mucho que estaba disfrutando de ella. La cabeza le daba vueltas y la piel le ardía bajo sus caricias, se sentía sofocada, con la respiración agitada y el corazón desbocado, tan desconcertante y tan agradable a la vez que le parecía estar soñando. Hasta que llegó el momento y comprendió las palabras de su pobre meeca. Dolía tanto como si le estuvieran desgarrando por dentro.

Aquella tortura parecía que no iba a terminar nunca, y a pesar de que luchó contra ellas, las lágrimas se le escaparon.

Lo que a Eobe le pareció una eternidad más tarde, su marido se desplomó sobre ella con un fuerte gemido. Estaba sudando y tenía la respiración entrecortada. Giró la cabeza hacia la derecha para que su esposo no notase que había llorado. Con suavidad Qourk le sujetó la barbilla y le giró la cara.

—¿Te he hecho mucho daño? —le preguntó susurrando al mismo tiempo que le limpiaba el rastro que las lágrimas habían dejado.

El peso de su marido sobre ella le impidió encogerse de hombros.

—Un poco. —le respondió.

—No era mi intención. Las primeras veces…

—Lo sé. —le interrumpió con brusquedad. No quería hablar de

ese tema, no era apropiado, bastante había tenido con sufrirlo.

—¿Tu madre te ha explicado sobre lo que sucede entre un hombre y una mujer en la cama?

—Mi madre no me hablaba, de hecho, no me quería. —No sabía por qué le había contado aquello, las palabras le habían salido solas de la boca antes de ser consciente de lo que había hecho. Tal vez fuera la amargura de no haber conseguido ser nunca lo suficientemente buena para Nivi, o tal vez por los efectos del vino, o por el vaivén de emociones que acababa de vivir. No lo sabía bien.

Qourk se tumbó a su izquierda y se sostuvo sobre su brazo.

—¿Porqué?

Le avergonzaba contarle el motivo. Sí, él la había conocido sin su pañuelo del pelo, y a pesar de todo había querido unirse a ella, por lo que ocultarlo era una estupidez, así que respiró hondo y se armó de valor.

—Debido a mi malformación.

—¿Qué malformación?

¿Acaso no era obvio?

—Pues... mi color de pelo.

—Tu color de pelo no es ninguna malformación.

—Sí que lo es, mi padre me lo dijo, y mis maestros también.

—Ellos te mintieron.

¡Cómo se atrevía!

—¡Eso no es cierto! ¡Ellos nunca me mintieron! ¡Yo nací con una malformación, por eso mi madre no me quería y tengo que llevar siempre el pelo oculto y pintarme las cejas!

—Cuidado con tu tono, mujer. —le advirtió. Ella lejos de amedrentarse se cruzó de brazos y miró hacia el lado contrario en el que se encontraba su esposo a modo de desafío. Qué sabría un bárbaro.

—Seguramente fuiste el fruto de una noche de pasión. Tu padre debió de conocer alguna ianeekou, pasar la noche con ella y dejarla embarazada. Solo los habitantes del Bosque de las Lágrimas tienen ese color de cabello. Después, cuando tú naciste, ella debió de entregarte a él quien sabe por qué motivo, quizá creyese que con el srers podrías tener una vida mejor. Apuesto que por eso la mujer que tú creías que era tu madre no te quería.

¿El Bosque de las Lágrimas? ¿Acaso su esposo creía que era estúpida y no había estudiado?

—Respóndeme a algo. —le pidió—. ¿A qué fue él srers quien te obligó a llevar el pelo escondido a la vista de todos? —Ella asintió de mala gana.

—¿Ves? y apuesto que también les obligó a tus maestros a mentir. Seguro que no quería que supieras quién era tu verdadera madre, y por eso te tuvo engañada todo ese tiempo.

Eso no podía ser verdad, su padre era un buen hombre, nunca podría haber hecho tal cosa, su madre no podía ser lo que él decía, aunque a decir verdad no tenía ni idea que era un ianeekou y para salir de dudas le preguntó.

—Son los seres que viven en el Bosque de las Lágrimas.

—¿Y dónde está eso?— preguntó retándole.

Qourk abrió mucho los ojos.

—En el oeste. Entre el Valle de los Peyacks y la Cordillera de los Murmullos.

—No te creo. —le dijo desafiantemente—. Ninguno de esos sitios que has dicho existen. —Ella había estudiado mucha geografía y ninguno de esos lugares aparecían en sus libros o en las enseñanzas de sus maestros.

Qourk se incorporó.

—¿Ah no? ¿Por qué no le preguntas a cualquiera de mis hombres quién miente y quién no? —le respondió claramente molesto.

Sí, eso haría. A la mañana siguiente le preguntaría a alguno de los soldados, o mejor, a varios, si esos sitios eran reales, les preguntaría a unos cuantos al azar, así se aseguraría de que la respuesta que obtenía era verdadera.

Tal y como estaba, completamente desnudo, su esposo se dirigió a la abertura de su tienda y le gritó a un soldado que se acercase. Ella se asustó y comenzó a temblar, tal vez le había hecho enfadar y quería darle una lección ¿y si le hacía a ese hombre meterse en la cama con ella?

En cuanto el soldado entró Eobe se cubrió hasta la barbilla con la manta de piel de peyack que había a sus pies. El muchacho, que no debía tener más de veinte años, se sonrojó escandalosamente en cuanto vio a su señor del mismo modo en el que había venido al mundo.

—¿Cómo te llamas?

—Ga…Galiu Hattak, mi señor. —Tartamudeó.

—Muy bien soldado, ahora quiero que le expliques a mi querida esposa por los lugares que vamos a pasar antes de llegar a Halira. A nuestro hogar.

Sin mirarla el muchacho carraspeó y comenzó a hablar.

—Ah, pues bien. Supongo que por el ritmo que llevábamos en un par de días pasaremos por la aldea de Addia, después, y de lejos, espero, pasaremos por las Montañas Waggosh y por el Valle de los Peyacks, la aldea de Tandee, las Montañas Tangaanin. Bueno, supongo que también pasaremos de lejos por el Bosque de las Lágrimas y la Cordillera de los Murmullos y después…

—Ya está bien, retírate. —El soldado hizo una reverencia y salió de la tienda lo más aprisa que pudo.

Qourk se colocó delante de ella, con los brazos en jarras apoyados en sus caderas.

—Y bien ¿Ahora me crees o quieres que haga llamar a cada uno de los hombres que están en este campamento?

No, eso no iba a hacer falta, no estaba segura de como lo sabía, pero sentía que ese soldado no le había mentido, y su esposo tampoco, así que negó con la cabeza al mismo tiempo que dirigía su mirada hacia el suelo de la tienda.

A ella nunca le habían contado apenas de lo que había en el oeste. Cuando Eobe preguntaba a sus maestros ellos les respondían que era una tierra en donde habitaban seres salvajes, horribles monstruos y criaturas feroces, y que más allá de las Montañas Waggosh no había nada. Siempre se lo había imaginado como un campo árido lleno de animales salvajes y gentes sucias, vestidas con harapos y que no sabrían ni hablar, solo gruñirían como los perros callejeros, sin embargo, por lo que veía, y por lo que su marido le estaba explicando, eso no era cierto. Él y sus hombres eran del oeste, y a pesar de que tenían un extraño acento, hablaban perfectamente su lengua y sabían leer, les había visto hacerlo en el despacho de su padre. Y no solo eso, durante el camino había escuchado las conversaciones de esos hombres sobre sus familias, sus hogares, las ganas que tenían de volver a ver a sus hijos. Se preocupaban por sus cosechas y por la salud de sus seres queridos, exactamente igual que las gentes de su ciudad.

De todos los lugares que ese soldado había enumerado solo conocía dos, las Montañas Waggosh y la aldea de Addia. ¿Y si era cierto que le habían mentido?

—Lo siento, yo… no conozco ninguno de esos sitios. —susurró pensando sobre cuantas cosas le habían ocultado sobre el oeste.

Nakhawatt volvió a meterse en la cama, y una vez tumbado colocó sus brazos debajo de su cabeza y se quedó mirando al techo de la tienda de campaña.

—De camino a Halira conocerás un buen montón de ellos.

—¿Está muy lejos tu hogar de aquí?

—Ahora es nuestro hogar.

Tenía razón, desde el momento en el que se había unido a él Halira se había convertido en su nuevo hogar. Tendría que recordarlo.

Qourk se volvió para mirarla y sonrió. Tenía una sonrisa muy bonita, una que le iluminaba el rostro y le hacía parecer más joven y despreocupado, incluso inofensivo.

—Y si, está muy lejos de aquí. Está a más de dos meses de camino.

Ella abrió mucho los ojos, sorprendida.

—Eso es mucho tiempo.

—Lo sé, por eso tenemos que montar durante tantas horas al día, cuanto antes lleguemos a casa mucho mejor para todos.

—¿Pasaremos por el Bosque de las Lágrimas también? —le preguntó sintiendo una enorme curiosidad por ese lugar. Tenía un nombre bonito y evocador.

Qourk se quedó en silencio un instante.

—Solo de lejos, pero te prometo que algún día te llevaré allí.

Ella le dio las gracias esperando que fuese un hombre de palabra.

—¿Estás seguro que yo soy como esa gente?

—¿Los ianeekous? —preguntó su esposo.

—Sí. Nunca había oído hablar de ellos. —Eobe quería saber si todo aquello era cierto, verlo con sus propios ojos. Se preguntaba si habría mucha gente como ella. No se podía imaginar cómo sería aquel lugar lleno de gente con el pelo de su color y que lo mostrasen libremente, sin miedo a que alguien les mirase mal y les repudiasen.

—¿Hay muchos?

—Todavía quedan bastantes, aunque no tantos como solía.

—Creo que me gustaría conocer ese lugar. —susurró. Se preguntó cómo sería esa gente, cómo vivirían, que costumbres tenían, si hablarían su idioma.

—Pero su leyenda y la de la diosa Aeneris si que la conoces, ¿verdad? —Eobe negó con la cabeza y él le miró sorprendido.

—¿Cómo es posible? La conocen hasta los niños que apenas saben andar.

Eobe se encogió de hombros.

—Cuenta la leyenda que el bosque nació de las lágrimas de la mismísima diosa Aeneris, por ese motivo se llama bosque de las lágrimas. —le explicó Qourk.

—¿En serio?

—Totalmente. Verás, la diosa Aeneris se encontraba un buen día en el Ahwal vigilando que las cosechas que había plantado en nuestro mundo, y que estaban siendo cuidadas por las criaturas que había creado su padre, floreciesen adecuadamente, cuando vio a un hombre con el pelo de color azul tan oscuro como el firmamento, y tan apuesto como cualquiera de sus hermanos, los otros dioses. Ella se enamoró de él al instante, así que usando sus poderes se apareció delante de él haciéndose pasar por una campesina. Él quedó tan prendado de ella que al poco tiempo comenzaron los preparativos para su unión. El gran Dios Asej, padre de Aeneris, se enteró de lo que había sucedido y se enfadó muchísimo, él había creado a las criaturas que habitaban ese lugar, él les había dado todo lo que poseían, y a cambio uno de ellos se había creído lo suficientemente bueno como para posar sus ojos sobre Aeneris, su hija favorita. —Eobe miraba a su marido en la penumbra de su tienda de campaña con mucha atención, siguiendo cada palabra de aquella historia. Tenía una voz profunda y aterciopelada que le cautivaba.

—Asej les obligó a separarse, el problema era que ella para aquel entonces llevaba en su vientre el fruto de esa unión, por lo que esperó hasta que los cinco niños hubieron nacido y entonces Aeneris recibió su castigo. Su padre le arrebató casi todos sus poderes y la trasformó en luna, obligándole a permanecer durante toda la eternidad en el cielo observando cómo sus hijos crecían lejos de ella.

"A su esposo Aseeru, y a toda su descendencia, les maldijo obligándoles a envejecer y enfermar, arrebatándoles la inmortalidad que él mismo les había otorgado en el momento de su creación y que hasta aquel entonces poseían.

La despedida de ambos esposos fue muy triste, y entre lágrimas se juraron de amor eterno.

Los años pasaron. Ella, convertida en una gran luna blanca, observaba desde el firmamento como su marido envejecía y como sus hijos crecían y se hacían adultos sin ni siquiera poder abrazarlos ni decirles lo mucho que les amaba. Por las noches, Aseeru, su esposo, subía a la colina más alta para hablar con ella, le explicaba cómo eran sus hijos y cuanto la amaba y la echaba de menos. Aeneris podía oírlo e inútilmente empleó todos sus esfuerzos en responderle, pero nada de lo que hacía funcionaba, lo único que podía hacer era llorar y llorar, y cuando sus lágrimas tocaron la tierra estas se convirtieron en el bosque más maravilloso que nunca ni hombres ni dioses hubieron visto. Los frondosos y robustos árboles de color morado poseían elegantes y largas ramas adornadas por delicadas hojas de color rosa claro que emitían una tenue luz blanquecina.

Durante mucho tiempo las lágrimas de Aeneris siguieron cayendo, y de la mezcla de la tierra, de las hojas de los árboles que ella había creado y de sus lágrimas nació una nueva raza, los ianeekous. Criaturas de piel blanca y suave como la de la mismísima Aeneris, con el pelo y ojos de color rosáceo como las hojas de los arboles bajo los que se cobijaban de la continua lluvia y a los que veneraban, y de elegantes formas y modales"— le explicó dulcificando su voz al mismo tiempo que le acariciaba el pelo, el rostro y el cuello.

—Nunca ningún ser humano fue tan perfecto como los ianeekous. —Eobe incluso hubiese jurado que había notado algo de admiración en el modo en el que le decía eso.

Se quedó en silencio sintiendo pena por la diosa Aeneris. Al igual que a ella, a Eobe también le habían arrebatado todo lo que poseía. Recordó el cuerpo de su hermano sin vida, y el de su padre, y del resto de personas que habían muerto en la Fortaleza.

—Qué duro debió ser para Aeneris estar allí sola y ver como sus seres queridos morían sin que pudiese hacer nada para evitarlo. —susurró finalmente.

—No todos murieron. Su padre, el Gran Dios Asej, triste por ver a su hija preferida sufrir tanto cogió al menor de sus hijos, Qhoré, un chico que era la viva imagen de su padre, y le convirtió en luna, al igual que a Aeneris, para que no estuviese sola nunca más. Por eso ahora cuando por la noche miramos al cielo vemos dos lunas, una grande y blanca y otra más pequeña y de color azulada que gira a su alrededor.

—Qué historia tan triste. —le dijo y ambos se quedaron en silencio.

La respiración de su marido era pesada y tranquila, como la de alguien que se sentía muy relajado.

—Sí, sí que lo es. —le respondió cuando Eobe creía que ya no lo iba a hacer—. Y ahora duerme, esposa mía. Mañana será un día muy largo.

La serpiente y las abejas

Se despertó al mismo tiempo que el sol, al igual que todas las mañanas. Si pretendía ser un buen nawaii tenía que dar ejemplo a sus hombres, y el de no ser perezoso era uno de ellos.

En cuanto se incorporó recordó que no había dormido solo, su esposa estaba tumbada a su lado, dándole la espalda. Ella estaba desnuda, y la manta de piel de peyack que les había resguardado del frío de la noche se había resbalado ligeramente dejando su nívea piel al descubierto.

Eobe era una mujer realmente hermosa, se había dado cuenta la primera vez que había posado sus ojos en ella, justo cuando Yovn Talaqtto había querido violarla, y poseía una elegancia innata, algo que no podía explicar con palabras. Cualquier movimiento que hiciera, por insignificante que fuera, era dulce y suave, incluso cuando había golpeado a ese hombre que se habían encontrado en el pasillo de la Fortaleza y que había querido arrebatársela, su codazo había tenido algo hipnótico, algo que le hacía recordar a una melodiosa danza. Sí, sin duda, su esposa Eobe era una mujer realmente fascinante, aunque ese no había sido el verdadero motivo que había tenido para unirse a ella.

Al principio no había sabido que había en aquella muchacha para que todos sus sentidos se hubiesen quedado hipnotizados por ella, solamente cuando Talaqtto le hubo arrancado el pañuelo de la cabeza y dejó su pelo al descubierto se dio cuenta del motivo. Ella era una ianeekou. Qourk no había conocido a muchos a lo largo de su vida, esa gente no solía mezclarse con el resto, vivían por y para su bosque y muy raro era cuando alguno lo dejaba para ir a alguna ciudad cercana o alguna aldea para comerciar.

De esa gente se decía que compartían los pocos poderes que le quedaban a la diosa Aeneris. Tenían una extraña conexión con la naturaleza y eran capaces de hacer florecer el más estéril de los campos o secar la más profunda de las lagunas. Nadie sabía cómo lo hacían solo que hacerse enemigos de los ianeekous era asegurarse la ruina y la hambruna durante generaciones. Lo sabían bien los pueblos del este.

Por ese motivo se había unido a Eobe Worji, si podía poner a los ianeekous de su lado podría conseguir lo que tanto anhelaba.

Muy tentado estuvo de darse la vuelta y hacerle el amor de nuevo a su esposa durante el resto del día, sin embargo, una larga jornada les esperaba, por lo que se levantó y se vistió. Al otro lado de la cama observó como debajo de la suave mano de su esposa estaba su yawatt Garra, como ella le había apodado, descansado plácidamente. Sin duda no había nada más fiel que un yawatt, ni nada más fiero, y por lo visto ellos dos se habían hecho buenos amigos rápidamente.

En cuanto los hombres que estaban de guardia le vieron salir le hicieron una reverencia. Ellos eran los únicos que había despiertos a esas horas, por lo que el campamento estaba de lo más tranquilo. Así, a simple vista, pudo observar que durante la noche habían llegado más hombres, el número de tiendas de campaña doblaban el número a cuando él se había acostado.

Qourk se acercó a uno de los soldados que estaban haciendo guardia.

—¿Cuántos hombres más llegaron anoche?

—Trescientos cuarenta y nueve, mi señor.

No estaba mal como guardia privada, pensó Qourk.

—El resto vienen detrás— añadió el soldado.

Se dirigió hacia la tienda en donde Hamalk, su hombre de confianza, descansaba junto con media docena de hombres más. Necesitaba hablar con él sobre que harían a continuación, seguramente Talaqtto no tardaría mucho en darse cuenta que todos sus hombres habían abandonado la Fortaleza. Estaba convencido de que el nuevo srers le iba a pedir explicaciones por sus actos. Él las retasaría todo lo posible, tanto que tal vez Talaqtto ya no las necesitase, para eso confiaba en que los pueblos del este metieran baza en el juego y quisiesen arrebatarle el poder al nuevo srers, al fin y al cabo aquel cargo estaba maldito desde hacía muchos años atrás.

Tal y como se esperaba todos los hombres de la tienda seguían durmiendo. Él se acercó a donde estaba Hamalk y se agachó, no quería despertar al resto y que oyeran su conversación, por lo que le sujetó por el hombro y le agitó con firmeza. El hombre que dormía plácidamente se sobresaltó.

—Vamos fuera. —le susurró.

Al salir de la tienda miró a su alrededor, necesitaban hablar en algún sitio donde nadie pudiera escucharles. No es que desconfiase de sus hombres, pero nunca sabías cuándo alguien podría traicionarte por un buen montón de khuats.

Hamalk salió a medio vestir y él se alejó del campamento. Desde allí, lejos de sus soldados y del bosque, podrían hablar con tranquilidad.

Su hombre de confianza llegó solo tres respiraciones más tarde.

—¿Necesita algo, mi señor?

—A estas alturas Talaqtto ya se habrá enterado que hemos desaparecido y seguro que se estará preguntando el motivo. No creo que tarde mucho en imaginárselo.

No es de Talaqtto de quien debemos preocuparnos, si no de la Serpiente que va con él. Si Talaqtto todavía no le ha contado que la hija de Worji es una ianeekou, y que mi señor la reclamó como suya, eso nos da una ventaja, y conociendo a ese cerdo repugnante seguro que estará tan borracho que no será capaz ni de moverse hasta bien entrado el día, así que para el momento en el que Ijlaak quiera venir a por nosotros ya estaremos lo suficientemente lejos.

Qourk se cruzó de brazos, pensativo. Si, tal vez Hamalk tuviese razón, ese estúpido de Talaqtto era incapaz de pensar por sí solo, de hecho, si no hubiese sido por esa serpiente rastrera de Ijlaak Yovn, Talaqtto seguiría en Iraluq reposando su culo gordo y peludo, y llenando el buche de vino, sin importarle lo que pasase más allá de los muros de su castillo, solo si tenía suficiente vino en su vaso, sus arcas bien repletas de khuats y su cama caliente con el cuerpo de cualquier furcia.

Poca gente conocía que en realidad era Ijlaak el que gobernaba desde las sombras los destinos del pueblo de Iraluq. Ni siquiera Talaqtto era consciente de ello. *"La Serpiente"* como ellos se referían a Ijlaak, tenía la lengua más habilidosa y embaucadora que hubiese conocido en la vida, y con sus juegos, intrigas, y sus dulces palabras hacía de su nawaii lo que le venía en gana. De hecho, tanto él como Hamalk y el resto de sus benawais, estaban convencidos de que había sido él, la Serpiente, quien había ideado el plan para hacerse con la Fortaleza y para que Talaqtto se autoproclamase srers de toda tierra habitada, o deshabitada, que hubiese en el planeta, de ese modo él podría gobernar en las sombras, y mientras la cara la diese otro Ijlaak podría actuar con completa impunidad mientras se llenaba los bolsillos de khuats.

Qourk apostaba que, con seguridad, Talaqtto había estado tan distraído el día anterior tomando posesión de su nuevo cargo que se le olvidó decirle a su hombre de confianza el buenísimo cambio que había hecho con él, todos los esclavos y los khuats a cambio de una furcia, como había considerado a Eobe.

—De todos modos tenemos que levantar el campamento lo antes posible. —le dijo a su hombre de confianza—. No me quiero arriesgar.

—Sigo sin creer que sea buena idea que nos dividamos al llegar al Valle de los Peyacks. —le dijo Hamalk.

—¿Tienes otra idea mejor?

—Sí, seguir todos juntos, y si esos hombres nos alcanzan les matamos. —dijo haciéndose una señal en el cuello con el dedo pulgar de un lado a otro a modo de corte. Eran muy escasas las veces en las que Hamalk perdía la cabeza y se dejaba llevar por sus ansias de venganza.

Ese no era el momento de perder los nervios, debían seguir su plan inicial tal y como lo habían trazado y meditado durante tantos meses.

—No me interesa que Talaqtto nos declare la guerra, y si matamos a sus hombres es lo que vamos a conseguir. Necesitamos el tiempo suficiente para que esa gente ponga sus miras en otro lado. Los waggoshianos no se van a quedar de brazos cruzados cuando se enteren de la masacre y de todo lo que han perdido, entonces irán a por los Iraluqs, y apuesto que el resto de los hombres del este se unirán a ellos.

Quien más quien menos ha perdido a algún hombre en la Fortaleza.

—Entonces Talaqtto reclamará el juramento que hicimos para luchar a su lado contra los hombres del este.

Le había costado meses de conversaciones, de tensos juegos, de hacerse de rogar y de esperar, mucho. Había tenido que fingir durante mucho tiempo que no le interesaba su plan, que no le interesaba meterse en una guerra contra las gentes del este. La verdad era que para llevarlo a cabo Talaqtto les necesitaba, ellos tenían el ejército más numeroso y mejor preparado de todo el oeste, así que hizo todo lo posible, o al menos eso creyó él, para convencerle. Pobre infeliz, le había engañado a él y a su serpiente.

Qourk sonrió sintiéndose orgulloso, si Talaqtto y su hombre de confianza, Ijlaak, se creían astutos él también lo era, aunque a veces aparentase que era un bruto y salvaje campesino del norte, esa era su mejor baza en el dulce juego de la venganza.

—Yo solo he jurado ayudarle a convertirse en srers. He cumplido, así que nada más me ata a él. —Hamalk sonrió. —De todos modos nos pedirá ayuda.

—Lo sé. Estoy esperando con ansias ese momento.

—Y los hombres del este vendrán a por nosotros por haber colaborado con la muerte de uno de los suyos.

—Los hombres del este estarán más preocupados por sacar a una sucia alimaña del oeste de esa silla que en buscarnos.

—¿Cómo está tan seguro mi señor?

—Confío en el buen hacer de nuestro querido amigo Talaqtto. Además, apuesto a que más de uno de los nawaii del este estaba deseando que Worji estirase la pata para ocupar su lugar, así que tendrán cosas más interesantes que hacer que venir a Halira a ajustar cuentas.

—Ojalá mi señor tenga razón. Y hablando de Worji ¿qué va a hacer con la mujer? —preguntó Hamalk.

Eso estaba siendo otro problema. Qourk no había contado con que Eobe ni siquiera supiese de donde procedía. En teoría, su plan había sido unirse a ella y persuadirla para que hablase con su pueblo, los ianeekous, y les convenciese para que se aliasen con ellos una vez más, de ese modo ambas partes salían favorecidas, los halirianos conseguirían lo que tanto deseaban, y los ianeekous podrían vengarse de los hombres que tanto daño les habían hecho en el pasado y que habían destruido la mayor parte de su bosque.

Solo que ahora tendría que encontrar otro modo para que eso sucediera.

—Ella no sabe que es una ianeekou. Anoche tuvimos una interesante charla y me lo contó, su padre la obligaba a llevar el pelo cubierto y la hizo creer que el que su cabello fuera de ese color era una malformación de nacimiento. ¿Qué te parece?

—¿Y ella se lo creyó?

—Por supuesto. Sus maestros también se lo confirmaron, además apuesto a que Worji apenas le dejaban abandonar la Fortaleza para que no hablase con ningún desconocido que pudiese descubrirle la verdad. De hecho, ni siquiera conocía que hubiese ciudades al otro lado de las Montañas Waggosh. Se lo han ocultado todo.

—Lo que no entiendo es porque Worji no ha aprovechado la condición de su hija para poner a los ianeekous de su lado.

—Le he estado dando vueltas y he llegado a la conclusión que solo puede ser porque esa hija sea el fruto de una violación. Eobe me contó anoche que su madre no la quería. Me apuesto que en la Gran Guerra el bueno de Worji se debió divertir un rato con una ianeekou y dejarla embarazada, después ella debió dar a luz a una niña a la que no podía mirar sin que el recuerdo de la violación le acosase. Seguramente tal vez ni su propia familia aceptase a esa niña, ya sabes cómo son los ianeekous, así que ella se la llevó al sres, y este, arrepentido, la crió como hija del matrimonio.

—Mi señor, me disculpe, pero a veces eres un poco retorcido. —le dijo Hamalk sonriendo.

De todos los hombres que le rodeaban a Hamalk era al único que le permitía que le hablase de ese modo, y solo cuando ambos estaban a solas, no por nada habían sido amigos desde la infancia.

—¿Tienes alguna otra idea de por qué entonces tenían a esa muchacha escondida y engañada?

—Ni siquiera sabemos si la tenían escondida.

—Apuesto a que…

—Mi señor apuesta demasiado y un día puede perderlo todo.

—¡Eres un insolente! —Hamalk le hizo una reverencia.

—No pretendía ofenderle, solo quiero hacerle ver que a veces no es bueno dar las cosas por sentadas.

—Lo sé, amigo, créeme.

—Lo que me resulta difícil de creer de toda esta historia es que te pasases toda la noche hablando mientras tenías una bonita mujer dentro de tu cama. —le dijo volviendo a sonreír.

—¡Ves como eres un insolente! Debería cortarte la lengua por eso. —le dijo con una sonrisa—. ¿Quién te ha dicho que pasé la noche hablando? Tendría que haber perdido el juicio por completo para eso, y créeme que todavía no ha llegado ese momento.

—No, ha llegado el momento de que recuperemos lo que por nacimiento nos pertenece. —respondió Hamalk con seriedad.

—Sí, amigo la victoria está cerca, por lo que es ahora más que nunca es cuando debemos de mantener la cabeza fría si no queremos que todos nuestros esfuerzos sean inútiles.

—¿Y me lo dices tú que te has unido a una ianeekou sin ni siquiera saber su nombre?

—Da gracias a que te tengo aprecio si no dejaría que mi yawatt se desayunase tus pelotas. —Hamalk se rió.

—Me gustaría conservarlas hasta llegar a casa y que mi esposa diera buen uso de ellas. Gracias. —Qourk sonrió.

—Entonces cuida esa lengua. —Hamalk le hizo una reverencia—. Y hablando de lenguas ¿A quién has dejado infiltrado?

—Naiaran

Nakhawatt asintió, era un aguerrido soldado y lo que era más importante, fiel. Confiaba casi tanto en él como el Hamalk y eso no era algo realmente fácil de conseguir.

—Venga, vamos a levantar el campamento. —añadió Qourk.

Si al principio había creído que unirse a Eobe Worji era la mejor idea que alguna vez había tenido, tras ocho largos y agotadores días había cambiado radicalmente de opinión. De pronto su esposa había enloquecido. Se pasaba el día diciendo que tenía un enjambre de abejas dentro de la cabeza, y ni siquiera cuando se iban a descansar parecía relajarse. Estaba tan desquiciada que la noche anterior incluso había comenzado a golpearse la cabeza contra el suelo para que las abejas se marchasen y le dejasen dormir, y lo peor era que fuese lo que fuese lo que le sucedía ponía a los yawatts de lo más nerviosos. Además, les estaba haciendo ir más despacio de lo que deberían, por lo que estaban preocupados, si seguían a ese ritmo los hombres de Talaqtto no tardarían mucho en alcanzarles, y eso era lo que menos le interesaba.

Por lo menos había dejado de gimotear hacía un par de horas, lo cual era un descanso para todos, y parecía que se había quedado dormida a lomos de Garra.

Desde luego, Eobe se había convertido en un gran problema para él. Ninguno de sus hombres se había atrevido a decirle a la cara lo que él les escuchaba comentar a sus espaldas. No solo comprendía sus quejas, sino que también las compartía, sin embargo, no podía deshacerse de ella, todavía tenía la esperanza de que le ayudara en sus propósitos.

Un latou descendió con rapidez hacia la posición de Hamalk. Su hombre de confianza estiró el brazo izquierdo y este se posó sobre él. Atado en la pata llevaba un trozo de papel enrollado en una tira de cuero marrón, Hamalk lo desató y después de leerlo se lo dio a Nakhawatt.

Qourk se preocupó, por lo que ponía en ese documento, a esas alturas los hombres de Talaqtto les estarían pisando los talones. Tenían que acelerar el ritmo así que se dirigió hacia su esposa, él se encargaría que fuera más deprisa.

Al llegar a su altura la llamó por su nombre y ella levantó la cabeza. Lo que vio le hizo que se le cortase la respiración, sus ojos se habían vuelto de un tono rosa tan pálido que parecía blanco. Qourk había oído historias sobre los ianeekous, dependiendo de su estado de ánimo el color de ojos podía variar desde el morado más profundo al rosa más blanquecino, lo cual resultaba realmente inquietante.

Su esposa se detuvo y él la imitó, deseando que esa fuese la última parada hasta bien entrada la noche.

—Eobe, escúchame. Necesito que le hagas correr a Garra todo lo deprisa que pueda, alguien nos está persiguiendo y no podemos permitir que nos alcancen.

—¿Alguien de Galduru?

—Los soldados del hombre que intentó abusar de ti. A estas alturas sabrán que nos hemos unido y van a intentar separarnos. —No quiso darle muchos detalles ni contarle toda la verdad, no se fiaba de que alguno de sus soldados no estuviera siendo bien pagado por Talaqtto. Además, confiaba en que si le causaba algo de miedo aligerase la marcha.

Su esposa parecía que se iba a desmayar de un momento a otro.

—Lo intentaré, pero, por favor, sácame las abejas de la cabeza, con ellas dentro no puedo hacer nada, ni siquiera puedo pensar— le rogó sollozando.

—No sé cómo hacerlo. —confesó Nakhawatt con impotencia. Si solo supiera cómo ayudarla…

—No puedo seguir más así, por favor.

Un hombre montado en su yawatt y seguido de un caballo marrón cargado con varios bultos pasó por su lado a paso lento. Ella se agarró la cabeza con fuerza y ahogó un gemido, a continuación se desmayó y se cayó al suelo.

Qourk mandó a todos sus hombres parar y desmontó de mal humor para atender a su esposa. Eso solo les entretendría más. Hamalk se acercó a ellos para comprobar qué había sucedido.

—Hay que hacer algo con ella. —le susurró su hombre de confianza para que nadie le oyese.

—Ahora no podemos…

Eobe despertó y abrió los ojos lentamente. En vez de mirarles a ellos, tal y como Qourk se esperaba que hiciese, la dirigió al hombre que iba tirando del caballo y que se había detenido no muy lejos de ellos.

—Él. —susurró Eobe mientras Garra le lamía la cara.

Los dos giraron rápidamente la cabeza para observar a quien se refería la ianeekou.

—¿Qué pasa con él?

—Él provoca a las abejas. Es él, tiene que serlo. —dijo ella ante el asombro del soldado. —Qourk se puso de pie.

—Vamos a acabar con esto de una maldita vez. —Señaló al hombre—. ¡Tú, ven aquí!

El hombre se acercó tembloroso a lomos de su yawatt acompañado por su caballo. Eobe comenzó a sollozar de nuevo mientras Garra comenzaba a gruñir. La única que podía controlarlo era su dueña, pero estaba muy distraída como para darse cuenta que su animal se había abalanzado sobre el caballo de aquel hombre en cuanto este llegó a la altura de su nawaii.

Qourk y otro par de soldados más intentaron controlar a Garra, el cual comenzó a morder los bultos que el caballo llevaba.

—¡Eobe, llámalo. Llama a tu yawatt! —le gritó mientras el caballo relinchaba y se encabritaba.

En esa ocasión su esposa le hizo caso y en cuanto Garra se acercó a ella, tanto Qourk como los otros dos hombres que le estaban ayudando, liberaron al caballo de su carga.

—¿Qué llevas aquí dentro? —le preguntó Qourk de malos modos.

—Nada mi señor, solo su tienda de campaña, sus ropas y poco más.

—¡Quiero verlo con mis propios ojos!

Efectivamente, allí no había nada extraño, o al menos eso era lo que creía Qourk hasta que uno de sus hombres sacó una caja de madera y se la acercó. Eobe, que hasta ese momento había permanecido abrazada a Garra, se soltó y comenzó a retorcerse con las manos en la cabeza y a gritar.

No podía ser cierto lo que se estaba imaginando, aún así lo comprobó. Qourk abrió la caja, allí solo había varias hojas de papel sustraídas de la Fortaleza y la pequeña corona que ella le había obsequiado como regalo por su unión. Qourk la extrajo, y con ella en la mano derecha, se acercó a su esposa. Eobe dio un último grito y se desmayó nuevamente. En esa ocasión él se preocupó, ya que su esposa empezó a sangrar por la nariz.

Nakhawatt comenzó a pensar que tal vez esa corona le había servido al anterior srers como algo más que un simple adorno.

—Mi señor me perdone. —Le dijo otro de sus hombres al mismo tiempo que daba un paso al frente y hacía una reverencia—. Mi abuelo me ha contado historias. Dice que los murmuradores son capaces de hechizar objetos para que tengan controlados a quien los posea. Me contó que en la Gran Guerra los hombres del este contrataron los servicios de los murmuradores para dominar a los ianeekous que hacían prisioneros. Según me dijo hechizaron los grilletes que les ponían en el cuello para que perdiesen sus poderes y así poder usarlos como esclavos. Esos grilletes les producían un efecto muy parecido al de su esposa, con solo estar cerca de esos ellos se retorcían de dolor, esa era la manera que tenían los grilletes de reclamar a su dueño. Mi abuelo decía que algunos enloquecían, y hasta que no se lo colocaban en el cuello los dolores no cesaban, incluso algunos morían por su causa.

—¿Y tu abuelo como sabía eso? —le preguntó intrigado. Por lo que ese hombre le había dicho Worji le había hecho cosas mucho peores a su hija de lo que se había imaginado.

—Fue prisionero suyo durante unos años hasta que logró escapar.

Nakhawatt se quedó pensativo, tenía que terminar con eso de una vez así que le ordenó al hombre que le había contado aquella historia que cavase un hoyo lo más profundo posible lejos de donde ellos estaban. Qourk le siguió, y cuando el agujero estuvo terminado, tiró la corona dentro y la enterraron. No quería que los hombres que les seguían viesen que alguien había hurgado en la tierra así que cogió una pesada piedra y la colocaron encima.

Al regresar donde estaban sus soldados y su esposa esta ya se había despertado y sus ojos estaban recobrando el color violeta con el que la había conocido. En el momento en el que llegó a su altura Eobe le miró.

—Gracias. —le susurró con alivio y una tímida sonrisa, se montó a lomos de Garra y comenzó a montar tan rápido como su animal era capaz.

Aeneris hacía mucho tiempo que se había dejado ver en el firmamento, y su hijo Qhoré esa noche se asomaba con timidez por su lado derecho. Había sido un día largo para todos. Tenían que recuperar el tiempo perdido así que no ordenó acampar hasta bien entrada la noche.

Después de darle las órdenes pertinentes a sus hombres Qourk se dirigió a su tienda. Estaba cansado, pero un buen nawaii no podía dar señales de debilidad, así que con paso firme llegó hasta allí y abrió la lona.

Antes de ni siquiera ver algo oyó un gemido de sorpresa. Al lado izquierdo estaba su esposa colocando su ropa sobre un baúl de madera y completamente desnuda. Su fascinante pelo rosa le caía por la espalda hasta por debajo de los omoplatos, y su tersa y adictivamente suave piel blanca le pedía a gritos que le acariciara.

Eobe se giró sobresaltada, tapándose con sus manos sus deliciosos encantos,

—Tranquila, soy yo. —le dijo deleitándose en sus formas de mujer.

Ella miró a la cama, sin duda deseando echar a correr hacia allí para cubrirse con las mantas de piel de peyack, sin embargo, lo único que él deseaba era verla completamente desnuda y hacerla el amor hasta caer agotado. Desde aquella primera noche no había vuelto a suceder, toda la culpa la habían tenido esas malditas abejas que no les había dejado casi ni dormir.

Atraído por ella comenzó a caminar en su dirección. No quería asustarla, él podía ser algo brusco a veces y lo menos que quería era que su esposa le tuviese miedo.

—¿Cómo te encuentras? —Le preguntó para romper la barrera que ella tenía contra él. —Eobe le miró y suspiró aliviada.

—Mucho mejor, muchísimo mejor. —le respondió mirándole a los ojos—. Hamalk me ha contado lo que mi señor ha hecho por mí. Le estaré siempre agradecida.

Qourk arrugó el entrecejo, no quería ser descortés, pero…

—Entonces baja las manos para que pueda verte mejor. —Se moría por verla completamente desnuda.

Su esposa se sobresaltó ante su crudeza. Ya se encargaría él que en poco tiempo dejase de hacerlo.

Lejos de obedecerle Eobe giró la cabeza y mantuvo sus brazos y sus manos firmemente colocados cubriendo sus intimidades. Eso no lo iba a consentir, su esposa tenía que acatar sus órdenes, así que se acercó a ella y la sujetó con fuerza por el brazo que cubría sus senos. Qourk la notó tensarse y luchar contra él. Quisiera o no iba a obligarle a apartar esas malditas manos de donde estaban.

—No me obligues a quitarte yo los brazos. —le advirtió.

Eobe sollozó al mismo tiempo que relajaba sus extremidades, dejando al descubierto todo lo que él quiera ver.

Si, preciosa.

En todo el tiempo que duró su exploración visual ella no dejó de sollozar, lo que logró ponerle nervioso. No soportaba oír llorar a una mujer y mucho menos cuando pretendía llevársela a la cama, así que la cogió en brazos y la tumbó sobre la manta de peyack.

—Deja de llorar de una vez, mujer. Si quisiera hacerte daño te hubiera obligado a ponerte esa maldita corona de nuevo. —Ella abrió mucho los ojos.

—No, por favor. —le suplicó asustada—. Otra vez no.

—Entonces más te vale que me obedezcas. —le respondió sin apartar los ojos de sus senos.

La tentación era demasiado fuerte y pronto se encontró acariciando su nívea y tersa piel. Si, esa noche iba a disfrutar de la dulzura del cuerpo de su esposa.

Comenzó a besarla como había hecho la primera vez. Quería sentir como Eobe se retorcía de placer bajo sus labios, tal y como había ocurrido aquella primera vez, quería oír sus leves gemidos que le habían embriagado hasta casi perder la razón, solo que en esa ocasión su esposa estaba ausente, no conseguía en ella la respuesta que esperaba, así que con sus labios bajó hasta sus pechos, si ella no disfrutaba por lo menos él si lo haría.

—No entiendo… ¿Cómo es posible…? La corona me la regaló por mi padre, él nunca hubiese… Yo siempre la he llevado conmigo, no me la quitaba para nada, y las abejas no aparecieron hasta… —comenzó a decir Eobe de pronto.

Qourk paró lo que estaba haciendo y la miró con recelo.

—¿Estás intentado distraerme, mujer?

—No. Es solo que no comprendo… no me explico cómo…— Eobe negó con la cabeza y se llevó las manos a la cara.

Por lo menos su esposa era sincera, Qourk podía sentir su confusión, incluso la entendía.

—Tu padre no quería que tus capacidades vieran la luz, que la gente las conociera.

—¿Qué capacidades?

—¿Recuerdas la historia que te conté? ¿Recuerdas la parte sobre la que los ianeekous compartían con la diosa Aeneris los pocos poderes que le quedaban? —Ella asintió—. Pues esas capacidades son de las que te hablo. Nadie sabe cómo, pero la gente de tu raza tiene un vínculo especial con la naturaleza, y a tu padre, por lo que fuera, no le interesaba que ni tú ni el resto de la gente de a tu alrededor supieran lo que tú eres y los dones que posees.

—Yo no tengo ningún don especial.

—Todos los ianeekous los tienen, tú no vas a ser menos, el problema es que los tuyos han estado ocultos, aprisionados toda tu vida a causa de esa corona. Apuesto que dentro de poco comenzaran a dar la cara.

—¿Cómo es posible? yo siempre he llevado la corona puesta y nunca me ha hecho daño ¿porqué ahora sí? ¿Cómo es posible que una simple joya pueda causar ese dolor?

—Por lo visto no era tan simple como parecía. Estaba hechizada, por ese motivo causaba ese efecto en ti, era su modo de reclamarte. —Qourk la vio arrugar el entrecejo.

—¿Metiendo abejas en mi cabeza?— preguntó después de unos segundos.

—Así es.

—¿Y por eso solamente yo podía oír a las abejas? —Él asintió aunque no estaba muy ducho en esos temas. Sin embargo, a juzgar por la historia que su soldado le había contado y las reacciones de su esposa, juraría que había sido ese el motivo.

Eobe se quedó en silencio mucho tiempo, tanto que él creyó que no iba a volver a abrir la boca en toda la noche, y cuando se disponía a continuar con el delicioso entretenimiento con el que estaba antes de que ella le interrumpiese, Eobe volvió a decir.

—¿O sea que toda mi vida ha sido una mentira?

Qourk se apoyó sobre su codo y la miró, sus ojos volvían a ser del mismo pálido color que por la mañana. No quería hacerle daño pero tampoco mentirla.

—Me temo que sí. —Eobe solo suspiró y giró la cabeza en dirección a la puerta.

Así permaneció hasta que él terminó de hacerle el amor y la obligó a abrazarse a su sudoroso cuerpo. A pesar de la modorra que le acechaba podía sentir la tensión en todos los músculos del delicado cuerpo de su esposa. Sin duda no había sido nada fácil para ella todo lo que había sucedido en los últimos días, especialmente ese último. A Qourk le preocupaba especialmente el momento en el que sus dones hiciesen aparición, Eobe no tendría ningún control sobre ellos y solo los dioses sabrían que podría ocurrir. Sequía, hambruna, días y días seguidos de lluvias incontroladas, quien sabría, solo que fuera lo que fuera le inquietaba sobremanera.

La opción de llevarla con los suyos hasta que supiese cómo dominarlos le ocupó el pensamiento durante un par de segundos. El problema era que si la dejaba en el Bosque de las Lágrimas cuando quisiese regresar a buscarla los ianeekous no le permitirían llevársela, así que solo le quedaba una opción, en cuanto llegase a Halira haría llamar a algún murmurador, aparte de los ianeekous, solo ellos serían capaces de ayudar a su esposa.

Planes

Casem Ijlaak estaba sentado en el cuarto que había habilitado en la Fortaleza como su despacho. Era una habitación no demasiado espaciosa, con una pequeña ventana que daba a la ciudad. La había elegido porque desde allí podía observar el trascurrir de la vida de los galdurianos, por lo menos de una parte de ellos, ya que la ciudad era demasiado grande como para controlarla todo desde allí. Con esa parte se hacía una idea de las costumbres de ese lugar, eso siempre era bueno a la hora de tratar con alguien, conocer bien al enemigo.

Se encontraba con la mirada perdida, meditando sobre las noticias que acababa de recibir. Sus hombres estaban cerca de los halirianos, y dentro de poco tendrían a Nakhawatt y a la escolta que le seguía hasta sus tierras de regreso en la Fortaleza, y por supuesto tendría en su poder a la hija de Worji.

Que sorpresa se había llevado al enterarse que aquella frágil muchacha era una ianeekou. No le había durado mucho, el inútil de Talaqtto la había dejado escapar, más bien se la había regalado a Nakhawatt sin pensar, sin ni siquiera consultárselo a él. Ese estúpido gordo sin cerebro, si no fuera por él no sabría ni ponerse las botas, por su culpa… no, no iba a dejar pasar esa oportunidad, iba a traer de vuelta a esa muchacha al precio que fuera.

Si él poseyera a una ianeekou… ¡Oh, sí! nada podría detenerle. Sería el señor de todo, la gente se postraría a sus pies, le temerían, le respetarían. Y en relación con ese bruto campesino de Nakhawatt... tal vez no le había juzgado bien, quizá no fuera tan ignorante y estúpido como él había creído. La jugada de unirse con la hija de Worji y salir corriendo había sido buena. Si los halirianos llegaban a su territorio antes que sus hombres les alcanzasen perdería a la ianeekou, y si se la arrebataba dentro de sus tierras tendrían que enfrentarse a una guerra contra ellos también, y eso no le convenía, no en esos momentos en los que los pueblos del este iban a centrar sus fuerzas para sacarles de la Fortaleza y derrocar al nuevo srers.

Lo único que le echaba a perder todo el plan era que él contaba con los halirianos para que luchasen contra los hombres del este, aunque dudaba mucho que Nakhawatt quisiese hacerlo después de que él fuese a quedarse con su esposa.

Ijlaak se puso de pie y se asomó por la ventana. Estaba en una situación muy delicada. No podía permitirse el lujo de enemistarse con los halirianos si quería seguir siendo el hombre más poderoso del mundo, y para eso, por desgracia, necesitaba al ejército de Nakhawatt, aunque lo que realmente le gustaría sería pegarle una patada en el culo a su nawaii y enviarle a su querida Halira volando por lo que les había hecho. Les había abandonado cuando más le necesitaban.

Ratas traidoras.

Por otro lado, estaba la tentación de poseer a una ianeekou. Con solo una de ellos podría aniquilar a los pueblos del este y ponerlos a su merced. Si, se le hacía la boca agua solo de pensarlo. Y por supuesto él había tenido una idea brillante. Sus hombres secuestrarían a la chica haciéndose pasar por alguien de Wagga.

Ijlaak sonrió sintiéndose tremendamente orgulloso de sí mismo.

Les había obligado a quitarles los uniformes a los soldados muertos de Staanka y a llevarlos puestos hasta que volviesen a la Fortaleza con la hija de Worji, de ese modo, si alguien les sorprendía, él tendría las espaldas cubiertas.

Nadie podría descubrir la verdad.

Suspiró, todavía le quedaba solucionar el pequeño tema de donde alojaría a esa muchacha después del secuestro, por supuesto que no la iba a dejar en Galduru con ellos, por lo que buscar un nuevo hogar, o más bien, una segura prisión para ella, era lo prioritario.

Salió de su despacho con paso firme, primero se pasaría a echar un vistazo a ver qué estaba haciendo Talaqtto y después a visitar que su invitado especial estuviese colaborando con ellos.

El primer lugar donde miró fue en su dormitorio, el que hasta hace poco había usado su antecesor en el cargo, Hergard Worji. Personalmente creía que la decoración de aquel cuarto era demasiado sobria, pero a Talaqtto le gustaba, así que le dejó que se quedase con esa estancia. Para su sorpresa el nuevo srers ya se había levantado, en su lugar había una mujer de bastante edad cambiando la ropa de la cama y limpiando. Eso no era muy normal en él e Ijlaak se preguntó en donde se habría metido y que era lo que se traía entre manos.

Se dirigió directamente a la sala del trono, el lugar en donde Yovn Talaqtto se creía que gobernaba el mundo.

Allí estaba, sentado con su estrecha túnica de color naranja y con cara de preocupación. Un hombre de la guardia estaba hablando con él así que se acercó a ellos para saber que había sucedido.

—… una semana, nada más, sino que se atengan a las consecuencias. —le oyó decir al srers. El soldado hizo una reverencia y se marchó.

—¿Algún problema mi señor? —Talaqtto se sobresaltó.

—Ah, eres tú Ijlaak, no te había oído acercarte. —No, por supuesto, él nunca estaba alerta, ni sé preocupada por nada que no fuese su propio trasero.

—Lamento haberle asustado, mi señor.

Talaqtto le hizo un gesto con la mano quitándole importancia.

—No, nada que no hubiese previsto antes de llegar. Algunos galdurianos están poniendo algo de resistencia y han atacado a nuestros soldados. Por lo visto no están contentos con su nuevo srers y no quieren presentar los debidos respetos a su nuevo señor.

Pese a que fue él quien le advirtió de la más que segura hostilidad de los galdurianos hacia el nuevo srers, no hizo ni un solo comentario al respecto, le gustaba hacer creer a Talaqtto que era él el cerebro pensante y el mejor estratega.

—No se preocupe, mi señor, pronto todos ellos se postrarán ante usted como se merece. —le dijo haciendo una reverencia.

—Les he dado una semana de plazo, si en ese tiempo siguen las hostilidades me veré en la obligación de atacar la ciudad para enseñarles a esos ingratos quien manda ahora. —Ijlaak negó con la cabeza.

—Si me permite decírselo, mi señor, creo que es demasiado generoso con esa gente.

Talaqtto se levantó del trono, se acercó a él y le palmeó en la espalda con fuerza.

—Mi querido amigo Casem, no siempre es conveniente apretar el nudo de la soga de golpe, es mejor ir despacio, poco a poco, hasta que un buen día se despierten y se den cuenta de que todo es mío, incluso sus desgraciadas vidas.

Ijlaak asintió. Si eso era exactamente lo que querían.

—Mi señor tiene toda la razón.

—Por supuesto y dime, ¿qué te trae por aquí?

—Solo venía a comprobar que estaba todo bajo control, he oído que alguno de los sirvientes no está colaborando mucho.

——Entonces que sean castigados. —Él hizo una reverencia.

—Como desee, mi señor— le dijo e hizo ademán de marcharse.

—Espera ¿Cómo vamos con la recomposición del ejército?

—La huida de los halirianos nos ha dejado en franca desventaja con respecto a los pueblos del este. He mandado a una tropa a que busque refuerzos por todas las regiones del oeste, y un barco va a partir mañana hacia la Isla de Iacara para intentar convencer a su nawaii para que se una a nuestra causa.

—Deberías ir tú en persona a tratar con él. —Sí, debería, el problema era que no se fiaba de dejar a Talaqtto solo tanto tiempo.

—Tenemos demasiadas cosas que solucionar aquí y no me gustaría dejarle con todo, el srers no tiene porqué cargar con ciertas preocupaciones.

—El reclutar a todos los hombres posibles es nuestra prioridad, y no confío en nadie más que en ti para que consigas convencer a los iacarianos. Sé que solo tú podrás conseguirlo.

—Pero mi señor…

—No quiero oír ni una sola palabra más sobre esto, mañana embarcarás hacia Iacara y en una semana te quiero de vuelta con un millar de hombres detrás de ti.

Ijlaak sintió la furia crecer dentro de él, sin embargo, asintió, todavía tenía todo un día por delante para convencerle de lo contrario, solo tenía que idear algo.

—Si me permite mi señor voy a disponer las tropas, no quiero que suceda nada en mi ausencia.

Yovn Talaqtto le hizo un gesto con la mano y él echó a andar. No es que el srers no tuviese razón, él era la única persona con capacidad para convencer con la suficiente rapidez al nawaii de los iacarianos, el problema era que no se fiaba de lo que pudiese pasar en su ausencia. Era consciente de que necesitaban cuantos más hombres mejor, y de que los iacarianos no eran precisamente conocidos por su ferocidad, más bien por su voraz apetito y su predilección por el vino y el sexo, solo esperaba que con un buen entrenamiento pudiesen convertirse en correctos soldados. Tan solo había que darles el aliciente suficiente para conseguirlo, y él sabía cuál era.

Se dirigió hacia los cuarteles de los soldados con paso firme, tenía que hablar con su ghalee para comprobar de cuantos hombres disponían. Tuvo que cruzar un patio en el que una veintena de ellos estaban entrenando para llegar hasta donde estaba el hombre al que andaba buscando. Apenas daba el sol, sin embargo, todos aquellos soldados estaban sudando, lo cual significaba que se estaban esforzando, y eso era bueno, con la baja de los halirianos necesitaban gente dura y eficiente en su oficio, el de defender sus ideas y matar por ellas si era necesario, y en aquel momento lo era, y mucho.

Shone Brogan era un hombre parco en palabras. De él se rumoreaba que sin necesidad de ningún arma era capaz de matar un oso con sus propias manos. Nunca le había creído capaz de tal cosa, pero prefería no ponerle de mal humor por si las moscas.

El ghalee le explicó que con la ausencia de los veinte mil soldados de Nakhawatt solo podía contar con once mil, bueno diez mil setecientos noventa y tres hombres aproximadamente, sin duda no los suficientes. Incluso contando con que pudieran convencer a los iacarianos, y poniéndose que en el mejor de los casos consiguieran dos mil hombres más, seguían siendo pocos. Ese maldito de Nakhawatt se la había jugado bien jugada.

—Que vaya un destacamento a Iraluq, que se traigan los hombres que puedan, y de camino que se pasen por las aldeas que encuentren y recluten hombres. —Alguien llamó a la puerta.

—¡Pase!— gritó Brogan. —Un soldado entró.

—Acaba de llegar un latou con esta nota.

El ghalee cogió el pequeño trozo de papel y lo leyó.

—Los Staanka acaban de salir de Waggosh con su ejército y vienen hacia aquí. —dijo el hombre. Ya se lo esperaba.

—¿Dice con cuántos hombres vienen? —Brogan negó con la cabeza.

—Está bien, prepara a tus hombres. Que intenten parar a los waggoshianos en Addia.

El ghalee se puso de pie, le hizo una reverencia y salió al patio, a gritarle a sus hombres que reuniesen a todos los selekis, la guerra iba a comenzar.

Hacía un sol de justicia, y el aire húmedo del mar solo conseguía que la sensación de calor fuese más agobiante.

Le había costado convencer a Talaqtto que era mejor que él se quedase en Galduru, a su lado, preparándolo todo para la batalla. Si los Staanka habían partido seguro que el resto de hombres del este no tardarían mucho en unirse a ellos.

Se quedó de pie en el puerto viendo como el barco hacia la Isla de Iacara partía y se alejaba. Solo esperaba que el consejero que habían elegido para convencer a los iacarianos tuviese éxito, en el caso de que fallase tendrían que ir a la Isla de Lix y llevarse de allí a todos los presos que pudiesen sostener una espada y luchar. No es que le gustase mucho la idea de confiar su defensa a ladrones, violadores y asesinos, pero si no le quedaba más remedio usaría todos los recursos que pudiese conseguir.

De camino de vuelta a la Fortaleza notaba como la gente les miraba con recelo, con odio, con desprecio, cuchicheaban a su paso y se daban codazos los unos a los otros para advertirse mutuamente de su presencia.

—¡Asesinos! —oyó gritar a una voz de mujer— ¡Iros a vuestras apestosas tierras! —El resto de gente que había a su alrededor les comenzó a abuchear. Eso no lo iba a consentir.

Se acercó cabalgando hacia uno de la media docena de soldados que iban con él.

—Cuando llegues a la Fortaleza coge un grupo de hombres. Quiero que encuentres a la persona que se ha puesto a gritar y que reciba un buen escarmiento. —El hombre simplemente asintió con seriedad. Les iba a enseñar a esos desgraciados lo que era el respeto.

Fue directamente a buscar a Talaqtto tal y como el srers le había ordenado, tenía que confirmarle que el barco había partido sin novedad hacia Iacara.

En cuanto entró a la sala del trono suspiró. No podía dejarle solo ni un momento. Talaqtto estaba hecho una furia, gritando y golpeando todo lo que se encontraba por delante.

Se acercó con cautela a él, no quería terminar con un diente menos o un ojo morado.

—Mi señor ¿Qué sucede? —le preguntó con suavidad.

Talaqtto señaló a Shone Brogan, el ghalee permanecía impertérrito a dos escasos metros de los ataques de furia de su señor.

—Este. —le respondió señalando al hombre que permanecía con los brazos cruzados—. Insiste en llevarme la contraria, se cree que entiende mucho de estrategias militares y lo único que hace es idear estúpidos modos de enviar a nuestros hombres a la derrota más humillante. Él se acercó más.

—¿Qué es lo que tiene pensado mi señor? —Ijlaak oyó como Brogan gruñía y aunque le dieron ganas de explicarle lo que iba a hacer se contuvo e hizo que no había escuchado nada. Tanto él como Brogan habían estado hablando de cuál sería el mejor modo de encarar el ataque contra las tropas waggoshianas, conocía a la perfección el plan del ghalee, y no solo eso, sino que también lo compartía. Seguro que los Staanka no se esperarían que ellos les emboscasen de ese modo, no era su estilo, a los iraluqs les gustaba la lucha cara a cara, sin trucos ni engaños, solo hombre contra hombre, acero contra acero, carne contra carne, ese era el modo de pelear de un iraluq. Sin embargo, debido a los últimos enfrentamientos contra las amazonas de Imoro habían aprendido un par de buenos trucos. Esas perras traicioneras eran bien conocidas por ser tan silenciosas como las serpientes y tan feroces como una manada de yawatts y ellos no iban a dejar pasar la oportunidad que tanto tiempo y esfuerzo les había costado, por fin se habían hecho con el trono y con el poder.

Ijlaak sabía que les quedaba la parte más difícil, rechazar los ataques de sus enemigos y asentarse en el poder, y para ello haría cualquier cosa que fuera necesaria. Nadie les iba a sacar de allí.

Talaqtto mandó a uno de los sirvientes que estaban acurrucados en una esquina de la sala, a que recogiese la mesa que él había tirado preso de la ira y el mapa que en algún momento había debido estar encima. Una vez todo estuvo colocado en su sitio el srers comenzó a explicar.

—Tenemos que mandar al ejército al encuentro de los Staanka. Nuestros hombres estarán esperándoles entre la aldea de Addia y Galduru, de ese modo cuando los waggoshianos lleguen nuestros hombres les aplastarán. Esos montañeses no podrán luchar con la misma agilidad que lo hacen normalmente en sus tierras por culpa de esas pesadas ropas que suelen llevar y del calor tan asfixiante de estas tierras. Esa será nuestra ventaja.

—Un plan excelente, mi señor. —Aunque Ijlaak oyó a Brogan gruñir nuevamente continuó sin prestarle atención. Al ver a su nawaii asentir en aprobación por su apoyo Casem aprovechó para añadir—. Conociéndole como conozco a mi señor, ¿me equivocaría demasiado al creer que ha planeado enviar un pequeño destacamento a la aldea de Addia? —Talaqtto entrecerró los ojos y se cruzó de brazos.

Casem ya le había visto ese gesto en varias ocasiones por lo que sabía lo que venía a continuación.

En algo no había mentido, le conocía mejor incluso que el propio Talaqtto se conocía a sí mismo. No por nada se había pasado media vida estudiado detenidamente sus gestos, sus tonos de voz, sus movimientos, sus reacciones cuando le daban esos tan frecuentes arrebatos de ira y sobre todo cuales eran las palabras que le encendían y cuales las que le complacían. Lo sabía todo acerca de Yovn Talaqtto, incluso las cosas que le gustaba hacer con las prostitutas que tanto frecuentaba. Todo.

Tuvo que reprimir una sonrisa, lo había vuelto a hacer, y era tan fácil.

—Ya que te crees tan listo y que me conoces tan bien ¿Por qué no me explicas que es lo que tenía pensado? —Le espetó furioso.

Fingió nerviosismo y timidez, se le daba bien, incluso tartamudeó levemente para dotar de mayor realismo su actuación.

—Mi…mi señor disculpará si… si le he ofendido, yo solo… bueno, creía… que como llevamos tanto tiempo juntos y… tenemos una visión muy parecida de las cosas, pues… pues que había pensado en, bueno… en enviar a Addia… un par de hombres. Allí, se podrían mezclar con los addianos, o… no sé… hacerse pasar por comerciantes, o algo así, o… quizá esconderse entre la frondosidad de los bosques, eso les resultaría fácil. —dijo encogiéndose de hombros —. Y cuando los Staanka pasen, ellos… podrán enviar un latou, con información al resto, para que estén preparados para el ataque.

—¿Qué tipo de información? —preguntó con recelo. Ijlaak se encogió de hombros.

—Todo. Cuantos hombres van, que día han pasado por allí, si van muy armados, si llevan suficientes provisiones, todo lo que les pueda servir de utilidad para enfrentarse a ellos y derrotarles con mayor facilidad.

Talaqtto se quedó pensativo un instante y se rascó la barba durante tanto tiempo que Ijlaak creía que terminaría haciéndose sangre. Cuando finalmente se detuvo sonrió, tenía los dientes amarillentos y torcidos.

—Tengo que admitir que me conoces mejor de lo que yo creía. —dijo con suavidad.

Casem sabía que estaba mintiendo, a Talaqtto no se le habría ocurrido nada similar ni en un millón de años.

—Mientras hablabas he estado pensando. —Añadió dirigiéndose a la mesa sobre la que descansaba el mapa—. En vez de enviar un par de hombres al bosque deberíamos enviar a la mitad del ejército y que les tendieran una emboscada allí, eso no se lo esperarán. Pondremos hombres estratégicamente escondidos todo alrededor del bosque y de la aldea, y cercaremos a los Staanka como si fueran cerdos, entonces, cuando no tengan salida, nuestros hombres les atacarán, y si por casualidad alguno de ellos quedase con vida y consiguiesen salir de Addia, el resto del ejército les esperará donde teníamos previsto.

—Eso es lo que yo intentaba proponerle, mi señor. —protestó Brogan.

Talaqtto agitó la mano quitándole importancia al asunto y él, interiormente, sonrió orgulloso. Otra vez más había conseguido llevar a ese hombre hasta donde él quería.

—Encargaos de cerrar los detalles del ataque, yo voy a ir a almorzar. Tanto pensar me ha dado hambre. —les dijo Talaqtto, y con tal se marchó seguido de un sequito de sirvientes.

Ellos se dirigieron hacia el despacho del ghalee para concretar los detalles de la emboscada.

—¿Cómo lo has hecho? —le preguntó Brogan en cuanto salieron de la sala del trono.

Él hizo como que no tenía ni idea de lo que estaba preguntando. Brogan se paró y le sujetó por el brazo izquierdo obligándole a detenerse.

—No te hagas el tonto conmigo Ijlaak. ¿Cómo has conseguido que el srers cambie de opinión respecto al ataque?

—Me alegra saber que tienes tan buen concepto de mí y que me crees tan inteligente y poderoso como para poder hacer cambiar a alguien como Talaqtto de opinión con solo un par de palabras. Me gustaría, créeme, sin embargo, temo decirte que por desgracia no poseo esos dones.

Estaba claro que Brogan era un tipo desconfiado que no se había terminado de creer lo que le había contado, el modo en el que le miraba no dejaba ninguna duda. No le preocupaba lo más mínimo, mientras tuviese a Talaqtto comiendo de su mano no habría de que preocuparse.

—Sé lo que estás haciendo con los halirianos. Los soldados que enviaste me lo contaron todo antes de su marcha.

Ijlaak notó como todo el color de su cara desapareció de golpe y comenzó a sentir sudores fríos. ¿Cómo se habían atrevido a decir nada cuando él mismo les había hecho jurar que se llevarían el secreto de sus actos a la tumba? Nadie debía saber que quería a la ianeekou para él, si alguien más lo hacía tendría que compartirla, y eso no le gustaba. Esos hombres iban a pagar muy caro por haberse ido de la lengua.

—Si te sirve de consuelo no les di opción. Yo mismo se lo saqué a golpes. —le explicó como si le hubiese leído la mente.

—No te metas en mis asuntos, Brogan.

—Todo lo que afecte a alguno de mis hombres es también problema mío.

—¡Eres un maldito entrometido! —espetó con furia. Brogan sonrió.

—Vaya, por fin das la cara. Sabía que eras una maldita alimaña disfrazada con piel cordero.

—No tienes ni una mínima idea de quién y de que soy, así que mejor es que dejes de meterte donde no te importa. —No era tan estúpido como para amenazar a esa mole de hombre, físicamente tenía todas las de perder, pero quién sabe, todo el mundo tiene accidentes, o bebe por error algo que no debe. Le dolería prescindir de alguien tan válido y preparado para el combate como él, aunque si no tenía otro remedio… Brogan le miró con seriedad.

—No me interesa enemistarme contigo, solo quiero que me consultes antes de echar mano de alguno de mis hombres, yo sé bien quien es de fiar y quien vendería hasta su madre por un buen puñado de khuats.

—Lo tendré en cuenta para la próxima vez. —No era cierto, pero así le dejaría en paz—. Espero que seas lo suficientemente… —comenzó a decirle en tono amenazante.

—Lo soy. —respondió Brogan y echó a andar.

Casem le siguió intrigado ¿Qué tramaba su ghalee para querer aliarse con él? No tenía ni idea. Tendría que tenerle vigilado por si acaso.

—No creo que haya sido una casualidad que Nakhawatt se uniese a la hija de Worji. Creo que él sabía que lo que ella era y que lo tenía todo planeado desde un principio. —le comentó Brogan susurrando.

Ijlaak no dijo nada, solo se quedó esperando a ver por donde salía el ghalee.

—Nos engañó a todos para hacerse con esa mujer, y después, con su ayuda tomar Galduru. Y eso es algo que no podemos consentir. Ningún halirano volverá a ser srers mientras yo pueda evitarlo.

—Nadie sabía lo que era esa mujer, ni siquiera sus propios sirvientes. —le confesó tanteando el terreno. Él nunca se fiaba demasiado de ninguna persona, solo lo justo para sonsacarle la información o el servicio que necesitaba, después se deshacía de ellos. —Según he conseguido saber la hija de Worji se preocupaba de ocultárselo a todo el mundo. —añadió. Brogan se quedó pensativo.

—No entiendo porqué haría algo como eso.

—Tal vez por miedo a que alguien descubriese que era, la raptase y la usase para su propio beneficio. —respondió Ijlaak.

—Como Nakhawatt.

—Por ejemplo.

—Tenemos que impedir que…

Era el momento de jugar sus cartas, si el ghalee se iba de la lengua siempre podría decir que lo había planeado para asegurarse el largo reinado del nawaii Talaqtto, si no, tal vez ese hombre pudiese ayudarle a conseguir a la ianeekou solo para él, y una vez logrado su objetivo ya vería si le necesitaba para algo más o se tendría que deshacer de él.

—No nos conviene meternos en guerra contra los halirianos en este momento, les necesitamos, por ese motivo les hice a los hombres fingir que son waggoshianos, así cuando secuestren a la Worji Nakhawatt querrá vengarse de los Staanka por haberle robado a su mujer, y de ese modo nos quitaremos un problema de encima. Con ambos ejércitos enfrentados nosotros tendremos más libertad para asentarnos y poner a nuestra merced al resto de los hombres del este.

Ijlaak vio como Brogan comenzaba a sonreír con lentitud.

—Cuéntame el resto de tu plan y yo te ayudaré a conseguir lo que ambos ansiamos.

La sensación de humedad era tan fuerte ahí abajo que le costaba respirar. No tenía intención de quedarse demasiado, solo el tiempo justo para ver si su invitado especial se decidía a colaborar de una vez o seguía siendo tan cabezota como hasta ese momento.

Caminó por las laberínticas mazmorras de piedra hasta llegar a una escondida y pequeña celda con gruesos y oxidados barrotes. Al otro lado podía divisar un bulto tirando en el suelo. En aquel lugar no es que hubiese mucha luz, un par de antorchas y para de contar, así que Ijlaak era incapaz de ver las facciones de aquel hombre, aún así sabía que era él.

—¡Abre! —le ordenó a uno de los guardias.

Con un estruendoso chirrido el hombre hizo lo que él le había ordenado y se quedó esperando al lado de la puerta. Ijlaak entró y le dio un puntapié al bulto, sin embargo, este no se inmutó.

—¿Está muerto? —le preguntó al guarda.

—Solo inconsciente.

—Muerto no me sirve de nada ¿te queda claro?

—Sí, mi señor.

—Tortúrale hasta que se quiebre y nos de lo que queremos de él. —le ordenó—. Y que no muera. ¿Me has entendido? —El guarda asintió.

—Sí, mi señor.

Antes de irse miró de nuevo al bulto, su mano derecha estaba tendida en el suelo con una venda a su alrededor. Con la escasa luz del lugar Casem acertó a ver una mancha de sangre a la altura de donde hasta no hace mucho ese hombre tenía su dedo meñique.

Ijlaak sabía que por mucho que ese hombre intentase resistir tarde o temprano terminaría por derrumbarse, y él estaría ahí, aguardando pacientemente a que eso sucediera.

Lluvia

Eobe no sabía cómo explicar lo que le sucedía, era como un extraño cosquilleo por toda la piel parecido a como cuando está a punto de darte un escalofrío, solo que esta sensación era continua. Además, se sentía algo mareada y notaba una extraña opresión en el pecho.

No estaba segura si contarle algo de aquello a su esposo, o a Hamalk, o a Malluk, uno de los soldados que desde el incidente de las abejas no le dejaba ni a sol ni a sombra. El muchacho estaba siendo muy amable con ella. Ambos se pasaban una buena parte del camino conversando, él se dedicaba a explicarle como era Halira, y que costumbres tenían, y como era su familia. Ella escuchaba atentamente para aprender cuantas más cosas mejor del pueblo de su marido. Eobe creía que el hecho de que ambos fuesen de una edad parecida les hacía entenderse mejor que con el resto y por eso se habían hecho amigos.

El problema era que después del incidente de las abejas le avergonzaba confesarles que se sentía nuevamente mal. Si lo hacía su marido pensaría que era débil, y los soldados se quejarían de ella, dirían que les retrasaba y que por su culpa aquellos hombres que les perseguían iban a darles alcance, y entonces seguro que Qourk se hartaría de ella, y quien sabía lo que podía suceder, quizá la abandonase a su suerte, tal vez en medio de aquel lugar, tal vez después de dejar que cualquiera de aquellos hombres abusase de ella.

No, no podía decirle nada a nadie, así era mejor para todos.

Esa noche acamparon pronto y mientras algunos hombres intentaban cazar algo para cenar otros montaban las tiendas y atendían a los animales. Algunos de los caballos comenzaban a cojear por culpa del peso que tenían que soportar durante todo el día y por alguna complicación con sus herraduras.

Eobe observó a los hombres con detenimiento, a pesar de que cada vez el alimento escaseaba más, de que el cansancio iba haciendo mella en ellos, y de los problemas que sus animales comenzaban a mostrar, ninguno parecía abatido, todo lo contrario, reían y vociferaban como si estuvieran celebrando un banquete. Tal vez el hecho de saber que pronto iban a volver a sus hogares, con sus familias era lo que les animaba de aquel modo. A ella seguro que le funcionaría solo que ya no tenía ningún hogar al que regresar ni ninguna familia que la estuviese esperando con los brazos abiertos.

Con lágrimas en los ojos se dirigió hacia la tienda que compartía con su esposo. Sí, ahora él era su única familia, pero no era una que la apreciase de verdad. Qourk nunca la querría como lo habían hecho su padre o su hermano. Dejándose caer sobre las mantas de peyack comenzó a llorar, les echaba tanto de menos y se sentía tan sola que le dolía el pecho y le costaba respirar.

Estaba quedándose dormida cuando su esposo entró malhumorado y despotricando. Con el ceño fruncido ella abrió los ojos y le miró. Se había debido de dar un baño porque estaba todo mojado.

Eobe enseguida se dio cuenta de que su ropa estaba igual de húmeda que su pelo y su barba. Ese fue el instante en el que comenzó a oír como diluviaba y como el agua golpeaba con furia la tienda en donde ellos estaban resguardados.

—¿Está lloviendo? —le preguntó algo desorientada por culpa de la modorra.

—¿Tu qué crees? —le espetó mientras comenzaba a quitarse la ropa y colgarla de uno de los postes que sostenía la tienda. Sintiéndose estúpida y sin saber que más decir le preguntó.

—¿Necesitas ayuda?

Él la miró con seriedad y le ofreció el chaleco de cuero. Eobe se levantó lo más aprisa que pudo y colgó la prenda lo más extendida posible al tiempo que Qourk se quitaba las botas y sus pantalones.

—Qué sepas que tu yawatt está revolcándose en el barro como un loco, así que esta noche nada de que duerma aquí con nosotros.

—¿Por qué? —preguntó sorprendida.

—No quiero terminar perdido de barro.

—No, me refiero a que porque Garra está haciendo eso. —Qourk le miró desconcertado.

—A los yawatt les gusta el barro, es su modo de jugar.

Un incómodo silencio prosiguió a la respuesta de su marido. Le hubiese gustado asomarse para ver a su yawatt juguetear pero si lo hacía terminaría empapada, cosa que no le apetecía mucho, así que cuando terminó de ayudar a Qourk se dirigió hacia su cama de nuevo, o por lo menos esa era su intención, ya que su esposo se la truncó. Él le sujetó con fuerza de un brazo y la acercó a su cuerpo desnudo todo lo que pudo para a continuación, con la mano libre, sujetarle con fuerza de la barbilla y levantarle la cara.

—¿Por qué has estado llorando? —le preguntó.

Eobe no se esperaba eso y desvió su mirada lo más que pudo debatiéndose entre decirle la verdad o mentirle.

—Echo de menos mi vida de antes, mi familia, mi casa. —No era una mentira como tal, aunque tampoco era toda la verdad. Qourk le soltó el rostro.

—Ahora yo soy tu familia.

—Lo sé. —respondió. No es que él le estuviese tratando mal, aunque a veces era un poco brusco generalmente era bueno con ella, sin embargo, no podía evitar sentirse sola.

Ninguno dijo nada más hasta que ambos no estuvieron completamente desnudos y acostados, Eobe de lado, mirando hacia el trozo de tela que hacía de pared, y él por detrás, abrazado a ella.

—No puedo evitarlo. —le susurró mientras su mano le acariciaba la cadera y la pierna, y sus labios le besaban el hombro y el cuello—. Tu piel me vuelve loco de deseo. No sé que tienes que no puedo parar de besarte y de acariciarte. —le susurró entre dulces besos y tiernas caricias—. ¿Tienes idea de lo que me haces? —Sí, alguna tenía, ya que podía sentir la erección de su marido presionando su trasero—. Podría estar así toda mi vida.

Y a ella no le importaría ya que disfrutaba de sus caricias la mayor parte de las veces que él se las prodigaba, lo cual sucedía prácticamente todas las noches. Le gustaba las cosas tan bonitas que le hacía sentir, la otra parte, la que venía después, aunque ya se estaba acostumbrando a ella, había momentos en los que le seguía resultando dolorosa.

—Eres tan maravillosa que le doy gracias a los dioses, todos los días, por haberme unido a ti. —le dijo Qourk.

Un extraño pinchazo le atenazó el estómago, en el fondo de su corazón Eobe también daba gracias por haber aceptado la propuesta de Nakhawatt, si le hubiese dicho que no… no sabría que hubiese sido de ella a esas alturas. Una pregunta se abrió paso en su mente y antes de darse cuenta de lo que hacía se oyó a sí misma preguntar.

—¿Qué hubieses hecho conmigo si no hubiese aceptado unirme a ti? —Qourk paró de besarla y suspiró.

—Te hubiese obligado a hacerlo.

—De hecho, lo hiciste.

—No, Eobe, te di a elegir ¿recuerdas?

—Ya, claro. Como si las opciones que me ofreciste fueran muchas y muy buenas.

—Prefería que te unieses a mí por ti misma que no porque yo te obligara y terminases cortándome la cabeza una noche de estas.

—Todavía no he descartado esa idea. —le respondió. Ni se le había ocurrido y él debía de saberlo por qué rió suavemente.

—Ahora vamos a dormir, esposa mía. —Aunque a Eobe le sorprendió que no quisiese cumplir con sus deberes maritales no protestó, su esposo debería de estar realmente cansado y una noche entera de reparador sueño les iba a venir muy bien a ambos, solo que antes necesitaba saber algo.

—Qourk, ¿por qué te quisiste unir conmigo? —Tal vez su esposo fuera como su padre y su hermano Mawith y a él no le importase su color de pelo, quizá solo lo hubiese hecho por ayudarla para que aquel hombre que quería abusar de ella no le hiciese daño, tal vez incluso él podía sentir algo por ella, algo de amor. Deseaba de todo corazón que fuera así.

—Y que importa eso.

—Yo necesito saber.

Su marido estuvo callado durante tanto tiempo que creyó que no le iba a responder nunca, y por fin, muchas respiraciones más tarde, le dijo:

—¿La verdad?

—Si, por favor. —respondió con el corazón acelerado y una incipiente y fina capa de sudor en las manos.

—Fue por tu condición. Creí que si me unía a ti podría aliarme con los ianeekous para que me ayudasen a conseguir aquello por lo que mis antepasados y yo llevamos tantos años luchando.

Sintiendo una fuerte opresión en el pecho propiciada por la desilusión le preguntó:

—¿Y qué es?

—Lo que Talaqtto ha conseguido.

—¿El cargo de srers? —Varias respiraciones más tarde él le respondió afirmativamente y a ella se le desgarró el corazón.

En ese momento supo que nunca nadie más volvería a quererla, si alguien se acercaba a ella y mostraba algo de interés era porque quería sacar algo de provecho, así de sencillo y al mismo tiempo de triste.

—Agradezco vuestra sinceridad, mi señor. —Eobe se las apañó a responder a pesar de estar sintiendo un opresivo nudo en la garganta que le atenazaba las palabras.

Nunca hasta aquel momento se había sentido tan sola y en cuanto su esposo comenzó a roncar ella comenzó a llorar inconsolablemente.

Llevaba tres días lloviendo copiosamente sin parar, y los que antes eran fértiles campos y frondosos bosques estaban comenzando a anegarse. La tierra se había convertido en un pringoso barrizal que lo salpicaba todo a su paso. Incluso los yawatts, que disfrutaban tanto del barro, parecía que comenzaban a cansarse de él.

No solo ellos se estaban resintiendo de las inclemencias del clima, los caballos y el resto de hombres también. Todos ellos estaban calados hasta los huesos y la humedad y el frío no les facilitaba mucho el viaje, por lo que estaban nerviosos y apesadumbrados. Además, estaban comenzado a tener problemas para encontrar animales para cazar o verduras u hortalizas que llevarse a la boca, por lo que el hambre cada vez era mayor.

Iban cabalgando sobre sus yawatts a paso lento, él único que el barro les permitía, y Eobe, intentando no parecer tan agotada como se sentía, levantó la mirada. Allí, a unos siete animales más adelante, estaba su esposo hablando con Hamalk. Fuese lo que fuese podía percibir el desconcierto que emanaba de Qourk. Eso le resultó extraño, su marido nunca daba ni la más mínima muestra de vulnerabilidad. De pronto, como si él sintiera que le estaba observando, giró la cabeza y la miró. Fue solo durante un pequeñísimo instante y él, con presteza, centró su atención sobre el hombre que le estaba hablando, negando enérgicamente con la cabeza. Ese breve contacto le resultó suficiente para reafirmarse en su apreciación, Qourk se sentía confuso por algo. Al igual que ella.

Últimamente parecía que podía intuir como se sentía cada hombre y animal que se encontraban a su alrededor, lo cual le resultaba de lo más inquietante. Si alguien le pidiese que explicase lo que le ocurría o cómo se sentía, sencillamente no sabría cómo hacerlo. Era una sensación extraña, algo que le producía un desconcertante cosquilleo sobre la piel y que se le agarraba a las tripas y se las retorcía de diferentes modos. Algunas veces era suavemente, como si las alas de una mariposa le estuviesen acariciando por dentro, otras veces era potente y doloroso como un relámpago en el cielo, en alguna ocasión iba *in crescendo* como una sinfonía magistralmente interpretada.

Sentir el constante malhumor de la gente que le rodeaba la abrumaba y agotaba a partes iguales, lo que conseguía que su propio humor fuese más sombrío y taciturno de lo que estaba siendo desde el día de su frustrada unión con Iges Staanka. Se sentía cansada, deprimida, dolorida, hambrienta y por si fuera poco llevaba tres días empapada y muerta de frío a causa de la persistente lluvia que ni siquiera de noche les daba tregua.

El bosque por el que estaban atravesando se quedó a oscuras cuando su esposo les ordenó detenerse y acampar, por lo menos en aquel lugar estarían mejor resguardados por los densos árboles, y aunque el suelo seguía siendo un lodazal las gruesas ramas les protegerían para que la lluvia no se les colase por las tiendas de campaña como la noche anterior.

Pese a que sabía que a su esposo no le gustaba que ella les ayudase a montar el campamento lo hizo, necesitaba hacer algo de ejercicio para intentar entrar en calor y desentumecer sus doloridos músculos, por lo que comenzó a juntar piedras y a amontonarlas en círculo para intentar encender un fuego. Eobe vio como Hamalk se acercaba a ella titubeando.

—Mi señora... —le dijo.

—Lo sé, el nawaii no quiere que trabaje pero yo quiero ayudar. —respondió haciendo un gesto con la mano para quitarle importancia al asunto, y volvió a prestarle atención al desigual montículo que estaba formando.

—No iba a decirle eso, solo quería preguntarle si se encontraba bien. —Ella le miró sorprendida.

—Sí, perfectamente. —mintió lo mejor que supo.

—Mire, no quiero ofenderle, mi señora lleva unos días muy decaída y... bueno, estamos preocupados por usted.

Ella se irguió, y antes de cruzarse de brazos, se limpió el barro de las manos en su empapada túnica.

—¿Por mi o porque hago que os retraséis?

—Por usted, mi señora. —dijo con seriedad.

Eobe entrecerró ligeramente sus ojos para prestar atención a las vibraciones que Hamalk irradiaba, aparte de serenidad y cansancio no pudo distinguir mucho más, y ni siquiera sabía si lo había deducido por su mirada o por lo que ese hombre le trasmitía.

Ella se agachó de nuevo, tomó una piedra lisa con forma ovalada del montón, y la depositó dentro del irregular círculo que acababa de formar, encima del fangoso suelo sobre el que quería hacer la fogata. En respuesta a las palabras del hombre de confianza de su esposo Eobe se encogió de hombros.

—Han sido muchas cosas de golpe en poco tiempo.

—Lo sé, mi señora ha pasado por mucho pero tiene que ser fuerte. El camino hasta Halira es largo y sé que el nawaii, aunque a veces puede ser un hombre muy exigente y duro, se preocupa por usted.

—Solo porque quiere que yo le ayude a convencer a los ianeekous para que se unan a él— le respondió con amargura en voz baja. —Y cuando eso suceda…

—No solo por eso. Yo conozco muy bien al nawaii y sé que su preocupación por usted es verdadera, si mi señora pusiera un poco de su parte…

Las palabras de ese hombre la hirieron y lo más aprisa que puso de levantó y se encaró con él.

—¿De mi parte? ¡Estoy haciendo lo que puedo! —le gritó ofendida.

—Seguro que mi señora puede hacerlo mucho mejor.

—¿Sí? ¿Y cómo lo hago? —le espetó molesta, cruzándose de brazos.

—Podría comenzar por hablar más con la gente que le rodea, intentar conocer a sus soldados, ser más dulce y atenta con su esposo e intentar no ver solo el lado negativo de todo lo que le está sucediendo. Le están pasando cosas muy hermosas a su alrededor que no está sabiendo apreciar. —Que sabría él.

—¿Cómo cuáles? —le preguntó de malos modos.

—Primeramente sigue con vida y con salud, eso ya es mucho decir en los tiempos que corren, después me atrevería a decir que ha conocido el amor verdadero, el amor más puro que nadie puede ofrecerle…

—Mi esposo no me quiere, él se unió a mí por…

—Yo hablo de su yawatt. —le interrumpió—. Nadie nunca la querrá tanto ni le será tan fiel como ese animal, él daría la vida por usted sin ni siquiera dudarlo un instante. Cuando mi señora no se encuentra bien Garra está siempre ahí, a su lado, consolándola. ¿Acaso estoy mintiendo?

Ella negó con la cabeza, no Hamalk no había mentido. Desde que había conocido a Garra había habido una unión especial entre ellos, él era el único amigo que tenía, el único amigo verdadero del que nunca, pasase lo que pasase, podría desconfiar. El nunca la traicionaría, de eso estaba completamente segura.

—Ve. Ahí lo tiene. Además, y aunque usted tampoco lo vea, muy poca gente viaja por estos parajes tan hermosos y conoce todos los lugares que está conociendo y que conocerá.

—Solo estamos viendo bosques, campo, y a lo lejos las Montañas Waggosh.

—¿Sabe que dicen los murmuradores sobre estos bosques? —Ella hizo un gesto negativo con la cabeza—. Que puede que nos parezcan todos iguales pero eso es porque estamos ciegos y no los miramos con los ojos del corazón. Y una cosa le digo, esos hombres son muy sabios y estos bosques encierran una belleza inmensa.

Eobe se encogió de hombros por no contradecirle, sabía que los corazones no tenían ojos. Una vez su hermano Mawith y ella se habían colado en las cocinas para coger algo de comer y vieron como un hombre abría en canal a un cordero y le sacaban las tripas y el corazón. Ella tuvo pesadillas durante mucho tiempo con aquella escena, lo recordaba bien. Días después le preguntó a sus maestros algo que le inquietaba, si el corazón de los corderos era igual que el de los hombres. Todos ellos le respondieron que si, así que si aquel corazón no los había tenido el suyo tampoco lo hacía.

—Además ¿quiere saber otra cosa que tampoco ha visto? —En cuanto asintió Hamalk le dijo—. La cantidad de personas que la rodean y a los que les gustaría que simplemente les dirigiese una mirada, o lo que sería mejor, una sonrisa.

—No creo que a mi esposo le guste que le vaya sonriendo a otros hombres.

—Pero tal vez a él sí que le guste que le sonría, sobre todo en la intimidad.

Eobe se quedó pensativa ¿Cuánto tiempo hacía que no sonreía? Ni siquiera lo recordaba, solo sabía que había sido antes de compromiso con Staanka y que el culpable había sido Mawith, su hermano. Los ojos se le llenaron de lágrimas con su solo recuerdo.

—¿Mi señora cree que a su familia, afortunados sean de hallarse en el Ahwal, le gustaría verla así, siempre triste, siempre llorando?

La respuesta era negativa, ella lo sabía, se lo habían demostrado en más de una ocasión, cuando su madre, o mejor, la mujer que ella había creído que era su madre, le había hecho algún desplante o le había castigado injustamente, o le había golpeado por alguna nimiedad. En esos momentos su padre y su hermano le habían consolado, le habían mimado y le habían hecho reír.

    Cuando Hamalk comenzó a hablarle su primera reacción había sido querer gritarle que quien se creía que era para dirigirse a ella de ese modo y decirle esas cosas, sin embargo, se dio cuenta que tal vez tuviese razón. Durante casi el mes que llevaban de viaje apenas había hablado con nadie, no había tenido ganas de hacerlo. Si lo hacía con Malluk era porque él se había acercado a ella después del incidente de las abejas y no había parado de parlotear y de contarle cosas desde entonces.

    Respecto a la relación con su esposo, sinceramente no sabía cómo tratarle. Qourk parecía estar siempre enfadado y de mal humor, excepto tal vez cuando se metía en la cama con ella y comenzaba a acariciarla y besarla de ese modo, entonces era dulce y muy cariñoso con ella. ¿Y si hiciese lo mismo con él? ¿Le gustaría a su esposo fuera así de atrevida? Tal vez no fuera tan diferente a ella al fin y al cabo, y lo que le sucedía era que estaba necesitado de afecto y no sabía cómo expresarlo.

    También pensó en su familia, recordó como su hermano solía hacerle cosquillas cuando estaba triste. Hasta que ella no terminaba llorando de la risa y tirada en el suelo, agotada, no paraba. Sin duda él querría verla reír de nuevo, y por él iba a intentarlo, lo haría a modo de tributo en su memoria y a modo de venganza hacia los hombres que le habían arrancado la vida.

    Nunca había llegado a saber si quien lo había hecho había sido haliriano o de cualquier otro lugar y prefería no pensar en ello. Por lo que a ella constaba los iraluqs habían sido los responsables, además, ahora el nawaii de los halirianos era su esposo, su única familia, y ella había comenzado una nueva vida desde que se había unido a él, una que le asustaba y le intrigada por partes iguales, una en la que no cabían las mentiras ni los engaños, una nueva vida lejos de todo lo que había conocido hasta ese instante.

Pese a que lo intentaron con ganas, no consiguieron encender fuego, llovía demasiado, por lo que ni siquiera instalando un tejadillo fueron capaces de lograrlo, ya que la madera estaba demasiado húmeda. Esa noche no podrían ni siquiera secarse un poco así que en cuanto su tienda estuvo montada ella entró, se cambió de ropa y con la túnica que había llevado puesta durante todo el día comenzó a limpiarse las manchas de barro que tenía por los brazos y las piernas. Quería estar bonita y presentable para cuando su esposo se fuera a acostar.

Se había hecho el propósito de intentar devolverle las caricias que él le hacía. Tal vez no fuera un gran paso en su relación pero confiaba en que sirviese de algo.

A decir verdad, solo el hecho de imaginarse esa situación le ponía realmente nerviosa. No es que fuera una sensación desagradable, todo lo contrario, estaba sintiendo cosas que solo las había sentido en algunos momentos cuando su esposo se metía en la cama con ella y le deleitaba con algunos actos que nunca se hubiese imaginado que se podrían hacer.

Para intentar calmar un poco los nervios decidió que tal vez podría hacer allí dentro una pequeña hoguera para caldear la tienda y conseguir que las ropas de ambos se secasen antes de volver a emprender el camino al día siguiente. El problema seguía siendo que la madera estaba mojada y no conseguía que prendiera, pero no se iba a dar por vencida. Cogió uno de los pañuelos que usaba para cubrirse la cabeza y con los dientes desgarró un trozo, lo suficientemente grande, como para cubrir uno de los finos troncos. A continuación, cogió un poco de aceite de la lámpara que colgaba de la tienda y humedeció menos de un tercio de la longitud del palo. Con la llama de la lámpara lo prendió y lo colocó sobre el pequeño círculo de piedras que había rellenado de pequeños trozos de madera casi seca que les quedaba. Su plan era que en cuanto esa madera comenzase a prender pondría pedazos igual de pequeños poco a poco para que se fuesen secando, y así conseguir tener un fuego lo suficientemente potente como para poder secar la ropa.

Lo que no se había esperado era que se armase aquella humareda.

Un par de soldados no tardaron mucho en entrar asustados al ver salir tanto humo de allí. Su esposo, que no se encontraba mucho más lejos, hizo lo mismo, y en cuanto vio lo que había sucedido se enojó bastante con ella.

—¿Qué es lo que intentabas, Eobe, asfixiarte? —preguntó mientras sus hombres apagaban el fuego y se deshacían del humo. Avergonzada miró hacia el suelo y negó con la cabeza.

—Solo quería hacer una pequeña fogata para secar la ropa.

En apenas un par de zancadas él se acercó a ella y la levantó el mentón.

—Mírame cuando me hables. No me gusta la gente que no mira a los ojos. No son de fiar.

Ambos se quedaron en silencio. Pese a que quería romperlo no tenía ni idea de cómo. Por su parte, Nakhawatt paseaba de un lado al otro de la tienda haciendo extraños sonidos. Hamalk se lo había dicho, tenía que ser fuerte, se lo debía a su familia, ellos habían dado su vida para protegerla y seguro que no les gustaría verla de ese modo, triste, llorando todo el día, porque ella no era así.

Le hubiese gustado que el cielo estuviera despejado para hacer esa promesa a la diosa Aeneris, con la que se había sentido muy afín desde que su esposo le había contado su historia, sin embargo, se tuvo que conformar con el techo de la tienda. Prometía sobre la memoria de su padre y su hermano que sería fuerte y que intentaría vivir una vida lo más feliz que pudiera. Ellos se lo merecían.

Una vez la promesa estuvo hecha Eobe suspiró, se frotó las palmas de las manos sobre su túnica y se armó de valor para decir.

—La madera estaba húmeda, por eso use la tela para encender el fuego, pero yo no sabía que iba a salir tanto humo. Le pido perdón a mi señor si le he asustado—. Qourk la miró con seriedad.

—Claro que me has asustado ¿No lo hubieras hecho tu si de pronto ves salir humo de una tienda en la que sabes que dentro hay una persona? —Ella asintió.

—Intentaré ser más cuidadosa la próxima vez.

—¿La próxima vez? No va haber próxima vez.

Eobe palideció ante su confesión. Qourk se iba a deshacer de ella. Normal, nadie quería de esposa a alguien que solo diese problemas. Su marido iba a dejarla abandonada en quien sabe qué lugar, merced de los animales salvajes del bosque, pasando hambre y frío. La lluvia comenzó a caer con fuerza nuevamente y Qourk resopló.

—¡Maldita sea, mujer! —Eobe no entendía porque la gritaba de ese modo.

—¿Qué he hecho ahora? —le preguntó desconcertada.

—¿No puedo decirte una palabra sin que te sientas mal? ¿Sin que te asustes de mí? —Ella abrió muchos los ojos.

—¿Cómo sabes que…? —Qourk le sujetó de la barbilla de nuevo.

—¿De qué color son tus ojos?

—¿Qué? —Desde luego, ese hombre la desconcertaba por completo, no entendía cómo era posible que alguien cambiase con tanta rapidez de tema.

—Ya me has oído ¿De qué color son tus ojos?

—Pues… violeta. —Él se dio media vuelta y sacó de un baúl el pequeño espejo que usaba para afeitarse y se lo mostró.

—Mírate y dime de qué color son ahora.

Ella hizo lo que él le pidió y al verse reflejada se sobresaltó. Sus ojos eran casi blancos, lo único que los diferenciaba del fondo era una fina línea de color rosáceo y un punto negro en el medio. Ni siquiera le salían las palabras de la impresión, lo único que podía hacer era, asustada, contemplar su reflejo. ¿Qué le había ocurrido?

—Por eso todos sabemos si estás disgustada o no te encuentras bien, tus ojos cambian de color dependiendo de tu estado de ánimo. Cuando más claro peor. —le explicó su esposo.

Se estaba mareando, eso era lo único verdaderamente claro. Qourk le sujetó de un brazo y le acercó a la cama, en donde ambos se sentaron.

—Mira, estas cosas no se me dan bien, pero… —Eobe, al ver que no continuaba, le miró.

—¿Qué puedo hacer para ayudarte? —le preguntó su marido con seriedad.

—Devuélveme a mi familia. —Él negó con la cabeza.

—Eso es imposible y lo sabes, ni siquiera todos los poderes de los ianeekous ni toda la sabiduría de los murmuradores juntos lo conseguirían.

—Lo sé. —dijo con tristeza.

Ninguno dijo nada durante un tiempo, ella simplemente se quedó mirando como ardía el simulacro de fogata que había intentado hacer, del cual apenas salía humo. Estaba a punto de decirle que se iba a esforzar para estar mejor cuando él habló.

—Sé que les echas de menos, pero las lágrimas y la tristeza no te los va a devolver.

—Lo sé. —Otro incómodo silencio.

—Hay algo más que te tiene mal ¿no es así? —le dijo él después de media docena de pesadas respiraciones. Eobe asintió—. Yo te asusto.

—Bueno, un poco. —respondió encogiéndose de hombros. Le daba miedo su salvaje aspecto, su fuerza, su duro carácter, y sobre todo las cosas tan extrañas que le hacía sentir. Su esposo elevó su azulada ceja derecha.

—¿Un poco?

Ninguno de los dos se lo esperaba, sin embargo, ella sonrió. En tamaño no fue grande pero si en intención.

—¿Ves? No es tan difícil.

—Te prometo que voy a intentar hacerlo más a menudo.

Su esposo le hizo un gesto con la cabeza y le sujetó con suavidad por ambas manos.

—No quiero que me tengas miedo. —le dijo—. Yo nunca te haría daño. —Eso era lo que ella esperaba de corazón—. Quiero que confíes en mí. —añadió Nakhawatt.

—¿Y qué harías conmigo después de que hable con los ianeekous para que se unan a tu causa? —Los ojos de su esposo se iluminaron.

—¿Lo harás? ¿Vas a hablar con ellos?

—Ni siquiera sé dónde viven. Además, no tengo intención de llevar a ningún inocente a la muerte, no podría tener la conciencia tranquila sabiendo cuantas familias se quedarían destrozadas por mi culpa. —Él la soltó y suspiró.

—Ya, claro. —La decepción reflejada en su voz. Eobe tenía una duda y se la hizo saber.

—Si no hablo con los ianeekous, ¿qué harás conmigo, Qourk? ¿Me echarás de tu lado? ¿Me venderás a cualquiera que te pague bien por mí? ¿Me dejaras tirada en medio del bosque para que me las arregle como pueda? —contarle sus preocupaciones le secó la boca y le aceleró la respiración. Pese a que le asustaba lo que él fuera a responderle, necesitaba salir de dudas.

Qourk le miró de ese modo que lograba hacerle sentir que era tan pequeñita como una hormiga.

—Eres mi esposa y te debo un respeto. Nunca, y óyeme bien, nunca te abandonaría a tu suerte.

—Pero el día que nos unimos tú me dijiste que cuando te cansases de mí me echarías de tu lado. Me dijiste cosas horribles. —Qourk chascó la lengua.

—Eso solo lo dije para asustarte un poco, no porque lo sintiera de verdad ¿Qué clase de animal crees que soy?

—No sé, no te conocía de nada, por lo poco que sabía de ti podrías haberlo hecho perfectamente.

—Pues no, así que sácate esa estúpida idea de tu preciosa cabecita.

Eobe suspiró, las palabras de su esposo le hacían sentirse mucho más tranquila, por lo menos tenía alguien que se ocuparía de ella y le daría techo y algo caliente que llevarse a la boca todos los días. Una brisa fresca entró por la puerta de su tienda llevándoles a ambos ricos aromas a tierra mojada y a pino, que a punto estuvo de conseguir que se relajara, solo la inquietud que sentía emanar de su esposo se lo impedía.

—Hay algo más que deberías saber. —le dijo Nakhawatt circunspecto—. ¿Recuerdas que te conté que los ianeekous poseéis algún tipo de conexión con la naturaleza? —Ella asintió.

—Verás, Hamalk, Malluk y yo hemos estado hablando sobre ello, y bueno, hemos llegado a la conclusión de que lo que está causando las lluvias de estos días eres tú.

—¿Qué tengo que ver yo con que llueva? —le respondió irritada cruzándose de brazos. Su madre le hacía igual, le echaba la culpa de absolutamente todo lo malo que le sucedía, si hacía calor, si hacía frío, si algo le había sentado mal, si alguien de la Fortaleza había enfermado ¡Estaba harta de eso!

—Tus dones están saliendo a la luz.

—Sigo sin ver la relación.

—Como ya te he contado en alguna ocasión, los ianeekous tenéis una extraña relación con la naturaleza, que posiblemente los únicos que consigan comprender sean los murmuradores. Creemos que vuestro estado de ánimo afecta de algún modo a los cambios tan repentinos del clima. En este caso estamos convencidos que es tu tristeza es lo que provoca la lluvia.

—Es una broma ¿verdad?

—¿Tengo aspecto de estar bromeando? —No, desde luego que

no, estaba completamente serio y por si no fuera suficiente Eobe podía sentir la preocupación que emanaba de su cuerpo.

No podía ser cierto todo lo que le estaba sucediendo, era como estar dentro de un sueño del que no podía despertar, o peor, de una horrible pesadilla.

—Es solo que no entiendo nada. ¿Cómo sabéis que eso lo que sucede en realidad y no una estúpida casualidad?

—Llevas tres días con los ojos blancos y sin parar de llorar ¿acaso crees que no te oigo por las noches? —Ella se encogió de hombros.

—No sabía que estabas…

—Eso no importa ahora mismo. —le interrumpió—. Lo único importante eres tú. —le dijo y Eobe sintió unas extrañas mariposas revolotear por su estómago—. Qué cambies de actitud para que deje de llover.

Por supuesto. Todo el interés que mostraba en ella tenía otro trasfondo, no estaba preocupado por ella, solo porque cesase esa maldita lluvia que estaba volviendo a ser tan fuerte como la de por la mañana. Qourk comenzó a maldecir.

—¿Qué te sucede ahora?

Eobe se encogió de hombros y volvió a prestar atención al fuego del que ya solo salía una finísima voluta de humo negro.

—¿He hecho o dicho algo que te haya ofendido? —Ella asintió.

—¿Qué? —Sin mirarle respondió.

—Solo quieres que deje de llorar para que pare de llover, no porque estés preocupado por mí, porque yo me sienta mal o te duela verme sufrir. —Qourk resopló.

—No sé cómo tratarte, no sé qué hacer ni que decir cuando estoy a tu lado, solo sé que la otra noche me pediste que te dijese la verdad y es lo que estoy haciendo, y ahora resulta que eso tampoco está bien. —le respondió.

Eobe sintió el instante en el que la preocupación que sentía Qourk cambió por algo burbujeante y ácido. Se había puesto nervioso de pronto, por lo que se imaginó que su esposo se debía sentir tan desorientado como ella respecto a su relación.

—¿Qué es lo que quieres de mí, Eobe? —Ella clavó sus ojos en los suyos.

—Que finjas que te importo. —dijo con toda la sinceridad de la que era capaz.

El desconcierto se adueñó de Qourk, Eobe pudo sentírselo en la respiración y en cómo se le nublaron los ojos.

—Tú me importas. —le respondió.

—No es verdad, solo te importa lo que puedas conseguir de mí. —Contestó ella asombrosamente tranquila y lucida. Saber que su esposo se sentía tan desorientado como ella le había ayudado a serenarse—. Yo me refiero a que finjas que me quieres.

—De ese modo solo te haría más daño.

—Entonces quiéreme de verdad. —le suplicó. Necesitaba tanto recibir cariño de alguien que se pondría de rodillas si hacía falta, haría cualquier cosa.

—Dame motivos, Eobe. Ayúdame a quererte.

El valle de los Peyacks

Hubiese preferido leer primero la mala noticia, pero ya no tenía solución.

—¿Qué dice, mi señor?— le preguntó Hamalk.

"Goddium se mueve. Iacara se une"

—¿Iacara?— preguntó su hombre de confianza con sorpresa—. ¿Cómo han conseguido convencerles?

—No tengo ni la más remota idea. —Y eso no era algo normal en él, siempre había sido capaz de ponerse en la piel de su adversario y si no acertaba lo que había sucedido se quedaba muy cerca de hacerlo. Más de una apuesta con alguno de sus hombres había ganado gracias a ello, pero en ese instante estaba bloqueado.

—¿No pone cuántos soldados de Iacara han conseguido? — Qourk negó.

—No creo que lo sepa todavía.

—De todos modos, por muchos hombres que lleven se necesitan por lo menos veinte iacarianos para conseguir un soldado de verdad. Esa gente no tiene ni idea de pelear ni de usar un arma.

—No les subestimes, amigo. Algo les ha debido de ver Talaqtto para sumarles a su causa.

—Sí, que le faltan veinte mil hombres y cualquiera que haga bulto le sirve.

—Tal vez. —respondió pensativo—. ¿Cuántos hombres puede haber en la isla de Iacara?

—Hamalk abrió mucho los ojos—. Pues… ¿Cinco mil?

—¿Qué sirvan para luchar?

—¿Dos mil ochocientos cuarenta y nueve? —Él le miró y se echó a reír.

A decir verdad últimamente se encontraba de bastante buen humor. Estaban llegando al Valle de los Peyacks, un par de días más de caminata a ese ritmo y lo conseguirían. De ahí en adelante se dividirían en dos grupos, y en otros treinta días aproximadamente llegarían a casa. Además, no había vuelto a llover, se habían encontrado con algún día nublado pero en general hacía sol y sus hombres habían vuelto a encontrar caza, hortalizas y frutas para alimentarse, aunque sin duda, lo que mejor parecía trascurrir era la relación con su esposa. Eobe había cambiado, no es que fuera la mujer que él creía que debía haber sido antes de todo lo sucedido, sin embargo, ahora hablaba más, interactuaba con los soldados, sonreía y se había vuelto muy cariñosa con él en la cama. Qourk intuía que todavía le quedaba mucho por sacar a la luz aun así los logros que iba consiguiendo le hacían sentirse orgulloso de ella. Sabía que le estaba costando mucho trabajo dominar sus sentimientos pero Eobe era una mujer fuerte y luchadora, y si en algún momento sentía algo de melancolía se esforzaba hasta sacarla fuera de su mente y su corazón. Sin duda era una mujer extraordinaria.

—En serio Yamli ¿Cuántos hombres de Iacara sabrán luchar? —El hombre torció los labios.

—Por lo que dicen su Nawaii tiene un ejército personal no demasiado grande, tal vez trescientos hombres como mucho. Aparte de ellos, pongámosle que otros doscientos o trescientos hombres, no creo que muchos más.

—¿Crees que tenemos por qué preocuparnos por ellos?

—No, mi señor, los waggoshianos les pasaran por encima como un caballo pisotea una flor. No creo que opongan mucha resistencia. —Qourk se quedó pensativo un instante.

—No me interesa que Talaqtto consiga mucha ayuda, aunque… mirándolo bien, si esa gente logra deshacerse de unos cuantos del este menos resistencia tendremos nosotros llegado el momento. Con todos los ejércitos debilitados no nos costará mucho echar a los iraluqs y hacernos con el poder.

—Tampoco va a ser fácil.

—Lo sé, amigo. —le dijo dándole una palmada en la espalda—. Volvamos al campamento, tenemos que hablar con los ghalees para organizar el resto del viaje. No quiero que cuando nos separemos haya más problemas de los esperados.

Ambos se dirigieron con paso firme hasta donde estaban terminando de acampar sus soldados. Mientras su hombre de confianza mandaba llamar a sus dos ghalees él buscaba con la mirada a su esposa. Eobe estaba al lado de un pequeño grupo de siete soldados, los había contado, a los que estaba enseñando a zurcir. Algo divertido debió de pasar porque de golpe todos se pusieron a reír, su esposa incluida. No era una risa fingida si no una hecha con ganas, una de esas que procedía de lo más profundo del estómago, incluso echó la cabeza hacia atrás en una ocasión.

Qourk no hizo nada, simplemente permaneció allí de pie, sonriendo levemente y disfrutando de ver a Eobe reír de ese modo.

—Mi señor. —Era Hamalk interrumpiendo su espectáculo—. Los ghalees le esperan en su tienda.

En el instante en el que se iba a dar la vuelta para marcharse su esposa giró la cabeza y le miró con una sonrisa en los labios. Quiso acercarse a ella, levantarla en brazos, y llevársela al interior de su tienda para pasarse el resto de la noche haciéndole el amor. Por desgracia tenía cosas que arreglar así que simplemente se dio la vuelta y se dirigió hacia la tienda de los ghalees.

Yowak ya era ghalee cuando él fue nombrado nawaii. La prematura muerte de su padre por enfermedad había hecho que un par de meses antes de cumplir los dieciséis años tuviese que comenzar a gobernar a su pueblo. A pesar de las duras enseñanzas de su progenitor, de sus maestros, y de pasar mucho tiempo de pie, observando en silencio las reuniones que mantenía su padre con sus benawais, los primeros años no le resultaron fáciles. Prácticamente nadie confiaba en sus habilidades, le creían demasiado joven, demasiado inexperto, demasiado blando, demasiado inculto, demasiado todo. Nada de lo que hacía parecía estar bien, siempre había alguien que le criticaba por cualquier cosa, sin embargo, tenía algo a su favor de lo que nadie pareció haberse percatado, era tenaz hasta la extenuación, y no paraba hasta conseguir lo que se proponía.

Fue durante esos primeros años en los que aprendió a confiar en Yowak. Él siempre le apoyó y le aconsejó. Eso era algo que nunca iba a olvidar, y tenía intención de recompensarle su ayuda muy pronto, en cuanto se convirtiera en srers.

Tanto Yowak como Shawick hicieron una reverencia en cuanto él entró.

—Me imagino que ya os habrá explicado Hamalk de lo que quiero hablar con vosotros. —Ambos hombres asintieron.

—En un par de días llegaremos al Valle de los Peyacks. Yowak, tú, junto con doce mil hombres y tres de los cinco selekis, tomarás ese camino. Shawick, tú vendrás con nosotros.

—Se suponía que íbamos a ser solo diez mil. —respondió Yowak.

—Sí, pero he recibido una información muy interesante sobre Goddium. Se acaban de unir a la guerra, así que si por casualidad os encontráis con ellos de camino no me apetece que seamos nosotros los derrotados.

—Mi señor sabrá mejor que nadie que si nos enfrentamos a Goddium en el valle va a haber una masacre. Ese lugar es una maldita encerrona.

Qourk era plenamente consciente de ello y eso le causaba inquietud, no quería mandar a sus hombres a una trampa. Ni siquiera frente a sus ghalees y su hombre de confianza se podía permitir el lujo de parecer inseguro por lo que les dijo con firmeza.

—Lo sé, y confío en que si eso sucede mis hombres demuestren porque tienen fama de ser los más fieros en el cuerpo a cuerpo. Ya lo hablamos antes de partir de Halira, es eso o morir todos de hambre. Si nos dividimos nos resultará más sencillo encontrar alimento. Ya hemos perdido suficientes hombres en Galduru.

—Lo demostrarán, de eso no cabe duda.

—De todos modos no es muy probable que pasen por allí. Seguramente viajarán en barco, el camino es más corto a través del mar. —aseveró Hamalk.

—Yo opino que se dividirán, mitad por barco, mitad por tierra.

Los goddios bordearán la costa, y aprovechando que Santaree está de camino seguramente los intenten convencer para que se unan a ellos. —dijo Shawick.

—Estoy con él. —Anunció Yowak—. Si lo hacen de ese modo tienen dos flancos cubiertos, el marítimo y el terrestre.

—Lo que no sabéis es que Iacara se ha unido a nuestro amigo Talaqtto. —les contó Qourk. Los dos ghalees pusieron cara de asombro.

—¿Qué pintan los iacarianos en esto?— preguntó Shawick.

—Cubrir nuestra ausencia— explicó Hamalk. Yowak puso cara de asco y se llevó la mano al corazón.

—La comparación ofende.

—Tal vez no sean buenos en la lucha, pero tienen barcos y calculamos que unos mil hombres que les pueden hacer de escudos humanos a sus soldados. —le dijo Qourk.

—¿Qué les habrán dado a cambio? —preguntó Yowak.

Nakhawatt se quedó pensando. Los iacarianos no era gente con muchas pretensiones, su principal fuente de ingresos era el comercio con el continente, principalmente con la ciudad marítima de Santaree y Galduru, a quienes les vendían vino, exóticas frutas, ixt, y un licor típico de la región llamado pameenou, más conocido como *El Mazo*, beber un sorbo tenía el mismo efecto que cuando un mazo te golpeaba la cabeza. Así mismo se decía de ellos que eran de mente muy liberal en donde los hombres podían tener varias esposas a la vez y que ellas podían copular con quienes quisieran, daba igual el sexo, y sus fiestas eran orgías de alcohol y sexo que duraban días enteros. El sueño de cualquier hombre.

¿Qué les podía haber ofrecido Talaqtto? ¿Más mujeres? ¿Esclavos?

Si, esclavos para que trabajasen duro en las minas de ixt y duplicasen la producción, solo podía ser eso y les explicó a los tres hombres que le acompañaban su idea. Todos ellos estuvieron de acuerdo con él.

—Disculpe la pregunta, pero ¿los iraluqs no se han puesto en contacto con usted solicitándole ayuda? —preguntó Yowak.

—Todavía no. —Estaba convencido que no tardarían mucho en hacerlo, la Serpiente era muy previsora, seguro que sabría cuánto tiempo se tardaba en llegar a Galduru desde su ciudad, así como los días que tardarían los hombres del este en llegar hasta ellos, atacarles y los días que tenían de margen para reclamarles su ayuda antes de que estuvieran en graves problemas.

—Lo harán. —aseveró Yowak.

La reunión acabó no mucho después y Qourk se dirigió a la hoguera situada en medio del campamento para intentar cenar algo antes de acostarse. Eobe le estaba esperando sentada en el lugar que ocupaba siempre, con algo entre las manos, que no supo que era hasta que llegó a su altura. Dos cuencos de madera, uno sobre el otro formando una bola.

—Te he guardado la cena. —le dijo mostrándole ambos cuencos de barro—. No quería que te quedases sin nada. —añadió. Qourk se sentó a su lado y le dio las gracias. Eobe quitó con cuidado el cuenco superior y una fina capa de humo se elevó serpenteando hasta deshacerse en el aire. Él miró lo que había dentro.

—Estofado de conejo con algunas verduras que los chicos han ido encontrando por el camino.

—¿Chicos?

—Sí, los soldados

—Algunos tienen la edad suficiente para ser tus padres. —le dijo con media sonrisa. Ella simplemente se encogió de hombros y se quedó mirándole con atención mientras comía. No era mucha cantidad y sabía que al terminar se quedaría con hambre aunque pero al menos le templaba el cuerpo y le calmaba el estómago.

—Cuando termines te estaré esperando en la tienda. Tengo una sorpresa para ti. —le susurró su esposa al oído. Toda la piel se le erizó por completo, esa mujer le volvía loco. Se quedó mirando como ella se acercaba a la tienda, retiraba la lona y entraba. Se imaginó como ella se estaba quitando la ropa y preparando la cama para él.

La impertinente risa de Hamalk le distrajo de sus lujuriosos pensamientos.

—Parece ser que su esposa ha cambiado mucho últimamente. —le dijo.

—Cuida tu lengua. —le advirtió.

—No es mi intención ofenderle mi señor, solo expongo un hecho. Mi señora parece mucho más feliz que antes, de lo cual nos alegramos todos. —Qourk volvió a mirar a la tienda.

—No está siendo fácil para ella pero mi esposa es una persona muy fuerte. —dijo con orgullo y engulló su cena con rapidez—. Y ahora, si me disculpas, tengo una preciosa mujer desnuda calentándome la cama, no me gustaría hacerle esperar mucho.

Al entrar a la tienda se sorprendió, Eobe se encontraba de espaldas a él trasteando con algo que él no podía ver desde esa posición, y lo peor es que seguía completamente vestida. Ella debió sentir que él la miraba curioso porque se giró escondiendo algo a sus espaldas.

—¿Qué estás haciendo?

Eobe simplemente le sonrió, sacó una mano de detrás de su espalda y le señaló un pequeño banco de madera que había no muy lejos.

—Siéntate, por favor. —le pidió con tanta dulzura que ni siquiera se planteó el no hacerle caso—. Tengo algo para ti. —añadió aproximándose a él. En ese instante se dio cuenta que ella tenía su ropa salpicada de vino, cosa que le extrañó ya que hacía semanas que no veían una botella ni siquiera de lejos.

Al llegar a su altura ella sacó el otro brazo de detrás de su espalda. En su mano derecha llevaba su cuenco de madera lleno de moras.

—Son para ti. —le anunció con una sonrisa.

¿Esa era su maravillosa sorpresa? Para ser sinceros él se había imaginado algo mucho más sexual, sin embargo, un cuenco lleno de fruta era tan... decepcionante.

—Las he cogido yo. —le dijo con ilusión.

—¿Y por qué no te las has comido? —preguntó molesto.

—Solo había estas pocas maduras así que preferí guardarlas para ti.

—No hacía falta, te las podías haber comido tú. —le dijo comenzando a quitarse las botas.

—Creí que te haría ilusión. —Comenzó a decir centrando su mirada en el cuenco que tenía entre las manos —. Y como últimamente comes poco pensé que un tazón de moras después de tu cena te gustaría.

Si, las raciones de comida no eran demasiado abundantes. Ellos eran demasiados y no resultaba fácil encontrar caza para todos, y él, como buen nawaii, era el primero en racionar bien la comida para dar ejemplo al resto de sus hombres. Qourk levantó la mirada, su esposa permanecía de pie frente a él. La iba conociendo demasiado bien, por lo que se dio cuenta que estaba luchando contra sí misma para no venirse abajo.

Era un bruto, Eobe solo estaba siendo amable y él se dedicaba a contestarla de malas maneras. Tiró sus botas al suelo y sujetó las manos de su esposa, a simple vista no se había dado cuenta, sin embargo, cuando le acarició, notó los finos arañazos que surcaban sus delicadas y suaves manos.

—¿Qué te ha sucedido? —Ella se encogió de hombros.

—Solo me he arañado un poco con las zarzas. —le dijo.

Qourk pronto se dio cuenta que no su ropa no solo estaba manchada, si no también había lugares en los tenía enganchones y algún leve desgarro.

—¿Y tu ropa? —Ella se volvió a encoger de hombros.

—Es que las moras estaban un poco escondidas.

Qourk nunca había sentido nada como eso. Una extraña opresión le atenazaba el pecho, una extraña opresión que le obligó a ponerse de pie y acariciar el rostro de su mujer.

—No quiero que te hagas daño por cogerme un puñado de moras ¿Está claro? —le dijo con suavidad.

—No me he hecho daño.

Solo pensar que ella se pudiese lastimar, o que alguien la pudiese hacer sufrir de algún modo, le daban ganas de gritar y salir corriendo.

—Por favor, Eobe, prométeme que no vas a volver a hacer nada así. —Ella desvió la mirada.

—Solo quería darte una bonita sorpresa.

Esa maldita opresión del pecho creció impidiéndole respirar con normalidad así que no le quedó más remedio que inclinarse y besar los deliciosos labios de su mujer. Esa era la única fruta que quería para después de cenar. Al levantarse se fijó en sus ojos, se habían aclarado algo y habían dejado de ser violetas.

—¿Qué te parece si las compartimos?

—¡No! ¡Son solo para ti!

No pudo evitar sonreír maliciosamente ante la idea que se le había ocurrido.

—Está bien, si no te las quieres comer conmigo, entonces ¿me ayudarás a que me lo coma todo?

Qourk no recordaba haber disfrutado tanto en toda su vida. Pese a que Eobe había estado algo tímida al principio, después se había vuelto loca de pasión, exactamente igual que él.

Su esposa permanecía en su cama, con los ojos a medio cerrar, deleitándose con sus caricias. Él, simplemente, estaba tratando de limpiar él pegajoso jugo de las moras de su seductor cuerpo desnudo, sin embargo, su esposa parecía no haber tenido suficiente y gemía suavemente por cada roce de sus dedos. El trozo de tela que estaba usando para limpiarla llegó a uno de sus costados y ella comenzó a reír. Eso le recordó algo.

—Hamalk dice que has cambiado mucho, que nota que ahora eres más feliz ¿Es cierto? —Eobe abrió los ojos.

—Te lo prometí ¿no? Lo estoy intentando. A veces me acuerdo de Galduru y de mi familia y me pongo triste, pero he comenzado una nueva vida, una que quiero que sea feliz y voy a luchar por ella. Además, también se lo prometí a ellos. —No hacía falta que le dijese de quien estaba hablando, su padre y su hermano.

—Ellos se sentirán muy orgullosos de ti.

—¿Y tú? ¿Lo estás? —le preguntó claramente preocupada.

—Lo estoy, aunque no me guste mucho que tengas tanta confianza con alguno de los soldados ¿Acaso crees que no me doy cuenta como te miran? —Eobe volvió a reír.

—¿Estás celoso?

—Por supuesto que no. —respondió ofendido.

—¿Entonces a que viene eso?

—¿De qué os estabais riendo tanto esta tarde? Ella sonrió de nuevo y se mordió el labio inferior.

—Bueno, es que he sido un poco mala con uno.

Él arrugó el entrecejo. A Qourk le extrañaba que su esposa hubiese podido llegar a algo como eso, así que le preguntó.

—¿Qué le has hecho? —Eobe comenzó a reír suavemente.

—Bueno, les estaba enseñando a zurcirse la ropa. La verdad es que cuando mi meeca me enseñó nunca creí que me fuese a ser algo útil, total, alguien siempre lo hacía todo por mí. El caso es que esos hombres se estaban quejando de que las costuras de su ropa interior les molestaban cuando montaban, así que les dije que yo sabía coser y que a lo mejor podría ayudarles.

Cuando Qourk fue a protestar Eobe le puso un dedo en los labios y se los acarició.

—Espera, déjame terminar. —Él se lo beso, olía a moras y a sexo y quiso lamerlo hasta perder el sentido, en cambio, la dejó terminar su historia.

—Uno de ellos me enseñó el remiendo que le había hecho al calzón, y casi me muero de la risa. No me extraña que tuviera rozaduras, así que me ofrecí para ayudarle, y ya de paso, le pregunté a alguno más si quería que les enseñase. Varios aceptaron, así que nos sentamos, y mientras les enseñaba como zurcir su ropa… —Eobe se paró, se tapó la boca con las manos y comenzó a reír de nuevo.

—¿Qué pasó?

—Es que… cuando terminé de remendar el del hombre de la rozadura… —dijo entre risas y con lágrimas en los ojos—. Le había… bordado… una flor en el trasero. —Terminó en medio de un ataque de risa.

Aunque no encontraba lo que era tan divertido Qourk enseguida se contagió de su risa, era imposible no hacerlo.

—Tenías que haber visto su cara cuando vio la flor. —añadió Eobe.

—¿No se enfadó?

—Un poco, pero luego le pedí perdón y terminó riéndose también. Es que fue tan divertido.

Él no era quien para cortarle la diversión aunque le pareciese una chiquillada y no le terminase de encontrar la gracia, así que le dejó reír hasta que se cansó, y ambos se acostaron. La había acostumbrado bien, así que rápidamente se abrazó a él y suspirando se acomodó sobre su pecho. Le encantaba sentir el tibio aliento de Eobe acariciarle la piel, sentir sus piernas enredarse con las suyas y acababa de descubrir cuanto le gustaba oírla reír. Tal vez no hubiese sido tan mal plan unirse a Eobe al fin y al cabo.

Habían llegado al Valle de los Peyacks solo una semana más tarde de lo que ellos habían previsto en un principio. Considerando todo lo que les había sucedido por el camino Qourk estaba orgulloso del esfuerzo que habían hecho tanto sus hombres como sus animales, y en cuanto llegasen a su hogar les recompensaría por ello. Le gustaría poder darles un día de descanso, el problema era que con los hombres de Talaqtto pisándoles los talones, y los waggoshianos y los goddios uniéndose a la guerra, no quería estar mucho tiempo por esas tierras. No es que le diese miedo enfrentarse con quien fuera, sencillamente prefería que el resto de ejércitos luchasen entre ellos hasta debilitarse, de ese modo él y sus hombres podrían tomar Galduru con más facilidad.

Observó el paisaje que se encontraba frente a él durante un instante. Sin duda era una vista preciosa, digna de ser contemplada al menos una vez en la vida.

El valle discurría como una gran alfombra verde que se alejaba serpenteando hacia el norte, entre las Montañas Waggosh a la derecha y las Tangaanin a la izquierda. Los árboles que lo poblaban estaban comenzando a teñirse de otoño, y los picos más altos mostraban orgullosos las primeras nieves que los cubrían.

Qourk lo había atravesado en una ocasión, hacía tiempo, y sabía que había tramos en los que las escarpadas paredes de piedra se cerraban tanto que tenía la anchura de media docena de hombres no muy corpulentos.

Hamalk y Nakhawatt se reunieron por última vez con los ghalees. Confiaba en Yowak ciegamente por eso ponía en sus manos a la mayor parte de su ejército. Pese a que no hacía mucha falta él le dio las últimas órdenes a su ghalee, le preocupaba que tuviesen algún problema o algún contratiempo.

—Tened cuidado. —Le pidió cuando terminó de repasar el plan. El ghalee le hizo una reverencia.

—Usted también, mi señor. —Y sin más se dio media vuelta y se llevó a sus hombres a través del valle mientas ellos proseguían su camino.

Si sus cálculos no fallaban, y todo salía según lo planeado, ambos grupos deberían llegar casi al mismo tiempo, ellos alrededor de una semana más tarde. Qourk suspiró, se moría de ganas de llegar a su casa, darse un buen baño de agua caliente, comer en condiciones y poder ponerse algo de ropa limpia. Uno de sus soldados llegó a su altura.

—Los hombres han cazado tres peyacks para esta noche, mi señor. —Él asintió.

—Dales las gracias en mi nombre y que se repartan las pieles entre ellos. Esta noche prepararemos una buena cena. Que miren a ver si pueden encontrar por el camino algo para acompañar el asado. —El soldado asintió y se dio la vuelta para volver con los suyos, no sin antes dirigirle una explícita mirada a su mujer que se encontraba parloteando con Malluk de no sabía qué. No le gustó nada esa mirada.

—Hamalk, dile a mi esposa que no se retrase, que galope al mismo ritmo que nosotros y permanezca cerca. —Quería tenerla vigilada por si acaso. Sus soldados llevaban demasiado tiempo sin estar con una mujer y la suya era demasiada tentación para cualquiera. Qourk les había oído murmurar cosas sobre ella, lo bonita que era, lo dulce que era, lo mucho que un hombre podría disfrutar en la cama con ella.

—Quiero que le ordenes a Malluk que la vigile, si alguien intentase hacerle daño que no tenga piedad. —Su hombre de confianza asintió.

Si confiaba en el soldado era porque en ningún momento había dado muestras de ningún tipo de atracción hacia Eobe. Él les había estado vigilando sin que nadie se diese cuenta mientras ambos hablaban, o mientras cuidaban de los animales después de una larga jornada, o encendían alguna fogata, y el trato que le daba a su esposa era como si estuviese cuidando de una hermana. Eso le gustaba, su mujer necesitaba que alguien se preocupase por ella de ese modo.

Tal vez se estaba volviendo un poco posesivo con respecto a Eobe, pero ella era su esposa y no le iba a permitir a nadie que le arrebatasen lo que le pertenecía o que le hiciesen daño.

El olor de la carne asada se extendía por todo el campamento y Qourk intuía que incluso más allá. La carne de peyack, pese a ser algo dura, tenía un sabor suave, y junto con la sabrosa sopa de col que habían cocinado, tanto él como sus hombres estaban disfrutando de una deliciosa cena como hacía mucho tiempo que no hacían.

—Si los goddios bajan por el Valle de los Peyacks ¿cuántos días crees que tardarán nuestros hombres en toparse con ellos? —le preguntó Nakhawatt a Hamalk.

—En el hipotético caso que algún destacamento se desvíe por allí, no le sabría decir con exactitud mi señor, calculo que entre diez y doce días, tal vez quince—. —Eso era lo que él había calculado también, pero quería tener una segunda opinión. Estaba preocupado por sus hombres, no sabía por qué, tenía un mal presentimiento.

—Mi señor no debería preocuparse por los goddios, ellos no se desviarán tanto.

—Alguien ha podido hablarles de nosotros.

—¿Quién?

En los que primero pensó fue en los Staanka. No, ellos no podrían saber lo que había sucedido en Galduru tan pronto. Estaba completamente seguro de que habían matado a todos los que estaban presentes en la Fortaleza el día del asalto, aunque ¿y si alguno había conseguido escapar? Era difícil aunque tal vez hubiese conseguido confundirse entre la marea de cadáveres y pasar desapercibido, tal vez había estado esperando el momento oportuno para escapar y avisar a su gente de lo sucedido.

Su esposa se acercó y le devolvió el cuenco lleno de sopa de col, ese era su segundo tazón. Ella se sentó a su lado y comenzó a comer con esos modales tan refinados y esos movimientos tan elegantes. Cuanto se alegraba de habérsela quitado a Talaqtto, si no a esas alturas quien sabría que hubiese sido de ella. De pronto se dio cuenta de algo.

—¿Y si ha sido la Serpiente? —le dijo a Hamalk—. Bien saben los dioses que es lo suficientemente retorcido como para haber enviado un latou a cada ciudad del este explicándoles lo sucedido. —Su hombre de confianza torció los labios.

—¿Y que nos den caza? No, no creo que se le ocurra nada como eso, nos necesita demasiado.

—Si nos enfrentamos a los hombres del este lejos del Galduru consigue tres cosas; que entremos en la guerra sin necesidad de que nos pidan el favor, y que debilitemos por ellos a los ejércitos que se enfrenten a nosotros.

—¿Cuál es la tercera? —preguntó su hombre confianza al ver que él no continuaba con la lista.

—Que no le salpique la sangre y que los ejércitos del este se centren más en nosotros que en ellos. —dijo—. ¡Pus de gusano! —exclamó al darse cuenta de la jugada de Ijlaak. Cuanto odiaba a ese hombre.

—No sabemos si ha sucedido de ese modo.

—Claro que ha sucedido así. ¡Qué estúpido soy! ¡¿Cómo no lo vi venir?!

—Mi señor no es ningún estúpido. —protestó Eobe. Por lo visto estaba siguiendo la conversación con atención. Antes de que él pudiese decir nada ella se disculpó por haberse inmiscuido en su conversación y se giró.

—Ella tiene razón. —dijo Hamalk sonriendo antes de que pudiese protestar. Su esposa se estaba tomando demasiadas libertades últimamente—. La Serpiente no podía saber que nos íbamos a dividir.

Normalmente, cuando algo le preocupaba se volvía bastante paranoico. Hamalk tenía razón Ijlaak no podría saber sus intenciones a menos que...

—Tiene a alguien infiltrado en nuestro ejército. —Antes lo había supuesto, ahora estaba completamente convencido de ello. Aquellas palabras las pronunció en voz baja para asegurarse que solo su interlocutor las oía, ahora tenía que ser más prudente que nunca.

Su hombre de confianza comenzó a mirar a sus hombres, sin duda pensando lo mismo que él, quien de todos habría sido capaz de venderles por un buen puñado de coloridos khuats.

Ninguno de los dos volvió a decir nada hasta que su esposa se puso de pie y se disculpó de ellos para irse a dormir. Iba a tener una conversación con esa mujer en cuanto él fuese a acostarse. ¿Cómo se atrevía a inmiscuirse en conversaciones privadas? Vio como Malluk seguía a su esposa hasta su tienda y se puso de mal humor, como ese hombre se atreviese a entrar le arrancaría la garganta con sus propias manos, pero no ocurrió, Eobe y su animal se perdieron detrás de la cortina y el soldado se quedó apostado en la puerta haciendo guardia.

Qourk volvió a mirar hacia su hombre de confianza, seguía con el ceño fruncido y con la mirada fija en un grupo de soldados.

—¡Mi señor! —gritó Malluk lo suficientemente alto. Él giró la cabeza y le vio entrar corriendo a su tienda junto con otros cuatro hombres que estaban de guardia.

Qourk se levantó de un salto y salió corriendo, tirando el cuenco de madera al suelo y derramando lo poco que le quedaba de sopa.

Había un hombre dentro de su tienda, un soldado de Wagga, que tenía a su esposa sujeta por la cabeza y había puesto un cuchillo sobre su nívea garganta. Garra estaba en posición de ataque gruñendo y enseñando los colmillos, sin duda esperando el mejor momento para saltar sobre él, y sus soldados, espadas en alto, dispuestos a hacer lo mismo.

Se acercó despacio hacia ese hombre lleno de ira. Nunca hasta ese instante había sentido tanto odio por nadie ni tantas ansias de matar.

—Ni un paso más. —amenazó el hombre.

—Esa mujer que estás amenazando es la mía, y quien amenaza a mi esposa me amenaza a mí, y quien me amenaza a mí lo hace sobre todo mi pueblo. —le respondió despacio marcando bien todas las palabras, especialmente *"amenzando y mía"* Quería mirar a su esposa para decirle sin palabras que no iba a permitir que nadie la hiciese nada malo, el problema es que si lo hacía y veía el miedo que ella estaba sintiendo iba a perder los estribos por completo, y eso no lo podía permitir. Él dio un par de pasos más.

—Si la sueltas sin ningún daño morirás con rapidez, si no lo haces vas a sufrir como nunca nadie lo ha hecho hasta ahora.

—Si alguno de vosotros intenta algo me la llevo conmigo al Ahwal. —amenazó nervioso, dando pequeños pasos hacia atrás sin apartar el cuchillo de la garganta de Eobe.

Una ráfaga de aire agitó la lona de la tienda haciendo claramente visible un corte de la parte trasera que sabía a ciencia cierta que no estaba ahí cuando la habían montado.

—Eso está por verse. —amenazó Qourk al tiempo que daba un par de pasos más para acercarse y les indicaba a sus hombres que rodeasen la tienda.

Desde esa posición pudo ver como al hombre le temblaba la mano que sujetaba el cuchillo, y miró a su esposa durante un instante, el suficiente para observar el color de sus ojos. Qourk se había imaginado que los tendría blanquecinos sin embargo, solo le habían cambiado a una tonalidad rosácea parecida a la de su cabello.

El waggoshiano fue rápido y antes de que sus hombres les rodeasen quitó el cuchillo de la garganta de su esposa, con la mano libre la sujetó con fuerza por un brazo y echó a correr arrastrando a Eobe con él. Su mujer dio un grito cuando su raptor tiró de ella.

—Nadie que le hace daño a mi esposa vive para contarlo. —rugió Nakhawatt y les persiguió.

Aunque el waggoshiano era veloz Eobe le entorpecía la huida por lo que en varias zancadas fue capaz de darles alcance.

Con rapidez agarró la mano del hombre con la que sujetaba el cuchillo y le retorció el brazo hasta que oyó un crujido. El waggoshiano gritó y soltó a Eobe. Qourk no dudó, se puso frente a él, cerró la mano formando un sólido puño, y le golpeó con fuerza en la nariz. La sangre comenzó a brotar abundantemente, pero Qourk no estaba ni siquiera cerca de acabar con él, por lo que se puso detrás de él y le propinó una patada llena de rabia en la corva de la pierna derecha. El waggoshiano cayó de rodillas.

—Ya te lo advertí. —le dijo Qourk antes de agarrarle por el cuello y arrastrarle hasta el medio del campamento, en donde comenzó a golpearle con saña.

Eobe aprovechó para cobijarse, no muy lejos, solo hasta la seguridad de su yawatt al que se abrazó y que no dejaba de gruñir en dirección al waggoshiano.

Era como si sus puños no pudiesen parar, uno detrás de otro, bum, bum, bum, hasta que descargó toda su ira. Aquel hombre se había quedado de rodillas e inconsciente, así que de una patada lo tiró al suelo y se giró hacia sus hombres.

—¡Esto es lo que le pasa a quien intenta sobrepasarse con mi esposa o hacerle daño! —les gritó. En el campamento solo se oían los gruñidos de Garra y la respiración pesada de algunos animales, nadie se atrevía a decir ni media palabra—. ¡¿Ha quedado claro?!

—¡Sí, señor! —gritaron todos al unísono.

Se giró buscando a su ghalee, no andaba muy lejos, ni su esposa tampoco, solo unos pocos pasos detrás suyo.

—Hazle hablar. —le dijo. Shawick le hizo una reverencia y se acercó al waggoshiano—. Hamalk ayúdale. —Su hombre de confianza le hizo la misma reverencia que su ghalee y ambos cogieron al soldado por los brazos y se le llevaron arrastrando en dirección al bosque.

—Quiero de dobléis la vigilancia en el campamento. —les ordenó a sus hombres.

Una suave y delicada mano le sujetó por el brazo y tiró de él hasta alcanzarle la mano. Qourk giró la cabeza, era Eobe que le estaba inspeccionando los nudillos, se los había desollado al pegarle al tipo ese.

—Tenemos que curar estas heridas, no quiero que se infecten. —le dijo y comenzó a arrastrarle en dirección a su tienda.

Él se limitó a seguirla y al entrar le hizo sentarse en el banquito de madera. Sin decir ni media palabra ella le llevó un cuenco con algo de agua que dejó a sus pies, y a continuación se dirigió al otro lado de la tienda, allí había un baúl, el cual abrió, y del que sacó un tarro de barro y varios trozos de tela del pañuelo que solía llevar en la cabeza, y que últimamente usaba para hacer vendas y encender fuegos.

Eobe se acercó a él y se arrodilló delante suyo, mojó uno de ellos en el cuenco y comenzó a lavarle la mano izquierda con tanta suavidad que era incapaz de apartar los ojos de su esposa. Era tan hermosa y sus movimientos tan hipnóticos que aunque lo hubiese querido no hubiese podido dejar de mirarla. Se había asustado tanto al ver como ese hombre le amenazaba con el cuchillo que había enloquecido. Por suerte, allí dentro, con ella tratándole con tanta dulzura, comenzó a calmarse y a respirar con normalidad.

Lo que más fascinado le tenía era que ella actuaba como si nada hubiese sucedido, quizá estaba conmocionada por el incidente, así que le preguntó preocupado.

—¿Te encuentras bien?

—Sí. Solo ha sido un pequeño susto. —le respondió levantando la cabeza para mirarle. Sus ojos aunque seguían siendo de color rosáceo tenían una tonalidad algo más oscura.

—¿Un pequeño susto? Eobe, ese hombre ha estado a punto de matarte. —Ella negó con la cabeza.

—Ni Garra, ni tú, ni ninguno de los chicos, se lo hubiese permitido. —Qourk nunca se hubiese imaginado esa clase de respuesta y se quedó petrificado.

—No, no lo hubiésemos hecho. —consiguió responderla con un susurro.

—¿Ves? entonces no tenía nada de lo que preocuparme. —le dijo con una leve sonrisa en sus labios. Él la miró con la boca abierta. Esa mujer era tan increíble como las extrañas cosas que le hacía sentir.

Debió de quedarse mirándola demasiado tiempo, porque cuando ella le habló de nuevo ya había terminado de curarle esa mano, incluso se la había vendado y había comenzado con la derecha.

—¿Sabes? Creo que a Garra no le ha sentado bien que no le dejases intervenir contra ese hombre. Él también quería su parte.

—Pues que se aguante, en lo que se refiera a mi esposa yo tengo prioridad. —Eobe le miró con el ceño levemente fruncido.

—¿Decías en serio eso de que si alguien me hace daño no vive para contarlo?

—No sabía que lo hubieses oído.

—No lo dijiste en voz baja precisamente. —Se quedó en silencio durante un latido de corazón.

—Creo que nunca había dicho nada tan en serio. —le confesó con sinceridad.

Su esposa bajó la mirada hasta su mano y en cuanto terminó de vendarla se puso de pie, se levantó la túnica y se sentó a horcajadas sobre él. Qourk volvió a sorprenderse, nunca hasta ese instante su esposa había sido tan atrevida.

—Quiero darte las gracias. —le susurró tan cerca de su boca que se le comenzó a nublar la vista.

Eobe comenzó a besarle lentamente al principio, incrementando la pasión por cada roce de sus labios. Era el mejor agradecimiento que nadie nunca le había dado, y gimió cuando la lengua de su esposa rozó su boca y se hizo paso dentro de él.

Tan ávido de ella como estaba, le sujetó por las caderas y la apretó contra su cuerpo. Necesitaba sentir cada minúscula fibra de su cuerpo, aunque por lo visto su esposa tenía otros planes. Eobe dejó de besarle, se deshizo de su agarre y se puso de pie. Tenía la respiración entrecortada y sus ojos, aunque todavía no habían vuelto a ser violetas, se iban oscureciendo por momentos. Con lentitud, observó como ella se deshacía de su túnica y dejaba al aire todos sus deliciosos encantos de mujer que él tan bien conocía.

Si en ese momento le hubiese pedido que se dejase devorar por un yawatt él lo habría hecho encantado. Deseaba tanto a esa mujer que hasta perdía la capacidad de razonar.

Se puso de pie, hipnotizado por ella, y Eobe comenzó a desabrocharle el chaleco. Las manos le temblaban demasiado y no le estaba resultando nada fácil. Qourk no sabía si su temblor se debía a los nervios por lo que le había sucedido, o por la excitación del momento pero decidido a ayudarla. Levantó sus manos y se las llevó hacia uno de los botones. Con cuidado ella se las quitó.

—No. Quiero hacerlo yo. Quiero agradecerte.

Obedientemente bajó las manos y le dejó proseguir hasta que consiguió desabrochar todos los estúpidos botones y quitarle la prenda. Él no podía apartar los ojos de encima suyo, y cuando su pecho desnudo quedó al descubierto la vio morderse el labio inferior. Él también quería hacer eso, mordisquearla los labios hasta que enloqueciese de deseo, sin embargo, permaneció de pie esperando a su siguiente movimiento.

Eobe comenzó a acariciarle el pecho con suavidad, desde los hombros hasta la cinturilla de su pantalón, ida y vuelta varias veces. Sus manos no le debieron de parecer suficiente porque pronto las sustituyó por sus labios y comenzó a besarle y a mordisquearle por el cuello, los hombros y los pezones consiguiendo que la cabeza le diera vueltas por el deseo.

Las rodillas le temblaron cuando la vio arrodillase, desabrocharle el pantalón y volverse a morder el labio. Notó su lucha interior entre si hacer o no hacer, entre si seguir siendo la mujer atrevida en la que se había convertido o salir corriendo y refugiarse bajo la seguridad de las mantas de piel de peyack.

Él deseaba que prosiguiese pero no quería que hiciese nada que no desease, no quería obligarla.

—No te detengas. —le pidió soltando el poco aire que le quedaba en los pulmones. Eobe levantó la cabeza y le miró.

—¿Quieres que lo haga? —¿Qué si quería? Mataría por ello.

—No hay nada que quiera más en este momento.

—¿De verdad? ¿Y qué pensarás de mí si…? ¿No creerás que soy…?

—Creeré que eres una mujer maravillosa. —le dijo acariciándole con suavidad el pelo. En otro instante le hubiese dado un bonito discurso alabando todas sus virtudes, en cambio, en ese momento no era capaz de pensar, solo esperaba que esas palabras le hubiesen bastado para animarla.

—¿Y si no me gusta besarte ahí?

—Entonces no lo hagas. —Eobe respiró profundamente y un latido de corazón después expulsó el aire con lentitud.

Qourk no pudo evitar estremecerse al sentir su tibio aliento rozarle su erección, y cuando sintió sus labios sobre él cerró los ojos y echó la cabeza hacia atrás gimiendo. Asustada, su esposa se retiró y le preguntó.

—¿Te he hecho daño?

Él le miró con una sonrisa en los labios, seguía siendo tan inocente que le provocaba muchísima ternura.

—Claro que no me has hecho daño, es que me gusta demasiado sentir tus labios en mí. —Eobe abrió mucho los ojos.

—¿En serio?

—Completamente en serio.

Sin pensárselo su esposa volvió a besarle, cada vez con más atrevimiento, incluso usando su lengua e introduciendo parte de él en su jugosa boca. Estaba disfrutando tanto de lo que le estaba haciendo que tuvo que poner sus manos sobre su cabeza y pararla.

—No querrás que la diversión acabe tan pronto, ¿verdad? —le dijo con la respiración entrecortada. Eobe le miró y le sonrió.

—No. —Otra de esas sonrisas y el juego terminaría para él inmediatamente.

Qourk le ayudó a ponerse pie y la llevó hasta la cama. Al llegar a su altura Eobe le dio un pequeño empujón y le tiró sobre la manta, la verdad es que más bien se dejó caer, y cuando estuvo tumbado abrió los brazos en señal de rendición, logrando que ella riese. Le quitó los pantalones y trepó sobre él rozando sus zonas más sensibles contra las suyas.

—Eobe. —gimió él—. Me vuelves loco.

—Tú a mí también. —le respondió ella un suspiro antes de volver a besarle.

Preso de la pasión le agarró de los brazos e intentó darle la vuelta, a lo que ella protestó.

—No, déjame a mí, quiero agradecerte. —Insistió una vez más—. Por favor.

¿Cómo le iba a decir que no? así que sencillamente se quedó tumbado sobre su espalda, disfrutando del maravilloso paisaje, su esposa cabalgando sobre él, con sus pómulos sonrosados por la pasión, sus labios abiertos, sus pequeños pechos moviéndose rítmicamente y una fina capa de sudor que le recorría el cuerpo.

Eobe comenzó a moverse cada vez más rápido, gimiendo cada vez más alto, hasta que se desplomó contra él y se quedó abrazada a su pecho intentando recobrar el aliento. Sabía que él no iba a tardar mucho en acabar como ella, por lo que se sentó en la cama, le dio la vuelta, y media docena de embestidas más tardes consiguió su ansiada liberación.

Ambos se quedaron abrazados en el silencio de la tienda disfrutando el momento que acababan de compartir. Qourk seguía sin creer que su mujer le hubiese hecho todo aquello, pero había sido muy real, y él se sintió el hombre más afortunado que una vez hubo pisado la tierra. Eobe apoyó las dos manos en su pecho y descansó la cabeza sobre ellas para mirarle.

—Qourk ¿qué piensas sobre mí ahora? —le susurró con timidez. Él la sonrió.

—Que eres la mejor esposa que nunca nadie haya podido conseguir. —Eobe abrió mucho los ojos, sorprendida.

—¿De verdad? ¿No crees que sea un poco… descarada? —Él rió con ganas.

—Eres la persona más dulce e inocente que he conocido en mi vida.

—¿A pesar de todo lo que te he hecho antes?

—Sobre todo por lo que me has hecho antes. —respondió sonriendo y acariciándole el pelo. —Ella se quedó en silencio un instante.

—¿Y… te ha gustado? —preguntó dubitativa. Qourk suspiró recordando, recreándose en la sensación de sus labios y de sus manos acariciando su cuerpo.

—Me ha gustado mucho. —Ella sonrió.

—Me alegro, porque a mí también me gustó mucho besarte antes ahí abajo.

¡Por todos los dioses del Ahwal! esa mujer iba a ser su perdición, la sangre de su cuerpo comenzó a amontonarse de nuevo en su entrepierna.

—Pues puedes repetirlo cuanto te apetezca. —Eobe abrió mucho los ojos.

—¿Ahora? —Él rió.

—¿Qué te parece si lo dejamos para un poquito más tarde? Necesito recuperarme. —Ella se sonrojó y apartó la mirada. Comenzaba a conocerla bien así que le dijo.

—Sigo sin pensar que seas una descarada, de hecho me sigue gustando demasiado la nueva tú como para que se me pase por la cabeza, así que no se te ocurra avergonzarte por ello. ¿Está claro?

Eobe asintió y él la obligó a subir un poco hasta que tuvo su cabeza a la altura perfecta para besarla de nuevo.

—Te quiero, Qourk.

La respiración se le congeló ante sus palabras y sintió una fuerte opresión en el pecho. Ella le quería y él no sabía ni que decir ni cómo actuar en ese instante. Otras mujeres le habían declarado su amor, otras mujeres a las que él había cortejado, a algunas se las había llevado a su cama, pero ninguna había conseguido desarmarle como Eobe Worji, no, Eobe Nakhawatt pensó con orgullo.

—Ahora duerme, mi preciosa esposa, mañana será un día largo.

Nunca le había costado tanto levantarse. Lo único que deseaba era permanece acostado al lado de esa maravillosa mujer, y si no fuera por todas las obligaciones que tenía que cumplir y un rehén con quien hablar, lo hubiese hecho.

Antes de levantarse le dio a su esposa un beso en la frente y suspiró, todavía podía escucharla diciéndole que le quería, eso le hacía sentirse indefenso, y como consecuencia de mal humor.

Con pesar se levantó, se vistió y fue a buscar a Hamalk. Él y Shawick estaban sentados, bebiéndose un cuenco de té caliente. El frío de la mañana invitaba a ello.

—Estamos esperando a que se despierte. —le dijo el ghalee.

—Creí que a estas alturas ya tendríais algo. —dijo decepcionado.

—Mi señor le golpeó con fuerza.

—Nadie amenaza a mi esposa. —dijo con ganas de volver a golpearle—. Shawick, quédate vigilando por si despierta. Hamalk y yo vamos a dar un paseo. —El ghalee le hizo una reverencia y tanto él como su hombre de confianza echaron a andar. Pasaron por el lugar en donde tenían al rehén atado a un árbol y Qourk sonrió levemente, allí a un par de pasos estaba Garra, sin apartar los ojos del waggoshiano, sin duda esperando a que hiciese algún mal movimiento para atacarle.

—Tenemos que conseguir que se despierte y hable antes de partir. —Le dijo Qourk—. Si los waggoshianos andan también detrás nuestra entonces tenemos más problemas de los que imaginábamos.

—Puede que solo sea un hombre que se haya perdido o…

—Le hayan mandado de avanzadilla. —terminó Qourk por él.

—Esa es una opción.

Él se frotó la cara, si a ese hombre le habían enviado de avanzadilla no tardarían mucho tiempo en que el resto de su escuadrón les dieran alcance, seguro que estaban cerca, solo de ese modo se podía justificar él que estuviese dentro de su tienda, Qourk apostaba que sabía perfectamente donde se encontraba y a quien estaba buscando. No fue casualidad.

—Le han enviado a él para coger a Eobe y llevársela a Wagga con ellos. Habrán pensado que un hombre solo tendría más posibilidades de entrar y salir sin que nadie le viese.

—No podemos hacer conjeturas con tanta rapidez, mi señor. No sabemos…

—¡Claro que podemos! Ese hombre estuvo a punto de matar a mi esposa anoche. Esto no se va a quedar así. Te juro por la memoria de mis antepasados que los Staanka se van a arrepentir de lo que han hecho.

—¿Mi señora ha sufrido algún daño? —Él negó con la cabeza.

—Ella está bien.

—Entonces no te precipites. Comprendo que estés preocupado y asustado por lo que le pasó anoche, y si no te conociera diría que es un comportamiento normal en un esposo enamorado, pero…

—No te burles de mí. Hoy no estoy de humor para eso. —le interrumpió.

—¡Mi señor! —le gritó Shawick—. ¡El rehén ha despertado! —Y ese no era todo el problema, el yawatt de su esposa estaba a punto de abalanzarse sobre él y arrancarle la cabeza de cuajo. Él y Hamalk llegaron corriendo hasta allí.

—Que alguien avise a mi esposa que venga aquí lo más rápido que pueda. —Ninguno de ellos podría contener a Garra si quería buscar su venganza, y desde luego, él no le culparía. Qourk se acercó a él.

—O hablas o le soltamos. —le dijo señalando al animal.

—No tengo nada que decir.

—Yo creo que sí. ¿Qué te parece si empiezas por quién te ha enviado y porqué?

El waggoshiano no dijo nada así que Qourk se arrodilló a su lado, le desató las manos y le agarró con fuerza por la muñeca que le había roto la noche anterior, la tenía amoratada y tan inflamada que estaba deforme. El hombre comenzó a gritar.

—¿Sigues sin tener ganas de hablar? —le preguntó Nakhawatt.

El soldado le miró con odio. No tenía tiempo que perder, quería emprender camino lo antes posible, así que miró hacia Garra y sonrió de medio lado, el animal estaba a punto de deshacerse de las personas que le tenían sujeto y no paraba de gruñir y enseñar los dientes.

—¿Prefieres qué el yawatt de mi esposa se encargue de ti? Porque te tiene ganas.

En ese instante su mujer apareció, lo supo porque le oyó llamar a su yawatt. No pudo contenerse y giró la cabeza. Iba envuelta en la manta que usaban para dormir, tenía el pelo revuelto, ni siquiera se había parado a esconderlo.

La mayoría de los hombres, incluso el rehén, la miraban sorprendidos, sin embargo, ella pareció no percatarse, estaba demasiado ocupada tranquilizando a Garra.

—Tú decides. —le dijo Qourk al soldado.

—No tengo nada que decirte. —Él se puso de pie.

—Está bien. —dijo y se dio media vuelta—. Eobe, deja que tu animal se encargue del waggoshiano. Ella le miró con el ceño fruncido.

—Él no es waggoshiano. Viste como uno de ellos, pero no lo es.

—¿Qué?

—Eso. No es de las Montañas Waggosh, he pasado el tiempo suficiente con ellos para saber que el acento de ese hombre no es de allí.

Qourk miró a su rehén que observaba a su mujer de un modo extraño.

—¿Estás segura? —le preguntó.

—Completamente. Este hombre tiene acento del oeste, es como el de ese hombre.

—¿Qué hombre?

—Ese. Cuando me conociste, el hombre que ya sabes… qué me había cogido.

—Talaqtto. —dijo Hamalk.

—Sí, ese. Además, la ropa que lleva no es suya, le queda corta y ancha. —Él se acercó a ella.

—¿Estás completamente segura Eobe? —Ella asintió.

—Nos estamos jugando mucho. ¿Estás completamente segura? —insistió.

—Absolutamente. Estoy tan segura como que mi nombre es Eobe Nakhawatt. —Qourk suspiró.

—Su esposa tiene razón, mi señor. —Le dijo Shawick—. Sabía que había algo en ese hombre que no cuadraba. No sé como ninguno de nosotros se había dado cuenta antes. El uniforme que lleva debió pertenecer a algún muerto en Galduru. Mire los cortes en la ropa, en la espalda tiene unos cuantos que se asemejan a las garras de un yawatt y a la altura del costado izquierdo uno delgado, como si hubiese sido hecho por algo muy afilado, tal vez el filo de una espada y está rodeado por una enorme mancha de sangre, como si su dueño se hubiese desangrado.

—¡Desnúdale! —Le ordenó a su ghalee y este obedeció.

Ni una sola cicatriz, así que la idea de que el uniforme era robado cobraba mucha credibilidad.

—¿Me vas a explicar quién eres? —le preguntó Nakhawatt. El hombre escupió al suelo.

—Nunca.

—Es una pena que no quieras hablar, pero ya me encargaré yo de hacerle saber a Talaqtto que me lo has contado todo.

—Nunca te creerá. —Qourk sonrió.

—Por supuesto que lo hará. —Se dio media vuelta y se dirigió hacia su esposa.

—Suelta a Garra y que se encargue de él. —le ordenó. Ni siquiera le había dado tiempo a Eobe a soltarlo cuando se dirigió a sus hombres—. ¡Como vea que alguno de vosotros sigue mirando a mi esposa de ese modo os arranco los ojos y se los echo a los gusanos para que se alimenten de ellos. ¡¿Está claro?! —les gritó. Inmediatamente todos desviaron la mirada.

—Y tú. —le ordenó a Eobe—. Ve a vestirte.

Su esposa le miró confusa, seguro que no le parecía bien que su yawatt se hiciese cargo del prisionero, demasiado violento y salvaje para ella, en cambio, le soltó y le dijo.

—Todo tuyo.

No quería que viera el espectáculo así que le abrazó por los hombros y se la llevó a su tienda. Esa mujer no dejaba de sorprenderle, durante el recorrido había permanecido con la cabeza alta, sin dejarse impresionar por los espeluznantes alaridos que daba ese hombre, solo cuando entró en la intimidad de aquel lugar fue cuando se vino abajo, se tapó los oídos con las manos, se acurrucó en su pecho y comenzó a llorar.

—No me hagas hacer eso nunca más. —le pidió su mujer.

—Lo siento, pero era necesario. Si quieres ser respetado no debes mostrar debilidad y mucho menos contra tus enemigos. —Ella negó con la cabeza—. Ya te lo dije Eobe, nadie que te haga daño vive para contarlo. —Su mujer se abrazó a él con fuerza—. Ahora venga, vístete, tenemos que levantar el campamento.

No todo son malas noticias

"Los halirianos se han dividido" leyó Ijlaak y sonrió. Justo como lo esperaba. Ahora solo faltaba que sus hombres cogiesen a la ianeekou. Ya había encontrado el lugar perfecto para esconderla, una cueva oculta detrás de una catarata en las Montañas Waggosh. Era profunda y enrevesada, perfecta para que si la mujer intentase escapar no lo consiguiera.

No era estúpido y sabía que era peligroso llevarle a aquel lugar, cualquier waggoshiano podría verles y arruinar sus planes, por ese motivo tendrían que ser muy cuidadosos, pero ya se encargaría de eso a su debido tiempo.

Los gritos procedentes de la ciudad le hicieron asomarse por la ventana de su despacho para saber qué habría ocurrido en esa ocasión.

Estaba harto de esos galdurianos.

Desde allí arriba podía divisar prácticamente casi todo Galduru por lo que rápidamente se dio cuenta de que causaba tanto revuelo. Varias casas estaban ardiendo y sus soldados estaban haciendo prisioneros a sus habitantes, mientras el resto de vecinos, junto con el pequeño grupo de soldados de Galduru que habían huido cuando ellos habían tomado el poder, intentaban impedírselo.

Insensatos, les aplastaría como a cucarachas.

A pesar de que no eran muchos, ese grupo de rebeldes les estaban dando muchos más problemas de los que se habían imaginado en un principio. Brogan estaba admirado y molesto a partes iguales de que un número tan pequeño de hombres estuviesen tan bien coordinados y pudiesen sabotear sus planes. Él simplemente estaba muy cabreado. Por su culpa habían perdido un importante número de presos que iban a ser destinados a las minas de ixt de la isla de Iacara, esos rebeldes les habían ayudado a escapar, por lo que tenía que reponer a esos esclavos a toda costa, y los galdurianos, con su manía de oponerse a ellos, se habían ganado ese honor. A decir verdad no sabían con certeza cuántos hombres integraban el grupo de rebelde, entre él y su ghalee, Shone Brogan, habían calculado que serían unos doscientos, aunque les causaban tantos problemas como si fueran dos mil.

Pronto darían con ellos, estaba convencido. Pese a que les habían buscado por los alrededores sin dar con nada ni con nadie que supiera quiénes eran y donde se escondían, pronto darían con ellos. Era solo cuestión de tiempo que alguien confesase.

Por suerte no todo eran malas noticias, su invitado especial estaba a punto de venirse abajo y darle lo que necesitaba, y él quería estar presente en el momento que eso sucediera.

Un golpe en la puerta le hizo girarse.

—¡Adelante!

—Señor, el srers quiere verle. —le dijo un sirviente haciendo una exagerada reverencia.

—Ahora mismo voy. —Era mejor no hacer esperar a Talaqtto, así que cogió la carta, que su espía le había enviado, y se la guardó dentro del pequeño bolsillo que llevaba por dentro del pantalón. Había que ser precavidos, y él lo era mucho.

Cuando llegó a la sala del trono Yovn Talaqtto caminaba nervioso de un lado a otro. Llevaba puesta la túnica anaranjada de srers. Se la habían tenido que hacer a medida ya que las de Worji le quedaban estrechas y cortas.

Desde que había convertido en el hombre más poderoso de todo el mundo había comenzado a recogerse el pelo en una coleta y se había recortado la barba para dar una imagen de alguien acorde a su nuevo puesto, no de un borracho de taberna barata. Estaba de más decir que pese a sus esfuerzos, Talaqtto no había logrado conseguir parecerse ni de cerca a alguien de la nobleza, quizá a alguno de sus sirvientes, mucho menos a alguno de los srers anteriores.

—¿Necesita algo, mi señor?

—En tres días tenemos que enviar el primer barco hacia Iacara con los primeros esclavos ¿Cuántos hombres tenemos de momento?

—Tengo que comprobarlo con el nuevo carcelero, por lo que sé ayer había solo trescientos veintiuno.

Por supuesto Talaqtto se enfadó. Su cara se tiñó de rojo y la vena que le cruzaba la sien izquierda se le hinchó.

—¡Teníamos casi mil hombres! ¿Cómo es posible que se hayan escapado y ninguno de nuestros soldados haya hecho nada para evitarlo? ¡Ni siquiera se dieron cuenta de la fuga hasta el día siguiente! —Ijlaak le hizo una reverencia.

—Mi señor tiene motivos para estar enfadado, no obstante, debe saber que hemos puesto medios para que nada parecido vuelva a suceder, los hombres que estaban de guardia esa noche y que han sobrevivido al ataque han sido severamente castigados, y respecto a los esclavos, estamos reponiendo la pérdida lo más rápido que podemos.

—Pues no es suficiente.

—Estamos haciendo todo lo que podemos, mi señor y no dude que conseguiremos la cantidad acordada con los iacarianos.

—Más os vale. —Volvió a hacerle otra reverencia.

—Si mi señor no necesita nada más…

—¡Sí, qué consigáis setecientos hombres más para dentro de dos días y dejéis de hacer el vago! —le gritó Tallaqtto.

Le hubiera gustado golpearle hasta dejarle sin conocimiento, en cambio, hizo otra reverencia y se dirigió a buscar a su ghalee. Brogan estaba reunido con los selekis de su ejército, dándoles las últimas instrucciones para su encuentro contra los hombres de Staanka. A la mañana siguiente, en cuanto amaneciese, tendrían que partir. Muchos no volverían, pero su sacrificio merecería la pena. Cuando todos los pueblos estuviesen rendidos a sus pies y los iraluqs se afianzasen en el poder todos ellos serían recordados como los nobles y valientes soldados que dieron la vida por conseguir hacer justicia.

Según los selekis se marchaban del despacho del ghalee le hacían una reverencia.

—¿Está todo listo? —le preguntó a Brogan.

—Sí ¿Necesitas algo Ijlaak? Porque tengo mucho que hacer.

Se acercó hasta la mesa en donde Brogan estaba sentado y se sujetó en el respaldo de una de las sillas.

—Vengo de hablar con el srers, necesita los mil esclavos para dentro de dos días. —El ghalee gruño.

—Ya les he dicho a los hombres que hagan el mayor número de prisioneros posibles cuando se enfrenten a los waggoshianos, solo espero que seas consciente qué en dos días es imposible conseguir ese número de esclavos.

—Al srers no le van a gustar nada esas noticias. —Brogan se limitó a cruzarse de brazos y mirarle—. Tenemos que aplastar a esos rebeldes. —le dijo con rabia.

—Estamos en ello, pero nos faltan veinte mil soldados. ¿Recuerdas?

Por supuesto que lo hacía, era una de sus mayores preocupaciones de los últimos días. Incluso con los iacarianos le seguían faltando hombres.

—Tendremos que ir a la isla de Lix y traer de allí a todos los hombres que estén en condiciones de luchar.

—No me gusta esa idea, no son gente de fiar.

—Entonces ¿qué se te ocurre? —Ahora era su turno de cruzarse de brazos.

—Convencer a Nakhawatt.

—¿Te crees qué eso es tan sencillo? Nos costó años convencerle para que se uniera en esto a nosotros. ¿Qué le ofrecerías ahora para qué aceptase? —le preguntó Ijlaak.

—Lo que anhela todo hombre. Poder, khuats y mujeres.

—Ya se lo hemos ofrecido, eso y más. Y lo ha rechazado por una ianeekou.

—En su ciudad no van a estar nada contentos con el cambio. —le dijo su ghalee.

¿Cómo no lo se le había ocurrido antes? Bueno últimamente tenía demasiado en lo que pensar. Ijlaak sonrió y asintió.

—Tú no te preocupes por Nakhawatt, yo me encargaré de él y de conseguir esos veinte mil soldados, tu mientras ocúpate de encontrar esos esclavos y si pueden ser del grupo de rebeldes mucho mejor.

Era bien entrada la mañana cuando vio como el latou que había elegido para enviar su nota se alejaba hacia sus queridas tierras del oeste. El animal tardaría unos seis días en llegar a Halira y otros seis en volver, más los tres o cuatro que los benawais halirianos tardasen en ponerse de acuerdo y darle una respuesta, así que tenía algo menos de veinte días, en los cuales tenía un viaje que preparar y unas órdenes que dar para que a su vuelta no se encontrase sin nada debido a la ineptitud del nuevo srers, además tenía que convencer a Talaqtto para que le dejase marchar. Sinceramente, no creía que el srers le fuese a poner muchas trabas, aún así tenía que planificarlo todo muy bien.

Esperaría hasta que Talaqtto terminara de cenar, de ese modo podría abordarle cuando estuviera bebido, así todo resultaría más sencillo. Por lo menos esperaba que lo fuera. Últimamente el srers no estaba de demasiado buen humor por culpa de la fuga de los esclavos y ni siquiera él se librara de sus ataques de ira.

Casem echó cuentas. Nakhawatt tardaría todavía unos veinte o veinticinco días en llegar a su ciudad, así que tenía que darse prisa si quería llegar antes que él a Othago y prepararlo todo para su encuentro. Necesitaba el barco más veloz de Galduru y el número justo de hombres, los más discretos y fieles que pudiese pagar, ahora más que nunca precisaba de la discreción para que su plan saliese a la perfección.

Se encontraban en el comedor principal de la Fortaleza. Era un lugar amplio, lleno de tapices de escenas campestres que estaba iluminado por al menos una docena de lámparas de aceite. Había tres grandes mesas redondas, la más lejana a la puerta solo podía ser usada por el srers, su familia más directa y sus más cercanos benawais, la del medio por la familia más lejana y el resto de benawais, y la última por el resto de acompañamiento o algún invitado.

Él estaba sentado a la derecha de Talaqtto, el cual tenía una exuberante mujer de pelo y tez oscura a su izquierda que le daba de beber y de vez en cuando algún que otro pedazo de asado. Esa no era la única furcia que había alrededor de la mesa, dos mujeres más intentaban ganarse la atención del srers, reían escandalosamente y alababan en voz alta lo buen amante que era su señor, incluso en un momento una de ellas abrió los botones de su túnica y dejó al aire sus pechos con un gesto demasiado grosero para su gusto, no es que no se le vieran antes, la tela era tan fina como el humo con lo que podían distinguírsele claramente todos sus encantos.

La otra mujer centró la atención en él durante un momento e intentó llevársele a su habitación. No estaba interesado en eso, no en ese preciso momento, tenía demasiadas cosas que resolver, después ya pensaría en el sexo. Cuando todo se resolviese quizá pudiese pasar una semanita en Iacara, desde luego, no le vendría mal.

Esperó hasta que Talaqtto estuvo a punto de terminar de cenar para abordarle.

—Mi señor, necesitaría hablar con usted sobre algo. —El srers le miró con el ceño fruncido —. En privado. —No se fiaba de ninguna de las tres fulanas.

Las miró durante un par de respiraciones y las hizo un gesto con la mano para que les dejasen solos. Las mujeres enseguida salieron de la sala prometiéndole a su señor que le esperarían en su dormitorio.

—¿Qué es esta vez? ¿Un grupo de niñas ha desarmado a todo mi ejército? —se burló.

—No, mi señor. He estado pensando que quizá debiésemos ponernos en contacto con los benawais halirianos para que cuando Nakhawatt llegue a su ciudad le persuadan de tener al menos una reunión con nosotros.

—¿Y rogarle después de que nos ha dejado con el culo al aire cuando más le necesitábamos? —gritó Talaqtto ofendido—. Ni hablar.

—Mi señor, si nosotros hablamos con los benawais, les explicamos que su nawaii regaló todo el khuat y los esclavos por una furcia, y les ofrecemos un trato lo suficientemente tentador, ellos se ofenderán lo suficiente como para presionarle a aceptar.

El srers se quedó pensando unos instantes mientras se rascaba la barba.

—Me parece bien, pero quiero que seas tú quien lleve toda la negociación.

—Yo había pensado en…

—¡En nadie! ¡Tú mismo en persona y no hay nada más que discutir! Y encárgate de que esos benawais se lo hagan pasar mal a Nakhawatt. —Ijlaak sonrió internamente.

—Como desee, mi señor. —le dijo haciéndole una reverencia.

Los días se hacían largos mientras esperaba con ansiedad la llegada de buenas noticias.

No entendía que había sucedido, todo parecía haberse paralizado de pronto. No tenía noticias de los hombres que seguían a Nakhawatt, ni de los benawais halirianos, tampoco habían conseguido que su invitado especial les diese lo que querían de él, y si seguían de ese modo muchos días más tendría que utilizar otros métodos de persuasión mucho más rápidos que la tortura pero que dejaban al descubierto determinadas prácticas que no estaba interesado en que nadie supiera que él conocía. Además, los iacarianos tampoco les habían enviado sus barcos y sus soldados tal y como habían acordado, y por si fuera poco, el grupo de rebeldes cada vez se hacía más fuerte. Por lo menos esperaba que su ejército estuviera dándoles su merecido a los waggoshianos.

El día había sido difícil, los iacarianos habían enviado un par de benawais para saber porque solo les habían enviado trescientos de los mil hombres prometidos. La reunión había sido tensa, y por culpa de Yovn Talaqtto habían estado a punto de que la alianza que habían firmado con ellos se rompiese. Menos mal que habían podido solucionarlo, no podían permitirse el lujo de perder los dos mil hombres que habían conseguido, cuantos más soldados tuviesen a su servicio mucho mejor para ellos.

Sus sigilosos pasos apenas resonaban por los pasillos de la Fortaleza, eso le daba la ventaja de poder escuchar por detrás de las puertas sin ser descubierto y enterarse de muchas cosas de utilidad, como por ejemplo la conversación que habían mantenido los benawais iacarianos en la intimidad de una de las habitaciones de invitados que les había sido asignado a su llegada. Pese a que el pacto seguía en pie estaban recelosos de los iraluqs, en especial de Tallaqtto, el cual les había causado bastante mala impresión, y del cual no se fiaban.

Por fin se podía retirar a su dormitorio, esa noche se sentía especialmente cansado.

Talaqtto había tenido un día de esos en el que le había dado ganas de arrojarle a un pozo bien profundo, sellarlo y vallar la zona para que nadie se acercase. En cuanto llegase a su alcoba se daría un buen baño con agua tibia, y después intentaría dormir un poco. Últimamente no lo hacía demasiado bien, demasiadas preocupaciones.

Al abrir la puerta vio a una mujer arrodillada en la penumbra de su habitación que se estaba ocupando de que el agua del baño no se quedase fría. La despidió y procedió a quitarse la ropa. No le gustaba que nadie le viese desnudo y a nadie le gustaba verle de ese modo, era algo que había aprendido hacía mucho tiempo atrás.

El amargo recuerdo de la primera vez que intentó llevarse a una prostituta a la cama le asaltó. El gesto de repulsión que ella puso en cuanto le vio y como le suplicaba que no le hiciera tocarle.

No había nacido así, cuando él era pequeño su madre insistía en que era un niño muy guapo, el más guapo de sus tres hijos. Recordó la sensación de los brazos de su madre rodeándole al abrazarle. Hacía tanto tiempo que nadie le trataba con cariño que sintió como la sensación de soledad que siempre le perseguía le envolvía por completo.

Se metió en el agua para intentar ahuyentarla, tal vez tendría que haberle dicho a esa mujer que la pusiese más caliente para que el dolor le hiciese olvidar al menos durante unos breves instantes.

Casem Ijlaak se recostó sobre la cóncava pared de la bañera, relajando todos los músculos de su deforme cuerpo, echó la cabeza hacia atrás y cerró los ojos. Enseguida acudieron a él espeluznantes imágenes de aquel aciago día en el que los ejércitos del este irrumpieron en su aldea.

Nadie se había explicado nunca como fue capaz de sobrevivir a la masacre que sus enemigos realizaron en su pueblo cuando tan solo tenía once años, pero era un luchador nato, y ahí estaba, a punto de ser quien gobernase el mundo y se vengase de todos ellos.

De sobra sabía que le hacía daño recordar todo aquello, y por las mañanas se obligaba a desterrar ese horror de su mente para poder centrarse en su cometido, sin embargo, por las noches los recuerdos le acosaban en forma de vívidas pesadillas, logrando que se despertase empapado en sudor, con la respiración entrecortada y con lágrimas en los ojos. Él había suplicado a los soldados del este que no le hicieran daño. Nadie le hizo caso, solo se rieron y le torturaron a él y a su familia, y cuando les habían dado por muertos prendieron fuego a su casa. Fue un milagro que sobreviviese, eso es lo que decía la gente. Casem sabía que no había sido ese motivo, la venganza era lo que le había hecho sobrevivir y llegar hasta donde lo había hecho, y pronto vería a todas esas alimañas del este suplicar y sufrir como él lo había hecho durante hace tantos años.

Los peldaños para bajar hasta las mazmorras eran estrechos y de gran altura por lo que cada vez que bajaba allí tenía que apoyarse en las pedregosas y frías paredes para no caerse.

Un sirviente había ido a avisarle, el nuevo carcelero le había mandado llamar. Raudo acudió para comprobar que es lo que quería ese hombre, tal vez tenía noticias sobre su invitado especial.

Las puertas de la mazmorra chirriaron al ser abiertas por uno de los soldados que se encargaban de la vigilancia. Odiaba ese ruido tanto como odiaba aquel lugar.

Vahan Cees, el nuevo carcelero, un robusto hombre de unos treinta años y con cara de pocos amigos le estaba esperando sentado en una desvencijada mesa de madera que había en la entrada. Olía a sudor y a humo, pero cosas mucho peores había tenido que aguantar dentro de aquel agujero.

No quería permanecer allí durante demasiado tiempo, así que fue directamente al grano.

—¿Para qué me has hecho venir? —le preguntó.

—Nuestro invitado está a punto de derrumbarse. — le contó.

Sonrió como hacía mucho tiempo que no hacía. Él estaba a punto de darle lo que ellos querían, así que permaneció allí de pie, esperando durante no supo cuánto a que Cees terminase de sonsacarle todo lo necesario.

No le gustaba aquel lugar, demasiado oscuro y demasiado húmedo para él, en cambio, perfecto para que alguien se acostumbrase a vivir dentro de una mina el resto de su apestosa vida. Para matar el tiempo se dio una vuelta por los pasillos, quería ver la cantidad de nuevos presos que tenían allí dentro. Tal y como se temía estaban casi vacías, hacía unos días les habían enviado los esclavos a los iacarianos y desde entonces no habían conseguido apresar a mucha más gente. Él tenía confianza en que sus hombres consiguiesen capturar un buen número de waggoshianos. Sí, seguro que ellos serían buenos esclavos.

Por fin, cuando ya se había hartado de esperar, el carcelero se acercó a él con una sonrisa en los labios y tres pergaminos enrollados.

—Lo tenemos, mi señor. —Ijlaak le arrebató los tres documentos y sonriendo dijo.

—La guerra acaba de dar un giro a nuestro favor.

El bosque de las lágrimas

Eobe no podía apartar los ojos de aquel lejano y blanquecino resplandor.

Su marido le había explicado que aquello que veían a los lejos era el reflejo del Bosque de las Lágrimas. No entendía el motivo que le hacía sentirse fascinada por aquel brillo, tal vez era el hecho de que sabía que en aquel lugar, que se encontraba apenas a medio día de viaje, había más gente como ella.

No podía parar de preguntarse cómo sería esa gente, como vivirían, cual serían sus costumbres y sus gustos, si tenían los mismos dones que ella, y como hacían para dominarlos.

Sentía como Garra le lamía la mano y le daba golpecitos con su cabeza para que le hiciera caso, sin embargo, ella no podía dejar de mirar aquel suave resplandor.

—Mi señora, el nawaii le manda llamar. —le dijo Malluk. Su voz era lejana y apenas era consciente del significado de sus palabras, solo cuando sintió que alguien tiraba de ella recobró el sentido y giró la cabeza. El soldado estaba tirando de su brazo derecho ante los gruñidos de su yawatt.

—¿Qué haces? —le preguntó sorprendida al mismo tiempo qué se soltaba de su agarre. Malluk resopló.

—El nawaii la manda llamar. Llevó un rato intentado que me

preste atención, pero mi señora parecía distraída. —Ella agitó la cabeza para intentar sacarse de dentro la neblina que la obnubilaba.

—¿Por eso te has jugado la vida? A Garra no le gusta que nadie me trate mal. —le dijo acariciando la cabeza de su animal.

—Si he de ser sincero prefiero enfrentarse a su yawatt qué a su esposo, el cual, por cierto, le está esperando y no le sienta nada bien que le hagan esperar.

Ella sonrió y asintió, Qourk era bastante impaciente. Antes de echar a andar no pudo evitar mirar de nuevo hacia el resplandor. Esta vez fue Garra quien comenzó a empujarla y ella agitó la cabeza de nuevo y se dirigió hacia donde estaba su esposo.

Qourk Nakhawatt, el nawaii de los halirianos, estaba sentado al lado de Hamalk, su hombre de confianza, y de Shawick, su ghalee, hablando. Eobe no sabía sobre que aunque se lo imaginaba, los hombres que se habían quedado en el Valle de los Peyacks. Pese a que su esposo no era demasiado expresivo, ella podía sentir en él su preocupación.

Al pasar por su lado le miró y le hizo una reverencia. Ojalá supiese que hacer para ayudarle.

—No te alejes tanto. —le dijo Qourk sin apenas mirarla. Su corazón aleteó ante sus palabras, quizá su marido no la amase, pero se preocupa por ella sinceramente, y eso era mucho más de lo que ella hubiese podido esperar alguna vez de alguien como él, desde luego mucho más de lo que la mujer que se suponía que era su madre había sentido por ella.

Se sentó a su lado sobre su desgastado cojín y cruzó las piernas. Garra se tumbó a su lado y bostezó. Había conseguido una extraña familia de la que se sentía orgullosa, de su fuerza y de lo fieles que eran, y ella iba a hacer todo lo posible para conservarlos.

 Observó con atención todo lo que le rodeaba, los gestos, las voces, los olores, como se desarrollaba la vida nocturna en el campamento alrededor de las fogatas. Todo le parecía tan familiar como si llevase viviendo con ellos años y no algo más de un mes, pero, había algo más, algo que no terminaba de entender que era y que la desconcertaba por momentos, algo que le decía que desconfiase, solo que no sabía de qué o de quién. Lo había comenzado a sentir desde que ese hombre que se hacía pasar por waggoshianos había entrado en su tienda y le había amenazado con un cuchillo. Muchas veces se decía a sí misma que no era nada, solo cansancio, y que en cuanto llegase a Halira, se diese un buen baño, comiese en condiciones y descansase en una buena cama todo pasaría, se intentaba convencer de ello, sin embargo, esa sensación le perseguía allá donde fuera.

Garra la empujó de nuevo, consiguiendo que casi se cayese sobre su lado izquierdo.

—¿Qué te pasa? —le preguntó a su animal, de pronto se dio cuenta, Malluk permanecía de pie, delante de ella con un cuenco de madera en la mano y con cara de preocupación.

—Mi señora ¿se encuentra bien?

—Sí. —Se apresuró a responder.

—Si me permite decirlo lleva todo el día muy rara ¿No estará cogiendo alguna enfermedad? Últimamente parece que varios hombres han caído enfermos, tal vez usted… —Qourk se giró.

—¿Qué está pasando? —preguntó. Antes Eobe hubiese creído que estaba enfadado, ahora sabía que solo estaba preocupado.

—Nada, solo estaba distraída.

—Mi señora lleva todo el día muy rara. —¡Chivato! pensó Eobe.

Sabía que su marido le estaba mirando fijamente, podía sentir el profundo azul clavarse en ella.

—Eobe ¿qué está pasando?

—Nada, solo estoy algo cansada. —mintió, bueno, mentir no era la palabra exacta, Eobe no entendía que le sucedía y estaba segura de que no iba a ser capaz de explicárselo a alguien, así que la versión del cansancio era la más sencilla para todos. Su esposo no le había creído.

—Mírame. —le ordenó y cuando ella obedeció. Qourk clavó sus ojos en los suyos haciendo que el corazón se le encogiese. Ese hombre le hacía sentir unas cosas qué le mareaban y aturdían a partes iguales. Desde luego, ni siquiera en sus mejores sueños, hubiese creído posible terminar casada con alguien tan atractivo y masculino como él.

—Cena y vete a descansar pronto. —le dijo con suavidad. Eobe asintió y se comió el cuenco de sopa que Malluk le había dado.

—Mi señora debería tener cuidado para no caer enferma. Esa ropa que lleva es demasiado fina y según nos acerquemos a la Cordillera de los Murmullos el frío va a ser más intenso, debería comenzar a ponerse algo más de abrigo. —Ella le miró sintiéndose algo avergonzada.

—No tengo. —Su esposo le había hecho salir corriendo de la Fortaleza, así que la variedad en su ropa dejaba mucho que desear. El soldado pareció contrariado.

—No se preocupe, yo le encontraré algo. —Eobe le sonrió agradecida por su amabilidad.

—¿Te puedo preguntar algo?

—Por supuesto, mi señora.

—¿Por qué eres tan amable conmigo? No es que me disguste. Solo me resulta curioso que te preocupes tanto por mí. Nadie más lo hace. —Malluk se encogió de hombros.

—Usted es la esposa de mi señor, es mi obligación.

—Supongo que sí. —le dijo sin más y se terminó su sopa—. Creo que es hora de descansar. —le dijo devolviéndole el cuenco de madera.

Le dio las buenas noches a su esposo y a los hombres que le acompañaban y se dirigió a su tienda. Garra y Malluk entraron primero para asegurarse que no había peligro, lo habían hecho todas las noches desde aquel incidente. Órdenes de su esposo.

—Ya puede pasar. —le dijo el soldado al salir. Ella asintió y le dio las buenas noches.

—Me recuerda a mi hermana pequeña. —le dijo el soldado—. No se lo quería decir delante del nawaii porque ya sabe cómo es con eso del respeto y todo eso, por eso me preocupo tanto por usted, porque es como estar cuidándola a ella, me gusta creer que tal vez alguien esté haciendo lo mismo por Feera.

Eobe se emocionó, seguro que a su hermano también le gustaría saber que alguien se estaba preocupando tanto por ella.

—Seguro que alguien se está portando tan bien con ella como tú lo haces conmigo. —le dijo para animarle y a continuación entró en la tienda.

Le había costado más de lo normal dormirse, se sentía inquieta y ni siquiera cuando Qourk se acostó a su lado y se abrazó a él consiguió relajarse. Despertó un par de horas más tarde sobresaltada por algo que había soñado y que no recordaba lo que era. Le costó recobrar la respiración, y cuando lo hizo se quedó en la oscuridad de la tienda, escuchando. Solo se oía la fuerte y relajada respiración de su esposo, y de fondo a alguien roncar. En otra ocasión se hubiese sentido en paz, pero en ese momento era incapaz, dio varias vueltas en la cama y nerviosa tuvo que levantarse.

En cuanto puso el primer pie en el suelo Garra se despertó. No quería que le sucediese lo mismo a Qourk, su marido necesitaba descansar, así que se vistió lo más silenciosamente posible, se ató el pañuelo a la cabeza como pudo y salió seguida de su mascota. Incluso desde allí podía notar el tenue resplandor del Bosque de las Lágrimas. Solo quería acercarse un poco, observarlo más de cerca.

Los dos soldados que había apostados en la entrada de su tienda se sobresaltaron al verla.

—No os preocupéis, solo necesito orinar. —Les mintió— No hace falta que me sigáis, Garra viene conmigo. —Los dos hombres le hicieron una reverencia y ella se dirigió hasta el otro lado del campamento.

Eobe caminó y caminó hasta que el tronco de un árbol caído en el suelo le impidió continuar y se quedó allí de pie, mirando embelesada al horizonte. Sin duda era un espectáculo digno de ver.

Los gruñidos de Garra le hicieron volver a la realidad, y lo que vio cuando miró a su alrededor le asustó. Se encontraba en medio del bosque, mucho más lejos del campamento de lo que ella había querido alejarse en un principio. Solo esperaba que su yawatt supiese volver.

Eobe puso la mano sobre la cabeza de Garra y le pidió que le guiase con los halirianos. Respiró aliviada al comprobar que por lo menos su mascota conocía el camino de vuelta. Se hizo la promesa que en cuanto amaneciese y su esposo despertase le iba a contar que algo le ocurría, no lo de su escapada, eso no, no quería ni asustarle ni que se enfadase. Desde luego, había sido realmente imprudente de su parte internarse en el bosque de noche.

A mitad de camino Garra encontró algo en el suelo y comenzó a olisquearlo hasta que decidió que era lo suficientemente apetitoso como para comérselo. En ese instante lo sintió, algo iba a pasar, algo malo.

—Deja eso y volvamos al campamento. —Si no hubiese sido porque antes de acostarse le había quitado la silla de montar a Garra, en ese instante estaría subida a su lomo, cabalgando veloz, sin embargo, ahora tenía que caminar, o correr, que era lo que estaba haciendo presa del pánico.

Estaba casi sin aliento cuando Garra se giró hacia su izquierda y se arrojó sobre algo. Todo pasó tan deprisa que no supo muy bien que había sucedido, de pronto su yawatt estaba saltando sobre su presa y de pronto estaba tirado en el suelo, inconsciente. Ella se agachó para comprobar su estado. Las manos le temblaban tanto que le costaba llevarlas hasta Garra para acariciarlo.

Un par de respiraciones pesadas sonaron detrás de ella.

—Ya eres nuestra. —oyó decir a alguien. Quiso gritar, pero antes de que le diese tiempo escuchó un golpe y todo se volvió negro.

Despertó sintiendo una horrible opresión en el estómago y un dolor de cabeza tan fuerte que parecía que le iban a estallar las sienes en cualquier momento.

Abrió los ojos. Lo primero de lo que fue consciente fue que era de día y que estaba mirando al suelo desde una gran altura.

—Se ha despertado. —dijo una voz de hombre hasta entonces desconocida para ella.

Asombrada comprobó que estaba tumbada sobre su estómago en la parte trasera de un caballo de color marrón oscuro. ¿Qué le había sucedido?

—Mejor, así podremos cabalgar más aprisa. —le respondió otra segunda voz.

Eobe intentó incorporarse, pero no le resultaba nada fácil. Unas manos le sujetaron por las piernas y la arrastraron hacia abajo hasta que estuvo en el suelo. Ella se giró, dispuesta a pelear con quien fuera, el problema era que tenía las manos atadas.

—¿Es ciega? —preguntó el hombre que tenía delante. Era un tipo algo más alto que ella, de pelo claro, largo y enmarañado y una barba igualmente descuidada. Él era de Iraluq, sin duda, le recordaba demasiado a Talaqtto como para que no lo fuera, y al igual que el hombre que había entrado en su tienda iba vestido con un uniforme waggoshiano. Entonces comprendió, los iraluqs les habían tendido una trampa para que su esposo creyese que los Staanka querían quedarse con ella, de ese modo los halirianos y los waggoshianos entrarían en guerra y ellos tendrían un problema menos del que preocuparse. O dos.

Si ese hombre habría creído que era ciega era porque debía tener los ojos casi blancos. Tal vez eso le diera una ventaja contra ellos.

—Claro que no, no seas estúpido. —respondió el hombre que iba sobre el caballo al que hasta entonces había estado tumbada.

—Pues tiene los ojos como una ciega.

—Eso es imposible.

—Baja tú mismo y lo ves. —y lo hizo.

Ese hombre era más alto que el primero, y mucho más delgado. Al llegar a su altura le sujetó la cara con sus ásperas manos para inspeccionarla. A pesar de que ella dio un fuerte tirón no consiguió soltarse, ahora solo podría fingir. Había habido una sirvienta en la Fortaleza que había perdido la visión. Ella la observaba de vez en cuando, esa mujer siempre parecía estar triste y con la mirada perdida, así que ella haría lo mismo hasta que tuviese la oportunidad de escapar.

Qourk tendría que estar tan enfadado con ella que tal vez ni siquiera quisiese buscarla, solo Garra, y tal vez Malluk, lo estuvieran haciendo. Eso considerando que su yawatt no estuviese muerto. Un buen puñado de lágrimas se agolparon en sus ojos, podía sentirlas agruparse en el lagrimal.

—Te dije que no le golpeases tan fuertes. ¿Qué vamos a hacer ahora con ella? Va a ser un lastre y nos va a retrasar. —Por supuesto que iba a serlo, pensó Eobe. Nadie que le hacía daño vivía para contarlo, recordó. Las lágrimas que permanecían en sus ojos se desbordaron y comenzaron a caer, su esposo no estaba enfadado con ella, solo asustado y preocupado, pero iba a encontrarla a como diera lugar, ahora lo sabía con absoluta certeza.

—Súbela al caballo y salgamos de aquí lo antes posible.

Eobe hizo todo lo posible por resistirse a montar sobre el animal hasta que uno de ellos se acercó a ella y desde la montura de su caballo la cogió por las axilas y la sentó sobre el animal al que ella iba a montar.

Intentó cabalgar lo más despacio posible para retrasarles, sin embargo, el hombre más delgado de los dos le ató a su caballo obligándoles seguir su ritmo, haciendo que ambos cabalgasen lo más deprisa que la espesura del bosque les permitía.

Aunque no podía verle, sabía que el otro tipo iba detrás, vigilando que no intentase escapar.

Pensó durante mucho tiempo que hacer para poder deshacerse de esos dos hombres, pero el miedo le atenazaba y no se la ocurría nada. Quizás si supiese a hacia donde la estaban llevando podría trazar un plan de huida, así que decidió preguntar.

El hombre que iba delante se giró y con una maliciosa sonrisa respondió.

—Vaya, si la ciega tiene lengua. Vaya sorpresa.

—Y un culo precioso. —contestó el que llevaba detrás.

—Más vale que te centres y vigiles en vez de mirarla tanto el culo. —le increpó el otro.

—Dices eso porque no eres tu quién la tienes delante.

—No, digo eso porque aprecio demasiado mi cabeza, así que más vale que cierres esa bocaza que tienes y estés atento.

Un par de docena de trotes del caballo más tarde Eobe insistió.

—¿A dónde me lleváis?

—A dónde no te importa. —le respondió el hombre que iba delante suyo.

—Yo creo que si me importa, es mi vida y exijo que me digáis donde me lleváis. —Nadie le respondió.

—Sé que no sois de Waggosh, así que sé que allí no me vais a llevar, y seguro que a Halira tampoco, sino no me habríais raptado provocando la ira de mi esposo, y os aseguro que no tenéis ni idea de cuánto se enfada cuando alguien toca algo que le pertenece, y además seguro que tampoco me lleváis a Galduru, allí todo el mundo me conoce y…

—¡Cierra el pico de una maldita vez, mujer, si no quieres que te lo cierre yo! —le gritó el hombre que iba delante suyo. Si algún haliriano estaba cerca seguro que le había oído. Lo deseaba con todas sus fuerzas.

—Si quieres yo me puedo ocupar de ella. —dijo el hombre que

iba a sus espaldas.

—No. Ya conoces las órdenes. Tiene que llegar intacta.

—Nadie va a saber que hemos sido nosotros, sabes que esos halirianos son unos animales. Podríamos divertirnos un rato con ella. Hace tanto que no estoy con una mujer que…

El otro soldado gruñó irritado por la insistencia de su compañero.

—Ni un solo rasguño he dicho, hemos prometido que la llevaríamos intacta, lo que luego quieran hacer con ella no es nuestro problema. —le respondió.

Eobe abrió mucho los ojos y comenzó a temblar. Se imaginaba a la perfección lo que fuesen quienes fuesen de quien estaban hablando querían hacer con ella, lo que más había temido cuando había decidido casarse con Nakhawatt, que abusasen de ella. En cambio, todo había sido muy distinto, él había sido dulce y considerado en la cama, y protector y posesivo delante de los demás y Eobe se había terminado enamorando de él.

Un trueno resonó entre las frondosas copas de los árboles consiguiendo que tanto ellos como los caballos se asustasen y apretasen el paso. Nadie quería estar bajo la tormenta durante mucho tiempo.

Por muy deprisa que cabalgasen los truenos parecían perseguirles y Eobe se comenzó a preguntar si no sería culpa suya como aquella vez que estuvo lloviendo durante tantos días seguidos.

Ignoraba cuantas horas habían pasado desde que ella se había despertado hasta que se encontraron con tres hombres más disfrazados de waggoshianos sentados frente a una hoguera. Lo único que sabía era que debía ser mucho tiempo más tarde porque allí dentro, en medio del bosque se había hecho completamente de noche.

—¿Estáis completamente seguros que es ella? —preguntó el que parecía más mayor de todos.

—Por supuesto. Es la única mujer que había en el campamento con los halirianos. —respondió el que había ido delante suyo todo el camino.

Los otros dos hombres rieron y aplaudieron.

—Hay que celebrarlo. —dijo uno de ellos poniéndose de pie.

Mientras se jaleaban entre ellos, el hombre mayor que parecía el jefe del grupo se acercó a ella y le obligó a bajar del caballo.

—Ten cuidado con ella, es ciega. —le dijo el soldado que había ido delante de ella. No podía dejar de fingir, solamente esperar a que estuvieran borrachos o distraídos con algo para echar a correr y perderse entre los árboles.

—Que va a ser ciega.

—Claro que sí, mira sus ojos

—Esta es una ianeekou por eso le cambian los ojos de color según su estado de ánimo. ¿Qué pasa que nunca has conocido a ninguno?

Eobe pudo sentir el desconcierto en el resto de los hombres. Ahora que ya sabían lo que era tenía que pensar en otro plan con rapidez antes de que la cosa se pusiese más fea, solo que lo único que podía hacer era temblar.

El hombre que le había bajado del caballo le dio un fuerte empujón.

—Tallouq, átala a un árbol, no quiero que se escape de madrugada. —Uno de los soldados se acercó a ella, la sujetó con fuerza del brazo y la guió hasta un abeto a la izquierda de la fogata.

—Ya que hemos sido nosotros los que hemos conseguido capturarla queremos una porción extra de khuats. —dijo el que había ido detrás de ella todo el camino.

—Eso no era lo que habíamos acordado. —protestó Tallouq.

—Nos hemos arriesgado mucho por quitársela a los halirianos. Queremos una recompensa. —dijo el otro.

El que parecía el jefe del grupo se acercó a ella, dio un empujón al que le tenía sujeta y se intercambiaron las posiciones.

—Aquí nadie va a recibir ni un solo khuat más de lo que se merece ni de lo que habíamos acordado.

——¿Y qué vamos a hacer con lo que le pertenecía a Tariq? ¿Te lo vas a quedar tú?

—¡Sí, eso! ¿Qué vamos a hacer con la parte de Tariq? —gritó otro.

—¡Lo justo es que lo repartamos entre todos!

—Nosotros nos hemos jugado mucho por capturarla, nos merecemos una recompensa. —insistía uno de los hombres que le había apresado.

Eobe les observaba discutir con la esperanza de que tal vez la pelea se pusiese fea y ella tuviese la oportunidad de escapar, si al menos aquel hombre la soltase…

El resto de soldados se estaban comenzando a poner agresivos, un par de ellos sacaron sus espadas y comenzaron a amenazarse mutuamente. El hombre que la tenía sujeta apretó el agarre con tanta fuerza que la sangre dejó de circular y la mano se le comenzó a dormir.

—Tú y yo nos vamos. —le susurró al oído—. Y no hagas ninguna tontería o moriremos los dos.

El soldado comenzó a retroceder lentamente arrastrándole con ella, sorteando las raíces de los árboles y las rocas con cuidado.

Un trueno sonó especialmente cerca y su nuevo raptor miró al lugar de donde había provenido el sonido.

—Date prisa, quiero salir de aquí antes de que nos alcance la tormenta.

Quiso responderle que iba a ser su esposo Qourk quien les iba a alcanzar y entonces les iba a hacer sufrir lo inimaginable, sin embargo, guardó sus fuerzas para planear su fuga.

Escuchó un golpe seco y algo crujir, como una cascara de nuez al partirse, entonces sintió un fuerte tirón del brazo que le hizo caer al suelo junto con el hombre que le llevaba firmemente sujeta.

Eobe intentó ver algo en la oscuridad del bosque, lo que le resultó imposible.

Asustada forcejeó contra el agarre y con mucha más facilidad de lo esperado se liberó. No iba a quedarse allí para investigar que había sucedido, se puso de pie con rapidez, sintiéndose mareada y cuando iba a echar a correr de nuevo oyó un crujido y una suave voz desconocida.

—Tranquila, no queremos hacerte daño.

Y un cuerno, pensó ella.

—Hemos oído tu llamada y hemos venido a ayudarte.

Pese a que seguía sin ver nada se giró en dirección a la voz.

—¿Qué llamada?

Un par de agitadas respiraciones más tarde se oyó otro trueno.

—Esa llamada. —le respondió el hombre.

—Eso es solo un trueno, nada más.

—Claro que no lo es. Sabemos distinguir suficientemente bien cuando algo está producido por la naturaleza y cuando no. Por suerte para ti estábamos cerca y hemos llegado a tiempo para ayudarte. —El hombre tenía una voz suave pero firme al mismo tiempo.

—No te creo.

Unos pasos se acercaron a ellos, y no venían solos, una leve luz blanquecina le acompañaba. Aquella otra persona se acercó a ella con cautela. No debía estar a más de diez pasos suyos cuando observó con asombro que aquel hombre con el que había estado hablando tenía el pelo del mismo color que el suyo.

Con sorpresa, Eobe comprobó cómo aquellas dos personas que habían ido en su ayuda eran ianeekous, al igual que ella. Ambos tenían el pelo largo y suelto, peinado con raya en medio, y de un color rosáceo muy parecido al suyo. Los rasgos de sus rostros eran suaves y tenían una elegancia innata al moverse y al hablar.

—Nunca le haríamos daño a uno de los nuestros. —le dijo el primer hombre.

Otro trueno resonó con fuerza cerca de ellos.

—Deberías dejar de hacer eso. —le dijo el segundo hombre—. Si no quieres que cualquiera nos encuentre.

Sí, eso era justo lo que quería, que su esposo diese con ella.

—Tenemos que volver a casa. —dijo el primero. Eobe negó.

—Tengo que esperar a mi marido, él vendrá a buscarme.

—¿Quién es tu marido, hermana? —le preguntó el primero.

—Qourk Nakhawatt. —dijo con orgullo—. El nawaii de la ciudad de Halira.

Los dos hombres se miraron entre sí.

—¿Nos estás diciendo que uno de los nuestros se ha unido a un hombre azul? —le preguntó el primer hombre con sorpresa.

Le resultó peculiar el modo en el que apodaban a los haliriano.

—Sí.

—Debemos llevarte frente a nuestro nawaii, él te dará cobijo mientras esperas.

—No puedo, mi esposo me estará buscando.

—Y nosotros le ayudaremos a que te encuentre, pero primero debes venir con nosotros.

Había aceptado acompañarles por varios motivos. El primero era que no tenía ni idea de cómo podría sobrevivir ella sola en aquel lugar, y el segundo era por qué sentía muchísima curiosidad por saber cómo era la vida en el Bosque de las Lágrimas y como era la gente como ella. Además, esos hombres le habían prometido que encontrarían a Qourk y le llevarían a su lado, y sinceramente no tenían pinta de ser gente que faltase a su palabra.

Eso esperaba.

Según se iban acercando a donde había nacido Eobe se iba sintiendo más y más atraída y fascinada por aquel lugar. Tardaron dos días en llegar y durante todo ese tiempo aquellos dos hombres apenas hablaron con ella, cada vez que les hacía una pregunta sobre sus costumbres o sobre cómo era el lugar al que le llevaban, aunque le respondían educadamente, le miraban de modo extraño.

En todo momento aquellos hombres fueron muy amables con ella y le trataron con mucho respeto, seguro que Qourk les estaría muy agradecido por haberla salvado.

Si de lejos el Bosque de las Lágrimas era un lugar espectacular, de cerca no tenía palabras para describirlo. Era tal y como Qourk le había contado solo que más grandioso de lo que se había imaginado. Los árboles, o como ellos les llamaban, los neekais, se alzaban hasta donde alcanzaba la vista sobre unas gruesas raíces que sobresalían de la tierra y que sostenían los robustos troncos morados. Las ramas estaban repletas de pequeñas y alargadas hojas sonrosadas que emitían una tenue luz blanquecina que lejos de dañarle la vista se la agudizaba y le hacía sentirse en paz.

Los ianeekou paseaban entre aquellos árboles, yendo de un sitio a otro sin apenas prestarle atención. Todos ellos tenían el pelo de color rosáceo, algunos más claros, otros más oscuro, sin embargo, ninguno parecía avergonzarse por llevar la cabeza descubierta, todo lo contrario, ellos parecían hacerlo con normalidad.

—Espere aquí mientras hablamos con nuestro nawaii. —le dijo uno de los dos hombres que le había rescatado.

Eobe hizo lo que aquel hombre le pidió y permaneció de pie admirando la belleza de aquel lugar y de sus gentes.

De entre las raíces del árbol que había a su derecha salió un niño de unos nueve años corriendo, y detrás de él su hermana pequeña gritando que le esperase, justo igual que ella hacía con Mawith a su edad.

La niña se tropezó al salir y se cayó. Eobe se acercó para ayudarle y preguntarse si se encontraba bien, la pequeña asintió, solo tenía unos leves raspones en las palmas de sus manos así que se levantó y echó a correr detrás de su hermano.

Le dio curiosidad, así que se asomó por entre las raíces por las que habían salido los niños. Unas escaleras bajaban hasta perderse en la oscuridad, por lo que no pudo ver a donde daban.

Inquieta por lo mucho que le estaban haciendo esperar comenzó a pasearse entre los neekais, observando detenidamente a la gente. Todos ellos se movían con delicadeza, y poseían una voz suave y dulce, incluso los hombres. Prácticamente todos llevaban el mismo tipo de indumentaria, camisa y pantalones ajustados de un extraño color blanquecino. Los hombres llevaban la camisa más larga que las mujeres y la sujetaban por la cintura con un cinturón de largos tallos trenzados de color verde. Por lo que estaba pudiendo comprobar la mayoría de las mujeres solían ponerse sobre los pantalones una falda corta en forma triangular cuyo pico caía hasta un poco más arriba de su rodilla derecha. Algunos ianeekous, sobre aquella vestimenta, usaban una especie de capa que les cubría por delante y por detrás y que a Eobe le hacía recordar a las telas de araña.

Uno de los dos hombres que le había encontrado en el bosque por fin apareció.

—Hermana, sígueme. —le pidió.

A Eobe le fascinaba la facilidad con la que aquel hombre se orientaba entre los neekais, pero claro, él llevaba toda su vida viviendo en ese bosque y seguro que se lo conocía como la palma de su mano.

De lejos vio al otro hombre que le había rescatado, estaba delante del neekai más grande de todo el Bosque de las Lágrimas, eso seguro. Su tronco era tan grueso que posiblemente se necesitasen media docena de hombres con los brazos extendidos para poder rodearle. Miró hacia arriba, sin duda sobresalía entre el resto de sus compañeros del bosque y su copa era… impresionante, la más densa y luminosa que había visto hasta ese momento.

El ianeekou guió a Eobe hasta los pies del árbol, allí, entre las altísimas, gruesas y retorcidas raíces del neekai había un hombre de pie, con el rosáceo pelo largo cayéndole con suavidad a ambos lados de su rostro y las manos entrelazadas por la espalda. Llevaba al cuello un pesado colgante plateado con la forma de un árbol que resaltaba llamativamente entre sus sencillas ropas.

—Ella es la mujer, mi señor. —dijo el hombre que le había llevado hasta aquel lugar. Tanto su acompañante como el otro ianeekou que estaba esperándola se pusieron de rodillas ante aquel hombre. El nawaii se le quedó mirando un instante

—¿Cómo te llamas? —le preguntó. Su voz suave le llegó como una brisa fresca, reconfortándola y tranquilizándola.

—Eobe Nakhawatt. —respondió.

Aquel hombre se quedó pensativo un instante y entornó los ojos.

—¿Nakhawatt cómo el nawaii de los hombres azules?

Pese a que no era la primera vez que lo escuchaba, le seguía resultando curioso el concepto que los ianeekous tenían de los halirianos.

—Él es mi esposo. —respondió orgullosa.

—¿Cómo es posible que una de nuestras hermanas se haya unido a un hombre azul sin que yo haya tenido conocimiento de ello? —Se encogió de hombros.

—Supongo que es porque me he criado muy lejos de aquí. —respondió Eobe.

El nawaii entrecerró los ojos de nuevo y la observó en completo silencio durante demasiado tiempo para su gusto. Una extraña sensación se apoderó de su cabeza durante unos instantes, como un cosquilleo y una leve opresión dentro de los oídos.

—¿Amas a tu esposo, hermana? —le preguntó el nawaii justo en el instante que sus nervios volvían a hacer aparición.

Eobe asintió con rapidez. Nunca se hubiese esperado enamorarse de Qourk de ese modo, pero había sucedido y era algo maravilloso.

—Es ella, mi señor, sin lugar a dudas. —dijo uno de los hombres que continuaban arrodillados a su lado.

—Eso espero. —dijo el nawaii—. Lleváosla, qué se lave, se cambie de ropa y coma un poco. —añadió.

Abrió mucho los ojos ¿Eso era todo? ¿No más preguntas, no más cuanto nos alegramos de que hayas regresado con tu pueblo? ¿No más nada? Sinceramente era una situación decepcionante.

El hombre del pesado colgante al cuello se dio media vuelta y comenzó a perderse dentro de aquel enorme árbol. Tal vez él no tuviese nada más que hablar con ella sin embargo, ella sí que tenía algo muy importante que decirle.

—¡Disculpe! —le interpeló. El nawaii se giró y dio varios pasos hacia ella—. Verá, es qué estos hombres me prometieron que irían a buscar a mi esposo y le traerían hasta aquí. —dijo Eobe—. Seguro que él está muy preocupado buscándome y...

—En cuanto te acomoden partirán para cumplir su promesa. —le interrumpió haciendo un gesto con la cabeza.

Sus padres y su meeca le habían dado muy buena educación así que hizo una reverencia y le dio las gracias al nawaii.

Acababa de descubrir hacia donde llevaba esas escaleras que había debajo de las raíces de los neekais. Era una casa de forma circular y pequeña, pero un hogar al fin y al cabo. Las paredes estaban recubiertas por un doble revestimiento; de piedras el que estaba pegando con la tierra; de madera el segundo para aislar a la casa de la humedad y el frío. Eso era lo que la mujer que vivía en aquel lugar le había explicado. Pese a ser anciana su piel seguía siendo suave, y aunque no era tan tersa como cuando era joven, no mostraba los signos de envejecimiento que eran normales fuera de aquel bosque.

Después de enseñarle en donde se hospedaría durante su estancia en el bosque, Atheea, que así era como se llamaba aquella mujer, le guió fuera del árbol hasta un pequeño estanque de aguas termales para que pudiese asearse. El problema era que allí no había ningún tipo de intimidad y que cualquiera que pasase por ese lugar podría verla, incluso podría bañarse junto a ella. Muerta de vergüenza se introdujo en el agua con la túnica que llevaba puesta ante las protestas de la mujer.

¡Oh, cielos! no podía creerse que aquel agua estuviera tan caliente, si solo tuviese jabón para lavarse en condiciones... No importaba, iba a disfrutar ese momento todo lo que pudiera.

De entre las ropas que Atheea había llevado para ella sacó una pequeña vasija de barro.

—Restriégate esto sobre el cuerpo y el pelo, te ayudará a limpiarte. —le explicó la mujer. Lo olió. Aquel ungüento tenía un aroma suave.

—Está hecho de aceites esenciales de hierbas. —le explicó la mujer.

Eobe comenzó a masajearse rápidamente el cuerpo y el pelo con aquel productor. Era mucho más líquido de lo que se había imaginado y tenía una textura muy agradable. Le hubiese gustado poder disfrutar en condiciones de aquel baño pero la vergüenza que estaba pasando era demasiado grande, por lo que terminó de lavarse con rapidez y se vistió con uno de aquellos modelos que había visto llevar a todos los ianeekous. No le importaba que le quedase un poco largo, estaba limpio y le abrigaba, eso era lo más importante.

Se sintió rara al ir vestida de ese modo, ella nunca había llevado pantalones y no estaba segura si se iba a poder acostumbrar a ellos. Le molestaban en la entrepierna.

De vuelta a la casa la anciana iba haciendo ligeras reverencias con la cabeza cada vez que se cruzaban con algún otro ianeekou, por lo que ella decidió imitarla aunque no conociese a nadie. Era cuestión de educación.

Una vez dentro del árbol, Eobe se ofreció a ayudar a Atheea para preparar la cena, era lo menos que podía hacer en agradecimiento por su hospitalidad. Mientras Eobe limpiaba las verduras cómo la anciana le había explicado Atheea avivaba las mortecinas brasas que se ocultaban bajo una gran vasija de barro.

Con cuidado de no cortarse observó a la anciana dirigirse hacia una pequeña mesa sobre la que reposaba una ovalada masa cubierta por varios trozos de tela. La destapó y de un pellizco arrancó un pedazo, a continuación lo arrojó sobre la mesa y lo amasó con un rodillo de madera hasta conseguir el grosor perfecto, y entonces lo cogió y con un movimiento seco lo estrelló contra las calientes paredes de la vasija.

Eobe se asomó con curiosidad. Justo en ese instante la torta comenzó a deslizarse hacia el fondo de la vasija.

—Se está cayendo. —le informó a la anciana.

—Eso es porque ya está lista. —respondió Atheea al tiempo que se acercaba con otro pedazo de masa y repetía la misma operación. Con una fina y puntiaguda vara de madera pinchó la que se había ido hasta el fondo del recipiente, la sacó y la depositó sobre una fuente redonda hecha de barro.

Repitió la operación tantas veces que Eobe perdió la cuenta, y cuando la anciana consideró que ya tenían suficientes tapó la masa y terminó de preparar el resto de la comida.

Le parecía mentira echar de menos las cenas en el campamento haliriano, con todos los soldados armando bulla y los yawatts correteando alrededor. Sintió una punzada de dolor en el corazón al recordar a Garra, le había dejado en el bosque, tendido en el suelo, inconsciente ¿y si estaba muerto? Los ojos comenzaron a llenársele de lágrimas, ese animal había sido el único amigo verdadero, aparte de su hermano Mawith, que había tenido en la vida, y por su culpa había resultado herido, o algo mucho peor.

—Hermana, ¿por qué estás triste?

Qué esa mujer conociera su estado de ánimo sin ni siquiera mirarle a los ojos le inquietó.

—¿Cómo sabe que me siento triste? —preguntó mirándole.

—Puedo sentirlo en ti, cada poro de tu cuerpo respira tristeza. —Eobe desvió la mirada.

—Echo de menos a mucha gente.

—¿Un marido quizá? —Sonrió levemente ante el recuerdo de Qourk.

—Si, uno muy especial.

—Seguro que él también te echa de menos.

Suspiró, eso era lo que deseaba con todo su corazón, pero sabía que Qourk no sentía lo mismo que ella.

—¡Oh no, hermana! No hagas eso, tienes que controlar tus emociones.

—No sé cómo hacerlo. —confesó. Atheea abrió mucho los ojos.

—¿Cómo es posible?

—Me he criado muy lejos de aquí. —La mujer negó con la cabeza.

—Yo te enseñaré.

Esa noche apenas pudo conciliar el sueño, echaba de menos a su esposo, dormir abrazada a su musculoso cuerpo, y extrañaba la flacidez del lugar sobre el que estaba acostada.

A la mañana siguiente se levantó algo mareada y así se lo hizo saber a la anciana. Ella le preparó una tisana y le ofreció el pan que les sobró de la cena, sobre el que había echado un *chorreoncito* de miel junto con un generoso cuenco lleno de una crema blanquecina con frutos secos. Mientras daba buena cuenta del desayuno la anciana le comentó los planes que había hecho. Lo primero era atender el bosque, cuidar los árboles y todo su entorno, vigilar que ciertos insectos no anidaran dentro de sus neekais era primordial ya que las plagas de tsabiras eran una de las peores catástrofes que podía ocurrirle a su bosque. A continuación, cada grupo tenía un cometido; unos recogían las cosechas de frutas y vegetales, plantas y cualquier otra cosa que les sirviese para sobrevivir; otros los repartían equitativamente entre todos los habitantes; otros trasformaban las plantas en finas hebras para confeccionar ropa; otros la cosían, y así sucesivamente, cada integrante del bosque tenía un cometido. La tarde era diferente y los ianeekous se dedicaban a ellos mismos, a practicar sus ejercicios de meditación y a conectar con la naturaleza que les rodeaba.

Sintiendo el estómago completamente lleno Eobe acompañó a la anciana hasta fuera de la casa.

Se sorprendió al ver tantos ianeekous juntos. Todos ellos se afanaban por arrancar las malas hierbas del suelo y de los troncos de los árboles, de limpiar los caminos, y otros, subidos a rudimentarias escaleras de juncos, de inspeccionar hoja por hoja que no hubiese ni rastro de tsabiras ni de lophis.

Atheea le explicó el aspecto que tenían y como debería actuar si encontraba alguno. Lo más importante era que el árbol no sufriera ningún tipo de daño.

Ambas mujeres pronto se unieron al resto de los ianeekous. Nunca se había imaginado que los habitantes del bosque fuesen gente tan meticulosa, y sin embargo, lo eran. Podían pasarse al menos diez minutos examinando una hoja o un brote, así que no le extraño que durante todas las horas que permanecieron subidas a esas escaleras no consiguieran ni siquiera terminar de revisar un árbol completo.

Una vez finalizada su jornada de limpieza se dedicaron a sacar unas semillas de unas vainas de color parduzco que, según le explicó Atheea mientras las recolectaban, eran el producto más usado en el Bosque de las Lágrimas. La cascaras les servía para mantener el fuego de la cocina encendido y el calor se extendiese por dentro de las casas sin afectar a las raíces de los neekais. El fruto lo utilizaban para muchas cosas, con el hacían aceites, jabón, leche, incluso la crema blanquecina que había desayunado por la mañana, y si lo dejaban secar podían hacer harina, o sencillamente usarlas como simples verduras.

Llegó a la hora de comer más cansada de lo que había estado nunca, por lo menos que ella recordara.

Atheea le dio a elegir, bañarse después de comer o esperar a la noche cuando no hubiese apenas gente. Por supuesto eligió la segunda opción, y ambas, después de recoger la mesa y lavar lo que habían ensuciado, comenzaron con las clases de Eobe.

La ianeekou se sentó en el suelo, con las piernas cruzadas y colocó cada palma de la mano mirando hacia arriba sobre la rodilla correspondiente. Ella le imitó.

—Ahora tienes que respirar hondo, retenerlo dentro de ti y expulsarlo lentamente al tiempo que lo sientes vibrar dentro de ti— La ianeekou comenzó a hacerlo y mientras expulsaba el aire comenzó a emitir un sonido, una vibración profunda que parecía salida de las entrañas del bosque.

Pese a que intentaba reproducir aquel sonido era incapaz, y por muchas indicaciones que la anciana le diese no conseguía ni siquiera acercase, así que varias horas más tarde y con escozor de garganta se fue a dormir deseando reencontrarse pronto con su esposo.

Eobe llevaba tres noches y cuatro días viviendo en el Bosque de las Lágrimas y seguía sin tener noticias de Qourk. Durante todo ese tiempo Atheea había sido muy amable y paciente con ella, pese a que enseñarle cómo controlar sus emociones estaba siendo mucho más difícil de lo que creía. Por las mañanas, al estar más entretenida ayudando a la anciana con sus labores, se sentía más animada, sin embargo, por las noches, mientras intentaba dormir en su camastro, no podía parar de pensar en su esposo, en la sensación de abrazarse a su tibio cuerpo y disfrutar el uno del otro, oír su profunda voz susurrarle esas cosas tan bonitas que le decía, y el modo en el que él le hacía reír y sentir. Le echaba mucho de menos.

La vida en el bosque era muy tranquila. Los ianeekous tenían una conexión especial con la naturaleza y nunca mataban ningún animal para alimentarse o para vestirse, su bosque le proveía con lo necesario para sobrevivir: frutas, verduras y plantas con las que confeccionar tejidos para cubrirse y no pasar frío y para preparar remedios y cataplasmas que aliviasen sus dolencias.

Estaba aprendiendo a distinguir entre las setas que eran venenosas y las comestibles y como recolectarlas adecuadamente para que al año siguiente siguieran brotando cuando un par de niños idénticos entre sí pasaron corriendo por su lado. Atheea les hizo parar para preguntarles que les sucedía.

—¡Los hombres azules están en el bosque! ¡Los han llevado a ver al nawaii!

El corazón le aleteó con fuerza, su marido había llegado, así que se levantó del suelo e hizo ademán de recogerse la falda, enseguida dejó caer sus manos al darse cuenta que ya no llevaba su túnica si no los pantalones que la anciana le había dado hacía unos días. Sin pensárselo Eobe echó a correr en dirección al neekai donde vivía el señor de los ianeekous.

Corrió todo lo aprisa que sus piernas le permitieron, hasta que por fin, a lo lejos, comenzó a divisar a Qourk. Aquellas trenzas solo le podían pertenecer a él. Sorteó media docena de árboles hasta poder verle con claridad. Junto a su esposo había varios halirianos más, pero Eobe no era capaz de mirar hacia otra persona que no fuera Qourk.

Con dificultad se hizo paso entre los ianeekous que les rodeaban para fisgonear, y cuando estuvo lo suficientemente cerca se abalanzó sobre su marido. Le había echado tanto de menos que comenzó a sollozar y a pedirle perdón en cuanto su cuerpo rozó el suyo.

Nakhawatt no tardó mucho en devolverle el abrazo, solo un latido de corazón, y a continuación enterró su rostro dentro de su pelo susurrándole lo preocupado que había estado por ella y lo mucho que se alegraba de tenerla nuevamente entre sus brazos.

Eobe no pudo evitarlo, se soltó de su cuerpo para sujetarle la cara con las dos manos y comenzar a besarle, una, dos tres y hasta cuatro veces antes de volver a abrazarse a su cuerpo.

—¿Estás bien?—le preguntó su marido.

—Sí, todo el mundo aquí se ha portado muy bien conmigo. Los hombres que han ido a buscaros me encontraron a tiempo y me trajeron aquí antes de que me hiciesen daño.

—Lo sé, ellos nos lo han explicado todo.

Un rugido que le resultaba bastante familiar resonó detrás de su esposo y se asomó, allí estaban el resto de los halirianos y un par de ianeekous trayendo a los yawatts ante sus dueños. La felicidad le hizo a Eobe salir corriendo en cuando vio que Garra estaba vivo y en perfecto estado. Tal y como se esperaba su animal se deshizo del agarre del ianeekou que intentaba controlarle y se abalanzó sobre ella ante los gritos de espanto de los espectadores.

Garra comenzó a lloriquear y a lamerle la cara en cuanto ambos estuvieron tirados en el suelo. Eobe le acarició y le abrazó y le rascó entre las orejas y la entre las patas como tanto le gustaba hasta que este dejó de llorar. Ambos se incorporaron y ella se dirigió hacia Qourk de nuevo para abrazarse con fuerza a él. Eobe suspiró, estaba convencida que sería capaz de pasarse en esa postura el resto de su vida.

En ese instante el nawaii de los ianeekous apareció por entre las gigantes raíces de su neekai y todas las personas que había a su alrededor se arrodillaron, incluido su esposo, que se soltó de ella, dio dos pasos hacía el hombre e hincó una rodilla en el suelo.

—Permítame presentarme. —dijo Qourk con su profunda y resonante voz—. Soy Qourk Nakhawatt, nawaii de la ciudad de Halira. Quiero agradecer al pueblo ianeekou lo que han hecho por mi esposa, y desde hoy, los halirianos juramos lealtad al nawaii de los ianeekous y a todo su pueblo. —añadió. A continuación, hizo un movimiento con la cabeza para acercarse las trenzas y con su mano derecha las sujetó y se las llevó a los labios para besarlas.

—Levántese. —le respondió el nawaii de los ianeekou. Su esposo hizo lo que él le había pedido y Eobe, perseguida de cerca por Garra, se acercó para abrazarse de nuevo a su marido.

—Si hemos ayudado a su esposa ha sido porque es hermana nuestra.

—Sea por los motivos que sea se lo agradezco igualmente, y ahora, si nos permiten, tenemos un largo camino que recorrer hasta llegar a nuestro hogar. —respondió, y al terminar de hablar hizo una nueva reverencia.

—Hermana ¿quieres marcharte con él o quedarte con tu pueblo?

Notó como todas las miradas se centraron en ella. A pesar de que los ianeekous se habían portado muy bien Eobe ni siquiera se lo pensó.

—Donde mi esposo vaya, yo voy con él. —respondió.

El nawaii de los ianeekous la miró con intensidad, como intentando leer en ella si lo que le acababa de decir era cierto o no, y eso le hizo recelar sobre sus intenciones. Pese a que ambos pueblos no eran enemigos hasta los bebés que vivían en ese bosque sabían que el resto de pueblos siempre intentaban aprovecharse de ellos para conseguir sus propósitos, y seguramente el nawaii de ellos tenía algún tipo de plan contra los halirianos del que no había sido capaz ni siquiera de imaginar.

—Que así sea. —respondió—. Sin embargo, antes creo que hay alguien que tiene una elección que hacer.

El nawaii de los ianeekous se acercó lentamente hasta su posición y miró con intensidad a su marido, que se soltó de ella para encararse con su interlocutor.

—Esta elección se ha retrasado demasiado tiempo, ¿no crees? —Qourk no le respondió, solo clavó sus ojos en él.

—Nadie podrá salir de aquí hasta que no lo hayas resuelto. —dijo el hombre de pelo rosáceo.

»Qourk Nakhawatt, viniste a nuestro bosque con el corazón dividido en dos. Por una parte la lealtad para con tu pueblo, y por otra para con tu esposa. ¿Qué elegirás? ¿Llevarte a nuestra hermana y perder tu oportunidad para que nos unamos a tu ejército, o firmar una alianza entre nuestros pueblos para ayudarte a derrocar a tus enemigos, a cambio de perder a tu esposa, y que ella permanezca con nosotros el resto de su vida?

Su marido ni siquiera se inmutó, sin embargo, ella se llevó las manos a la boca y ahogó un gemido. Ahora que había recuperado a Qourk lo iba a perder de nuevo, estaba convencida. Eobe conocía lo mucho que su marido quería esa alianza, ese fue el motivo por el que se unió con ella, y el saber que él la iba a abandonar en ese bosque y que esa iba a ser la última vez que estuviesen juntos le produjo una desgarradora angustia que le impedía respirar con fluidez y unos molestos temblores por todo el cuerpo.

Ella se había hecho la ilusión de tener una vida en Halira, al lado de Qourk, había soñado incluso con darle hijos, y ahora, en un instante, le iban a destruir sus anhelos. Solo esperaba que por lo menos le dejasen quedarse con Garra, si también se lo quitaban iban a hundirla por completo.

—Elijo a mi esposa. —respondió Qourk son seriedad sin apenas pensárselo. Eobe giró la cabeza con rapidez, sorprendida por su respuesta. No había debido de entender bien.

—¿Estás seguro? —le preguntó el nawaii de los ianeekous.

—Completamente seguro. Elijo a Eobe. —Si, lo había oído bien la primera vez, Qourk había dicho que la prefería a ella.

—Entonces ya podéis marcharos.

Ella miraba de un lado a otro sin poder llegar a creerse lo que había sucedido. Vio a Qourk hacer otra reverencia.

—Mi juramento sigue en pie. —Esa fue la oportunidad del nawaii de los ianeekous de hacer una reverencia.

—En deferencia con nuestra hermana os dejaremos atajar por nuestro bosque. Un grupo de hombres os acompañará para indicaros el camino. —Qourk le dio las gracias y se abrazó a su esposa que seguía sin poder creerse que le hubiese elegido a ella.

—Vámonos a casa, esposa mía. —le dijo su marido con dulzura. Durante un segundo su mente se volvió lucida.

—Me gustaría poder despedirme de Atheea, la mujer que me ha dado cobijo durante todo este tiempo. —respondió en cuanto la impresión le permitió hablar.

De entre la multitud la anciana avanzó hacia donde ella se encontraba. Eobe la abrazó y le dio las gracias por su amabilidad.

—Cuídate mucho, hermana, y si no nos volvemos a ver que tengas una vida larga y feliz. —dijo la mujer.

—Estoy seguro que nuestra hermana volverá. —dijo el nawaii ianeekou—. Es su destino. —Y ante su sorpresa todos los habitantes del bosque se arrodillaron de nuevo, incluido el nawaii.

Cuando todos los hombres emprendieron la marcha Garra le golpeó en la mano para que subiese a su lomo, a lo que Eobe aceptó encantada su ofrecimiento. El animal parecía haber adelgazado en esos días, aun así seguía tan fuerte como siempre, y ella se sentía feliz por cómo habían terminado las cosas. Su marido no le había dicho que la quería, no le había hecho falta, la elección que había hecho había significado para ella mucho más que cualquier palabra bonita que hubiese podido pronunciar. Con el corazón henchido de felicidad se situó al lado de su esposo y le siguió hasta donde él quisiera llevarle.

Halira

No podía apartar los ojos de su esposa Eobe. Había sufrido tanto por ella todos esos días en los que la habían estado buscando que había estado a punto de perder el juicio. Solo el creer que alguien podía estar haciéndole algo malo o que pudiese estar sufriendo le hacía enloquecer. Únicamente cuando se encontraron con aquellos dos ianeekous y ellos les contaron lo sucedido consiguió tranquilizarse un poco, aunque no fue hasta que la tuvo entre sus brazos, y comprobó con sus propios ojos y sus propias manos que estaba bien, que pudo respirar con normalidad.

Al principio no había creído la versión de los dos ianeekous, pensaba que solo querían distraerles para que se alejasen de su bosque, sin embargo, sabían demasiado sobre Eobe como para que fuera algún tipo de artimaña, y cuando finalmente les guiaron hasta donde estaban los cuerpos sin vida de los waggoshianos terminó por convencerse que no les habían mentido, así como que ninguno de esos cadáveres era de Wagga. A uno de ellos Hamalk le conocía personalmente, era uno de los soldados de Talaqtto llamado Joab y al otro, él mismo, en persona, le había visto por el campamento en un par de ocasiones mientras viajaban hacia Galduru.

La ira le inundó, ese desgraciado de Talaqtto iba a pagar por lo que le había hecho a su esposa, o por lo que había querido hacerle.

Qourk volvió a mirar a Eobe que se encontraba cabalgando a su derecha. Ella iba tan tranquila hablando con Malluk.

—Qué sepa mi señora que todos los hombres querían venir a buscarla. —le dijo el soldado a su esposa.

—Os lo agradezco mucho.

—No tiene por qué. Es lo que mi señora se merece.

—Yo no estoy tan segura. Os estoy causando causado tantos problemas…

—Bah, no se preocupe. Nunca había estado en el Bosque de las Lágrimas, ha sido toda una aventura que algún día podré contarles a mis nietos. —respondió Malluk sonriendo.

Eobe giró la cabeza para mirarle, tenía una tímida sonrisa en los labios y Qourk quiso besarla hasta perder el sentido.

Si alguien le hubiese dicho cuando la conoció que iba a terminar enamorándose de ella de ese modo y eligiéndola en vez de a todo el ejército ianeekou no se lo hubiese creído, cluso le hubiese insultado, pero había sucedido y era hermoso y aterrador a partes iguales.

El nawaii de los ianeekous se la había jugado bien jugada, hijo de un perro sarnoso… Le había obligado a elegir delante de sus hombres, de su esposa, de todo el pueblo de los ianeekous, para que más tarde no pudiera dar marcha atrás, de ese modo se aseguraba que si en un futuro quería ir a buscarle para solicitarle que su ejército se uniera a los halirianos él podría guardase las espaldas diciendo que en su día le dio a elegir y escogió a Eobe.

No tenía ni idea de cómo lo había hecho, él había entrado en sus pensamientos y había visto demasiado como para poder derrotarle con solo chascar los dedos, todos sus miedos, sus preocupaciones, sus debilidades, lo había visto todo de él, pero se había equivocado al juzgarle. El nawaii había creído que él elegiría al ejército ianeekou, ya que esos habían sido sus propósitos al unirse a Eobe, sin embargo, había pasado algo por alto, algo que ni siquiera Qourk había querido admitir, se había enamorado, y la sola idea de volver a pasar un día más lejos de Eobe le había aterrado tanto que sus labios se movieron solos y pronunció las tres palabras que nadie se esperaba que dijese *"Elijo a Eboe"*

Por la cara de sorpresa de su esposa apostaría algo a que ella, al igual que el nawaii de los ianeekous, no se esperaba su respuesta, y no la culpaba, porque él mismo le había confesado varias veces sus intenciones, y aunque no había sido su deseo le había hecho sufrir con sus confesiones y sus esporádicos desprecios, y a cambio ella se había esforzado para hacerle feliz.

Recordó aquella noche en la que Eobe le había pedido que le quisiera y Qourk le había respondido que le ayudase. ¡Maldición si lo había hecho! Con su dulzura, su delicadeza, su belleza, su elegancia y su fortaleza se había metido tan dentro de él como la sangre que le corría por las venas.

¿Quién en su sano juicio no se hubiese enamorado de alguien como Eobe?

Él nunca había sentido nada parecido por nadie. Si, había tenido amantes y pese a que se había llevado a un buen número de mujeres a la cama, ninguna de ellas había conseguido traspasar su pétrea armadura hasta llegar a su frío corazón, solo alguien tan especial como Eobe lo había conseguido. En ningún momento había creído que él fuese a llegar a enamorarse de alguien, tenía demasiadas preocupaciones y demasiadas responsabilidades como para eso, y mucho menos de una ianeekou. Que vueltas daba la vida. De lo que si estaba completamente seguro era de qué cuando sus benawais supieran a todo lo que había renunciado por una mujer iba a tener muchos problemas.

A pesar de que los dos ianeekous que habían rescatado a Eobe le habían jurado que no había sufrido daño él necesitaba que se lo confirmase ella misma, por lo que le preguntó.

—Eobe, aquellos hombres que te secuestraron ¿te hicieron algo malo?

Ella negó con la cabeza, haciendo que las finas y rosáceas hebras de pelo se agitasen graciosamente.

—Me asustaron, y creo que querían venderme a alguien pero no se ponían de acuerdo y comenzaron a pelear, y uno de ellos me agarró con fuerza y me arrastró con él lejos de los otros, y de pronto llegaron los ianeekous y me salvaron. —Qué pena que esos desgraciados estuvieran muertos, si no los mataría él con sus propias manos. Por suerte todavía había alguien con quien podre desquitarse, Yovn Talaqtto.

—Esos hombres tampoco eran waggoshianos. —le dijo de pronto su mujer.

—Lo sé. —De pronto se dio cuenta de algo—. Eobe, ¿le oíste decir algo sobre quien les había enviado o sobre los planes que tenían?

—Al principio uno de ellos quería… y dijo qué cuando me entregasen a alguien os iba a acusar a vosotros de haberme hecho daño, pero el otro no le dejó, le recordó que alguien les habían hecho prometer que no me iban a hacer daño, pero nunca dijeron su nombre.

Y él no lo necesitaba, ya tenía uno.

Su propio yawatt debió de sentir su ira porque comenzó a moverse nervioso y a gruñir. Eobe se acercó a él tanto que sus piernas se tocaron. Ese simple roce le recordó que ella estaba sana y a salvo, lo que logró que se tranquilizase un poco.

—En todo el tiempo que estuve con ellos sabía qué estabas buscándome, así que, hice todo lo posible por retrasarles, incluso me hice pasar por ciega. —Qourk se sorprendió ante tal revelación.

—¿Por qué?

—Ellos creyeron que yo era ciega porque tenía los ojos casi blancos, así que les seguí el juego. —le aclaró encogiéndose de hombros—. Pensé que a lo mejor así podría darte más tiempo para que me encontrases.

Suspiró, le dolía la cabeza y el cuello por culpa de los nervios que había pasado y el cansancio acumulado.

—Me alegro tanto de que esos hombres te localizasen. —Eobe le sonrió.

—Yo también. —Entonces ella ladeó un poco su cuerpo y le susurró.

—Te he echado mucho de menos.

No pudo evitarlo, levantó la mano y le acarició el rostro. Era tan suave que parecía casi irreal. Qourk también la había echado mucho de menos, sin embargo, en vez de confesárselo, le dijo después de suspirar.

—Cuéntame ¿qué has estado haciendo con los ianeekous todo este tiempo? —seguro que concentrándose en su voz hacía a un lado su ira.

Ella le explicó entusiasmada a que se había dedicado todos esos días. Por lo visto aquella mujer de la que su esposa se había despedido había sido muy amable con ella y él lamentó no haberlo sabido antes para habérselo agradecido él también en persona, solo sabía que algún día les devolvería el favor, de eso también estaba completamente seguro.

Sin duda aquella iba a ser una noche fría, por lo que cuando acamparon encendieron un buen fuego para entrar en calor. Tenía tantas ganas de llegar a su casa y poder pasar una noche en una mullida cama caliente que no veía la hora.

Entre todos habían organizado un pequeño campamento y habían preparado algo para cenar, un par de peces de río asados. Por suerte Loogue, uno de los soldados que les acompañaban, había conseguido dos buenas piezas, y aunque no terminarían con el estómago muy lleno por lo menos calmarían el hambre.

Los seis hombres y Eobe formaron un círculo alrededor de la hoguera, y después de cenar se tumbaron sobre sus escasos petates. No habían podido llevarse los caballos cargados con sus pertenencias, sobre todo con las tiendas de campaña y las mantas de peyacks que era lo que más necesitaban en ese momento, eso les hubiese retrasado en la búsqueda de Eobe y no lo podían permitir, tenían que ser un grupo pequeño y ágil para moverse lo más deprisa posible entre el espeso bosque, así que ahí estaban, intentando combatir el frío tapados con una fina manta de algodón de Benahemy una taza de humeante té.

Mientras uno de sus hombres contaba una historia sobre el más famoso soldado haliriano que jamás existió, Seenal Oklum, su esposa se acurrucó contra su pecho, se abrazó a él y les cubrió a los dos. Qourk respiró hondo y le apretó con fuerza contra él al mismo tiempo que le hacía una promesa a la diosa Aeneris y a su hijo Qhoré, nadie más volvería a conseguir quitarle a Eobe de su lado. Nunca.

Todo a su alrededor estaba tranquilo. Con su mujer entre los brazos y el estómago medio lleno se concentró en el crepitar del fuego, el ronroneó de los yawatts, el calor del cuerpo de su esposa y su suave respirar y poco a poco sus músculos comenzaron a relajarse y a marcharse el dolor de cabeza.

—Qourk. —le llamó ella susurrando con su dulce voz cuando él creía que se había quedado dormida—. Con esos hombres delante no vamos a poder tener intimidad, ¿verdad?

Con la misma rapidez con la que los relámpagos aparecían y desaparecían sobre el cielo toda la sangre de su cuerpo se dirigió a su entrepierna.

—No, no podemos. —le susurró, intentando qué su voz sonase lo más firme posible.

—¿Y si nos escondemos detrás de aquellas rocas de allí? Son lo suficientemente grandes…

¿De dónde había sacado su mujer ese atrevimiento? se preguntó sin tener ni idea, solo sabía que si hubiese estado de pie las rodillas le hubiesen comenzado a temblar como a un niño asustado.

—No creo que sea buena idea después de todo lo qué ha pasado que nos escondamos detrás de unas rocas como dos yawatts en celo. —volvió a susurrarle, aunque se moría de ganas de llevársela hasta aquel lugar y hacerla el amor hasta caer agotado.

Eobe suspiró, se recolocó contra él e introdujo su pequeña mano por debajo de su chaleco de cuero. La piel que estaba en contacto con la suya ardía de deseo bajo los leves roces de los dedos de su mujer, y los recuerdos de las veces que habían estado juntos y desnudos, amándose, logrando que toda su sangre se amontonase dolorosamente en su entrepierna.

—¿Y si solo nos acariciamos un poquito? —le preguntó inocentemente su mujer—. La manta nos cubrirá y a lo mejor ellos no se dan cuenta. —Añadió bajando su mano hasta esa parte de su anatomía que requería más atención.

Qourk dio un respingo al notar que las caricias de su esposa ya no eran tan leves y se incorporó.

—Maldita sea, mujer ¿qué pretendes torturándome así?—dijo más alto de lo que le hubiese gustado, atrayendo las miradas de sus compañeros de campamento.

Eobe se tapó la boca con la mano libre y comenzó a reír. A él no le quedó más remedio que tumbarse de nuevo en su supuesto camastro y cuando su esposa se acurrucó contra él una vez más le dijo:

—Es que he pasado muchos días sin ti y me he sentido muy sola. —Qourk atrapó su mano y la retiró de su cada vez más inflamado miembro.

—Yo también te he echado de menos, pero como continúes por ahí te dejo que duermas abrazada a Garra todo lo que dure el viaje.

Por el modo en el que sus músculos se habían agarrotado él notó su sorpresa incluso antes de que su esposa preguntase.

—¿De verdad me has echado de menos? —Qourk le besó la cabeza.

—Claro que sí. —respondió. Su pelo olía a limpio y era tan suave que cerró los ojos y se recreó en la sensación de estar acariciando su rostro contra él—. ¿Cómo no iba a hacerlo?

—Todavía no puedo creer que me eligieras a mí, yo pensaba que… —En vista de que ella no continuaba Qourk le dijo:

—¿Recuerdas aquella noche cuando me pediste que te quisiera? —Eobe asintió—. Parece que tu deseo se ha cumplido.

Su esposa se soltó de su abrazo y le miró con seriedad sentándose y llevándose con ella la fina manta que les cubría.

—¿Me lo dices en serio?

—Completamente.

La cara de perplejidad de Eobe le hizo sentirse mal ¿Tan raro era que alguien como él tuviese esos sentimientos por ella?

—¿Pasa algo malo?—le preguntó confundido. Qourk había creído que su esposa se sentiría feliz al saberlo, al fin y al cabo era lo que quería que pasase.

—No. Es que no esperaba que sucediese. —respondió después de volver a acurrucarse sobre él.

—¿Por qué no? Has hecho todo lo posible hasta que lo has conseguido. —Eobe se encogió de hombros.

—Es que con otra gente nunca funcionó, mi madre nunca me quiso y eso que me esforcé todo lo que pude.

No sabía qué responderle a eso. Qourk se imaginó al bebé que había debido de ser Eobe hace años. Debía ser la cosa más bonita y frágil que nadie hubiese visto nunca. Apostaba que por eso Worji había sido incapaz de deshacerse de ella y no reconocerla como hija suya.

—Ella se lo perdió. —le respondió finalmente sintiendo lástima por su esposa. No entendía como la mujer que decía que era su madre no había podido darle ni siquiera un pequeño instante de cariño. Qourk sintió como Eobe se encogía de hombros.

—No quiero hablar de ella ni pensar en ella. Nada, quiero sacarla de mi vida y olvidar que ha existido. —respondió con rencor.

Le entristecía la actitud de Eobe, aunque en cierto modo la comprendía, él mismo tampoco se había sentido muy unido a su padre. Raien había sido especialmente estricto con Qourk desde prácticamente el mismo instante en el que nació. Había tenido que aprender a leer y a escribir casi al mismo tiempo que aprendía a andar, y en cuanto hubo cumplido los cinco años entró a formar parte del ejército. No importó que él fuera el koirun, Qourk tuvo que ganarse un lugar entre el resto de soldados. Empezó desde abajo, limpiando botas, cepillando caballos y cosas por el estilo. A medida que iba creciendo y fortaleciendo sus músculos iba aprendiendo a luchar cuerpo a cuerpo, a manejar cualquier tipo de arma y a ganarse el respeto de sus compañeros. No fueron años fáciles, incluso un par de veces resultó gravemente herido, incluso en una de las ocasiones poco le faltó para no contarlo, sin embargo, sobrevivió y se desarrolló hasta convertirse en el hombre que era actualmente. Un hombre fuerte, tenaz, responsable y sagaz, un líder que tenía que demostrar su valía constantemente, pero pronto todos los halirianos se darían cuenta de lo equivocados que habían estado con él todos esos años.

A lo lejos Qourk comenzó a ver las azules almenas de su palacio. Ya estaban tan cerca de Halira que el corazón le latió con fuerza. Llevaban casi medio año fuera de su hogar y realmente lo echaba de menos. Ya solo tenían que hacer un último esfuerzo y pronto estarían en casa.

—Eobe, mira.—le pidió señalando al horizonte— ¿Ves aquellas torres de color azul brillante? —Ella asintió—. Eso es Halira, nuestro hogar. —Su esposa abrió los ojos.

—¿De verdad? ¿Ya estamos llegando?

—En apenas unas horas entraremos en la ciudad.

—¡Vaya! —respondió expulsando el aire. Eobe le miró. A pesar de que sus ojos seguían de color violeta pudo notar su desconcierto y su nerviosismo—. ¿Crees que me debería cubrir el pelo?

"No"

"Sí"

Él no quería ser como Worji, no quería obligarla a vivir escondida, ocultándose, sin embargo, estaba preocupado. Bien sabía la impresión que causaría cuando su gente la viera aparecer. Una ianeekou en Halira, sería un escándalo, una provocación, que alguien como Eobe estuviera al alcance de la mano para cualquiera con ansias de poder, o de venganza, o de ambas. Podrían raptarla y obligarla a usar sus dones contra cualquiera, contra todos. Mil escalofriantes ideas de lo que podrían hacerle se le pasaron por la cabeza y las manos comenzaron a temblarle, así que apretó con fuerza las riendas de su yawatt hasta que los nudillos se le pusieron blancos.

Ahora comenzaba a comprender a Hergard Worji, él solo había querido proteger a su hija, no hacerle daño como había creído hasta no hace mucho. Eobe frunció el ceño, se quitó la agujerada capa ianeekou que llevaba sobre los hombros e intentó cubrirse el pelo con ella.

A pesar de que sus instintos de protección le gritaban que le dejase que lo hiciera se dijo a sí mismo que no estaba bien tratar a su esposa de ese modo, él no quería que ella fuera una prisionera en su hogar, quería que fuera feliz, quería hacerla feliz, así que le dijo:

—Déjate el pelo al descubierto. Qué todo el mundo sepa quién eres.

Vio a Eobe dudar un instante antes de dejar de enrollar el chal alrededor de su cabeza y sonreír.

——¿Tu esposa? —le preguntó con ese tono de voz tan dulce que le erizaba el pelo.

Hombre, llevaban algo más de una semana sin mantener relaciones íntimas y en ese momento hubiera dado cualquier cosa por bajarla del yawatt, tirarla sobre el suelo y hacerle el amor hasta perder el sentido.

Qourk acercó su animal hasta Garra, se inclinó hasta rozar el hombro de su esposa y giró su cabeza hasta que sus labios estuvieron a la altura de su oído.

—Si, mía para siempre. —le susurró.

Eobe se estremeció y le miró, la lujuria reflejada en sus ojos mientras se mordía el labio inferior.

Como deseaba ser él quien tuviese ese jugoso labio entre sus dientes y deleitarse en su boca. Suspiró, sintiendo como toda su sangre se agitaba ante semejantes pensamientos. Su mujer suspiró antes de responder.

—Eso suena muy bien. —le dijo. Un sonoro carraspeo sonó detrás de ellos.

—Mi señor disculpará… —les interrumpió Hamalk. Con pesar se sentó recto sobre su yawatt y miró a su hombre de confianza—. Acaba de llegar este latou. —añadió enseñándole el pájaro que estaba posado sobre su antebrazo.

Qourk le reconoció inmediatamente, era el latou de Yowak.

—Ábrelo. —le ordenó señalando al pequeño trozo de papel que llevaba atado al estómago. Estaba ansioso por saber que decía su ghalee. Ojalá fueran buenas noticias. Halmalk le ofreció la nota.

"Ninguna sorpresa en el camino. Fecha de llegada dos semanas"

Respiró con alivio, no hubiese podido dormir tranquilo ni un solo día sabiéndose el responsable de la masacre de sus hombres.

—¿Buenas noticias, mi señor? —preguntó su hombre de confianza.

—Las mejores. En dos semanas llegarán a casa.

Todos los hombres que les acompañaban, así como su esposa, mostraron su alegría porque el resto de soldados no hubieran tenido problemas durante su viaje.

—Seguro que vienen bien cargados con pieles de peyack —dijo uno de ellos.

Sus acompañantes se enzarzaron en una alegre conversación que no cesó hasta que salieron del bosque. En lo alto de una colina verde divisaron el Palacio Azul de Halira. Era difícil no hacerlo debido a su tamaño y su vistosidad. Todo su exterior estaba cubierto de brillante cerámica azul lapislázuli, excepto por las tejas de cerámica que eran de un gris tan claro y brillante que parecían estar hechas de plata.

A los pies de la colina se acumulaban las coloridas casas halirianas. Así a simple vista cualquiera podría distinguir quién vivía en cada casa. Solo su Palacio y las de la gente noble podían ser azules, las del resto de habitantes dependían de cómo se ganasen la vida; Verde si trabajabas en el campo; Bermellón a la ganadería; Granate si pertenecías al ejército; Anaranjado al comercio; Amarillo claro a las artes; Color piedra a la minería; Blanco a las casas de curas. Si la casa estaba sin pintar significaba que las personas que la habitaban pertenecían a las castas más bajas de la sociedad, gente sin recursos, desahuciados, delincuentes.

A veces daba la casualidad que en una misma casa vivían varias personas que se dedicaban a diferentes labores, por lo que el color principal de la fachada sería el del cabeza de familia, y las molduras de las puertas y ventanas acorde con el resto de profesiones, por lo que algunos hogares eran auténticos mosaicos de color.

—Es precioso —dijo su esposa. Qourk la miró. Eobe contemplaba el paisaje con la boca abierta.

—Me alegro que te guste. —respondió sonriente.

—Es mucho más bonito de cómo me lo había imaginado.

Un par de horas más tarde llegaron a las afueras de la ciudad de Halira.

A medida que se iban adentrando por las intrincadas calles los halirianos les iban dando la bienvenida, divididos entra la alegría de tener a sus hombres y a su nawaii en casa y la conmoción por ver a una ianeekou entre ellos. Qourk podía oír sus cuchicheos, se preguntaban quién sería esa mujer y que haría allí con ellos.

Ya se lo explicaría. Cada cosa a su tiempo.

Incómodo porque sabía que su mujer estaba escuchando los comentarios de su pueblo, algunos no muy agradables, todo sea dicho, miró hacia su derecha, allí estaba Eobe, montada sobre su yawatt. Aunque no le había dicho nada sabía que estaba inquieta y preocupada sobre el recibimiento que los halirianos le podrían dar. Pese a que aparentaba lo contrario él también lo estaba, deseaba que la recibiesen como se merecía, como su nawae, como su esposa, aunque era consciente que a sus benawais no les iba a hacer ninguna gracia que hubiese cambiado los esclavos y el khuat por una mujer, por muy especial que esta fuera.

—¡Mira, mi madre y mi hermana! —grito Malluk—. ¡Hola mamá! —añadió saludando con la mano a una mujer bajita y delgada, con el pelo azul claro que lo llevaba recogido en una gruesa trenza por detrás de la cabeza, y a una muchacha de unos quince años, con el pelo suelto que le acompañaba. Ambas iban vestidas de modo sencillo, la mujer con unas gruesas mallas de lana de color marrón oscuro, el típico cubre mallas haliriano que en algún momento debió ser verde oscuro y un corpiño marrón cuyas mangas les llegaban por encima de los codos. La única diferencia entre ambas era que la muchacha llevaba el cubre mallas de color rojo oscuro.

—Ve con ellas. —le ordenó Qourk. El muchacho le miró con los ojos abiertos.

—¿Está seguro mi señor? —Él asintió. Malluk miró a Eobe.

—¿Si mi señora me permite? —Qourk vio sonreír a Eobe y asentir.

El soldado se desvió de su camino y retrocedió para encontrarse con sus familiares. Él también tenía ganas de ver a su madre, seguro que estaba muy preocupada. Durante el tiempo que había estado fuera no le había enviado demasiadas cartas, había estado demasiado ocupado y demasiado preocupado, así que sí, no había sido un buen hijo.

—¡Es increíble! —exclamó Eobe cuando llegaron a las puertas de su palacio—. No me imaginaba que fuera tan grande. Es casi del tamaño de la Fortaleza.

Lo era. De hecho, hasta hace algo más de doscientos años su palacio había sido el centro del mundo, el lugar desde donde los halirianos gobernaban al resto de pueblos. Qourk la miró.

—Bienvenida a tu nuevo hogar, esposa mía.

Las pesadas puertas de hierro se abrieron de par en par para dejarles pasar. Al otro lado una amplia sala de piedra de color claro les acogió. Allí, un pequeño grupo de soldados con el pelo trenzado les recibieron hincando una rodilla en el suelo y agachando la cabeza.

Las puertas se cerraron a su paso con un gran estruendo. Qourk se bajó de su yawatt y se dirigió a uno de los soldados.

—Avisad a las sirvientas, que preparen comida, un buen baño caliente y ropa de mujer para mi esposa. Además, avisad a Shawick y a los benawais, en una hora quiero reunirme con ellos en la sala del consejo y que un pequeño grupo de soldados de confianza vayan a la Cordillera de los Murmullos y traigan al más sabio de todos los murmuradores.

Un par de hombres se pusieron de pie con rapidez y salieron corriendo por el pasillo que se divisaba a la izquierda para cumplir con las órdenes que su señor les había dado.

Qourk se dio la vuelta, el resto de personas que le acompañaban se encontraban de pie al lado de sus mascotas.

—Hamalk, necesito que esperes, quiero que estés presente cuando hable con los benawais. —Dijo mirando a su amigo—. El resto podéis iros a vuestras casas a descansar.

Los hombres hicieron una reverencia y se despidieron tanto de él como de su esposa.

—Si a mi señor no le importa, voy a usar el baño de los sirvientes para asearme un poco y a ver si puedo convencer a esa fiera de cocinera que vos tenéis para que me dé un pedazo de pan duro aunque sea.

Qourk se rió, su amigo lo tenía difícil con esa mujer, era más severa que cualquiera de sus ghalees.

—Qué tengas suerte, amigo. —Hamalk hizo una reverencia y se marchó por el mismo camino que los otros dos soldados anteriores.

—Nosotros vamos a llevar a los yawatts a su cuadra. —le dijo a su esposa.

Ellos tomaron el pasillo de la derecha y caminaron en silencio durante varios metros. Solo sus pasos y los de los animales resonaban entre los sólidos muros del palacio. Hasta que las puertas no se hubieron cerrado tras de él y se desmontó de su yawatt no fue consciente de lo verdaderamente cansado que se sentía. Habían sido muchos meses de pasar penurias, frío, hambre y preocupaciones, y los nervios del viaje no se lo habían permitido, pero ahora, en la tranquilidad de su hogar comenzaba a pesarle todo aquello.

Miró hacia su derecha, a su lado, como siempre, iba su esposa. Parecía tensa, y no era de extrañar, ella también había pasado por demasiadas cosas en los últimos dos meses y ahora tenía que adaptarse a un nuevo hogar, a una nueva ciudad, a unas nuevas costumbres.

—¿Cómo te sientes? —le preguntó.

Ella le miró, sus ojos habían cambiado de color aunque muy poca gente sería capaz de apreciarlo, solo los más allegados. Eobe se encogió de hombros.

—Nerviosa, creo. —Qourk levantó el brazo, le apartó un mechón de pelo de la cara y le acarició.

—Todo va a salir bien. El pueblo te va a adorar. —Eobe sonrió.

—Con que lo hagas tú me conformo.

Le pasó un brazo por los hombros y atrajo su delicado cuerpo contra el suyo. Agachó la cabeza y le besó en la mejilla deseando estar ya en su dormitorio, a solas y completamente desnudos sobre su cama.

El final del pasillo llegó y salieron a un amplio patio amurallado de forma irregular ocupado por cerca de veinticinco casetas de madera.

Un pequeño grupo de cuatro yawatts, que no deberían tener más de tres meses, corrieron a saludarles. Uno de ellos, el que parecía el jefe de la pequeña manada, le mordió el tobillo a Qourk sin hacer mucha fuerza y comenzó a gruñir y a agitar la cabeza. El juego se acabó enseguida ya que su yawatt saltó sobre el cachorro gruñendo y enseñando los colmillos, logrando que la pequeña manada saliese huyendo.

Acarició con energía la cabeza de su yawatt que continuaba gruñendo.

—Está bien, chico, ya se han marchado. —Se agachó y le quitó los arneses—. Ya puedes ir a descansar con tus amigos. —le dijo mientras le acariciaba una vez más la cabeza.

El animal salió corriendo y él se levantó apoyando las manos sobre las rodillas. Estaba muy cansado y lo peor es que tenía todavía una reunión pendiente. Apartando de su mente las ganas que tenía de tumbarse en una mullida cama miró hacia Garra.

—¿Podré venir a verle cuando quiera? —preguntó Eobe. Qourk asintió y vio como su esposa se despedía de su yawatt con tristeza. Este tampoco parecía muy feliz de dejar a su ama, tenía las orejas gachas y la miraba con tristeza.

Una hembra de yawatt se acercó a Garra con sus orejas bien puntiagudas y agitando la cola. La hembra comenzó a provocarle, enseñándole los dientes y dando vueltas a su alrededor, el animal de Eobe no tardó mucho en responder, rugió y comenzó a rondarla.

—No se irán a atacar entre ellos, ¿verdad? —preguntó su esposa preocupada.

—Yo más bien diría que están coqueteando. —Eobe abrió mucho los ojos.

—¿De verdad? —En ese momento Garra comenzó a olisquear el trasero del otro animal—. Creo que no quiero ver esto —dijo Eobe.

Mientras se dirigían a su dormitorio Qourk le pasó el brazo por los hombros y la abrazó contra él nuevamente.

—No te preocupes por Garra, solo estarás tres pisos por encima de él y podrás bajar cada vez que quieras y salir a pasear. Eso sí, siempre con una escolta debidamente armada.

—¿No te estás exagerando un poco?

—¿No te parece que tengo motivos? —A Eobe no le quedó más

remedio que darle la razón.

—¿Y cuándo conoceré a tu madre?

Le había explicado que desde hacía varios años su madre no vivía en el palacio con él. Después del fallecimiento tan repentino de su padre Sibeelha había vuelto a unirse. Su nuevo esposo tenía buena condición social y muchos khuats así que su madre podría seguir llevando la vida a la que estaba acostumbrada. Además, parecía un hombre educado y respetuoso, así que les dio su consentimiento para la unión.

—Supongo que en cuanto se entere que hemos llegado vendrá, aunque no será hasta mañana, que organizaremos una cena, cuando la conocerás. —Eobe asintió.

—¿De verdad tienes que tener esa reunión esta noche? —Suspiró.

—Eso me temo. Han pasado demasiadas cosas de las que necesito hablar con los benawais, y cuanto antes se haga mucho mejor.

—Sólo espero que no te entretengan mucho. Necesitas descansar.

—Estoy bien, mujer. —le dijo intentando mostrarse ofendido. No quería que ella se preocupase por él, bastante tenía con sus propios problemas. Eobe se cruzó de brazos y le susurró.

—Estás agotado, y no finjas conmigo porque te conozco muy bien. Puedo sentir tu cansancio. —Refunfuñó durante un rato hasta que finalmente dijo intentando sonar molesto.

—Intentaré terminar lo antes posible. Te lo prometo.

Su dormitorio estaba tal y como recordaba que lo había dejado la última vez que estuvo en el. Nada más abrir la puerta vio la pequeña mesa redonda y lacada de varios colores con motivos geométricos y los cuatro bancos redondos que asomaban tímidamente por debajo. Cuantas veces se había sentado sobre alguno de ellos para hablar con Hamalk, o con Yawik o con algún otro consejero, o simplemente para jugar una partida de batz.

El fondo de la estancia estaba ocupado por una enorme chimenea en la que normalmente solía haber un gran y chisporroteante fuego en el centro, suficiente para calentar sus aposentos, sin embargo, en esa ocasión era apenas un pequeño brote de lo que llegaría a ser en una hora.

A cada lado de esa estancia, cubriendo los fríos muros de piedra, pesadas cortinas de color azul oscuro colgaban del techo. A la izquierda estaba la sala que usaban para asearse y a la derecha su alcoba.

Guió a Eobe hacia sus aposentos notando el familiar frío que indicaba que el lugar había estado vacío durante un largo período de tiempo.

En lo primero que se fijó fue en su cama, tan grande, tan mullida, tan tentadora. Sabía que si se tumbaba sobre ella, aunque fuera un minuto, ya no podría levantarse en muchas horas, así que mientras su esposa merodeaba por la habitación él se dirigió al armario de madera maciza que estaba a la derecha y sacó ropa limpia, por lo menos tenía tiempo de adecentarse un poco antes de la reunión.

Qourk comenzó a quitarse la que llevaba puesta, la cual ni siquiera podía recordar cuando había sido la última vez que se la había cambiado.

—¿Necesita ayuda, mi señor? —le preguntó Eobe. Se giró para verla. Ella estaba con su mirada fija sobre él, mordiéndose el labio inferior y la lujuria reflejada en sus brillantes ojos.

Vamos, a un hombre como él no podía ponérsele en esa situación.

Se acercó a su esposa, le sujetó la cara con las manos y la besó en los labios suavemente con la intención de recrearse en ellos hasta que tuviese que reunirse con sus benawais.

—Perdón, no sabía...— oyó decir a una voz de mujer.

Soltó a Eobe y se giró para mirar quien había osado interrumpirle. Era una muchacha de unos quince años, con el pelo tan oscuro que parecía negro y cargaba con un buen montón de lo que parecían pesados vestidos de mujer y ropa de hombre.

—Está bien. No te preocupes. Deja eso sobre la cama y vete. —respondió. La joven sirvienta hizo lo que su señor le pidió y le hizo una reverencia.

—Espero que alguno le sirva a mi señora. —dijo la chica dirigiéndose a Eobe con los ojos muy abiertos. Se podía imaginar la sorpresa de la muchacha al ver a su mujer, seguramente nadie le había avisado que ella era una ianeekou— Si no es así avísenme, por favor, y le traeré otros.

—¿El baño está preparado? —preguntó Qourk.

—Voy a comprobarlo. —La muchacha se perdió por detrás de la cortina.

—¿Todo estos vestidos son para mí? —preguntó Eobe.

—Si te sirve claro que lo son.

Eobe levantó uno de ellos. Como se alegraba de no ser mujer en ese instante solo por no tener que llevar toda aquella cantidad de tela que parecía tan incómoda.

—¿De dónde los han sacado con tanta rapidez?

—Creo que alguno era de mi madre de cuando vivía aquí, en el palacio, el resto ni idea. —Eobe le tendió unas gruesas mallas de color granate.

—Esto debe ser para ti. —Qourk sonrió.

—De hecho son para ti. Y los corpiños y las cubre mallas también. —Ella le miró extraña.

—¿Qué es un cubre mallas?

Rebuscó entre la ropa hasta que encontró un cortísimo pantalón de terciopelo verde oscuro abombachado y se lo mostró—. Te lo pones encima de las mallas y queda muy bonito. ¿No has visto a la gente que nos ha recibido cómo iban vestidos? Muchas mujeres lo llevaban. —Una voz de muchacha pidió permiso para poder entrar.

—Todavía no está preparado el baño, faltan unos minutos para terminar de calentar el agua.

—Avísanos cuando esté preparado. —La muchacha hizo una reverencia—. Llama antes de entrar. —Le advirtió Qourk.

La hora había pasado con demasiada rapidez, aunque por lo menos le había dado tiempo a lavarse un poco y cambiarse de ropa para presentarse antes sus benawais.

Se hallaba ante las macizas puertas de la sala del consejo. A pesar de que no era la primera vez que se encontraba ante ellas no podía evitar dejarse impresionar por su majestuosidad y su belleza. Eran de madera de neekai y estaban grabadas con tal realismo que cualquiera de las cientos de escenas mitológicas que aparecían en ellas parecían que iban a cobrar vida de un momento a otro.

Un par de soldados le hicieron una reverencia y abrieron las pesadas puertas para permitirle pasar. La sala era de forma rectangular, con la sola decoración de una grada de piedra de cinco escalones a la izquierda, en donde todos los benawais estaban ya sentados, esperándole, y una silla acolchada en lana de color azul a la derecha. Sin vacilar se dirigió hacia su asiento y se quedó de pie deseando no retrasarse demasiado. Junto a los benawais estaban Hamalk y Shawick, tal y como él les había ordenado, eso le hizo sentirse más tranquilo para explicar a esos hombres lo ocurrido.

Todos los benawais le observaban atentamente, en silencio, en una atmosfera de tensión que no le gustaba nada y que le estaba comenzando a resultar claustrofóbica.

—He querido que nos reuniéramos hoy mismo para comentar lo que ha sucedido en estos meses. —comenzó a decir intentando disimular su ansiedad.

Uno de los hombres se puso de pie, era de mediana edad y muy delgado. Qourk sabía que de todos sus benawais él sería el que peor se iba a tomar la noticia de su unión con Eobe. En teoría, su hija mayor iba haber terminado convirtiéndose en algún momento en su esposa, por lo menos eso era lo que Qixo Daanlli pretendía, y lo que todo el mundo creía, y si no hubiese conocido a la hija de Worji posiblemente era lo que hubiese terminado ocurriendo después de convertirse en srers.

— Si mi señor me disculpa. Ya lo sabemos, hemos recibido un latou del nuevo srers, Yovn Talaqtto, explicándonos todo lo sucedido, que ha despreciado el khuat y los esclavos a cambio de una ianeekou. ¿Es eso cierto?

Qourk se quedó pensativo un instante. Apostaba que no había sido Talaqtto, incluso se preguntaba si ese animal sabría leer y escribir, tenía que haber sido esa maldita serpiente que le rondaba constantemente quien había intentado poner sus benawais en su contra, y por desgracia intuía que lo había conseguido, por lo menos con una gran mayoría.

—Sí, lo he hecho, y os pediría que a partir de ahora hablaseis de ella con respeto ya que ahora es mi esposa, vuestra nawae.

Se esperaba un murmullo de sorpresa, sin embargo, el único sorprendido fue él. Se tuvo que recordar que un buen número de sus hombres, al frente de Shawick, su ghalee, habían llegado unos días antes que ellos y que posiblemente les hubiera puesto al día.

—Eso no era lo acordado, mi señor. —le dijo otro hombre. Este era el más joven de todos los benawais. Llevaba ocupando el cargo apenas hace unos años cuando su padre, que ya era consejero cuando Qourk se convirtió en nawaii, falleció tras una larga enfermedad.

—Lo sé.

—¿Entonces qué ha sucedido para que haya cambiado de opinión?

No les iba a explicar los motivos que había tenido, sobre todo después de que sus esperanzas de que los ianeekous se uniesen a él para derrotar a sus enemigos se esfumasen.

—En ese momento me pareció lo mejor.

Las protestas comenzaron, algunas se las esperaba, otras, las que se referían a su incapacidad como nawaii de los halirianos le hirieron y le enfurecieron.

—Si actué de ese modo fue porque tenía suficientes motivos, y consideré que en aquel delicado momento era lo mejor. Seguramente a Talaqtto, o mejor, a su serpiente se le haya olvidado contaros que esa mujer era la hija de Worji, así que, cuando volvamos a Galduru a echar a los iraluqs de allí no solo tendremos a nuestro favor el salvar a los galdurianos de esos salvajes, sino que cuando vean que la amada hija pequeña de su srcrs está de nuestro lado incluso nos apoyarán.

El primer hombre que había hablado lo hizo de nuevo.

—Eso no es suficiente. Hemos perdido muchos hombres y mucho khuat que necesitábamos para darle de comer a nuestro pueblo, para comprar semillas, para muchas cosas que ahora no podremos hacer.

—Hasta que no me ponga al día sobre las cuentas de nuestra ciudad no pienso discutir sobre lo que podremos y no podremos hacer. —dijo Nakhawatt— ¿Alguna otra protesta sobre mí? —Otro hombre se levantó.

—No es una protesta mi señor, sólo queremos explicarle por lo que estamos pasando.

—Creo recordar que todos vosotros estabais de acuerdo con que nos uniésemos a los iraluqs para conseguir nuestro objetivo. Ya entonces sabíamos que por muy bien que nos fuese nos íbamos a tener que gastar muchos khuats en esto, y que íbamos a perder muchos soldados, así que no entiendo las quejas.

—Las quejas se deben a que se suponía que todo lo que perdiésemos lo íbamos a recuperar, Talaqtto nos lo iba a dar y mi señor lo ha rechazado por…

—Raeq, más te vale no terminar esa frase si no quieres tener verdaderos problemas conmigo. Yo no he dicho que no vayamos a conseguirlo, sólo que los planes han cambiado. —El primer hombre que había hablado le dijo de nuevo.

—Mi señor debería saber que los iraluqs nos están ofreciendo otra oportunidad. Quieren reunirse con nosotros en Othago. Reconocen que necesitan nuestra ayuda, y si aceptamos una vez más, la oferta que nos hicieron seguiría en pie.

Qourk entrecerró los ojos y se cruzó de brazos. No se fiaba de ningún Iraluq y se preguntó que se traerían entre manos. No iba a aceptar, aunque no se lo iba a decir a sus benawais en ese momento, quería terminar de una vez y darse un buen baño.

—Lo pensaré. —les dijo—. Y si no tenéis nada más urgente desearía poder darme un buen baño y cenar en condiciones.

Cansado y con dolor de cabeza y de cuello se dirigió a su dormitorio. Eobe le estaba esperando sentada en uno de los pequeños bancos de madera que había alrededor de la circular mesa del salón de sus aposentos, y sobre la que descansaba una bandeja repleta de comida. Estaba vestida con uno de los trajes que aquella sirvienta le había llevado y tamborileaba con sus dedos sobre la fuente. Se la notaba incómoda debajo de todas aquellas pesadas telas que la cubrían, aun así en cuanto le vio le sonrió y se puso de pie para darle la bienvenida.

Tan dulce como era, Eobe le guió hasta el cuarto de aseo y le ayudó a desvestirse. En esa ocasión el roce de sus manos no era sexual, solo de cariño y ternura.

—Pareces tan cansado. —le dijo cuando él se recostó en la alargada elipse de cerámica azul.

—Lo estoy.

—Entonces déjame que te cuide. —Qourk cerró los ojos y suspiró dejándose llevar por calor del agua, el suave sonido de la voz de su esposa y por sus delicadas manos que comenzaron a masajearle sus doloridos hombros.

Tuvo que dar gracias de encontrarse medio tumbado de otro modo posiblemente se habría caído al suelo del alivio tan maravilloso que estaba sintiendo.

Antes de lo que le hubiese gustado Eobe apartó sus manos de sus hombros para comenzar a toquetear sus trenzas. Se las estaba deshaciendo con cuidado al mismo tiempo que tarareaba una alegre melodía que no había oído nunca.

—¿Es de Galduru?

—¿El qué?

—La canción

—Sí. Desde la ventana de mi habitación oía a los marineros cantarla. Nunca pude entender la letra, solo podía escuchar la melodía que llegaba hasta mi balcón y terminé aprendiéndola. —Por el tono de su voz Qourk sabía qué estaba sonriendo.

—Entonces sigue cantando para mí, esposa mía. —le pidió, y con su voz y sus suaves manos desenredándole el cabello le llevaron casi hasta rozar el límite entre la consciencia y el sueño.

Eobe no le permitió ir más allá, tenía que lavarle el pelo y necesitaba que él se moviera así que como pudo se incorporó hasta que a ella le pareció suficiente.

—Qourk, ¿qué te han dicho los benawais cuando les has contado que soy tu esposa?

—Ya lo sabían.

—¿En serio? —preguntó claramente sorprendida y él asintió.

—Y... ¿les parece bien?— añadió con recelo en cuanto terminó de deshacerle la última trenza.

Al girar para mirarla una buena cantidad de agua de la bañera cayó al suelo.

—Me da igual si les parece bien o mal, eres mi esposa y tienen que tratarte como tal.

No supo si Eobe lo había hecho a propósito o no, sencillamente se giró para coger un cazo que había a su lado derecho apartando los ojos de él. Sin dejarle margen de reacción le obligó a echar la cabeza hacia atrás y despacio comenzó a derramar agua por la raíz de su cabello.

—¿Y quién ha sido el que se lo ha dicho?

En esa postura era difícil hablar así que colocó su cabeza en posición normal.

—Talaqtto. —La mueca en el rostro de su esposa no dejaba dudas, su respuesta le había sorprendido.

—¿Talaqtto? — Qourk asintió.

—¿Por qué? ¿A él que más le da? —mientras llenaba el cazo de agua.

—Quiere que los halirianos nos aliemos de nuevo con ellos para terminar de derrotar a los pueblos del este.

—¿Y yo que tengo que ver en eso?

—Es simplemente chantaje. En realidad me apuesto cualquier cosa a que ha sido la Serpiente quien ha tramado todo esto. Él sabe que no vamos a volver a ayudarles y está malmetiendo a los benawais para que me presionen y acepte su oferta. —Su mujer le obligó a echar la cabeza hacia atrás nuevamente y le vació el cazo con cuidado sobre la cabeza, intentado que el líquido no le entrase ni en los ojos ni en los oídos.

—¿Quién es la Serpiente?

—La mano derecha de Talaqtto— le dijo sin querer contarle más detalles sobre él. No iba a permitir que esa alimaña rastrera le quitase más tiempo del necesario de disfrutar de su esposa.

Eobe permaneció en silencio mientras terminaba de lavarle el pelo con delicadeza, como todo lo que ella hacía siempre. Le ayudó a salir de la bañera y a ponerse una bata y una toga alrededor de la cabeza.

Debía de reconocer que llevar el pelo suelto era una sensación maravillosa que le hacía sentirse más ligero y más libre. Esas trenzas tan largas que tenía que soportar pesaban como una maldición, pero su condición de nawaii de los halirianos le obligaba a llevarlas tan largas, solo a él se le estaba permitido.

Se dirigió a la sala, seguido de su esposa que parecía estar cada vez más incómoda con su nueva, y ahora mojada ropa, en donde un pequeño banquete le estaba esperando.

Se sentó de espaldas a la chimenea y sin esperar a que su mujer se acomodase dio un buen trago de la jarra de vino que estaba a su izquierda. Eobe se sentó enfrente de él y ambos comenzaron a cenar. Pese a que la comida se había quedado fría, no le importó. Pan recién horneado, queso, pastelitos de carne rellenos de frutos secos y bizcocho de mantequilla con crema de avellanas. Delicioso.

Mientras daba buena cuenta de los manjares que tenía frente a él observaba divertido como su mujer se peleaba disimuladamente con el apretado cuello del vestido, o con las mangas, o con el estrecho talle.

—¿Por qué no te cambias de ropa? —Ella chascó la lengua.

—Ya me he probado todos los vestidos que esa muchacha me ha traído y este es el que me ha resultado más cómodo.

—Entonces mañana le pediremos que te traiga nuevos. —La preciosa mujer que tenía enfrente se encogió de hombros.

—No sé si alguna vez podré acostumbrarme a este tipo de ropa. En Galduru solo necesitaba llevar una fina capa de tela, y aquí, las he contado Qourk. ¡Llevo tres! —Él se rió, no pudo evitarlo—. ¿Sabes cómo me siento con tanta ropa?... Pues me siento como… me siento como… me siento… muy abrigada. —Se rió de nuevo.

—Mejor abrigada que no con neumonía, ¿no te parece?

Eobe no le respondió porque se había llevado un trozo de bizcocho a la boca y todos sus sentidos se habían centrado en el, de hecho, Qourk dudaba que hubiese oído el último comentario que había hecho. Al terminarlo incluso relamió el cubierto, un par de veces.

—¡Qué rico! Nunca había comido nada como esto.

—Pues a partir de hoy podrás hacerlo tanto como desees. —Su esposa le miró con tanta ternura que se le cortó la respiración.

—Eres el hombre más bueno que he conocido nunca, Qourk Nakhawatt.

Estiró la mano derecha para atrapar entre ella de la su esposa, se la llevó a los labios y la besó antes de responderle.

—Solo porque tu sacas lo mejor que hay en mí.

Eobe se levantó y se arrodilló a su lado, apoyando sus brazos sobre sus piernas.

—¿Sabes? No puedo imaginarme como sería vivir lejos de ti, intento imaginarme que hubiese sido de mi vida si el día de mi unión no hubieseis aparecido y hubiese terminado unida a Staanka y... creo que no lo hubiese soportado.

Él tampoco podía soportar imaginarse a su esposa con otro hombre, se le retorcían las tripas tan dolorosamente que le costaba respirar.

—Si es algo que te hace daño deja de pensar en ello, no quiero que nada te perturbe, solo que seas feliz ¿Estamos de acuerdo? —Ella sonrió.

—Solo si me prometes que habrá más de esa riquísima tarta de antes.

—Todas las que quieras. —Su mujer se puso de pie, le dio un beso en la mejilla y se puso a sus espaldas.

—Es hora de peinarse, mi señor. —le dijo quitándole el turbante de la cabeza.

Le hubiese gustado comenzar el día bien temprano, sin embargo, el cansancio le mantuvo en la cama, profundamente dormido, más de lo que él había querido, así que mientras su esposa le trenzaba el pelo de nuevo mandó llamar a su hombre de confianza, Hamalk. Necesitaba hablar con él sobre las opciones que tenían. Le hubiese gustado que Yowak estuviese allí con ellos para que les diese su opinión, por desgracia todavía le quedaban varios días por llegar.

—¿Qué te pareció la reunión de ayer? —le preguntó a su amigo en cuanto entró. —Antes de responder miró a Eobe.

—No temas hablar con sinceridad delante de ella. —le dijo Qourk. Confiaba en su esposa y sabía que por nada del mundo le traicionaría o haría algo en su contra. No cuando él era lo único que le quedaba.

—Me pareció una maldita encerrona.

—Eso me pareció a mí también.

—¿La Serpiente?

—Sin duda. —respondió Qourk. Ambos se quedaron en silencio sopesando sus opciones.

—Mi señor...

—Vamos, Hamalk, aquí dentro no hacen falta esas formalidades.

—Su amigo miró a Eobe.

—Pero mi señora… —Su esposa paró por un instante para prestar atención a lo que sucedía.

—Ya te lo he dicho, puedes hablar con sinceridad delante de ella.

Hamalk no volvió a pronunciar palabra hasta que su mujer no continuó con su tarea.

—No veo claras las intenciones de los iraluqs, no después de todo lo que han hecho en nuestra contra. —Dijo mirando a Eobe—. Creo que esa reunión que nos proponen es una trampa. —añadió prestándole atención de nuevo. Él tenía la misma sensación.

—Los benawais van a insistir para que acudamos.

—Tal vez si les explicas lo que han intentado hacerle a mi señora puedan cambiar de opinión.

—Ya les oíste ayer, solo están preocupados por todo lo que han perdido.

—Creía que Daanlli iba a darte más problemas. Él es quien más ha perdido de todos.

Él se removió incómodo en su asiento y miró a su amigo entrecerrando los ojos.

—¡Qourk, estate quieto!—protestó Eobe—. Ahora tengo que comenzar de nuevo con esta. —Halmalk sonreía maliciosamente.

—Ten cuidado con tu bocaza, amigo. —Su hombre de confianza levantó sus manos.

—Intenta hacerles entrar en razón, si no vamos a tener problemas. —Le dijo Hamalk poniéndose serio nuevamente.

—Ni que fuera tan fácil. —se lamentó.

La puerta de sus aposentos se abrió del golpe. Una mujer de mediana edad, alta y esbelta, con unos grandes y ovalados ojos grises apareció en el umbral de la puerta, y sin esperar a que le diesen permiso se adentró en la habitación. Sibeelha Istta Nakhawatt seguía conservando la belleza de su juventud, por ese motivo cuando enviudó se convirtió en una de las mujeres más deseadas de la ciudad de Halira.

En cuanto Qourk la vio se levantó del banco y echó a andar hacia ella. Sibeelha se abrazó a su hijo con fuerza y comenzó a sollozar mientras le decía lo preocupada que había estado por él durante todos esos meses. Emocionado le acarició la cabeza hasta que su madre se tranquilizó. Se sentía culpable por haberle hecho sufrir de ese modo, sin enviarle noticias de ni siquiera si seguía con vida.

—Madre, quiero presentarle a mi esposa. —dijo con orgullo.

Al girarse para buscar a su mujer notó como Hamalk ya no estaba con ellos. Su amigo, tan discreto como siempre, se había debido de marchar sin que se diera cuenta.

Eobe, que estaba al otro lado del banco en donde él había estado sentado apenas unos segundos antes, tenía una extraña expresión en el rostro, mezcla de confusión, de emoción y de nervios. Qourk extendió su brazo y cuando su esposa le agarró pudo notar lo fría que tenía su pequeña mano. Dando un leve tirón le acercó hasta donde se encontraba y la abrazó por la cintura para confortarla.

—Ella es Eobe, la mujer a la que me he unido.

Su madre la miró con gesto adusto de arriba abajo durante lo que le pareció una eternidad hasta que por fin dijo:

—Eres una mujer muy hermosa, Eobe, digna nawae de mi hijo. Solo espero que sepas cumplir con tu cargo y con tu esposo con diligencia y respeto. —Su esposa se soltó de su abrazo y le hizo una reverencia.

—Lo haré, mi señora. —Sibeelha asintió.

—Tienes buenos modales, niña, de eso no hay duda, pero ¿Tienes mano firme? Los ianeekous no sois precisamente conocidos por vuestra severidad. —Ella le miró dubitativa. Qourk pudo ver la preocupación reflejada en sus ojos.

—Aprenderé a tenerla. —respondió cuando se giró para mirar de nuevo a su suegra. Qourk volvió a abrazar a Eobe.

—Madre, déjela respirar un poco. Hemos tenido un viaje muy duro.

Sibeelha le hizo una pequeña reverencia a su hijo y a continuación sujetó una de las manos libres de Eobe, le hizo otra reverencia a ella y dijo con seriedad:

—Bienvenida a la familia.

No había sido la idílica reunión con la que él se había soñado, aunque a decir verdad tampoco había salido del todo mal. Pese a que su madre había sido algo brusca con su esposa le había tratado con educación. Desde luego él no se hubiese esperado otra cosa. Qourk comprendía la impresión que Sibeelha se había llevado. Hacía casi medio año su hijo se había marchado a la otra parte del mundo, a jugarse la vida y el honor en una guerra, y había regresado unido a quien menos había esperado. Su madre le acarició el rostro.

—¿Por qué no te sientas mientras tu esposa y yo acabamos de trenzarte el pelo y así me cuentas lo que ha sucedido durante todos estos meses?

Un par de horas más tarde salió de sus aposentos acompañado por Sibeelha. Le habían trenzado el pelo con tanta fuerza que le dolía hasta la raíz pero sabía que en unas horas pasaría y se volvería a acostumbrar a aquella tirantez.

—Espero que no te hayas equivocado al unirte a esa mujer —le dijo su madre. Qourk la miró, sorprendido y dolido a partes iguales por su comentario.

—Ella no es *"esa mujer"* madre, es Eobe, mi esposa, y más os vale a todos que os vayáis acostumbrando a tratarla como se merece.

Si a Sibeelha le había molestado la dureza que había utilizado en el tono no lo demostró.

—Comprende que la noticia me haya conmocionado, hijo mío, todos creíamos que terminarías uniéndote a la hija de Daanlli. Ella hubiese sido una muy buena esposa para ti y una muy buena nawae para los halirianos. Sisalmat tiene una educación exquisita, ha sido criada entre lo mejor de la nobleza.

—Madre, Eobe era la hija de Worji, el anterior srers. No creo que nadie pueda tener mejor educación que ella. —Por lo menos eso era lo que él deseaba.

—Pero no es de los nuestros. —respondió Sibeelha con rabia—. ¿En qué estabas pensando al unirte con ella? Los benawais se te van a echar encima, y el pueblo también. Si te hubiese unido a Sisalmat por lo menos hubieses tenido un grandísimo apoyo entre los benawais. Sabes que Daanlli tiene muchos aliados entre los consejeros y las familias nobles de nuestra ciudad.

Si esa mujer no hubiese sido la que le dio la vida la hubiera echado a patadas de su palacio. ¿Cómo se atrevía a hablarle de ese modo, a juzgarle de ese modo?

—Cuando me uní a Eobe estaba pensando en lo mejor para todos, madre. —le respondió con dureza— Y sí, si ella no se hubiese cruzado en mi camino me hubiese terminado uniendo a la hija de Daanlli, sin embargo, apareció y las cosas cambiaron. —Su madre le sujetó del brazo y le obligó a parar.

—¿Estás enamorado de tu esposa?

—Sí, madre, lo estoy. —Sibeelha suspiró.

—Como madre me siento muy feliz por ti, pero como esposa de tu padre y como la nawae que fui durante tantos años me preocupa que esos sentimientos te puedan nublar el buen juicio e interfieran en tus obligaciones.

—Eso no pasará.

—Eso espero, hijo mío.

Qourk le acompañó hasta que su madre montó en su yawatt y se alejó en dirección a su hogar. No se había esperado las duras palabras de Sibeelha, hasta ella parecía comenzar a desconfiar de su buen juicio. Algún día se encargaría de demostrar a todos lo equivocados que estaban.

Subió de nuevo a su dormitorio, allí seguía su esposa, dando vueltas sin saber muy bien qué hacer.

—Eobe, necesito que para la cena de esta noche…—Por todos los dioses del Ahwall, no sabía cómo pedírselo—. Todo el mundo va a estar pendiente de ti. —Comenzó a decirle frotándose las manos—. No quiero que te pongas muy nerviosa, ¿de acuerdo? Solo que intentes comportarte, bueno, ya sabes, como… como…

—¿Cómo una buena esposa? ¿Cómo una buena nawae? —le respondió cruzándose de brazos y arrugando el entrecejo.

Se sintió como un gusano por decirle eso, no, peor aún, como la pus de un gusano solo por atreverse a pensar en algo como eso.

—Sí.

—No te preocupes, Qourk, mis padres, mi meeca y mis maestros me dieron muy buena educación, sabré comportarme como se espera de alguien de mi posición. —respondió con seriedad. Intentó disculparse ante ella.

—No quiero que pienses que te considero una persona sin modales o alguien que no sabe comportarse, sé que no, es solo que… —Eobe suspiró.

—¿Entonces qué quieres que piense?

—Es solo que no quiero darle la oportunidad a esa gente para qué me critiquen más por mis elecciones, quiero demostrarles que soy digno nawaii de los halirianos. —le respondió.

—Y lo eres. Si no saben verlo es porque están ciegos.

Qourk se sintió agradecido por sus palabras, no obstante, eso no era suficiente.

—Eobe, yo…—Se frotó la cara con ambas manos—… necesito que hagas esto por mí, necesito demostrarles que no me equivoqué al unirme a ti, que no soy tan mal nawaii como ellos creen que soy. —Su esposa dejó caer los brazos y se acercó a é.

—Confía en mí, Qourk. —le dijo y a continuación le sujetó la cara con las manos y poniéndose de puntillas le atrajo hacia ella y le besó dulcemente en los labios.

No pudo evitarlo, se abrazó con fuerza a su esposa y enterró la cara en su pelo. Ojalá todo saliese bien esa noche.

En esa ocasión, sin ninguno de sus hombres de confianza allí presentes, se sentía más desamparado de lo normal.

Después de haber mantenido una reunión para ponerse al día sobre el khuat que habían gastado y el que les quedaba, y sobre la situación de su ciudad, se reunió de nuevo con los benawais. No estaban tan mal como él se había imaginado, aunque la situación tampoco era buena. Sí, necesitaban khuat y más hombres que pudiesen trabajar la tierra y combatir junto a ellos en lo que todavía les quedaba de guerra. Las mujeres halirianas eran fuertes y podrían labrar el campo y trabajar en las minas subterráneas de plata que poseían, pero necesitaban hombres que las ayudasen, hombres que realizasen los trabajos más duros mientras ellas daban a luz a sus hijos, hombres que cubriesen las bajas que inevitablemente se habían producido y se seguirían produciendo.

No le había quedado más remedio que contarles como había conocido a Eobe y quien era ella, que Worji tenía sus dones escondidos bajo los hechizos de los murmuradores y que hasta que no pasaron varios días desde su partida de Galduru estos no comenzaron a salir a la luz.

Le resultó más duro de lo que pensaba explicarles a sus benawais lo que había sucedido con su esposa en aquellos bosques, como un grupo de hombres la había secuestrado y como los ianeekous le habían ayudado. No les dijo nada de que el nawaii del Bosque de las Lágrimas les había obligado a elegir, solo les explicó que en agradecimiento por haber ayudado a su esposa y haberla protegido y cuidado hasta su llegada les había prometido fidelidad.

—Lo que mi señor está contando es muy grave. —dijo uno de sus benawais.

—Lo sé, por eso no me fio de las intenciones de los iraluqs.

—Nadie se fía de ellos, pero lo que nos ofrecen es demasiado como para ignorarlo. —dijo otro.

—¿Y cómo sabemos que cuando llegue la hora no nos traicionaran y se quedarán con todo? —preguntó Nakhawatt para hacerles entrar en razón.

Sus benawais se miraron entre ellos y murmuraron cosas que él no llegó a escuchar.

—No lo sabemos, pero vale la pena correr el riesgo. —contesto Raeks en voz alta por encima de los murmullos.

—¿Si hubiesen intentado matar a tu esposa seguirías pensando lo mismo?

El consejero ni siquiera se molestó en responderle, en cambio, el murmullo poco a poco terminó convirtiéndose en una discusión entre todos ellos. Qourk esperó pacientemente sentado en su trono con la convicción que en algún momento dejarían de gritar. Estaba equivocado, así que aturdido y de mal humor salió de la sala dando un portazo. Su intención era ir a buscar algo, con lo que golpear en el suelo y que hiciese suficientemente ruido como para que le volviesen a prestar atención, sin embargo, en cuanto cerró las puertas sus benawais debieron percatarse de la situación y enmudecieron, así que las abrió de nuevo y permaneció de pie frente a ellos.

—¡No pienso volver a tolerar una falta de respeto como esta! —les gritó furioso— ¡La próxima vez que queráis comportaros como animales os vais con los yawatt a revolcaros por el barro y dais rienda suelta a vuestros instintos!

Ninguno de los benawais se atrevió a decir nada.

—Y que sepáis que la decisión de ir a Othago ya está tomada y mi respuesta es no. —dicho eso se dio media vuelta y volvió a salir de la sala, esta vez para no volver a entrar.

Se preguntó que debería estar haciendo su esposa para que se hubiese tenido que ir a otra habitación a arreglarse para la cena. Desde que había salido por la mañana de la habitación, después de tener aquella conversación, no la había vuelto a ver y estaba preocupado por como estaría llevando el día. Estaba dando vueltas por la sala del dormitorio, nervioso, cuando alguien golpeó a la puerta.

—Pase.

Fue como una aparición, Eobe entró con un elegante vestido típico haliriano, entallado en la parte de arriba que resaltaba sus delicadas curvas y con una falda compuesta de al menos tres capas que le caían hasta los tobillos. Era de una tonalidad muy parecida a sus ojos, solo que esta era algo más oscuro. Llevaba el pelo completamente trenzado desde la raíz, justo igual a como lo llevaba él, y recogido por detrás en un gracioso peinado que había adornado con pequeñas flores blancas.

Estaba tan… tan… hermosa, que no tenía ni palabras, solo se la quedó mirando embobado.

—¿No estoy bien así?— preguntó su esposa con preocupación. —Él agitó la cabeza.

—Estás perfecta. Nadie nunca podrá ser más perfecta que tú. —Eobe respiró hondo y sonrió.

—Entonces ¿podemos bajar ya a cenar?

—¿Tanto hambre tienes?

—No, es que cuanto antes empecemos antes terminaremos.

Qourk le tendió el brazo y juntos recorrieron el camino que les separaba de la suculenta cena que iban a degustar.

—¿Estás muy nerviosa? —le preguntó. Ella suspiró.

—Un poco, la verdad.

—Yo también. —le confesó. Eobe le dio un apretón en el brazo.

—Todo va a salir bien, ya lo verás. —Eso era lo que él deseaba con todo su corazón, que todo saliese bien para qué, ya que no le respetaban a él como nawaii, que por lo menos lo hiciesen con su esposa.

—De todos modos ¿no podría llevarme a Garra conmigo? Así me sentiría más segura, y si alguien me mira mal Garra se puede encargar de él. Además, si hay algo de comer que no me gusta siempre se lo puedo dar a mí yawatt, Garra siempre tiene muy buen apetito, ya lo sabes.

Su risa resonó con fuerza entre los muros de piedra del pasillo por el que se encontraban.

—No creo que sea una buena idea.

—No entiendo por qué no, seguro que Garra se divierte mucho.

—Eso sin duda.

Qourk la miró una vez más antes de comenzar a bajar las escaleras que les separaban del salón de banquetes.

—¿Por qué te has trenzado el pelo? —preguntó intrigado. No es que no le quedase bien, estaba preciosa con ese peinado, es solo que se veía distinta.

—Ahora soy haliriana yo también, ¿no?

Sí, sin duda, no había podido escoger mejor esposa.

Las reacciones no se hicieron esperar. En cuanto les anunciaron y se adentraron en la sala del banquete los cuchicheos se adueñaron de ella. Todos les miraban con atención, pendientes sin duda de su nueva nawae, y sin embargo, ella parecía estar llevándolo estupendamente, andaba con firmeza, haciendo ligeras reverencias con la cabeza a los halirianos que encontraban a su paso y con una tímida sonrisa en los labios.

Y él que había pensado que no sabría comportarse… que imbécil había sido. ¿Cómo no iba a saber hacerlo si había sido la hija del srers? Seguro que había tenido la mejor de las educaciones.

De pronto su esposa apretó el agarre que tenía sobre su brazo y él instintivamente la miró. Qourk la conocía bien y sabía que algo le inquietaba, aunque alguien que no le conocía no podría ni siquiera imaginárselo. Solo cuando por fin estuvieron sentados le preguntó:

—¿Estás bien? —Ella le miró, sus ojos habían cambiado de color, se habían aclarado un tono.

—No sé, presiento algo, es una sensación extraña, no puedo explicarlo. —le susurró intentando disimular su inquietud.

Qourk le sujetó las manos y le dio un fuerte apretón, su pobre esposa estaba mucho más nerviosa de lo que aparentaba, y no le extrañaba, porque tener todas esas miradas fijas en ella, juzgándola, era suficiente como para poner nervioso hasta una estatua de piedra.

Allí estaban todos sus benawais, incluido Daanlli con su esposa y sus hijas, entre las que se encontraba la mujer con la que todos creían que se iba a unir.

Sisalmat Daanlli no era una mujer físicamente atractiva, tampoco es que fuera fea, simplemente no llamaba la atención, eso sí, las veces que la había tratado siempre había sido muy educada y amable, y podía ver en ella una persona respetuosa y con buen corazón. Entre ellos había una buena relación, se entendían bien y las conversaciones fluían con naturalidad, por eso la había considerado la mejor opción para unirse. Bueno, eso y que su padre era uno de los benawais más influyentes de todo Halira y con una buena cantidad de khuats para repartir entre sus tres hijas.

También estaban todas las familias poderosas de Halira, esos arrogantes no se iban a perder una oportunidad como esa para lucirse y presumir sobre quien poseía más khuat y más esclavos.

La cena trascurrió en una calma solo interrumpida por la intranquilidad que sentía por su esposa. Ella parecía estar disfrutando del banquete de lo más tranquila, hablando con Teera, la esposa de Hamalk, que se encontraba sentada a su derecha, sin embargo, él la conocía bien y sabía que algo le seguía perturbando.

Una vez el banquete hubo acabado los hombres se marcharon a una pequeña sala contigua para poder hablar de sus cosas sin que las mujeres se enterasen o quisiesen meter baza en sus asuntos.

La estancia era sobria. Estaba solamente decorada por una robusta mesa sobre la que había varias botellas con diferentes tipos de licores y vasos de cristal, media docena de sillas y un amplio balcón con vistas a la Cordillera de los Murmullos y a los bosques de alrededor. Por supuesto, la conversación no podía dejar de girar sobre su esposa y sobre la conveniencia o no de aceptar la propuesta de los iraluqs. Parecía que su mujer le había caído en gracia a la mayoría, los cuales alababan su hermosura, su elegancia y sus exquisitos modales.

Qourk se sintió orgulloso y aliviado al oír sus buenas palabras hacia Eobe, pero no todo era tan agradable. Estaba harto de oír hablar de Talaqtto y la buena oportunidad que tenían para conseguir el khuat y los esclavos que él había perdido.

—He dicho que no, y no tengo nada más que añadir al respecto. —les dijo malhumorado a sus benawais.

—Mi señor no debería tomar decisiones precipitadas, sobre todo en temas tan graves como este. —le dijo uno de ellos.

—Sí, en eso tienes razón, que los iraluqs nos tiendan una trampa en Othago es lo suficientemente serio como para que me niegue a ir. Aprecio demasiado mi cabeza como para que sirva de adorno en la casa de esa repugnante serpiente de Casem Ijlaak.

—Mi señor podría ir con una numerosa escolta qué vigilase en todo momento, incluso durante la reunión con Talaqtto. —Eso le molestó.

—¿Crees que el mismísimo srers en persona va a viajar hasta Othago para suplicarme que volvamos a servirle? Ni siquiera ellos son tan estúpidos. Talaqtto mandará a su serpiente para intentar convencernos, y solo los dioses saben que ha planeado esa enfermiza cabeza suya para conseguirlo.

—Mi señor tiene razón. —opinó Hamalk—. Ese viaje es una trampa, incluso hasta aquí llega el hedor del veneno de la serpiente.

—Tal vez podamos ser nosotros los que le tendamos la trampa a él. —dijo Shawick—. Podemos fingir que mi señor va con una pequeña guardia personal, aunque en realidad un grupo de unos doscientos hombres, o tal vez más, le podrían seguir de cerca, y en cuanto haya un pequeño momento de descuido deshacernos de Ijlaak.

—Perdona que te lo diga Taluk, ese plan es una mierda. —espetó Hamalk.

—Sí, bueno, eso es porque no está terminado de concretar pero podemos hacer lo que ellos hicieron con nosotros, les tendemos una emboscada, nos disfrazamos de waggoshianos o de goddios, como hicieron ellos, y acabamos con él de una vez por todas. Con la Serpiente fuera del juego nos resultará mucho más fácil echar de Galduru a los iraluqs. Todos sabemos que Talaqtto no es lo suficientemente listo como para pensar por sí mismo, que es la Serpiente la que mueve los hilos, y que si creen que el asesinato lo ha cometido alguien del este van a ir a por ellos con todo lo que tengan, y con Galduru y la Fortaleza desprotegidos podríamos quedarnos con todo.

—En eso tiene razón. —dijo Daanlli—. Con Ijlaak muerto la guerra daría un vuelco a nuestro favor.

—No pienso hablar de ningún plan sin que Yowak esté presente. —dijo él intentando poner fin a la conversación.

—¿Entonces mi señor está a favor de ir a Othago e intentar asesinar a Ijlaak? —preguntó su consejero Raeqs.

—No. —dijo con rotundidad—. Sigo creyendo qué lo mejor es ignorarles y seguir con nuestros planes como estaban previstos.

—El problema es que mi señor los ha roto desde que se unió a esa ianeekou y rechazó el khuat.

Qourk con un par de pasos se acercó tanto al benawai que había pronunciado esas palabras que sus narices casi se rozaban.

—Mi esposa no es *"esa ianeekou"* y te exijo qué de aquí en adelante le muestres el debido respeto si no quieres que tú y yo tengamos problemas. —El hombre se disculpó y le hizo una reverencia.

Nadie quería enfrentarse con él cuerpo a cuerpo, lo cual era una pena porque no le vendría nada mal algo de ejercicio para relajarse.

—Piénselo, mi señor. Tenemos una oportunidad única en las manos. —le dijo Raeqs.

Solo aguantó un par de horas más antes de irse a sus aposentos para acurrucarse contra el tibio cuerpo de su esposa y hacerle el amor hasta que amaneciese.

Eobe se encontraba en el dormitorio sentada sobre un lado de la cama y mirando al suelo. Qourk se preocupó, tal vez cuando le había dejado sola había sucedido algo malo, así que se acercó a ella y se sentó a su lado. Ella levantó la cabeza al sentir como el colchón de lana se hundía bajo su peso, sus ojos habían cambiado, no se habían aclarado como estaba acostumbrado, sino que habían adquirido una tonalidad más rojiza.

—¿Ha sucedido algo malo?

Su esposa se puso de pie y con los brazos cruzados comenzó a pasear furiosa todo alrededor de la habitación.

—¿Por qué no me lo dijiste? —Qourk, confuso, arrugó el entrecejo y preguntó:

—¿A qué te refieres?

—Que te ibas a unir con otra mujer. —Qourk abrió mucho los ojos ¿todo aquello era por celos?

—No me iba a unir con nadie.

—Todas las mujeres lo sabían. Yo misma he hablado con ella.

—¿Con quién? —preguntó fingiendo que no sabía a quién se refería.

—Esa mujer. Tenía un nombre raro como Salima o algo así.

Suspiró intentando no pagar con su esposa el mal humor que sentía por la noche que le habían dado sus benawais y el ataque de celos que Eobe estaba teniendo en ese instante.

—Te juro por la memoria de mis antepasados qué nunca le he pedido a nadie que no seas tú que se uniese a mí. —Eobe hizo un ruido de desaprobación—. Sí, tal vez en alguna ocasión he pensado en ello, soy el nawaii y tarde o temprano me tenía que haber unido a alguien, y sí, tal vez ella hubiese sido la elegida, pero nunca fue una idea seria. —Tal vez esa no era toda la verdad, sin embargo, prefería engañarla que echar más leña al fuego.

Su mujer siguió paseando nerviosa, Qourk podía sentir las ganas que tenía de preguntar, de decir algo, pero por lo que fuera, no se atrevía, así que se levantó e intentó abrazarla para que se relajase, a lo que su esposa se negó. ¿Quién entendía a las mujeres? Él solo estaba intentando consolarla y ella le trataba de ese modo.

—¿Qué te ocurre, mujer? —protestó de mal humor.

—¿La amas?

—¿A quién?

—¡A la mujer a la que te ibas a unir!

—¡No me iba a unir con nadie, Eobe! Y no, claro que no la amo. —Qourk sujetó a su mujer con fuerza por los brazos y la obligó a mirarle a la cara—. Solo te amo a ti, y nada ni nadie va a cambiar eso.

—Pero ella…

—Ella nada. Sisalmat no significa absolutamente nada para mí. Sí, me cae bien, me parece buena persona, alguien con quien tener una agradable conversación, no te lo voy a negar, pero no siento nada por ella, no la quiero como te quiero a ti, no la deseo como te deseo a ti. —Avergonzada su mujer agachó la cabeza.

—Más te vale que sea verdad. —Qourk sonrió.

—¿Me dejas que te lo demuestre? —preguntó deseando fervientemente que le dijese que sí.

Por suerte para él su mujer se arrojó a sus brazos y después de besarle apasionadamente le dijo:

—Te amo, Qourk —Y él se sintió el hombre más afortunado del mundo.

Era demasiado temprano cuando alguien comenzó a golpear la puerta de sus aposentos con fiereza. De mal humor, Qourk se levantó de su cómoda y caliente cama para abrir la puerta y arrancarle la garganta a quien hubiese osado despertarle de ese modo.

Antes de abrir se envolvió las caderas con una fina manta de lana que su esposa usaba para envolverse cuando sentía frío. Olía como ella y el deseo de volver a acostarse a su lado le puso de peor humor todavía.

Los golpes en la puerta comenzaron a sonar de nuevo justo cuando él sujetó el pomo y lo giró. Era Hamalk, su hombre de confianza, y la cara que tenía le hizo tragarse la maldición que le iba a gritar.

—¿Qué pasa?

—Prefiero que hablemos en privado. —dijo su hombre de confianza mirando a sus espaldas. Qourk le dejó pasar y cerró la puerta tras él.

—¿Qué está pasando, Yamli? —Su amigo se giró y le ofreció un pequeño trozo de papel.

—Hemos interceptado esto.

Rápidamente lo leyó —*Por unas bonitas trenzas pago el doble. Las quiero muy largas*— las tripas se le revolvieron ante la amenaza que esa nota suponía para su persona. Hasta un crío podría entender el mensaje que esas palabras escondían.

—¿De dónde lo has sacado?

—Uno de los chicos que trabajan en la cocina se ha encontrado un latou merodeando por allí, por lo visto el animal estaba muerto de sed, así que le ha dado de comer y de beber y al ver que llevaba una nota la ha cogido y me la ha entregado a mí.

—¿La ha leído?

—Imposible, es analfabeto.

—¿Estás seguro?

—Completamente, y aunque no lo fuera si yo se lo pido él no va a decir ni una sola palabra, es de mi total confianza.

—Entonces pídeselo. —le ordenó.

—Ya lo he hecho.

—¿Y seguro que no se la ha enseñado a nadie más antes que a ti?

—Completamente.

—¿Qué habéis hecho con el animal?

—Dejarle libre. —Qourk comenzó a pasear nervioso por su dormitorio preocupado por lo que acababa de leer.

—Tiene que ser de la Serpiente, no puede ser otro.

—Eso está claro, ahora la pregunta es: ¿A quién va dirigida esa nota?

—Eso me gustaría saber a mí también. —respondió con rabia.

Ambos se quedaron un instante en silencio meditando sobre quien de todos los halirianos podría vender a su nawaii por un buen puñado de coloridos khuats. Ya de camino a Halira desde Galduru sospecharon tener un traidor entre sus filas, ahora lo habían corroborado, solo que todavía no conocían su nombre, pero pronto lo harían. Tenían que desenmascararle, tenía que acabar con todo esto, estaba harto de que la Serpiente jugase con él, y Qourk creía saber cómo. Iba a ser muy arriesgado, y seguro que Ijlaak no se iba a fiar de él así como así, no por nada le apodaban la Serpiente, lo que no se podría imaginar ese bicho rastrero era que muy pronto iba a encontrarse con su destino.

—Qourk, creo que tu esposa debería tener un guarda vigilándola cuando no estéis juntos, si te quieren a ti, tal vez, alguien intente conseguir su objetivo a través suyo.

Estuvo de acuerdo con su amigo, no iba a permitir que nadie le hiciese daño a Eobe por tenderle una trampa, o lo que era peor, intentar matarle, no otra vez si él podía evitarlo.

—Habla con Malluk y con el resto de hombres que estuvieron

con nosotros en el Bosque de las Lágrimas, que no la pierdan de vista ni un solo instante.

—¿Y nosotros que vamos a hacer?

—Nos vamos a Othago. —dijo Qourk con dureza.

—¡No, no puedes ir!

Ambos hombres giraron la cabeza sobresaltados por el grito que salía de la puerta de la habitación. Allí estaba Eobe, envuelta en una de las sábanas que usaban para dormir y con un aura de preocupación que no les dejaba dudas a que había estado escuchando toda la conversación. Qourk se molestó por su intromisión.

—No te metas en donde no te importa, mujer. —le espetó enojado.

—Hasta donde yo sé, tú eres mi esposo, estamos unidos, así que, todo lo que tenga que ver con su seguridad me importa, y mucho, créeme. —respondió ella enfadada.

Las palabras de su esposa lejos de ablandarle le enfurecieron. Si Eobe no fuera tan entrometida como era no se habría enterado de nada de todo aquello y ahora ni estaría preocupada ni le estaría poniendo de peor humor del que se encontraba. Se volvió, miró a su amigo y dijo:

—Habla con Yowak y Shawick, que preparen un buen número de hombres, quiero los mejores, y avisa a los benawais, tenemos una reunión que celebrar.

Hamalk les hizo una reverencia a ambos y salió lo más aprisa que pudo. No había terminado de cerrarse la puerta cuando Eobe se enfrentó de nuevo a él.

—No puedes ir a ese lugar.

—¡Basta! —le respondió—. Me da igual lo que me digas, voy a ir a Othago y punto.

—Pues yo no te lo permito. —Qourk agitó la cabeza.

—¿Qué tú qué? —Ella se estiró y levantó la barbilla, desafiándole.

—Ya me has oído, yo no te lo permito.

Si la furia que sentía fuera tangible y visible la suya se parecería mucho en ese instante a un cazo de agua hirviendo y burbujeando a punto de desbordarse. Apretó los dientes y respondió:

—Eobe, no estoy de humor para que me provoques, ya te he dicho que no te metas donde no te llaman.

—¡¿Qué no me meta?! —le gritó furiosa—. ¡Eres un imbécil, Qourk Nakhawatt! —gritó de nuevo al borde de las lágrimas.

Quien se creía esa mujer que era, una maldita entrometida que él iba a poner en su sitio. En un par de zancadas llegó a su altura y preso de la rabia levantó su mano derecha y… se congeló en el sitio asustado por lo que había estado a punto de hacer.

—¿Qué vas a hacer? ¿Pegarme? —le preguntó ella—¿Crees que ese golpe me dolería más que enterarme que has muerto? ¿O que te han hecho algo malo?

Se llevó las manos a la cara y se la frotó intentando relajarse y que su cabeza volviese a funcionar con normalidad.

—Lo siento. —le susurró—. Solo… —No sabía si sería capaz de confesarle sus verdaderos sentimientos. Tenía que hacerlo para que pudiese comprender porque había reaccionado de ese modo con ella, lo que menos pretendía era que le cogiese miedo—. Solo… lo siento ¿vale? Me he puesto nervioso y… no volverá a suceder, te lo prometo. —Maldito cobarde, ni siquiera era capaz de contarle a su mujer que en realidad estaba muerto de miedo y de preocupación por ambos, y cabreado por tener que hacer lo que los benawais llevaban tanto tiempo intentando que hiciese, viajar hasta Othago, de cabeza a una trampa de la que ni siquiera estaba seguro de salir ileso, porque no encontraba otro modo de desenmascarar al traidor y acabar con la Serpiente de una maldita vez.

Eobe le miró con dureza, tenía los ojos de una tonalidad parecida a la de su pelo. Eso le recordó a los primeros días de su unión, fueron días duros, incluso en algún momento se arrepintió de haberse unido a ella, sin embargo, todo había cambiado tanto y él se había enamorado de tal manera que a veces se preguntaba si todo aquello era real. Su esposa simplemente le miró, con el ceño fruncido y la barbilla baja.

—Yo también siento haberte gritado, haberte insultado y haberme entrometido en tu vida. A partir de ahora no volverá a suceder. —dicho eso se giró y se perdió detrás de las pesadas cortinas azules que daban a sus aposentos.

Solamente volvió a entrar al dormitorio para coger algo de ropa y vestirse. Eobe ni siquiera le miró, ni le preguntó si necesitaba ayuda como solía hacer siempre, solo permaneció tumbada en la cama, dándole la espalda mientras se hacía la dormida. Tendría que hablar con ella más tarde, cuando a ambos se les hubiese pasado el enfado y las cosas estuvieran más calmadas. No quería marcharse a Othago estando enfadados, no quería ni pensar en que tal vez la última vez que pasasen juntos ni siquiera se hablarían, o se mirarían, o harían el amor.

El resto de la mañana no fue mucho mejor. Anduvo de un lado para otro, inquieto, planeando el viaje y cómo iban a encarar la reunión con los iraluqs. Lo único bueno fue que los benawais se mostraron encantados de que por fin su nawaii hubiese entrado en razón. Además, seguía preocupado por Eobe y por la discusión tan horrible que habían tenido por la mañana temprano.

—Mi señor ¿Se encuentra bien? —le preguntó Yowak, su ghalee. Suspiró.

—Sí, bien, solo estaba pensando. Siento mucho haceros salir de viaje de nuevo, sé que apenas lleváis una semana en casa, y ahora esto…

—No hay problema. A donde nuestro nawaii vaya nosotros le seguimos. —Qourk puso una mano sobre sus hombros. A pesar de su edad seguían siendo duros y fuertes.

—Gracias, hombre. Te agradezco de corazón tu lealtad.

En ese instante entraron a su despacho Hamalk y Shawick y se sentaron alrededor de la mesa de madera maciza. Tenían un plan que trazar.

Explicó a sus ghalees lo sucedido, que habían interceptado una nota destinada a alguien de su entorno con una clara amenaza sobre su persona. La cara de ambos reflejaba la misma preocupación que había visto en Hamalk esa misma mañana.

—¿No se sabe a quién iba dirigida? —preguntó Shawick.

—No, pero tenemos claro quién la ha escrito. —respondió Qourk.

—La Serpiente. —afirmó Yowak.

—Tenemos que acabar con esto de una vez, por ese motivo nos vamos a Othago, tenemos que desenmascarar al traidor y deshacernos de la Serpiente. —dijo Qourk.

—¿Sospecha de alguien, mi señor? —preguntó Shawick.

—Desgraciadamente no.

—Podría ser cualquiera. —añadió Hamalk

—Quiero que tengáis los ojos bien abiertos.

—¿Qué hacemos si encontramos al traidor? — preguntó Yowak. Su primer impulso fue decir *"mátalo"* sin embargo, se lo pensó mejor.

—Tráelo ante mí. Yo personalmente me ocuparé de él.

La reunión con sus ghalees se alargó más de lo que tenía previsto. Quería que el viaje durase lo menos posible, ya habían pasado demasiado tiempo fuera de sus hogares como para repetir experiencia tan pronto, así que tuvieron que planificar cuidadosamente la cantidad de equipaje y provisiones que deberían llevar para que el peso no les hiciese ir más lentos de lo que deseaban.

Cenó en su despacho, solo. Aunque le hubiese gustado mandar llamar a su esposa para que le hiciese compañía no lo hizo, según estaban las cosas no sabía si era buena idea. Sinceramente, no tenía fuerzas de tener otra discusión con ella después del día tan duro que había tenido, aun así en cuanto terminó de cenar se dirigió a su dormitorio, necesitaba descansar.

Eobe estaba sentada en uno de los bancos, envuelta en su manta y mirando por la ventana a no sabía dónde, porque era noche cerrada y ni siquiera la diosa Aeneris había hecho acto de presencia, se ocultaba detrás de las espesas y oscuras nubes que cubrían el cielo. Qourk la saludó con timidez.

—¿Qué haces levantada tan tarde? —Eobe se encogió de hombros.

—No podía dormir.

—¿Has cenado? —Eobe asintió levemente. No sabía que más hacer ni que más decir pero se obligó a sí mismo a romper el hielo.

—Tenemos que hablar.

—Como quieras.

Su frialdad le dolió, la verdad es que se esperaba que ella saltase a sus brazos en cuanto él entrase por la puerta y se abrazase a él, y que preocupada le preguntase que tal había ido el día y… sí, que se entrometiera en su vida.

—Lo que ha sucedido esta mañana…

—No volverá a suceder. —le interrumpió ella con dureza.

Qourk se acercó a donde estaba su esposa y se arrodilló delante de ella. Estaba demasiado cerca de la chimenea y podía sentir el intenso calor que desprendía, aun así no se apartó, no lo haría hasta que no hubiese arreglado todos los problemas con su esposa.

—No, lo prometo, nunca más volveré a amenazarte, solo he perdido el control.

Eobe seguía sin mirarle y eso le hacía tener ganas de gritar. Comportase de ese modo no le iba a ayudar, por lo que se contuvo.

—Mira, estaba asustado. No sabemos a quién está pagando La Serpiente para matarme. Ahora que lo pienso ni siquiera sé si es solo uno o varios. El caso es, que sean cuantos sean, apuesto a que no se ha buscado a un campesino. Desde que estábamos en el campamento de camino a casa Hamalk y yo ya sospechábamos que había alguien entre nosotros que le pasaba información a los iraluqs, y ahora esto, así que me asusté y reaccioné de la peor manera.

Su esposa seguía en silencio, con la mirada perdida en la lejanía.

—Eobe, escucha, no sé si en Galduru la srarsa acostumbra a ayudar a su esposo en sus obligaciones, aquí en Halira eso no sucede y yo no estoy acostumbrado a que una mujer interfiera en mis asuntos, ni siquiera mi madre. —Todavía nada, no conseguía ninguna reacción por su parte— ¿Puedes al menos mirarme?

Ella giró la cabeza, sus ojos seguían siendo rosa pálido.

—Si te pasara algo yo no podría soportarlo, Qourk, eres lo único que tengo, lo único que me queda y si… —Ni siquiera pudo terminar de decirlo, las lágrimas comenzaron a brotar y rápidamente giró la cabeza hacia la ventana.

—Eobe, no me va a pasar nada. Te lo prometo. —le dijo sujetándole las manos.

—Eso no lo sabes. —le respondió ella con la voz rota por el llanto y sin mirarle.

—Si lo sé, porque te tengo a ti que eres el motivo más importante para seguir viviendo y seguir luchando.

Eso sí que atrajo su atención, menos mal. Eobe se soltó del agarre que tenía Qourk sobre ella y se limpió las lágrimas que corrían veloces hacia su barbilla con elegancia.

—No quería entrometerme en tu vida. Solo estaba…

—Lo sé, mi dulce ninfa de los bosques. —le dijo al mismo tiempo que sujetaba sus manos de nuevo y se las besaba. Ella arrugó el entrecejo.

—¿Cada vez qué nos enfademos voy a tener que aguantar que me digas esas cursilerías cuando hagamos las paces? Qourk se rió.

—En realidad estaba pensando llamártelo más a menudo. —Su esposa resopló. Aunque seguía con el ceño fruncido parecía haberse relajado un poco.

—¿Ya no estás enfadada conmigo?

Sin que se lo esperase, los ojos de su mujer se oscurecieron tomando esa extraña tonalidad entre morada y rojiza que le había visto aquella mañana cuando habían estado discutiendo.

—No me gusta que nadie me amenace, Qourk y no te lo pienso consentir ni siquiera a ti. Intenta pegarme otra vez y ya puedes ir buscándote otra esposa.

La dureza en su tono de voz era algo que tampoco se esperaba. Soltó las manos de Eobe, se sujetó las trenzas y se las besó.

—Te lo juro por mi honor.

La semana había trascurrido con rapidez, apenas quedaban dos días para su marcha a Othago y se encontraba en su despacho con Hamalk y sus ghalees ultimando todos los detalles.

A pesar de que a su esposa y a sus hombres les hacía creer todo lo contrario en realidad estaba intranquilo por lo que ocurriría en esa reunión. Ignoraba el motivo que le hacía presentir que algo no iba a funcionar como esperaban.

—Los alimentos estarán preparados mañana sin falta. —dijo Hamalk.

—Bien, asegúrate que cada hombre lleva lo justo para aguantar durante el camino. —le respondió a su hombre de confianza—. Shawick, quiero que hables con los soldados para que tengan claro la táctica a seguir cuando lleguemos a Othago. —Su ghalee asintió.

—Tal y como hemos planeado se tienen que disponer estratégicamente en diez grupos de treinta hombres cada uno. Dos grupos tendrán que permanecer apostados a la puerta del lugar en donde se vaya a celebrar la reunión, el resto por los alrededores vigilando y... Unos golpes en la puerta les interrumpieron.

—Mi señor, el murmurador acaba de llegar.

Perfecto, buenas noticias, por lo menos mientras él no estaba su esposa estaría entretenida con las enseñanzas del murmurador y no se pasaría el día dándole vueltas a la cabeza sobre si él estaría bien o le habría sucedido algo malo.

—Hazle pasar —dijo.

Un hombre enjuto de pelo blanco y de mediana estatura entró en el despacho. Iba ataviado con lo que parecían gruesas y pesadas ropas de lana de peyack.

—Avisa a mi esposa, que venga aquí ahora mismo —El soldado cerró la puerta y salió corriendo a cumplir con sus órdenes.

—Le agradezco que haya venido con tanta rapidez. — le dijo Qourk.

—El agradecido soy yo. No todos los días puede un hombre conocer a un ianeekou y trabajar sus dones, ayudarle a perfeccionarlos. Es algo fascinante. —El murmurador tenía una voz suave y hablaba pausadamente.

—¿Cuál es su nombre y su cargo? —preguntó Qourk.

— Mi nombre es Doum. Soy uno de los nueve ouishas de la Cordillera de los Murmullos.

Por lo que él sabía ese era uno de los más altos cargos dentro de la Orden de los Murmuradores, lo que hizo que Qourk se sintiera más tranquilo sobre la enseñanza a Eobe. El murmurador le entregó un documento doblado cuidadosamente.

—Estas son las referencias que mis hermanos ouishas han escrito sobre mí. Si mi señor es tan amable de leerlas. — Qourk cogió el pergamino y leyó atentamente. Desde luego no podían ser mejores, incluso había estado viviendo una larga temporada en el Bosque de las Lágrimas para conocer sus costumbres.

—Le tengo que advertir, mi esposa es una mujer muy especial, hasta hace un par de meses ni siquiera sabía qué era, ha vivido escondida del mundo. Su padre la obligaba a llevar una pequeña corona de plata negra adornada con un ixt... —El murmurador hizo un extraño sonido.

—Eso es malo. —le interrumpió.

—Eso nos pareció. Unos días después de que se la quitara comenzó a tener... problemas.

—El ixt reclamaba su energía.

—Algo similar pensamos nosotros.

—Si me permite preguntarle ¿Qué hicieron con la joya? —preguntó el anciano.

—La enterramos en medio del bosque, a gran profundidad. —El anciano comenzó a mascullar para sí hasta que finalmente asintió.

—Mi señor hizo bien, muy bien. Y su esposa mejoró desde entonces ¿cierto?

—Más o menos. Por eso le he pedido que viniera. Ella necesita aprender a controlar sus dones, desde entonces están sin control, lo que nos ha causado más de un problema. —El murmurador le hizo una reverencia.

—No se preocupe, yo me ocuparé de enseñarle todo lo que buenamente esté en mis manos, lo cual será suficiente para que ella aprenda a controlar sus emociones y canalizarlas debidamente.

—¿Cuánto tiempo le costará?

—Eso depende de ella, de sus capacidades, pero debo advertirle que no suele ser un aprendizaje rápido. Un año, quizá más.

Bueno, él había creído que un par de meses bastarían así que la respuesta le decepcionó un poco.

—Entonces vivirá aquí, en el palacio, durante todo el tiempo que mi esposa necesite de sus servicios.

—Mi señor es muy amable. —le dijo haciendo una reverencia.

Otros nuevos golpes sonaron en la puerta. En esa ocasión era Eobe.

—Pasa y cierra la puerta. —le dijo.

Tanto Hamalk como los ghalees se pusieron de pie para cederle el asiento. En vez de sentarse, Eobe se quedó allí de pie, mirando intermitentemente a los ghalees y al anciano con una extraña expresión en el rostro.

—Eobe, este hombre es Doum. —explicó señalando al anciano—

. El murmurador que hemos hecho llamar para que te ayude con tus dones. —Ella agitó la cabeza y parpadeó rápidamente consiguiendo centrar la atención en hombre del que le estaba hablando. Su esposa le hizo una reverencia y le saludó educadamente mientras el anciano la observaba con curiosidad.

—Mi señora es muy sensitiva ¿cierto? —Eobe se encogió de hombros.

—Creo que sí. —El murmurador miró a Qourk.

—Si me lo permite me gustaría comenzar ahora mismo a enseñar a su esposa.

—Por supuesto. —respondió—. Eobe, pide a alguno de los sirvientes que le busquen un buen alojamiento. —Su esposa hizo una reverencia y se marchó, no sin antes volver a mirar a los ghalees de modo extraño.

—¿Se encuentra bien mi señora? —preguntó Hamalk cuando se volvieron a quedar los cuatro hombres solos.

—Mujeres. Quien sabe que les pasa. —protestó Qourk para quitarle importancia, sin embargo, dentro de él sabía que algo le había ocurrido al entrar a su despacho, de otro modo ella no se hubiese comportado así—. Le habrá sentado mal haber venido corriendo para conocer a ese hombre. Bueno, ¿en dónde nos habíamos quedado?

La mañana amenazaba tormenta y Qourk intuía que la tristeza que le producía a su esposa su marcha era la causante de ello.

Se había pasado la noche haciéndole el amor, diciéndole lo mucho que la amaba y la deseaba, y disfrutando de su piel, y de su voz y de toda ella. ¿Quién sabía si aquella iba a ser la última oportunidad que tuviera de hacerlo? Eobe no había parado de pedirle que tuviera cuidado, que fuera precavido, y él tenía la intención de hacerle caso, todavía tenía a un srers que derrocar, un cargo que reclamar, y una preciosa mujer a la que darle muchos hijos para que continuasen con su legado.

Eobe había insistido en acompañarle hasta las puertas del palacio, en donde le esperaban sus trescientos hombres, con sus respectivas familias, sus yawatts, y una decena de caballos. Todos ellos con Hamalk y sus dos ghalees al frente.

Con pesar se abrazó una última vez a su esposa y al soltarse vio con sorpresa como sus ojos no se habían vuelto de color pálido como se esperaba, eran de un color similar al vino rojo procedente de los fértiles campos de Parwell Urqull. Una extraña tonalidad entre el color granate oscuro y el morado.

—Todo va a salir bien. Dentro de unos días volveremos a estar juntos. —le dijo para distraerla. Su esposa ni siquiera le estaba prestando atención, sus ojos estaban enfocados sobre sus hombros.

—¿Me prometes que te portarás bien con el murmurador? —le preguntó acariciándole la cara. Sin mirarle le respondió:

—Qué se porte bien él conmigo. —O por lo menos es lo que le pareció entender a Qourk.

—¿Qué pasa contigo últimamente, Eobe? —le preguntó preocupado. Se suponía que la llegada del murmurador le iba a ayudar, sin embargo, parecía que iba a peor, en los dos últimos días estaba rara, distraída.

Su esposa parpadeó un par de veces y a continuación negó con la cabeza, se puso de puntillas y se abrazó a él con fuerza.

—No te fíes de ellos. Uno te va a traicionar —le dijo al oído. Qourk la sujetó por los brazos y la apartó de él.

—¿De qué estás hablando?

—Puedo sentir como la traición crece dentro de uno, solo que no sé quién es. El murmurador me ha enseñado a comprender lo que me sucedía, y acabo de descubrirlo, uno de ellos te va a traicionar— le susurró –Qourk, tienes que creerme, uno de ellos te va a traicionar.

—¿Estás segura de lo que dices?— le susurró alarmado por las palabras de su esposa. Eobe asintió.

—Es uno de tus ghalees, sé que es uno de ellos, solo que no sé cuál de los dos. Cuando estoy cerca él intenta ocultarse de mí, por eso no puedo distinguirle. —Su perplejidad debió reflejarse en su rostro, o quizá fuese que ella percibió su preocupación por que le sujetó la cara con las manos y le miró a los ojos—. Solo ten cuidado y vuelve a mí de una pieza ¿Está claro?

Ni siquiera era capaz de articular palabra de la impresión que le había causado lo que su esposa le había dicho, así que se limitó a asentir. Qourk se sentía como si se acabase de caer en una laguna helada, no se podía creer que uno de esos dos hombres fuera al que estuviese pagando la Serpiente. Ellos llevaban junto a él demasiados años como para eso, le habían acompañado, ayudado y apoyado incluso en los peores momentos ¡Por todos los dioses, daría su brazo derecho por cualquiera de ellos! El problema era que Eobe estaba demasiado afectada como para que no fuera cierto lo que le había dicho, aunque tal vez, al estar sus dones sin control se hubiese confundido, tenía que ser eso.

Ella le volvió a besar y sujetándole por la mano le llevó hasta donde estaban sus hombres, solo una docena de pasos más adelante.

Más por inercia que por intención se subió sobre su yawatt, y justo en el momento en el que les iba a ordenar a sus hombres emprender la marcha en el cielo comenzó a tronar.

—Más os vale que a mi esposo no le suceda nada malo durante el viaje y que vuelva a mí sin un solo rasguño, en caso contrario me lo tomaré como una ofensa personal y podréis comprobar en vuestras carnes de lo que soy capaz. —les amenazó Eobe. Sus ojos oscurecidos, sin duda por la rabia de saber que uno de los hombres en quien más confiaba era a quien la Serpiente estaba pagando para acabar con su vida.

Antes de partir cruzó su mirada con la de su esposa. Un buen montón de palabras fueron dichas en ese instante, palabras que no era capaz de pronunciar en voz alta pero que sabía que su esposa había podido entender. Con pesar le dio la espalda a Eobe y gritó:

—¡En marcha!

El tatuado

"Confirmada reunión en Othago para dentro de diez días" leyó Ijlaak.

Por fin los benawais de Halira habían obligado a su nawaii a aceptar su oferta. Con una sonrisa se guardó el papel en el bolsillo interno de su chaqueta y salió de su despacho para hablar con el srers y contarle las buenas noticias.

La alegría que sentía por la próxima reunión con los halirianos pronto se desvaneció. Talaqtto se había marchado a nadie sabía dónde, y eso no le gustaba. Sospechaba que había ido a emborracharse a alguna taberna de la zona y a buscar a algunas furcias nuevas con las que entretenerse, pero no se fiaba de él.

Cambió su rumbo, Brogan, su ghalee, sería con quien comenzase a planear el viaje, tenía demasiado que organizar como para esperar a que el srers regresase de donde fuera que se había marchado. Además, tenía que darle órdenes muy específicas sobre qué hacer con Talaqtto y con su invitado de honor. A pesar de que les había dado lo que le habían pedido todavía no podían bajar la guardia respecto a él, no hasta no terminar de conseguir absolutamente todo de él.

Yovn Talaqtto, el srers, no tuvo a bien aparecerse por la Fortaleza hasta bien entrada la mañana del día siguiente, y desde luego, el aspecto que traía dejaba mucho que desear. Sucio, despeinado, apestando a alcohol y quién sabía a qué otras cosas más. Tuvo que ayudarle a ir hasta su dormitorio para que las sirvientas lo adecentaran un poco, ya que dudaba mucho que pudiera hacerlo por su propio pie. Estaba más que harto de ese inútil, sin embargo, mientras durase la guerra lo necesitaba, después... tenía muy claro cuál sería su futuro, le convertiría en abono para gusanos ¿o quizá comida para peces? Si, esa también era una buena idea.

Había sido una autentica pena que después de todos los esfuerzos no hubiese podido hacerse con la ianeekou, la hubiese sacado provecho, de eso estaba seguro.

Lo malo de todo lo sucedido había sido que Nakhawatt les había descubierto y sabía que habían sido iraluqs los que habían intentado secuestrar, a por lo visto, su muy querida esposa. Si, ese pequeño inconveniente le iba a complicar su nuevo plan. Estaba convencido que el haliriano asistiría a la reunión con ganas de venganza, así que la nueva táctica a tomar sería no dejar que ni siquiera llegase a Othago. Por supuesto nadie debería sospechar nada de él, por ese motivo proseguía con su viaje, Ijlaak debía aparentar total y completa normalidad, y mientras Nakhawatt sufría el fatal desenlace que le sesgaría la vida, él fingiría estar muy enfadado por el plantón que le había dado el haliriano.

Terminó de escribir la carta para el hombre que tenía infiltrado entre los halirianos. Las órdenes eran claras, y si él cumplía con su parte iba a recompensarle debidamente. Sabía que lo que le estaba pidiendo era difícil y muy arriesgado por eso debía tener especial cuidado.

Con Nakhawatt muerto los benawais halirianos serían fácilmente manipulables, y él podría hacerse con el control de la ciudad y de todo su ejército. Un escalofrío le recorrió la espalda con solo imaginarse el momento en el que ordenase al ejército haliriano arrasar a los pueblos del este. Solo esa imagen era capaz de producirle una erección.

"El Tatuado" así era como se llamaba el barco que habían contratado para que les llevase hasta las costas de Othago. La nave debía su nombre a que su casco estaba completamente cubierto con un sinfín de diferentes motivos pictóricos. Los había vegetales, animales, mitológicos, mujeres desnudas, motivos geométricos y casi cualquier cosa que la

mano del hombre fuera capaz de dibujar.

Ijlaak hubiese preferido algún otro más discreto pero por lo visto aquel era el más veloz y su tripulación era gente de fiar, serios, recios y discretos, y si por lo que fuera, la cosa se ponía fea, también eran buenos con el manejo de las armas, de cualquier tipo. Justo lo que él necesitaba.

Le habían garantizado que podría estar en Othago en solamente cinco días, lo que le dejaba una ventaja suficiente para preparar la emboscada para cuando los halirianos llegasen.

Subió a bordo del *Tatuado* y se quedó mirando hacia la Fortaleza. Tenía que reconocer que era un edificio impresionante, aunque en ese momento no era solo su belleza arquitectónica lo que veía, la gente que dejaba detrás de esos muros era lo que le inquietaba. Iba a dejar sin vigilancia a Tallaqtto durante más tiempo del que a él le hubiese gustado, y solo los dioses sabían de lo que sería capaz de hacer o de deshacer, según el caso.

Le había pedido a Brogan que le echara un vistazo de vez en cuando. El ghalee le había prometido que se iba a quedar en la Fortaleza mientras él se encargaba de Nakhawatt, aun así se sentía inquieto. Ellos dos no se llevaban bien y le preocupaba que en algún ataque de ira Tallaqtto se quisiese deshacer del ghalee, ese sería un error garrafal que les podría costar muy caro. Un hombre despechado era capaz de cualquier cosa con tal de vengarse, y si se diera el caso él intuía que Brogan sería capaz de aliarse con los halirianos con tal de ver a Tallaqtto acabado.

Le habían llegado noticias de su informador sobre los halirianos, por lo visto querían tenderle una trampa. Había que ser estúpido para creer que alguien podría tenderle una emboscada. Lo que seguro no se esperaba Nakhawatt era que él iba siempre un paso por delante y que conocía sus planes a la perfección. Su infiltrado se los había hecho llegar hacía solo unas horas. Justo a tiempo.

Ijlaak sonrió al imaginarse la cara que pondría Nakhawatt al enterarse quien era su informador. Lo que daría por verla…

Los marineros corrían de un lado a otro del barco preparando su partida, así que él bajó a su pequeño e incómodo camarote para no estorbar demasiado. No le gustaba navegar, y no podía poner en duda que era el método más rápido que tenía para viajar hasta Othago, aunque no el más agradable, así que allí estaba, deseando que el mar no estuviese demasiado agitado y su estómago pudiese permanecer en su lugar la mayor parte del tiempo.

Lo que más le preocupada del viaje era tropezarse con alguna de las naves de Santaree o de Goddium y que estas les dieran los suficientes problemas como para retrasarles.

El Tatuado comenzó a adentrarse en el mar, lo sabía por qué las maderas de su alrededor crujían más de lo normal y sus pertenencias se balanceaban de un lado a otro del camarote.

Sacó un mapa y con cuidado lo desplegó sobre la raquítica mesa que estaba colocada entre la pared y la cama. Con el dedo índice de su mano derecha trazó lentamente el rumbo que iban a recorrer hasta llegar a Othago. En cuanto el dedo alcanzó su objetivo lo apretó contra el papel al mismo tiempo que movía su mano izquierda, hasta el lugar donde estaba dibujado Halira, y trazaba el camino que Nakhawatt y los suyos harían. Los nombres de cada pueblo y cada ciudad, así como los trazos de los ríos, montañas y cualquier otro accidente geográfico se movían demasiado como para poder centrar la atención sobre ellos.

Maldita sea, no llevaban ni una hora de trayecto y ya estaba sintiendo los primeros síntomas del mareo. Gruñendo guardó el mapa y se tumbó en la cama deseando volver a pisar tierra lo antes posible.

No había pasado ni un día y Casem Ijlaak creía que no iba a sobrevivir. Había vomitado dos veces, a partir de la tercera solo lograba expulsar bilis y a partir de la… ¿sexta tal vez?... (No sabía, había perdido la cuenta) solo tenía desagradables arcadas secas. Ni siquiera el frío aire de la noche había conseguido que mejorase, y ahora se tenía que enfrentar a esa horrible tormenta que estaba a punto de hacer que El Tatuado volcase.

¡Maldito Nakhawatt! Le iba a hacer pagar por el sufrimiento que le estaba causando.

Él intentaba sujetarse con fuerza a cualquier parte de su camarote que estuviese fuertemente fijada, aunque con cada nuevo embiste de las olas este pareciese que estuviera a punto de resquebrajarse de un momento a otro.

Si sobrevivían a esa le prometía a Salbin, el dios del Mar, y a Lainik, la diosa de las tormentas que sacrificaría un par de yawatts y de caballos en su honor.

Varias horas más tardes sus plegarias fueron escuchadas y por fin la tormenta cesó. Como pudo subió a cubierta, El Tatuado había sufrido algunos desperfectos, nada lo suficientemente grave como para retrasarles demasiado. Eso es lo que le había dicho la tripulación y era lo que él deseaba.

Las costas de Othago eran escarpadas y peligrosas, sobre todo si algún barco intentaba atracar en ellas con mal tiempo. Muchos eran los restos que descansaban entre los riscos, algunos recientes, otros casi tan antiguos como las propias rocas que ante ellos se erigían lúgubres y amenazadoras.

La población no había querido recoger los restos de los naufragios como advertencia al resto de marineros que se acercasen a ellos, solo los xounais, que acechaban vigilantes desde los fantasmagóricos mástiles, graznaban cada vez que otra nueva posible víctima de aquellas aguas y aquellos acantilados se acercaba demasiado, eran los únicos que parecían encontrar acogedor aquel frío y tétrico lugar.

La tormenta solamente les había retrasado un día, así que todavía estaban a tiempo para montar la emboscada a Nakhawatt. Su plan era que el nawaii de los halirianos no llegase a Othago. En el caso de que eso no ocurriese y se presentase él tenía que tener otro plan previsto y organizado.

Por fin se bajó del barco, y acompañado de un pequeño grupo de cinco personas se dirigieron hacia el centro de la ciudad de Othago. Apenas media hora de camino, en donde el nawaii les estaría esperando.

No es que creyese que los othaguenses le iban a recibir con una calurosa bienvenida, pero de ahí a la total ignorancia había un largo trecho. El nawaii de aquella región, Olandull Beela, no se había molestado ni siquiera en enviar un mísero latou para indicarles el camino. Ya se arrepentirían, él se encargaría de ello.

A diferencia del resto de ciudades en Othago no había un palacio como tal, un grupo de unas veinte casas bajas rodeadas por un muro de piedra y comunicadas entre sí por largos pasillos construidos en madera, era lo que ellos consideraban su palacio. Una pareja de soldados les cerró el paso cuando intentaron acercarse.

—Soy Casem Ijlaak, vengo de parte del srers, Yovn Tallaqtto, tengo una reunión con vuestro nawaii.

Uno de los soldados llamó a un compañero suyo que no andaba muy lejos y le explicó lo que él le acababa de contar. El soldado echó a correr y mientras esperaban Ijlaak se quedó observando los alrededores. Parecía un lugar bastante tranquilo, aunque un poco frío para su gusto. Los pocos aldeanos que estaba viendo tenían aspecto de campesinos o pescadores, y deambulaban de un lugar a otro manteniendo breves conversaciones con los vecinos que se encontraban a su paso. De vez en cuando algún xounai se cruzaba con algún latou en un cielo que había amanecido de color plomizo, y se graznaban entre ellos como si estuvieran comunicándose en algún tipo de código secreto.

Por lo que estaba observando los othaguenses no parecían un pueblo especialmente preparado para la guerra como los halirianos o las amazonas de Imoro, aunque quizá, si jugaba bien sus cartas, podría salir de allí con un pequeño ejército y con la cabeza de Nakhawatt bajo su brazo. El soldado no tardó mucho más en aparecer.

—Síganme. —anunció y les guió hasta una de las casas que habían visto desde el otro lado.

Desde luego por dentro era mucho más acogedora que lo que aparentaba por fuera. Estaba completamente recubierta de madera y pieles de peyacks teñidas de vivos colores. El único mobiliario que esa estancia poseía era un banco de madera alineado en la pared del fondo cubierto con oscuras pieles de peyack, numerosos cojines y almohadones rellenos de plumas. A Ijlaak le sorprendió que aunque no había ninguna chimenea en aquel lugar hacía el mismo calor como si la hubiese.

No se quiso sentar, bastante quieto había permanecido en el barco, así que con las manos cruzadas por detrás de la espalda comenzó a pasear mientras mentalmente repasaba sus planes. No podía fallar nada.

La puerta de la habitación se volvió a abrir. Un par de hombres altos y fornidos se apostillaron a ambos lados de la puerta y cruzaron los brazos a la altura del pecho mostrando dos relucientes dagas de plata negra.

Hasta que esos dos soldados no estuvieron apostados y colocados no entró un tercer hombre. Era joven, más alto que los dos primeros y de pelo rubio. Llevaba una barba perfectamente recortada y una capa larga de piel de peyack que le llegaba hasta los tobillos.

—¿Quién de vosotros es Casem Ijlaak? —preguntó.

Sin sacar los brazos de detrás de su espalda dio un par de pasos para acercarse a él y respondió con seriedad.

—¿Quién quiere saberlo?

—Olandull Beela. El nawaii de Othago. —respondió el hombre rubio con altanería.

Era imposible que ese niñato fuese el nawaii. Hacía varios años él había conocido a Olandull Beela en persona, un robusto hombre de unos cincuenta años de edad. Intentando no sonar demasiado agresivo dijo:

—El Olandull Beela que yo conocí hace unos años era un hombre que podría ser su padre. —El hombre rubio, muy serio le dijo:

—Era mi padre. Murió hace unos meses en un naufragio frente a nuestras costas. El anterior srers estaba al tanto de lo ocurrido.

Casem le observó con atención intentando encontrar alguna similitud física entre el hombre con el que él se había reunido hacía casi tres años y el muchacho que tenía enfrente. El rostro tenía la misma forma, con la mandíbula cuadrada, la nariz recta y no demasiado grande, y los ojos de la misma tonalidad de verde, ese era en lo único que se parecían. Aunque no estaba del todo convencido decidió creer la versión del muchacho por el momento.

—No lo sabía, como comprenderá en estas circunstancias no es fácil ponerse al día de todos los asuntos. Si mi señor me permite, tanto en nombre del srers como en el mío propio le ofrecemos nuestras más sinceras condolencias. —El hombre rubio se limitó a asentir con la cabeza.

—Y yo siento mucho no haber enviado a nadie a su encuentro en el puerto, creíamos que tardaría un par de días más en llegar. —se disculpó. Ijlaak se esforzó por sonreír.

—Hemos tenido suerte con el viento. —No le pensaba contar absolutamente nada que diese pie ni a una leve sospecha. El supuesto nawaii volvió a asentir con la cabeza.

—En un par de minutos vendrán los sirvientes para llevarles a sus aposentos. Si necesitasen cualquier cosa se lo pueden pedir a ellos. —dicho eso le hizo una seca reverencia con la cabeza y se alejó con paso firme.

Tal y como le había dicho varios minutos más tarde aparecieron tres mujeres y un hombre y les guiaron hasta las estancias que iban a ocupar mientras estuviesen en Othago. Solo él, por ostentar el mayor rango entre todos tuvo el privilegio de no compartir el alojamiento, al resto les instalaron a todos juntos en un cuarto.

Tan ladino como era aprovechó que se quedó a solas con la sirvienta que le acompañó hasta sus aposentos para preguntarle sobre el *"nuevo"* nawaii. La mujer le habló maravillas de él, lo apuesto que era y de lo bien que había asumido el cargo de su padre con toda la responsabilidad que eso conllevaba.

No es que se esperase que esa mujer fuese a hablar mal de su nawaii, sin embargo, sus respuestas le habían defraudado. Ese muchacho ocultaba algo, lo presentía, y él iba a descubrir que era.

Decidió dar una vuelta por la ciudad, de ese modo podría hablar discretamente con la gente y sonsacarles sobre ese muchacho que decía ser el nuevo nawaii.

La ciudad en si no era demasiado grande y la gente no era demasiado sociable. La mayoría le miraba mal en cuanto se acercaba a ellos, y muchos únicamente se habían limitado a devolverle el saludo y a marcharse en cuanto les había preguntado qué tal era la vida por su ciudad. Solo dos personas, una anciana y un hombre de aproximadamente su edad, le habían hablado del nawaii. Esas dos personas le corroboraron la historia que le había contado el hombre que se había presentado como nawaii. Olandull Beela había fallecido en un naufragio, y su hijo, que se llamaba igual que su padre, le había sucedido en el cargo.

Confuso se dirigió de nuevo al palacio. Si Beela no le había mentido en eso ¿qué era lo que le estaba ocultando? No importaba, tarde o temprano lo iba a descubrir, mientras tanto tenía un plan alternativo que organizar por si el primero le fallaba. Debía encontrar a alguien del servicio de Beela que por un módico precio colaborase con él, y después… esperar a Nakhawatt. Si es que era capaz de llegar hasta él.

La traición

Yamli Hamalk no se podía creer que uno de los ghalees fuera el hombre al que la Serpiente estuviese pagando para quitarle la vida a su nawaii.

Nakhawatt se lo había contado unas pocas horas después de partir hacia la trampa que ellos sabían que era la reunión en Othago, y todavía seguía sin dar crédito. Ambos ghalees eran hombres de total confianza, o por lo menos eso era lo que siempre había creído. Yowak había apoyado incondicionalmente a Nakhawatt desde que había sido nombrado nawaii, y a Shawick, que había sido el selekis de ambos cuando habían entrado a formar parte del ejército, el propio Qourk le había dado el cargo de ghalee debido la buena relación que ambos habían tenido desde su instrucción.

Él llevaba siendo amigo de Qourk Nakhawatt desde que tenía memoria, y su hombre de confianza desde que este fue nombrado nawaii a la muerte de su padre, y en todos esos años Nakhawatt nunca le había mentido, así que dudaba mucho que comenzase a hacerlo en ese preciso y delicado momento. Su amigo le había explicado que había sido su esposa Eobe, quien le había advertido sobre los ghalees. No es que desconfiase de la ianeekou pero podía haberse equivocado, al fin y al cabo sus dones estaban descontrolados, sin embargo, algo le decía que ella tenía razón, Ijlaak no iba a contratar a cualquiera para que le hiciese el trabajo sucio, solo alguien que estaba muy cerca de su nawaii podría ser capaz de cumplir con su trabajo eficientemente sin levantar las sospechas de nadie.

Ahora más que nunca tenían que tener los ojos bien abiertos. Ambos ghalees eran buenos en la lucha, en el manejo de armas, astutos, y lo peor era que conocían a la perfección a Nakhawatt y sus planes.

El nawaii y él habían estado hablando largamente sobre el tema. Seguramente el traidor le había explicado a la Serpiente el plan que tenían para deshacerse de él así que deberían idear otro antes de llegar a Othago.

La noche llegó, y pese a que había un par de soldados montando guardia él no se sentía tranquilo, nada le aseguraba que al amparo de la noche el traidor no intentase algo, o que no hubiese sobornado a alguno de los soldados para que asesinase a Qourk en su lugar.

Esa noche apenas pudo pegar ojo. Cada ruido que escuchaba le sobresaltaba, y si a eso se le añadía que no podía dejar de darle vueltas a la cabeza sobre la nueva táctica a seguir el supuesto descanso nocturno se estaba convirtiendo en todo lo contrario. Tan pronto se le ocurría una idea buenísima como que tres respiraciones más tarde le parecía una aberración.

Debería de haber cogido el sueño hacía una hora cuando Nakhawatt le despertó y se le llevó a un lugar apartado en donde nadie les podría oír hablar. Eso era algo que Qourk solía hacer muy a menudo y a lo que él hacía tiempo que se había acostumbrado.

—Me he pasado la noche pensando. ¿Qué te parecería si le mandásemos un latou al nawaii de Othago explicándole lo que pretende la Serpiente? —le dijo Qourk—. Tal vez, con un poco de suerte, consigamos ponerle de nuestro lado.

—Arriesgado. Si alguien intercepta ese mensaje vamos a tener muchos más problemas de los que tenemos actualmente.

—¿Se te ocurre algo mejor? —le preguntó cruzándose de brazos.
—No, de hecho, no se le había ocurrido ni una maldita cosa.

—¿Y cómo sabemos que Beela no está del lado de la Serpiente? —Nakhawatt suspiró.

—No lo sabemos, pero no perdemos nada por intentar convencerle.

De sobra sabía que cuando algo se le metía en la cabeza a Nakhawatt no tenía nada que hacer para hacerle cambiar de opinión, así que media hora más tarde el latou que les acompañaba partió hacia Othago, y algo más de una hora después ellos se pusieron en marcha con el mismo rumbo que el pájaro mensajero.

Tanto él como Nakhawatt se sentían nerviosos y cansados. Ninguno de sus ghalees había dado señales de ser el traidor y estaban solamente a un día de viaje de Othago, además tampoco habían recibido noticias de Olandull Beela, el nawaii de la ciudad, y no tenían ni idea que tipo de recibimiento iban a tener por su parte, o si se había puesto de su lado o del de Ijlaak.

El plan seguía siendo que a partir del punto en el que estaban, el nawaii, acompañado por Hamalk, Shawick y media docena de soldados, viajarían a Othago mientras que el resto de los hombres esperaban hasta que el sol estuviera en lo más alto del cielo para avanzar y quedarse a las puertas de la ciudad. En caso de que ellos nueve no fuesen suficientes para acabar con la Serpiente entonces les harían una señal para entrar.

No se habían llevado demasiadas pertenencias, por lo que terminó de recoger sus cosas enseguida. Con la mirada busco a los ghalees tal y como se había acostumbrado a hacer desde que habían partido de Halira. A Shawick no le veía, pero Yowak estaba apartado del resto, arrodillado, guardando algo en su petate, algo que no quería que nadie viese. Receloso de la extraña actitud del hombre se acercó sigilosamente hasta él por detrás. Yamli observó como el ghalee ocultaba un documento doblado entre la manta con la que se tapaba para dormir.

—¿Qué guardas ahí? —le preguntó con dureza echándose mano a la espada. El hombre se sobresaltó.

—No… no guardo nada —Enfadado apretó el agarre que tenía sobre la empuñadura de la espada.

—Yo te he visto como guardabas un papel dentro del petate, no te atrevas a negármelo. —El ghalee desvió la mirada. Hamalk observó cómo las orejas se le habían teñido de color rosa oscuro.

—Yowak, entrégame ese documento.

El hombre asintió y después de suspirar metió la mano en el petate con lentitud, sacó el papel y se lo entregó sin levantar los ojos del suelo. Yamli comenzó a leer. Cada tres palabras le dirigía una mirada al ghalee. ¡Oh, mierda! Era una maldita carta de amor.

Avergonzado por haber leído algo tan íntimo le devolvió la carta y se disculpó. Bueno, más valía ser precavido que no tener que lamentarse más tarde. Miró a su alrededor, no veía ni a Nakhawatt ni a Shawick así que comenzó a buscar alrededor del campamento. Sabía que su nawaii no estaba dentro de su tienda porque él mismo le había visto salir hacía unos minutos en dirección hacia un riachuelo no muy lejos de donde ellos habían acampado.

De pronto escuchó a Qourk gritar y todos echaron a correr. En cuanto llegó al lugar donde estaban lo que vio le horrorizó, los dos yawatts estaban peleando a muerte por sus amos, los cuales andaban en círculo, mirándose desafiantemente, agitando sus espadas en el aire. Qourk tenía un feo corte a la altura del estómago por el que brotaba abundante sangre.

—¡No se os ocurra acercaros! —les gritó Nakhawatt.

—¿Qué está ocurriendo aquí? —preguntó Hamalk.

—Nuestro querido ghalee ha intentado rebanarme el cuello como si fuera una hogaza de pan caliente, después quería dejarme tirado en medio del bosque como alimento para las alimañas, pero gracias a mi yawatt ha fallado.

—¡Eso es mentira! —gritó Shawick.

Nakhawatt gritó y le atacó con la espada. Con un gruñido el ghalee repelió el golpe y continuaron peleando con fuerza durante más tiempo del que le habría gustado.

Tan absorto estaban en lo que estaba ocurriendo entre esos dos hombres que tanto él como los soldados que estaban observando la escena eran incapaces ni de pronunciar palabra, solo los rugidos de los yawatts y del metal golpeándose era lo que rompía el silencio del lugar.

El nawaii se abalanzó sobre el ghalee y este dio un paso atrás para atacarle con más facilidad y menos peligro. De lo que no se había percatado Shawick era que detrás de él había una pequeña roca, así que se tropezó y cayó de espaldas.

Nakhawatt se acercó a él resoplando y le apuntó a la garganta con la punta de su espada.

—¡Basta! —gritó Yowak.

—No, no basta. Busca dentro de su chaleco, debe tener algún tipo de bolsillo en donde se ha guardado la carta que le he pillado escribiéndole a la Serpiente.

El otro ghalee hizo lo que su nawaii le pidió, se agachó, le abrió el chaleco y encontró una carta que leyó en voz alta *"Estamos a un día. Las trenzas serán tuyas esta misma noche"* Yowak le miró con desprecio y le escupió antes de levantarse y acercarse a su señor.

—Te doy la oportunidad de morir con dignidad —le dijo Nakhawatt con dureza al ghalee—. Confiesa y seré rápido. —Cuando Shawick habló le temblaba la voz.

—Ijlaak se puso en contacto conmigo. Me ofreció khuats y poder, mucho más de lo que nunca hubiese podido poseer con toda una vida de dedicación a su servicio. Me prometió que si… que si le mataba… después él se encargaría que los benawais me eligiesen como el nuevo nawaii de Halira.

Nakhawatt fue rápido, le rebanó el cuello y en apenas un par de minutos Shawick se desangró y dejó de respirar.

—Córtale la cabeza y mándasela a Ijlaak. —le ordenó a Yowak—. Y que alguien intente separar a esos animales. —añadió dirigiéndose a sus soldados. El yawatt del nawaii no parecía estar malherido, ya que seguía peleando con fiereza.

Yamli se acercó a su amigo lo más deprisa que pudo alarmado por la cantidad de sangre que estaba perdiendo.

—Mi señor, tiene que curarse esa herida lo antes posible.

Qourk asintió. Estaba pálido y sabía que como no hicieran algo rápido Shawick no iba a ser el único cuerpo que tendrían que enterrar ese día.

Les ordenó a los soldados que instalasen de nuevo la pequeña tienda en donde descansaba el nawaii, mientras tendría que tumbarle sobre el suelo para coserle la herida e intentar frenar la hemorragia. Más tarde ya se ocuparía de la infección.

Nakhawatt y Yamli se alejaron varios metros hasta encontrar un lugar lo suficientemente liso como para que pudiese recostarse.

A pesar de que él no era curandero, durante los años que llevaba en el ejército había tenido que remendar a más de un hombre, así que algo de experiencia tenía con las agujas. Una vez le dejó la cicatriz al descubierto Hamalk se asustó, esta era mucho más larga y profunda de lo que él se había imaginado en un principio. Echó un vistazo, parecía que el corte que le había producido Shawick no había afectado ningún órgano vital.

No supo quién le acercó su petate, no le importaba, él rebuscó hasta que sacó la aguja, el hilo de tripa y una pequeña botella de licor. No es que él fuese aficionado a ese tipo de bebidas, es que *"El Mazo"* era lo mejor para desinfectar las heridas, por ese motivo llevaba siempre una consigo, nunca sabía cuándo lo podría necesitar. Vació la botella completa todo lo largo de la cicatriz, arrancando gemidos de dolor de Qourk y procedió a coserle.

Lo hizo lo mejor que pudo y en cuanto la tienda del nawaii estuvo preparada entre media docena de hombres trasladaron a Nakhawatt con mucho cuidado hasta dentro. Yamli les acompañó y una vez estuvo acostado se cercioró que no se le hubiese saltado ningún punto.

Al salir de la tienda comprobó que la mayoría de los soldados estaban de pie, mirando con atención lo que estaba sucediendo con su nawaii.

—¿Cómo está? —preguntó Yowak. El ghalee estaba muy serio y lleno de oscuras manchas de sangre que intuía que correspondía a Shawick.

—Ha perdido mucha sangre, pero en unos días estará bien.

—¿Alguna señal de infección? —Él negó.

—De momento ninguna, aunque todavía es pronto para saberlo.

Sin más, el ghalee se dio media vuelta, señaló a unos cuantos soldados, y comenzó a ordenarles que buscasen plantas medicinales y algo para comer, por lo visto iban a quedarse acampados en aquel lugar más tiempo de lo previsto.

Pasó los tres días siguientes pendiente de que el nawaii estuviese bien, que se tomase el caldo que le habían cocinado para reponer la sangre que perdida lo antes posible, que no se le saltase ningún punto y aplicándole la cataplasma de hierbas que cuidadosamente habían preparado para que no se le infectase la cicatriz.

Durante todos esos días el yawatt de Qourk no se alejó de él ni un solo instante, bien decían que no había nada más fiel ni nada más fiero que un yawatt. El animal, pese a haber resultado herido en su pelea contra el yawatt de Shawick, se estaba recuperando bien. Era muy posible que por donde el otro le había mordido y arañado le quedasen marcas y no le volviera a crecer pelo, pero dudaba que eso le fuera a importar a alguien, mucho menos a Nakhawatt.

Le extrañaba no haber recibido noticias ni de la Serpiente ni de Beela en todos esos días. Con seguridad el primero se había debido enfadar al ver el bonito regalo que su nawaii le había enviado, y sobre Olandull Beela no sabía que pensar, no le conocía, nunca habían tenido trato con Othago, así que perfectamente se podía haber puesto del lado de Ijlaak. Si eso era lo que había sucedido esperaba que Nakhawatt se recuperase con rapidez para salir pronto de allí, no le apetecía nada que Beela hubiese considerado el envío que le habían hecho a la Serpiente como una declaración de guerra, o algo similar, y les enviase una tropa.

Esa mañana se despertó con dolor de espalda, y sin ni siquiera pararse a beber un sorbo de té caliente se acercó a ver a Qourk. Su amigo tenía mucha fiebre y no paraba de tiritar y de delirar. Preocupado por su estado avisó a un par de soldados, necesitaba que le llevasen agua y que le preparasen una tisana de eguo para bajarle la fiebre.

No entendía que había sucedido, durante la noche anterior, cuando Yamli había ido a visitarle antes de acostarse, Qourk estaba bien, seguía algo débil debido a la cantidad de sangre que había perdido, pero la herida parecía estar cicatrizando correctamente.

Se arrodilló en el suelo y le quitó el vendaje que le cubría el vientre. La herida apestaba y Hamalk se cubrió la nariz con el antebrazo. El aspecto que tenía no era mucho mejor que el olor, estaba roja, hinchada y recubierta de pus. Él no poseía suficientes conocimientos para curar una infección como esa, aun así le limpió la herida con cuidado, le aplicó por el cuerpo paños mojados en agua fría y como pudo le dio a beber la tisana. El eguo era una hierba muy eficaz contra la fiebre, el problema era que aparte de la cataplasma no tenían nada mejor contra la infección, y mientras esta continuase extendiéndose la fiebre continuaría. Yowak entró en la pequeña tienda.

—¿Cómo está? —le preguntó. Por el tono de su voz supo que alguno de los soldados le había contado al ghalee lo que estaba sucediendo con su nawaii.

—Compruébalo por ti mismo. —El ghalee se acercó y al ver el estado de la cicatriz negó con la cabeza y suspiró.

—Tiene mala pinta.

Nakhawatt, que en su delirio no paraba de llamar a su esposa Eobe, parecía que empeoraba por instantes.

—Anoche estaba bien, no comprendo que ha podido suceder.

—Tenemos que llevarle a un sanador, nosotros aquí no tenemos ni las hierbas ni los conocimientos necesarios para curar esto. —opinó el ghalee. Yamli asintió.

—El camino de vuelta a Halira es largo. No creo que sea buena idea que lo haga en su estado.

—Tendremos que llevarle a Othago.

No le gustaba esa opción. No le gustaba nada esa opción. Si la Serpiente seguía en la ciudad seguramente quisiese terminar con el trabajo que Shawick había dejado a medias.

—Manda a alguien que vaya a buscar al sanador y que lo traiga aquí.

—Si hacemos eso vamos a perder demasiado tiempo. Tardaríamos como mínimo un día en llegar y otro día en volver, eso considerando que demos con el sanador rápidamente y que acepte venir con nosotros a la primera. Tal vez el nawaii no tenga tanto tiempo. —respondió Yowak.

Durante unos instantes se debatió entre hacer lo que decía el ghalee y entre lo que le pedía su juicio. Yamli sabía que Yowak tenía razón Qourk no tenía tanto tiempo, y él no tendría la conciencia tranquila si le ocurriese algo malo a su amigo. Solo esperaba no equivocarse y que de camino a la ciudad no les sucediera nada y no se encontrasen con ninguna emboscada.

Que los dioses les protegiesen.

—Avisa a los soldados, partimos hacia Othago ahora mismo. Tendremos que montar una camilla para que los caballos arrastren al nawaii, no me quiero arriesgar a que se le abran los puntos o se caiga del yawatt. —ordenó al ghalee. Este le hizo una reverencia—. Y mándale un latou a la nawae, que se reúna con nosotros en Othago quizá si la ve esté más tranquilo. —añadió.

Los soldado hicieron un trabajo magnífico con la camilla en la que iban a trasportar a Nakhawatt, y apenas una hora más tarde iniciaron la marcha. Yamli iba pendiente del nawaii, preocupado, ya que el camino no era tan liso como les hubiera gustado y la camilla tropezaba con las piedras y botaba a causa los desniveles del terreno, lo que les hacía ir más despacio de lo normal.

No fue hasta bien entrada la noche que les ordenó a los hombres que parasen. Su intención era haber llegado a Othago ese mismo día pero no pudo ser posible, tal vez si no hubiesen ido tan lentos y no se hubiesen detenido en las dos ocasiones que lo hicieron para poder administrarle a Qourk la tisana de eguo para bajarle la fiebre lo hubieran conseguido, sin embargo, tenían que pasar la noche a solamente un par de horas de las puertas de la ciudad.

A la mañana siguiente, en cuanto hubo amanecido, levantaron el campamento y emprendieron el camino para presentarse bien temprano en el palacio de Olandull Beela, el nawaii de la ciudad de Othago.

La ciudad les recibió con una ligera bruma que lo abarcaba todo y le daba un aire de lo más tétrico a aquella gris, y al parecer, despoblada villa.

Hamalk ordenó a sus hombres parar. Desde su posición no veía nada que se asemejase a un palacio, por lo que comenzó a inquietarse. Todo lo que contemplaba eran casas bajas de fría piedra gris, muchas de ellas con viejas y sucias redes colgando de las fachadas y descuidados caminos de tierra entre ellas. Y no era solo que pareciese una ciudad abandonada, sino que sonaba como tal, únicamente el graznido de los xounais y los gemidos de Nakhawatt rompían el silencio sepulcral de aquel escalofriante lugar.

Miró a Yowak, el ghalee parecía igual de perplejo que él. ¿Y si se habían equivocado de camino y estaban en alguna pequeña y desierta aldea de pescadores?

—Deberíamos mandar un par de hombres a investigar que está ocurriendo en este lugar. —dijo el ghalee.

Hamalk estuvo de acuerdo, no iban a adentrarse más, no encontrándose su nawaii en el estado que lo hacía. Qourk seguía delirando y no paraba de tiritar, los labios estaban comenzando a llenársele de yagas y su piel iba adquiriendo por momentos un preocupante color amarillento mortecino.

La espera se hizo interminable hasta que uno de los dos hombres regresó. Habían averiguado que le había ocurrido a los othaguenses. Por lo visto la mayoría de ellos no salían de sus casas hasta que la bruma no desaparecía. Según le había contado una anciana si los pescadores salían a faenar antes de que la niebla hubiese desaparecido esta penetraba en sus cuerpos y al llegar a altamar les hacía enloquecer. Muchos hombres habían muerto de ese modo, arrojándose a las aguas poseídos por el espíritu de la niebla, el más ancestral y aterrador que hubiese existido jamás.

El otro hombre que habían enviado de avanzadilla llegó y, siguiendo las instrucciones que la anciana les había dado a ambos, se dirigieron hacia donde les había informado que se encontraba el palacio, aunque él seguía sin ver el edificio.

Lo primero que le sorprendió a Hamalk fue que el palacio de Othago era completamente diferente al resto de palacios que había en las ciudades que él había conocido. Un conjunto de cerca de veinte casas bajas, comunicadas entre si por largos pasillos, y rodeada de una gruesa muralla de piedra gris, era el lugar en donde vivía y gobernaba Olandull Beela.

Un par de soldados vestidos de cuero negro les salieron al paso en cuanto se acercaron.

—Queremos ver al nawaii. —dijo Yamli con premura.

—El nawaii no recibe visitantes.

—No somos visitantes. Dígale que Qourk Nakhawatt, el nawaii de Halira, necesita verle con urgencia. —El más alto de los hombres se adentró en una de las casas y les dejó esperando.

Esa misma mañana, antes de deshacer el campamento, tanto él como Yowak les habían advertido a sus soldados que estuviesen atentos por si no eran bien recibidos, así que todos los hombres que le acompañaban estaban en tensión, preparados para entrar en combate si era necesario.

Para su gusto el soldado tardó demasiado tiempo en regresar, y al hacerlo notó como el corazón comenzó a latirle irregularmente preso de los nervios.

—El nawaii les espera. —les anunció con seriedad el soldado.

Un grupo de seis hombres othaguenses fueron los encargados de transportar a Nakhawatt, y junto con Yowak, el yawatt de su amigo, y él mismo, les siguieron hasta una de las casas. El resto de sus soldados tendrían que quedarse esperando noticias.

Lo único que había en aquel lugar era un banco de madera lleno de almohadones y pieles de peyakcs que usaron para acomodar a su nawaii.

—Avise a un sanador, nuestro nawaii está muy enfermo. —exigió Hamalk al soldado que les había acompañado.

No sabía si le haría caso, al fin y al cabo él solo era un visitante desconocido que intentaba darle órdenes. Nervioso comenzó a caminar alrededor de la cálida habitación en donde les habían metido. Solamente los intermitentes gemidos de Nakhawatt llamando a su esposa interrumpían el silencio con el que todos esperaban impacientemente.

Cuando muchas vueltas más tarde la puerta se abrió le dio un vuelco el corazón. Un hombre joven, alto, con el pelo y la barba de color del trigo entró. Lo primero que hizo fue mirar al yawatt. Por un instante Yamli creyó que les iba a obligar a echar al animal del lado de su amo, pero se equivocó, ese hombre desvió la mirada y preguntó:

—¿Quién de vosotros es el nawaii de Halira? —su voz era suave a la vez que firme. Yamil señaló a Nakhawatt, que permanecía tumbado en el suelo, delirando y con temblores.

—Veníamos a la reunión que teníamos concertada con el hombre de confianza de srers cuando uno de nuestros hombres, pagado por el propio Casem Ijlaak, atacó a nuestro nawaii. —explicó. No tenía tiempo que perder, así que le contó las cosas tal y como sucedieron, sin dar rodeos ni muchos detalles, solo lo más importante—. Aparentemente la herida estaba limpia, yo mismo se la curé y se la cosí, sin embargo, hace un par de días amaneció con fiebre muy alta y una fuerte infección todo alrededor de la cicatriz, por ese motivo hemos venido, necesitamos la ayuda de un sanador, nuestro nawaii está muy enfermo, como podéis comprobar.

El hombre rubio se acercó hasta donde estaba Qourk tumbado, y se agachó para observarle con detenimiento.

—Tiene mal aspecto. —les dijo.

—Lo tiene. —confirmó Hamalk. El hombre se puso de pie y le miró.

—¿Qué nos ofrecéis a cambio de nuestra ayuda? —preguntó.

Él, sorprendido, miró a Yowak. El contacto visual duró apenas un pestañeo, sin embargo, fue suficiente para notar el desconcierto de su ghalee.

—Decidnos que es lo que queréis y nosotros os lo daremos.

—¿Sea lo que sea?

—Sí. —respondió sin dudar. Lo más importante era salvarle la vida a Qourk, ya pensaría más tarde en cómo explicárselo a los benawais. El hombre rubio arrugó el entrecejo.

—¿Tanto os importa su vida?

—Para mí ese hombre no es solo mi nawaii, es como un hermano. —le explicó.

Su padre había sido el ghalee en el que más confiaba el anterior nawaii, por ese motivo se habían criado juntos. Tanto su propio padre como el de Qourk así quisieron que fuera, y por suerte ellos dos habían congeniado estupendamente bien desde su nacimiento. Siempre habían estado muy compenetrados. Su familia le había contado que prácticamente habían echado a andar al mismo tiempo, algo que les había hecho mucha gracia a ambos. Además, habían aprendido a leer y a escribir juntos, y a luchar casi al mismo tiempo. Ni siquiera podía recordar de cuantos problemas le había sacado su amigo y cuantas veces él le había encubierto con sus maestros, e incluso con el propio nawaii, para que Qourk pudiera escaparse al río con alguna chica sin que nadie le vigilase. Incluso en una ocasión habían compartido una novia. No había sido nada importante, pero lo habían pasado bien, y no solo eso, siempre habían sostenido las mismas ideas, veían la vida de un modo muy parecido, por ese motivo, cuando Qourk fue nombrado nawaii de Halira, Yamli se convirtió en su hombre de confianza. Él siempre le había apoyado y sabía que sería un magnífico nawaii pese a todas las trabas que los benawais y mucha de la población insistía en ponerle. Y en agradecimiento por su confianza y amistad él siempre estaba a su lado, para lo bueno y para lo malo.

A decir verdad no recordaba ni un solo momento importante de su vida en la que su amigo no hubiese estado presente, y deseaba con todo su corazón que siguiese siendo de ese modo.

—¿Y para el resto de tu gente? —preguntó el hombre rubio con curiosidad. En esta ocasión fue Yowak el que habló:

—Él es nuestro nawaii, todo lo que él necesite nosotros se lo damos. —respondió con decisión. El othaguense torció los labios.

—Mire, cada segundo que pasamos aquí discutiendo es un segundo menos de vida que él tiene, la infección se está extendiendo con rapidez, por eso le pido que interceda por nosotros con su nawaii, para que nos deje que le atienda el mejor sanador de toda la región, después hablaremos del pago, y le aseguro que los haliranos somos gente de palabra.

El hombre rubio asintió y salió de aquel lugar ante el nerviosismo de todos los presentes. Esta vez no tardó tanto en regresar y al hacerlo trajo consigo a un hombre de mediana edad con el pelo castaño y canoso a la altura de las sienes y revuelto como si acabase de levantarse. El nuevo hombre se arrodilló al lado de Nakhawatt y procedió a inspeccionarle. No necesitó mucho tiempo para obtener un diagnóstico, le bastó con dejarle la herida al descubierto y comprobar la fiebre que tenía. Se puso de pie y se dirigió al hombre rubio.

—Mi señor, este hombre necesita tratamiento con urgencia. Necesito llevarle a la sala de curas.

—Entonces que así sea.

El hombre del pelo castaño le hizo una reverencia y se asomó por la puerta, que se habían dejado abierta al entrar, para hablar con las personas que había al otro lado.

—Ya habéis oído al nawaii, llevad este hombre a la sala de curas. ¡Rápido!—Un par de soldados de Othago entraron y con ayuda de sus propios hombres pusieron a Nakhawatt en la camilla y se le llevaron. Sorprendido, Hamalk miró al hombre rubio.

—Foe, quiero que le trates como si fuera alguien de mi propia sangre. ¿Está claro? —dijo con dureza antes de que el hombre dejase la habitación. El curandero hizo otra nueva reverencia y salió corriendo detrás de los soldados.

—Vuestro nawaii está en las mejores manos de Othago. —afirmó el hombre rubio. Yamli le hizo una reverencia.

—Les estamos muy agradecidos.

—Ahora, si queréis, os acompañaré hasta la sala para qué esperéis a que mi curandero termine con vuestro nawaii. Mientras tanto les ordenaré a mis sirvientes que os preparen alojamiento, creo que vais a pasar varios días aquí antes de que podáis volver a vuestro hogar.

—Mi señor es muy amable. —respondió Hamalk.

Siguieron a Beela hasta la casa en donde se encontraba la sala de curas. Aquel lugar estaba dividido en tres habitáculos comunicados entre sí; La entrada era de forma horizontalmente alargada y estrecha, con un par de bancos, uno a cada lado de la habitación. De frente a la puerta de la entrada había dos aberturas, la de la izquierda daba a lo que parecía una cocina, y la de la derecha una habitación con una cama más alta de lo normal, en donde se encontraba el sanador junto con Nakhawatt.

—Espero pueda disculparnos, nosotros no sabíamos que usted era el nawaii de Othago, creímos que… — comenzó a decirle Hamalk a Olandull Beela.

—Que no soy lo suficientemente mayor para ostentar este cargo. —terminó el nawaii por él con dureza.

—No… no quería decir eso, nunca se nos ocurriría juzgar a nadie por su edad. Por lo que teníamos entendido Olandull Beela era un hombre de unos cincuenta años, de ahí nuestra sorpresa

—Ese era mi padre. Murió hace un par de meses, ahora yo ocupo su lugar. Hamalk volvió a hacer otra reverencia.

—Y seguro que lo hace muy eficientemente.

—No me gustan los aduladores. —Respondió el nawaii con dureza—. No me fio de ellos.

Yamli miró de reojo a Yowak que estaba observando con seriedad la conversación entre ellos dos. Se preguntó si se referiría a la Serpiente. Bien conocidas por todos eran las habilidades que Ijlaak poseía para embaucar a quien hiciese falta cuando había por medio algo que le interesaba. Por si acaso no hizo ningún comentario y se centró en lo que estaba sucediendo apenas a unos metros de distancia.

—Ahora, si me disculpáis, tengo mucho que hacer. —le dijo Beela y se marchó sin darles la oportunidad de despedirse.

—Si no le es mucha molestia. —le dijo Hamalk antes de que Beela saliera—. ¿Podría decirnos si Ijlaak, la mano derecha del srers, continúa en su palacio?

—Se marchó ayer. —les respondió con sequedad, y sin más les dio la espalda y se marchó.

Desde donde se encontraban podían ver como el curandero Foe le quitaba los puntos que él le había dado a Nakhawatt, le limpiaba toda la cicatriz y le examinaba con cuidado, aplicándole algún tipo de ungüento por donde él sabía que estaba la horrible cicatriz.

Varios minutos después de que Beela se marchase aparecieron tres sirvientes con grandes bandejas de plata repletas de humeantes tazas de té, redondos bollos de pan untados con manteca y tomate, así como un buen montón de huevos cocidos. Yowak, junto con los soldados, se sentaron y dieron buena cuenta de lo que les habían enviado mientras esperaban a que el curandero terminase de examinar a su nawaii. Él, sin embargo, tenía el estómago cerrado y solo fue capaz de beberse una taza de té.

Una eternidad más tarde Foe salió. Raudo, él se puso de pie y se acercó hasta el curandero.

—¿Qué tal está nuestro nawaii? —preguntó Hamalk, impaciente.
El hombre entrelazó sus manos a la altura del vientre y comenzó a hablar.

—No les voy a ocultar nada. Su nawaii está muy grave. La infección que tiene no es una infección cualquiera. El arma que le ha producido esa cicatriz estaba impregnada con un potente veneno llamado galia, procedente de unas llamativas flores muy abundantes en los manglares de Imoro. Esta sustancia actúa creando una peligrosa y resistente infección a partir de una herida, incluso de un pequeño arañazo o de un simple pinchazo producido por una aguja.

>>El peligro de este potente veneno reside en dos puntos clave; la rapidez con la que se expande, y la potencia con la que afecta a órganos vitales. En el caso concreto de su nawaii la infección se le ha extendido por los intestinos y el hígado, y está a punto de a los riñones. Si

esto llegase a suceder temo decirles que sus días estarían contados.

El leve desayuno que acababa de tomar se le cortó y el estómago comenzó a dolerle.

—Pero usted puede hacer algo para que eso no suceda, ¿verdad? —le preguntó. Ni Shawick ni la Serpiente podían haberse salido con la suya de ese modo. Nakhawatt siempre había tenido una salud de hierro, era un hombre fuerte, y con la ayuda de Foe iba a superarlo y juntos iban a regresar a Halira.

—Estoy haciendo todo lo que puedo. —dicho eso el curandero se dio media vuelta y se perdió en lo que antes le había parecido una cocina. Una vez dentro comenzó a husmear entre una enorme estantería de madera repleta de vasijas de cristal hasta que dio con lo que buscaba. Yamli dejó de prestar atención al sanador y miró a su ghalee que parecía tan alarmado como él mismo.

—Nos la ha jugado bien ese desgraciado de Shawick. —dijo con desprecio Yowak—. Lástima que ya esté muerto, si no se iba a arrepentir de haber siquiera pensado en traicionarnos. Muerte digna. Lo que se merecía esa rata era sufrir hasta el extremo durante días.

—Ya basta. —dijo Hamalk—. No quiero oír hablar más de esa alimaña. —añadió.

De pronto se sintió muy cansado. Arrastrando los pies se dirigió a uno de los bancos y se sentó, apoyó los brazos sobre sus piernas y dejó caer la cabeza. Yowak se sentó a su lado, le reconoció por el suspiró que emitió al descansar su cuerpo sobre la madera. Este le dio un golpe en la espalda.

—Va a salir de esta, ya lo verás. —le dijo el ghalee.

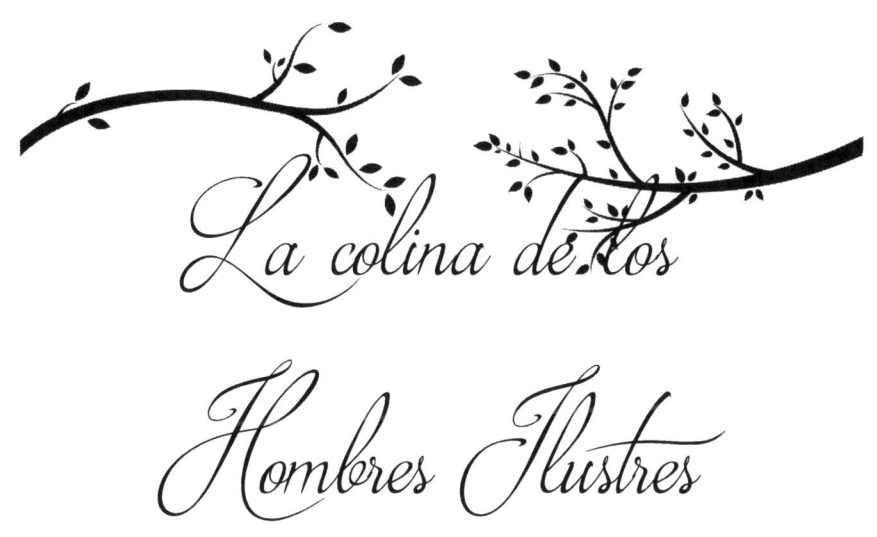

La colina de los Hombres Ilustres

Eobe estaba tumbada sobre el suelo, en mitad del bosque, con los ojos cerrados. Respiraba hondo, llenando sus pulmones de olor a musgo, a tierra y a madera, y a continuación, lentamente, soltaba el aire.

—Siente la fuerza de la tierra que se extiende bajo tu cuerpo. —le susurró Doum, el murmurador que su marido había hecho llamar para que le ayudase a controlar sus dones.

Tal y como le pidió el murmurador ella se concentró en el duro suelo sobre el que estaba recostada. No sentía ningún tipo de fuerza, solo los incómodos desniveles del lugar y la fría humedad.

No conseguía comprender en que le ayudaría estar tirada en el suelo y pasando frío para controlar sus dones. Atheea, la anciana que conoció en el Bosque de las Lágrimas y que comenzó a enseñarla, nunca le había hecho hacer nada como eso, aunque le pedía también cosas rarísimas. Eobe tenía que beberse una tisana que le producía unos extraños mareos y entonar una curiosa melodía que parecía que se hubiese trasmitido de padres a hijos desde el principio de los tiempos. Eran sonidos profundos como hechos desde lo más profundo de la tierra, claro que ella no consiguió emitir un solo *"oooommm"* similar al de la anciana.

No supo cuánto tiempo pasó intentando percibir algo hasta que el hombre que la acompañaba volvió a hablar, fuese el que fuese a ella le pareció una eternidad.

—Siente como el viento mece las hojas de los árboles. —le susurró de nuevo. Esa parte de su entrenamiento era más sencilla, Eobe notaba como el viento le acariciaba el rostro con suavidad, así como el leve murmullo que las hojas de los árboles de su alrededor producían al ser mecidas con delicadeza. Con cada respiración que daba lo escuchaba con más claridad, era como si los árboles estuviesen entonando una antigua melodía especialmente dedicada para ella, que poco a poco le cautivaba y le trasportaba a algún lugar lejos de allí, a un lugar que le resultaba familiar.

Al Bosque de las Lágrimas.

El lugar estaba extrañamente vacío, sin embargo, lejos de sentir miedo o inquietud se sentía feliz, como si hubiese encontrado su lugar en el mundo. No entendía por qué, pero se sentía orgullosa de pertenecer a ese fascinante bosque. Tranquilamente paseó entre los neekai, acarició sus fuertes troncos y sus suaves hojas, y rió y bailó al ritmo de la melodía que entonaban para ella durante quien sabía cuánto, tampoco le importaba.

A pesar que le hubiese gustado permanecer allí el resto de su vida tenía que volver. Esa idea le causó algo de tristeza, sin embargo, el recuerdo de una voz de hombre ahuyentó ese sentimiento de golpe *"Nos volveremos a ver"* Era el nawaii de los ianeekous y Eobe se alejó de allí sintiéndose más feliz de lo que lo había sido nunca.

Cuando abrió los ojos descubrió sorprendida que el bosque en el que ella se encontraba se había quedado a oscuras. Alarmada se incorporó sobre sus codos y miró a su alrededor, allí, a su lado, sujetando una pequeña lámpara de aceite se encontraba el murmurador.

—Mi señora lo ha hecho muy bien. —le dijo Doum mostrando una leve sonrisa en su alargado rostro.

El cuerpo se le había quedado entumecido a causa del frío y de la dureza del terreno, así que resoplando y haciendo un gran esfuerzo se levantó y echó a andar hacia el murmurador.

—¿Cuánto tiempo llevamos aquí?

—El necesario. —respondió.

—¿Para qué? ¿Para qué me eche una siesta? —respondió molesta por la falta de información que le había dado. Ese hombre tenía la horrible costumbre de no responderle a nada directamente, cosa que a ella le ponía realmente nerviosa.

Doum comenzó a caminar en dirección al palacio y ella le siguió.

—Mi señora no se ha quedado dormida.

—¿Entonces cómo es posible que cuando me he tumbado en ese suelo el sol estuviera brillando y ahora sea casi de noche?

—Mi señora ha escuchado a los árboles cantar, ¿verdad? —Eobe se sorprendió por el hecho de que Doum supiese algo que solo había ocurrido en su imaginación ¿Acaso podía entrar en su mente?

—Sí —respondió con un susurro— ¿Cómo lo sabe?

—Mi señora ha cantado con ellos. En voz alta.

—¿En serio? —sentía sus mejillas arder a causa de la confesión de su maestro. Ahora era el turno del hombre de asentir.

—Me gustaría preguntarle a mi señora si le ha sucedido algo durante lo que ella considera que ha sido la siesta.

—¿Algo como qué?

—Durante estas horas que ha estado en trance ¿no ha soñado con que visitaba ningún lugar? —Eobe, desconcertada, abrió la boca.

—¿Cómo lo sabe? —fue lo único que salió de ella en forma de susurro.

—Es lo que le sucede a los ianeekous cuando entran en trance, cada uno viaja a un lugar diferente.

Prosiguieron caminando en silencio durante varios minutos, le parecía mentira que todo el mundo supiese más de la gente como ella que ella misma, que le hubiesen ocultado su verdadera identidad durante tanto tiempo y que seguramente, si Qourk no hubiese entrado en su vida, seguiría creyendo que había nacido con una malformación.

—¿Me permite mi señora preguntarle a donde ha viajado?

Dudó por un instante, a Eobe no le gustaba que la gente se metiera en sus cosas. Se tuvo que obligar a recordar que ese hombre no tenía más curiosidad por ella que la de enseñarle a dominar sus dones, por lo que finalmente confesó:

—Al Bosque de las Lágrimas. —Doum se detuvo y la miró con sorpresa.

—¿Está segura? —Eobe asintió.

—¿Acaso eso es malo? —El murmurador sonrió levemente.

—Todo lo contrario, mi señora, solo significa que está más unida a ese lugar de lo que yo creía en un principio.

Hicieron el resto del camino en silencio. Ella no podía dejar de pensar en las palabras de su maestro, si Doum tenía razón y ella tenía una fuerte conexión con ese lugar quizás ese fuese el motivo por el cual la primera vez que vio el brillo de los neekais se sintió tan atraída y terminó cometiendo una de las mayores locuras hasta ese momento, escaparse del campamento haliriano para intentar ver el bosque más cerca, consiguiendo que los iraluqs la secuestrasen. Por suerte todo había terminado bien. Había logrado escapar de los iraluqs intacta, había conocido el lugar donde había nacido y además su marido había confesado sus verdaderos sentimientos hacia ella.

El bosque donde se encontraban cada vez se iba volviendo menos frondoso, lo que significaba que iban llegando a las afueras de Halira, o como comúnmente la llamaban algunos, la Ciudad Azul. Una vez allí se dirigirían al Palacio y Eobe se encaminaría a su dormitorio, sola, y se pasaría la noche echando de menos a Qourk, su esposo y rezando a todos los dioses para que no le ocurriese nada malo y se lo devolviesen de una pieza.

De pronto sintió una opresión tan fuerte en el pecho que le dificultaba respirar. Estaba tan preocupada por él que unas oscuras nubes comenzaron a ocultar las brillantes estrellas que habían aparecido en el cielo no hace mucho.

—Mi señora no debería pensar en cosas que le hagan daño. —le aconsejó Doum.

Una vez su esposo le dijo algo parecido, y ante su recuerdo los ojos se le llenaron de lágrimas y la nariz comenzó a picarle.

—No puedo evitarlo, no sabiendo que uno de los hombres que va con mi esposo va a traicionarlo. No podría soportar que algo malo le ocurriese. —Las nubes se cerraron más y se volvieron más densas y oscuras.

—Supongo que no estoy avanzando demasiado, ¿no? —dijo Eobe

al ver el cielo entre las ramas de los árboles.

—Se equivoca. Mi señora está avanzando adecuadamente, solo tiene que intentar controla más sus emociones y practicar por las noches los ejercicios que le he mandado.

Esa noche cuando se fue a dormir se concentró tal y como el murmurador le pidió que hiciese, inhalando profundamente y soltando el aire todo lo despacio que podía. Intentó sentir como se le llenaban los pulmones y como la sangre que le llenaba de vida corría veloz por sus venas. El problema era que no conseguía sacarse la imagen de su esposo Qourk de la cabeza. Nerviosa se levantó de la cama y se asomó por la ventana, las nubes seguían tapando el cielo pero ella sabía que la diosa Aeneris estaba allí. Eobe cerró los ojos, juntó las manos a la altura del pecho y le pidió a la diosa que protegiese a su marido de cualquier cosa mala que pudiese sucederle.

Todas las mañanas iba a visitar a Garra, estaba un ratito junto a él y volvía a sus obligaciones, sin embargo, ese día no tenía ganas de alejarse de su yawatt ni de asistir a las clases del murmurador, estaba demasiado inquieta como para eso, así que le colocó el arnés a Garra y…

—¡Mi señora! —Era Malluk—. ¿Dónde se había metido? —No le dio tiempo a responder cuando él dijo de nuevo— No debería desaparecer así como así, sin decirle a nadie donde está. ¿Sabe lo preocupados que estábamos?

—No estoy desaparecida.

—Pues la próxima vez que decida salir de paseo debería comunicárselo a alguien. —la regañó preocupado. Ella le sonrió.

—Lo haré, lo siento. Solo quería salir a dar una vuelta. —El chico arrugó en entrecejo.

—¿Usted sola? —Cuando ella asintió él se molestó—. De eso ni hablar, ¿acaso no recuerda cuando esos hombres la secuestraron? —Lo hacía, claramente—. Mi señora no va a ir sola a ninguna parte.

—Entonces acompáñame. —le pidió. Malluk parecía estar debatiéndose entre aceptar o encerrarla en su dormitorio hasta que su esposo regresase de Othago.

—Al murmurador no le va a hacer gracia que no asista a su clase.

—Entonces avísale. —El chico no pareció muy contento con su respuesta—. Mira, solo necesito salir a dar un paseo para calmar un poco mis nervios, eso es todo, no me quiero escapar, ni regresar a Galduru, ni ir a buscar Qourk. Es solo un inofensivo paseo.

—Está bien, espéreme aquí. Yo la acompañaré.

Eobe hizo lo que su amigo le pidió y mientras esperaba se quedó jugueteando con Garra, el animal parecía encantado con sus atenciones y con volver a salir a pasear con su dueña. Malluk, regresó con cara de pocos amigos.

—Se ha enfadado. —le dijo, sin embargo, ella le quitó importancia al asunto. Ya le pediría disculpas a su maestro más tarde. Con los yawatts preparados él le preguntó:

—¿A dónde quiere ir mi señora? —Eobe se encogió de hombros.

—No sé ¿qué te parece si damos una vuelta por la ciudad?

Ambos montaron en sus yawatts y se dirigieron a la ciudad.

El lugar era muy diferente a Galduru. En Halira la mayoría de las casas estaban construidas en madera y las fachadas eran de diferentes colores. Los suelos de las enrevesadas calles de Halira estaban cubiertos por alargadas láminas de piedra que intentaban encajar las unas con las otras con mayor o menor fortuna, no así los de la Ciudad Soleada, que eran de tierra.

Sin duda Galduru y Halira eran dos lugares muy diferentes.

Los halirianos les miraban sorprendidos. Seguramente la mayoría nunca hubiesen visto a nadie como ella, y el conocimiento de que además era su nawae les hacía cuchichear a su paso.

Eobe se fijó que en las puertas de algunas de las casas sus propietarios habían colocado diferentes productos. Había algunos con frutas, otros con verduras, había carnes, abalorios, incluso ropa.

Se detuvo en una donde a través de la ventana podía observar una bonita gargantilla doble de perlas y plata. Se imaginó con ella puesta, incluso pudo imaginar el frío que sentiría a posarla sobre su piel la primera vez, y el suave tacto de las pequeñas bolitas nacaradas que la componían, podía sentir hasta su peso. Un hombre de mediana edad, con escaso pelo azul se asomó.

—¿Mi señora desea comprar algo? —preguntó con suavidad. Era muy delgado y estaba algo encorvado.

Lo cierto es que si, le gustaría comprarse ese collar y algunas ropas nuevas para ponerse bonita para Qourk, el problema es que no tenía khuats.

—Otro día. —le dijo con resignación. El comerciante le hizo una reverencia y tanto ella como Malluk continuaron su camino.

—¿Le apetecería ir a visitar la Colina de los Hombres Ilustres?
—¿Qué es eso?
—Es un lugar muy bonito y muy tranquilo, desde allí se puede contemplar toda la ciudad.

Eobe aceptó y ambos se encaminaron hacia la colina. Como era costumbre Malluk no paró de hablar durante todo el camino. Le explicó lo orgullosos que estaban en su familia de que él fuera guardia personal de la Nawae. Por lo que el chico contaba de ellos parecía que estaban todos muy unidos y se querían mucho. Ojalá ella llegase a conseguir ese tipo de relación con la familia que estaba comenzando a crear junto a Qourk.

—Mire, ¿ve allí esos bloques de piedra que se levantan sobre aquella colina? —le preguntó Malluk señalando a lo alto de una pequeña montaña que se veía a lo lejos.

Debería estar ciega para no verlos. Desde el día de su llegada a Halira se había preguntado que serían y que función tendrían, pero había estado ocupada con otras cosas y no había tenido tiempo ni de preguntar.

El lugar hacia donde se dirigían estaba algo alejado de la ciudad por lo que cuando consiguieron llegar el sol brillaba en lo alto del cielo.

Sobresaliendo de la ladera de una montaña se asomaba el balcón desde el que, como bien le había explicado Malluk, se podía contemplar toda la ciudad de Halira.

Su acompañante había tenido razón, era un lugar increíble, y no solo por las vistas. Alrededor del mirador se elevaban majestuosas estatuas de piedra gris, de más de dos metros de altura. Algunas se veían muy viejas y desgastadas, sin embargo, una de ellas se notaba claramente que había sido recién esculpida.

—Son los antiguos nawaiis de Halira. —le explicó Malluk y la guió hasta la estatua que parecía más nueva—. Este era Raien Nakhawatt, el padre de su esposo. —Eobe levantó la cabeza para mirarle el rostro. Su expresión era seria y sus pétreos rasgos eran más duros que los de Qourk, aun así no podían negar que eran padre e hijo.

—Y este. —le dijo señalando a la estatua que estaba más cercana a la del padre de su esposo—. Era Bazwek Nakhawatt, el padre de su padre, y así sucesivamente.

No queriendo centrarse en la idea de que algún día la estatua de Qourk estaría en ese mismo lugar, esculpida junto con sus antepasados muertos, le preguntó algo a Malluk:

—¿Cuánto tiempo hace que murió el padre de mi esposo?

—¡Uy, señora! Hace mucho, yo era apenas un niño y el nawaii era muy joven también, debía tener apenas dieciséis o diecisiete años, no estoy muy seguro. Por eso ha tenido siempre tantos problemas con los benawais y con el pueblo. Muchos creen que se hizo nawaii demasiado pronto y que no tiene los conocimientos ni las capacidades necesarias para gobernar.

Ahora entendía muchos de sus comportamientos, y porque el día de su presentación había insistido tanto en que ella se comportase adecuadamente. Aquel día se había sentido ofendida porque su marido le pidiese que se esforzase en actuar como una nawae debía hacerlo, ahora solo sentía pena porque todas esas personas no le apreciaran como se merecía.

—Eso no es verdad, Qourk es muy buen nawaii. — protestó ella.

—Yo ya lo sé, mi señora, pero hay gente que es…

—¿Un poco estúpida? —añadió ella molesta. Malluk intentó disimular una sonrisa.

—Yo iba a decir ciega.

Pues si toda esa gente se negaba a ver todo lo bueno que su marido tenía ella se iba a esforzar para convencerles. Tendría que comenzar por asistir puntualmente a sus clases, así que.

—Hora de volver al palacio— dijo.

Lo que Malluk le había dicho sobre el murmurador era cierto, estaba muy molesto, y en cuanto Eobe apareció el hombre le dio uno de los mayores sermones que nadie le había echado en su vida. No le quedó más remedio que agachar la cabeza y prometerle no volver a hacer nada parecido y esforzarse mucho más, con lo que el murmurador pareció quedarse más tranquilo.

Deberían llevar una hora practicando los ejercicios de respiración cuando un pájaro comenzó a golpear la ventana de la sala en la que estaban. Fue Doum quien abrió y cogió el documento que el animal llevaba atado en el estómago.

Ni siquiera necesitó abrirlo para saber que eran malas noticias sobre Qourk, sus entrañas se lo llevaban gritando varios días y ella no había querido escucharlas.

"Se requiere su presencia urgente en Othago. Su esposo está malherido"

Esas dos simples frases consiguieron que se tambalease. Esa era la noticia que tanto temía recibir. No le habrían enviado aquel latou si Qourk estuviese simplemente malherido, tenía que ser algo mucho más grave.

Con las manos y las rodillas temblorosas habló con el murmurador, tenía que partir para Othago inmediatamente así que echó a correr por los pasillos del palacio hasta que se encontró con Malluk. El muchacho estaba en el patio entrenando junto con otros soldados.

—Qourk está malherido, me han mandado un latou para pedirme que viaje a Othago. —le contó al borde de un ataque de nervios.

—Su guarda personal va con usted, mi señora. —le dijo. Eobe se abrazó al muchacho agradecida por su lealtad y conteniendo las lágrimas le dijo:

Tenemos que salir en una hora si es posible, el camino a Othago es largo y tal vez Qourk...

—No si vamos en barco. Tardaríamos solo dos días en llegar. —le interrumpió Malluk.

—¿Dónde vamos a conseguir un barco con tanta rapidez?

—Mi primo es pescador, seguro que nos deja el suyo. —Eobe le sujetó las manos con fuerza.

—¡Pídeselo! Dile... dile que la nawae lo necesita. —le dijo con angustia— Que le recompensaré generosamente.

El muchacho salió corriendo como si su casa se estuviese prendiendo fuego y mientras ella... ella... estaba bloqueada. Se obligó a calmarse para poder pensar con claridad. Las respiraciones que Doum le había enseñado le estaban sirviendo, pero no podía seguir perdiendo el tiempo, tenía que preparar provisiones para el viaje, además debería avisar a Sibeelha, no quería que la madre de Qourk se enterase por terceras personas de lo sucedido. También debería avisar a los benawais. Sí, con ellos iba a tener un par de palabras por presionar a su esposo a que viajase a Othago.

Después de ordenarles a un par de sirviente que les preparasen urgentemente alimentos necesarios para pasarse varios días de travesía en barco, y escoltada por uno de los soldados con los que Malluk estaba entrenando, Eobe se subió a lomos de Garra y atravesó prácticamente toda la ciudad para presentarse en la casa de la madre de Qourk. Era uno de esos edificios de tres plantas de color azul en donde a simple vista se podía saber que vivía gente de clase social muy alta y con más khuat del que podrían gastar en su vida.

Con la mano temblorosa hizo golpear la aldaba de la puerta varias veces hasta que una sirvienta muy educada y parsimoniosa les recibió y les pidió que esperasen mientras ella avisaba a la señora de la casa. Eobe no tenía tiempo para eso, así que cuando vio que la mujer subía las escaleras con toda la tranquilidad del mundo ella echó a correr detrás. Al llegar a la segunda planta comenzó a abrir puerta por puerta ante las protestas de la sirvienta hasta que por fin encontró a Sibeelha.

La madre de Qourk estaba sentada en un pequeño cuarto bordando cuando ella irrumpió de mala manera. Sabía que no estaba siendo nada educada, sin embargo, en ese instante poco le importaban los modales.

—¿Qué está pasando aquí? —le gritó Sibeelha—. ¿Cómo te atreves a irrumpir así en mi casa? —Eobe no se fue por las ramas.

—Acabo de recibir un latou, Qourk está muy malherido y me han pedido que vaya a Othago, solo quería que lo supiese por mí y no por terceros. —A la mujer se le cayó la labor de las manos y se las llevó a la boca. Durante un instante sus miradas conectaron y Eobe pudo leer en los ojos de Sibeelha lo que ninguna de las dos se atrevía decir en voz alta, que el motivo de que le pidiesen que ella viajase hasta aquel lugar era porque Qourk se estaba muriendo.

Ni siquiera esperó a que Sibeelha le diese una respuesta, se dio media vuelta y comenzó a bajar las escaleras con rapidez. Justo cuando estaba en la puerta, a punto de salir, la madre de Qourk, con la voz entrecortada, le dijo asomada desde la barandilla del primer piso.

—Si tienes ocasión dile a mi hijo que le quiero.

Eobe asintió con lágrimas en los ojos y se dirigió al palacio, tenía una reunión a la que asistir.

La mayoría de los benawais ya la estaban esperando en la sala de reuniones, sentados en sus gradas, cuando llegó. A casi todos les recordaba claramente de la cena de presentación, y si en esa ocasión le habían parecido hombres serios y altivos, allí, sobre aquellas gradas de piedra y con la mortecina luz de las lámparas de aceite parecían animales salvajes a punto de devorar su presa.

A Eobe le preocupaba como esos hombres se iban a tomar el que ella les hubiese convocado, sin embargo, y para su sorpresa, estaban expectantes por saber que les tenía que decir.

Carraspeó antes de hablar, algo que le sirvió tanto como para captar la atención de todos aquellos hombres que le miraban de modo extraño como para llenarse de valor y tranquilizarse.

—No les voy a robar mucho tiempo. —Uno de los hombres se puso de pie.

—Mi señora debería esperar a que lleguen el resto de los benawais que faltan.

—Confío en que ustedes les harán llegar mis palabras. —respondió lo más formalmente que pudo. El hombre asintió y volvió a sentarse—. Bien, solo quiero poner en su conocimiento que hace unos minutos he recibido un latou en donde se me comunica que mi esposo, el nawaii, está gravemente herido y me piden que viaje urgentemente hasta Othago para estar con él. —*"En lo que posiblemente sean sus últimos minutos de vida"* pensó, sin embargo, no dejó salir esas dolorosas palabras de su garganta—. Por lo que me dispongo a partir en breve hacia Othago. —Los gemidos de sorpresa de los presentes le hicieron enfurecerse.

—Mi esposo ya les avisó que esa reunión era una trampa, así que no sé de qué se extrañan. —Les espetó con furia—. Solo espero que si los dioses son generosos con nosotros y consigo traerle de vuelta no vuelvan a dudar de él ni una sola vez más. —El mismo hombre de antes se puso de pie.

—¿Cómo sabe mi señora que no es una trampa? —Eobe abrió mucho los ojos y se cruzó de brazos.

—Vaya, ¿ahora nos preocupamos por eso? ¿Un poco tarde no le parece? —Otro hombre se puso de pie.

—Nosotros siempre hemos estado preocupados por la seguridad de nuestro nawaii, y por consiguiente ahora lo estamos de la suya. Lo que el benawai Raeqs pregunta puede ser posible.

Les enseñó la carta, la letra era de Hamalk, no cabía la menor duda de eso.

—Ahora que ya está todo claro, y si me disculpan, tengo un largo viaje que realizar. —En esta ocasión tampoco esperó ninguna respuesta para marcharse, y cuando salió de aquella claustrofóbica sala oyó las voces de los benawais como murmullos cada vez más lejanos.

Subió directamente al dormitorio que ella y Qourk compartían, tenía que coger algo de ropa para el camino.

Se dirigió al armario y comenzó a arrojar vestidos sobre la cama sin apenas percatarse de lo que hacía, su mente no podía alejarse de Qourk, de lo asustada que estaba por él. Ahora que por fin había conseguido que él se enamorase de ella estaba a punto de perderle, y la sola idea le aterraba tanto que ni siquiera era capaz de pensar con claridad. Intentando ahuyentar esos malos pensamientos de su cabeza se giró y comenzó a seleccionar la ropa que se quería llevar a Othago. Allí, enredada entre varios de sus corpiños y de sus mallas apareció una de las camisas de Qourk. Eobe la desenredó y se quedó paralizada, observando la prenda de color blanco no supo por cuanto tiempo, era la que Qourk se había puesto para la cena de su presentación, lo recordaba con claridad. Se llevó la camisa a la cara e inspiró hondo, aquella prenda olía a él. Su aroma le llenó los pulmones y obnubiló sus sentidos, le deseaba tanto, le quería tanto que las rodillas le comenzaron a temblar y los ojos se le inundaron de lágrimas.

Con la cara enterrada en su camisa le suplicó con todas sus fuerzas a la diosa Aeneris que le ayudase a traer de vuelta a su marido con ella.

—Disculpe, mi señora, los alimentos que pidió ya están listos. —le dijo una voz de muchacha. Eobe respiró hondo para armarse de valor y apartó la camisa de su cara.

—Gracias. —respondió sin mirar a la sirvienta mientras se limpiaba las lágrimas con la mano libre.

—¿Quiere que le ayude con la ropa? —Eobe se giró. Era la muchacha que le llevó los vestidos el primer día.

—Si, por favor. —por lo menos de ese modo se aseguraría de que su petate estuviese bien hecho, no como cuando se marchó de Galduru.

—¿Cuántos días piensa mi señora estar fuera? — preguntó la muchacha.

Ella negó con la cabeza porque si Qourk moría ¿qué motivo tendría para volver a Halira? Ninguno. Ella no pertenecía a ese lugar, nadie, excepto tal vez Hamalk y Malluk la echarían de menos, y aunque regresase ¿qué sentido tendría? Eobe siempre sería una extraña fuese a donde fuese. Sí, había nacido en el Bosque de las Lágrimas, pero no conocía sus costumbres, ni siquiera sabía controlar sus dones, por lo que el resto de ianeekous la veían como una persona sin civilizar, algo comparable a un animal salvaje. Después estaba Galduru, la ciudad que la había visto crecer, la ciudad que llevaba en el corazón, y a la cual tampoco podía volver, no al menos mientras el nuevo srers y la Serpiente estuviesen gobernando, si lo hacía seguro que la encerrarían y quien sabía que harían con ella. Además, en cuanto los galdurianos vieran que ella era una ianeekou la despreciarían al igual que lo hacían con el resto de los hombres del oeste.

Quizá podría ir a Goddium, a lo mejor su nawaii, Oron Zraii, la acogería, eso considerando que ella consiguiera llevar en secreto lo que era, aunque con sus dones descontrolados era bastante improbable.

Con Doum, el murmurador, tampoco era una buena opción. Por lo que su maestro le había contado ninguna mujer podía vivir con ellos, eran una comunidad únicamente compuesta por hombres, por lo que allí tampoco sería bienvenida.

¿Waggosh y los Staanka? Dudaba mucho que quisieran acogerla después de todo lo sucedido y que ella se hubiese unido a Nakhawatt.

Eobe suspiró siendo plenamente consciente que su hogar era Qourk, y que si él ya no estaba su existencia dejaría de tener sentido, se convertiría en un alma en pena vagando por el mundo, intentando encontrar algún lugar en el que poder sentirse en paz, pero ella sabía que solo había un lugar así en el mundo, y era entre los brazos de Qourk Nakhawatt.

—No lo sé. —susurró por fin sintiéndose muy cansada.

Ni siquiera prestó atención a lo que la sirvienta hacía, solo se quedó con la mirada perdida sobre algún punto del dormitorio hasta que la muchacha le avisó que ya había terminado. Esas palabras le afectaron como si alguien le hubiese dado una bofetada, consiguiendo que saliese de su estado de shock. Tenía que viajar a Othago, rápido, muy rápido y no tenía ni un solo segundo más que perder.

El barco que Malluk había conseguido no era demasiado grande ni demasiado confortable, pero mientras flotase y les llevase a Othago les serviría.

El día, que había amanecido soleado, ahora amenazaba lluvia, y por lo que parecía no a tardar mucho, cosa que a la tripulación del barco no le hizo gracia. Por lo visto las costas de Othago eran muy peligrosas.

Con su guardia personal a bordo, Doum, los yawatts, las provisiones y la pequeña tripulación emprendieron la marcha. Ella se quedó de pie en un lado del barco en donde no estorbaba demasiado, siempre acompañada de Garra, que se había tumbado a sus pies, y se quedó mirando al horizonte, suplicándole a los dioses que le diesen la oportunidad de ver a su marido con vida por lo menos por última vez.

No consiguió pegar ojo en toda la noche, mareada por el vaivén del barco, el sonido de la lluvia golpeando el casco y la preocupación que sentía por Qourk. El primo de Malluk les había dejado que se acostasen en la pequeña bodega que tenían. El olor allí abajo era demasiado desagradable por lo que se hizo una pequeña tienda de campaña y se quedó en la popa de la nave, acurrucada a su yawatt. El pobre Garra estaba llevando fatal eso de viajar en barco y hasta había vomitado en una ocasión.

A Eobe se le hizo eterno el viaje hasta que comenzaron a divisar a lo lejos las escarpadas cosas othaguenses. Sintiendo cada vez más ansias por llegar se asomó por la borda y clavo sus ojos en las lejanas rocas que se atisbaban desde allí. Tal vez si las miraba muy fijamente llegarían antes.

Alguien se acercó a ella por detrás y Garra enseguida se puso en posición de alerta.

—Mi señora, necesito hablar con usted un instante. — le pidió Doum.

Se dio la vuelta y miró al murmurador. A pesar de su apariencia tranquila la palidez de su rostro le indicó que él tampoco llevaba nada bien lo de viajar en barco.

—¿Qué necesita?

—Comprendo que esté nerviosa y preocupada, pero sus emociones nos están poniendo en peligro a todos. — Eobe se cruzó de brazos sin entender muy bien que pretendía— Estas costas son muy peligrosas y sus emociones están haciendo que el mar esté más agitado de lo normal, con el consiguiente riesgo que eso conlleva.

—¡No puedo evitarlo! ¿Cómo quiere que me sienta sabiendo que mi esposo se está muriendo?

—Sí que puede evitarlo, solo tiene que respirar, concentrarse y desterrar los malos sentimientos de la cabeza.

—Claro, para usted es muy fácil decirlo.

—Sí, lo es, por eso tiene que esforzarse más de lo normal. —Ella iba a protestar de nuevo cuando Doum le preguntó.

—¿Acaso no quiere volver a ver por última vez a su esposo? —La lluvia comenzó a caer con más fuerza. Por supuesto que quería volver a ver a su esposo de nuevo, y por ello haría cualquier cosa, solo que no sabía cómo. Sus dones estaban sin control y ella no se sentía ni con fuerzas ni con confianza suficiente como para conseguirlo.

—Yo le ayudaré. —Afirmó el murmurador.

Ambos se sentaron bajo la lluvia en la cubierta del barco en un lugar en donde no molestasen demasiado y comenzaron a practicar los ejercicios de respiración de Eobe, bajo la atenta mirada de Garra. El problema era que lo único que veía en cuanto cerraba los ojos era el rostro de Qourk, y en esa ocasión no fue diferente, él la contemplaba con dulzura y le sonreía, y a ella le dieron ganas de llorar una vez más.

Tenía que esforzarse, por Qourk haría cualquier cosa, así que se concentró y recordó el sueño que tuvo con el Bosque de las Lágrimas, ese en el que ella cantó y bailó con los neekais. No fue nada fácil, al principio le costó incluso recordar la forma y los colores de aquel lugar, sin embargo, poco a poco fue relajándose, y cuando quiso ser consciente se encontraba correteando entre los fascinantes árboles y bailando con ellos, sintiéndole exultante de felicidad.

Eobe se había sujetado a uno de ellos y estaba girando sobre sí misma y riendo al mismo tiempo cuando una luz blanquecina comenzó a rodearla. Lejos a asustarse o de preocuparse se maravilló por lo que acababa de suceder. Se soltó del árbol y se dio la vuelta. Ya no estaba en el bosque, los árboles habían sido engullidos por la luz, y Eobe se dio la vuelta. En ese instante se dio cuenta que no estaba sola, una sombra alta y oscura se aproximaba a su posición. Tampoco se asustó esa vez ya que, fuese quien fuese, sabía que le conocía. En un pestañeo la forma llegó hasta ella y pudo verle con nitidez, era Qourk, su esposo. Él estaba completamente desnudo y por lo que parecía ella también, pero Eobe no se fijó en eso, ni siquiera le dio importancia, solo sabía que su esposo estaba con ella y se sentía completa y en paz. Levantó la mano derecha y la posó sobre la suave mejilla de Nakhawatt, y de pronto ambos estaban tumbados sobre una mullida cama blanca, Qourk sobre ella y aquella luz blanca rodeándoles, bañándoles. Nunca antes Eobe hubo sentido tanto amor como en ese instante. Volvió a colocar las manos a cada lado del rostro de su esposo y justo en ese instante despertó. Una áspera lengua le estaba lamiendo la cara, por lo que abrió los ojos. Ahí estaba Garra, sobre ella, intentando que se despertara.

Ella le rascó la cabeza mientras miraba a su alrededor. A juzgar por el frenético trabajo que los marineros estaban realizando sobre la cubierta del barco juraría que estaban a punto de atracar en el puerto de Othago. Doum, el murmurador, seguía sentado a su lado, observándola de un modo extraño.

—¿Ha ocurrido algo malo? —El anciano negó.

—Mi señora tiene unos dones extraordinarios — Entonces se dio cuenta de algo, no solo no había dejado de llover, sino que el sol estaba luciendo con fuerza desde lo alto del cielo y el mar se había quedado completamente en calma, sin embargo, lo bueno no podía durar mucho y para cuando llegaron al palacio del Nawaii de Othago volvían a estar nuevamente calados.

No era el típico palacio que ella estaba acostumbrada a ver. El de Othago se componía de varias casas bajas de piedra unidas entre sí mediante corredores cubiertos.

Sin duda les estaban esperando, porque en cuanto se anunciaron, los soldados que custodiaban las puertas al palacio les hicieron pasar y les guiaron hasta una de las casas. Le desilusión de Eobe al ver que esa estancia estaba vacía provocó que la lluvia cayese con más fuerza. Solo quería ver a Qourk, estar con él ¿por qué tenían que hacerle esperar tanto?

Garra se lanzó hacia la puerta un segundo antes de que esta se abriera. Hamalk, acompañado por un hombre alto y rubio, se adentró en aquella sala. No le dio tiempo a hacerle una reverencia cuando ella se abalanzó sobre el hombre de confianza de su marido y le sujetó por los brazos.

—¿Cómo está mi esposo? —Ni siquiera se atrevió a mirarla a los ojos.

—Mi señora... el nawaii está muy grave. No creemos que... —Eobe no necesitó que Hamalk terminase la frase y con lágrimas en los ojos le ordenó.

—Llévame con él. Rápido.

El hombre rubio que había llegado con él le prohibió que Garra fuera con ellos, Eobe simplemente le ignoró y siguió a Hamalk hasta donde se encontraba Qourk.

—¿Qué le ha sucedido a mi esposo? —preguntó nada más salir de la habitación donde les habían tenido esperando. Halmalk la miró un breve instante.

—Mi señora tenía razón, uno de los ghalees nos ha traicionado y ha intentado matar a mi señor.

—¿Quién ha sido?

—Shawick. —Un fortísimo trueno sonó sobre sus cabezas. Sentía tanta rabia por dentro que quería hacerle daño, mucho daño, quería ver sufrir a ese hombre.

—Después de ver a mi esposo quiero ir a verle.

—Eso va a ser imposible, su marido se hizo cargo de él. —Sintió una pequeña decepción al enterarse, ella quería su parte de venganza.

De pronto se dio cuenta de algo.

—¿Y si Qourk pudo hacerse cargo de él como es posible que ahora esté tan enfermo?

—Por lo que se ve Shawick impregnó su espada con un potente veneno. Según nos ha explicado el sanador de Othago, esa sustancia actúa creando una peligrosa infección a partir de una herida, así que cuando esa pus de rata atacó a mi señor y le cortó en el vientre la infección comenzó a expandirse por sus órganos vitales. No fue hasta un par de días más tarde que comenzó a tener fiebre.

Eobe estuvo a punto de desmayarse al escuchar aquello, sin embargo, la áspera lengua de Garra lamiéndole mano le llenó de fuerzas, perdiendo el conocimiento no iba a conseguir ver a Qourk antes.

Caminaron por los largos pasillos del palacio en silencio hasta que Hamalk se sobresaltó y se detuvo. Tanto el hombre rubio que les acompañaba como ella misma le imitaron.

—¡Oh, mi señor disculpará que no les haya presentado. Ella es la nawae de Halira, Eobe Nakhawatt. Mi señora, este caballero es el nawaii de Othago, Olandull Beela. —Después de saludarse educadamente prosiguieron la marcha.

Posiblemente, bajo otra circunstancia, se hubiese asombrado de lo guapo que era el nawaii de Othago, sin embargo, en ese instante todos sus pensamientos eran para Qourk.

Lo que Hamalk le había contado era lo que ella había estado temiendo desde que le oyó decir que viajarían hasta ese lado del mundo.

Por fin llegaron a una puerta flanqueada por un par de soldados. Eobe intentó pasar, pero Hamalk la detuvo.

—Mi señora debería saber algo antes de entrar. El nawaii está muy desmejorado físicamente, y además en sus delirios no para de llamarla.

Se llevó las manos a la boca para intentar contener un gemido, pero, no dio resultado.

—¿Está preparada? —preguntó el hombre de confianza de su esposo. Ella asintió y respiró hondo.

Al contrario que el resto del palacio esa habitación estaba recubierta de piedra de color claro. No sabía si era por culpa de la mortecina luz grisácea que entraba por la ventana, pero aquel lugar parecía un mausoleo, frío y deprimente. Un lugar perfecto para esperar la muerte.

Eobe solo se fijó en la cama grande que había en mitad de la estancia, sobre la cual su esposo estaba tumbado. Sus largas y preciosas trenzas azules contrastaban con el blanco de la ropa de cama, con la que estaba cubierto, y con el resto del lugar.

Eobe echó a correr, y al llegar a su altura se quedó sin respiración. Hamalk le había dicho la verdad, Qourk estaba muy desmejorado. Había perdido mucho peso, tanto que se le marcaban los pómulos más de lo normal, y su piel había cambiado a un enfermizo color amarillento, también tenía oscuras bolsas amoratadas bajo los ojos y los labios resecos y llenos de heridas.

Aunque lo intentó no pudo contener las lágrimas al ver el estado en el que se encontraba. Él era un hombre tan fuerte, tan lleno de vida que no se podía creer que no fuera a salir de allí por su propio pie. Si eso llegaba a suceder… Sería capaz de dar su vida a cambio de la de su esposo ¿Para que la quería sin Qourk a su lado?

A su mente vino el sueño que había tenido con él en el barco y las lágrimas brotaron con más fuerza. Tal y como había hecho entonces, Eobe se agachó y le sujetó la cara suavemente con sus dos manos.

—Qourk… Qourk, ¿me oyes? —le susurró sin dejar de llorar. Solo quería mirarle a los ojos una vez más. Su esposo movió los labios y se tuvo que agachar para escuchar lo que decía.

—E… obe —pronunció casi sin fuerzas.

—Aquí estoy, mi amor. —Sin embargo, Qourk no parecía haberla escuchado porque continuaba susurrando su nombre casi sin fuerzas.

Le dio un suave beso en los labios, le soltó la cara y como un resorte se giró hacia donde estaban Hamalk y el nawaii de Othago, del cual ni siquiera recordaba su nombre ¿Algo como Abdul? Le daba igual.

—¿Podéis dejarme a solas con mi esposo? —le pidió.

Ambos hombres le hicieron una reverencia y se marcharon cerrando la puerta detrás de ellos. Eobe se secó la humedad de su rostro y comenzó a quitarse la ropa. Si hablando él no reaccionaba quizá si sentía su cuerpo desnudo junto al suyo lo consiguiera, además ella necesitaba ese contacto, lo necesitaba tanto como respirar.

Al dar la vuelta a la cama vio al yawatt de su marido acostado, el pobre animal parecía tan triste como lo estaba ella. Garra, que no la dejaba sola ni un solo instante se acercó al otro yawatt y le empujó con suavidad con su cabeza, pero este no parecía reaccionar. Con cuidado Eobe levantó la sabana de algodón que le cubría, Qourk también estaba desnudo excepto por el pequeño trozo de tela que le cubría el vientre. Despacio le retiró el vendaje, quería ver la herida que había debajo. Horrorizada contempló como era mucho más grande de lo que se había imaginado, y sin parar de llorar se acostó a su lado, le besó sobre el pecho y se abrazó a él tapándoles a ambos con la sábana.

Tal y como su marido le había acostumbrado se abrazó a él, apoyó la cabeza sobre sus hombros y con cuidado pasó su brazo sobre su estómago. Eobe le besó y le habló hasta que muchas horas más tarde, agotada, se quedó profundamente dormida.

Othago

Debía ser bien entrado el día porque la luz del sol le había despertado. Sabía que tenía que levantarse pero se encontraba tan a gusto, con su esposa abrazada a él, que no le apetecía mover ni siquiera los párpados.

Unas voces procedentes del salón que había al otro lado de la habitación le hicieron agudizar el oído. Si alguien se atrevía a entrar en sus aposentos debía ser por un buen motivo. Más les valía. No conseguía entender lo que decían así que decidió que era hora de levantarse y averiguar qué demonios estaba pasando. Justo en el instante en el que Qourk abría los ojos la puerta se abrió del golpe.

—¡Por todos los dioses! —gritó Hamalk. Ni su hombre de confianza, ni el murmurador, que se aproximaron hasta su cama corriendo, se dieron cuenta que él estaba despierto.

Al llegar a su altura Doum el murmurador se atrevió a retirar de golpe la sábana que apenas les cubría a él y a su esposa. Esa falta de respeto no la iba a consentir. Nakhawatt se sentó en la cama con rapidez y agarró el cuello del anciano con fuerza.

—¿Cómo se atreve? —le gritó.

A pesar de que Doum parecía realmente sorprendido él no le soltó, no lo haría hasta que no le diese una explicación.

—Mi señor. Su esposa. —le dijo Hamalk—. Mire a su esposa.

Sin soltar al murmurador Qourk giró el cuello y miró hacia la cama. Eobe seguía tumbada bocabajo, dormida y en una extraña posición. Sus piernas estaban enredadas con las suyas, y su brazo izquierdo había resbalado desde su pecho hasta su cintura, su torso estaba algo retorcido, la mayor parte en contacto con la cama, el resto pegando a su propia cadera, aunque eso no fue lo que más le llamó la atención. Su precioso y frágil cuerpo desnudo emitía una blanquecina luz muy parecida a la de los neekais.

—Tiene que romper el contacto con ella. —le pidió el murmurador—. Si no lo hace su esposa morirá. —Instantáneamente soltó al anciano, quien cuando estuvo libre se llevó sus manos al cuello y se lo frotó.

Qourk se giró en la cama alejando el delicado cuerpo de Eobe del suyo para cubrirlo con la sábana. En ese momento la habitación se oscureció como si estuviera atardeciendo y miró por la ventana. Se sorprendió al descubrir que era de noche y la diosa Aeneris y su hijo Qhoré brillaban esplendorosos en lo alto del cielo. Volvió a mirar a su esposa, el brillo que su cuerpo emitía hacía un momento se había apagado por completo. A pesar de la escasa luz, que se colaba a través de las ventanas, y el de la única lámpara de aceite que permanecía encendida en la pared de enfrente suyo, Qourk pudo comprobar que Eobe parecía más pálida de lo normal, por lo que comenzó a preocuparse.

¿Cómo era posible que su esposa no se hubiese despertado con todo el escándalo? Qourk la sacudió levemente llamándola por su nombre, pero Eobe no respondía y a juzgar por la laxitud de sus extremidades parecía estar inconsciente.

—Mi señor debe salir de la cama, no debe seguir en contacto con ella. —insistió Doum con tono alarmado— Si no lo hace ella morirá.

En esta ocasión le hizo caso. No sabía si lo que el anciano decía era cierto, no obstante, prefería no arriesgarse, por lo que con cuidado se levantó.

—¿Por qué? —preguntó— ¿Qué le está sucediendo a mi esposa? ¿Cómo es posible que esté brillando como un maldito neekai? —Su yawatt llegó corriendo hasta su posición y comenzó a lamerle la mano. Qourk le acarició la cabeza durante unos instantes y el animal pareció relajarse porque se tumbó a sus pies y se quedó tan tranquilo.

—Yo estoy tan desconcertado con usted, mi señor. Una vez me

contaron sobre un caso parecido. Hace muchísimos años, cuando el Bosque de las Lágrimas ocupaba un tercio de las poblaciones del oeste, un ianeekou, un niño de apenas cinco años, sufrió un gravísimo accidente, se cayó al lago Nicill y murió helado. Los sanadores ianeekous confirmaron el fallecimiento del pequeño, pero su padre no se lo podía creer y en un ataque de nervios se desnudó y abrazó a su hijo para que este entrara en calor. El hombre meció a su hijo durante horas. Según relatan las propias crónicas de los ianeekous, cuando el hombre parecía estar a punto de desvanecerse su cuerpo comenzó a emitir una pálida luz similar a la de los neekais, y pronto, el niño volvió a la vida. Los sanadores y el resto de gente que estaban presenciando la escena no se lo podían creer. Pese a que el niño comenzó a llorar el padre no reaccionaba, parecía estar inconsciente, de rodillas en el suelo. Intentaron despertar al hombre, sin embargo, nada de lo que hacían daba resultado, y no fue hasta que consiguieron arrancarle el niño de entre sus brazos que el ianeekou se desplomó.

—¿Qué me quiere decir con esa historia? —preguntó Qourk desconcertado.

—Mire, yo no soy un experto en este tipo de casos, lo único que sé es que solo una persona con unos dones muy poderosos es capaz de hacer algo como eso. A través del contacto con la piel un ianeekou es capaz de curar enfermedades, incluso de devolver a la vida a alguien que acabe de morir.

—¿Cómo es posible? —preguntó Qourk aturdido.

—El ianeekou comparte su fuerza vital con la otra persona que lo necesite y esta mejora al instante. Se establece entre ellos una extraña conexión que los murmuradores todavía no hemos terminado ni de estudiar ni de comprender, solo sabemos que si la persona enferma o herida no rompe el contacto a tiempo podría llegar a absorber toda la fuerza vital del ianeekou hasta matarlo. —El anciano desvió su mirada hacia la cama en donde descansaba su esposa.

—Como comprenderá este tipo de dones no son demasiado habituales entre ellos, y no ven la luz cuando el ianeekou quiere, solo cuando les importa más la salud o la vida de esa otra persona que la suya propia. —Qourk le escuchaba atónito, sintiendo un nudo cada vez más fuerte en su garganta—. Se podría decir que es el acto de amor más poderoso y puro que jamás nadie podría realizar.

Si era cierto lo que el murmurador le había explicado eso significaba que su esposa le había salvado la vida. No, en realidad había sido algo más que eso, solo que no tenía palabras para expresarlo. Qourk dio la vuelta para observar a Eobe, que estaba tumbada bocabajo, con su sonrosado pelo extendido todo a su alrededor.

Nakhawatt tuvo que respirar hondo para no marearse ante la fuerza de sus emociones.

Alguien le echó una manta por encima y le obligó a sentarse en una silla situada no muy lejos de la cama.

—Mi señor, voy a pedirle al sanador que venga a revisarle. —Qourk asintió torpemente sin apartar la vista de su mujer.

—Si me lo permite. —le dijo Doum— ¿Podría tomar las constantes vitales de su esposa? —Qourk asintió notando como una creciente ola de pánico se apoderaba de él. Deseaba de todo corazón haberse apartado a tiempo.

Tal vez ella hubiese creído que su vida era más importante, pero estaba equivocada, acababa de descubrir que para él, su Eobe lo era todo, no sabría qué sería de él si ella no volvía a despertar.

El anciano le tomó el pulso, le comprobó las pupilas y le escuchó el corazón poniendo su cabeza sobre la espalda de su esposa. Durante el corto periodo de tiempo que duró aquello él ni siquiera se atrevió a respirar, y cuando el murmurador se giró él se asustó, el anciano parecía preocupado.

—¿Cómo está?

—Todavía le late el corazón, pero está muy débil, por lo que le aconsejo a mi señor se abstenga de mantener cualquier tipo de contacto físico con ella hasta que no despierte. —Nakhawatt asintió.

—¿Puedo preguntarle algo?

—Por supuesto.

—¿Conoce mi señor el linaje de su esposa? —preguntó Doum intrigado.

—¿Acaso es eso importante en este momento?

—Lo es. De ese modo me aclararía algunas dudas que tengo y podría ayudarla mejor a dominar sus dones.

—Lo único que sé es que su padre era Hergard Worji, el antiguo srers. —El murmurador arrugó el entrecejo y medio cerró los ojos asintiendo con la cabeza.

—¿Está seguro? —le preguntó Doum.

—Claro, ¿por qué si no Worji habría criado a una ianeekou como hija suya? —El anciano comenzó a negar con la cabeza.

—No puede ser, ella no puede ser hija de alguien que no sea ianeekou.

—¿Acaso me está acusando de mentiroso? —preguntó Nakhawatt ofendido.

—No, por supuesto que no, solo que debe haber un error. Con los dones que mi señora posee su sangre no puede estar mezclada.

—¿Y si Worji no era su padre me puede explicar porque la ha criado como si fuera su hija?

El murmurador negó y comenzó a pasear. No había dado ni dos vueltas cuando se dirigió de nuevo a él.

—Tengo una leve sospecha, pero necesito hablar con mis hermanos. Lo que ha ocurrido hoy debe ser estudiado con cautela.

Molesto porque quisiese tratar a su esposa como un bicho raro al que había que estudiar se puso de pie. Le sacaba algo menos de medio cuerpo al murmurador y el anciano pareció amedrentarse.

—No pienso tolerar que nadie se aproveche de mi esposa. —Cada día entendía más a Worji en sus deseos de protección para con su amada hija. Él sería capaz de matar con sus propias manos a cualquiera que quisiese hacerle daño, que se atreviese solo a pensarlo. —El murmurador se encogió.

—No, mi señor, no me ha entendido, nosotros no queremos aprovecharnos de ella, solo entender mejor la naturaleza de sus dones para poder ayudarla.

—Más o vale porque si no, os las vais a tener que ver conmigo. —El murmurador palideció.

—Le aseguro que no será necesario. —Doum comenzó a pasear por toda la habitación emitiendo extraños sonidos. De vez en cuanto le oía decir:

—No, no puede ser. —Y se callaba para a continuación volver a decir—. ¿Y si…? —Y al rato se rectificaba a sí mismo—. No, no, eso no es posible.

Mientras el anciano desvariaba, y sin dejar de acariciar la cabeza de su yawatt, observó la habitación con detenimiento. A pesar de que no hacía frío daba la sensación de hacerlo. Tal vez era debido al revestimiento de piedra blanca o al poco mobiliario que la decoraba, solo la cama, la silla en donde él estaba sentado y una mesa de escritorio de patas finas sobre la que pudo apreciar una fina bandeja de barro, que a simple vista, solo parecía contener un cuenco del mismo material. También pudo apreciar una puerta situada a la derecha de la mesa que ignoraba hacia donde llevaba.

Se preguntó en donde se encontraba, nada de esa habitación le daba ni siquiera una pequeña pista. Desde luego no estaba en Halira, si lo hiciese él estaría en su palacio y tenía muy claro que no había ninguna sala similar a esa dentro de su hogar. Por lo que recordaba de lo sucedido solo se encontraban a un día de Othago cuando su ghalee le hirió, así que se imaginó que tal vez sus hombres le habrían llevado hasta allí.

Hamalk regresó y no lo hizo solo, dos hombres que no conocía de nada le acompañaban. Uno era alto, rubio y bastante joven, y el otro era de mediana edad y de estatura similar a la del murmurador. Ambos le miraban atónitos.

—Mi señor, le presento a Olandull Beela, el nawaii de Othago, que tan amablemente nos ha acogido en su palacio. —dijo su hombre de confianza, y el hombre joven dio un paso hacia él.

Qourk hizo ademán de levantarse para saludar al hombre que su amigo le había presentado, sin embargo, el nawaii le puso una mano sobre el hombro y le pidió que permaneciese sentado.

—Le agradezco toda la ayuda que nos ha prestado, y desde ahora los halirianos juramos fidelidad al nawaii de Othago y a todo su pueblo. —le juró Qourk besándose las trenzas como era tradición entre su pueblo.

Beela asintió y dio un paso atrás. El otro hombre era el sanador Foe, y al acercarse a él le oyó decir.

—Estaba casi muerto.

Qourk miró a su esposa Eobe que seguía tumbada en la cama en la misma posición que él la había dejado. Sin duda ella le había devuelto la vida.

—¿Me dejaría mi señor que le revisase ahora?

Asintió y el sanador le pidió que se tumbase sobre la cama. Como un resorte el murmurador se negó, hasta que Eobe no cobrase la consciencia el nawaii no podía volver a tocarla.

—Tendrá que arreglárselas para oscultarme sentado en esta silla. —dijo Qourk. No estaba seguro si lo que decía el murmurador era cierto, pero por si acaso prefería no arriesgarse.

Foe, que no salía de su asombro ante la increíble recuperación de Qourk, tuvo que pedirle que se tendiera en el suelo para poder revisarle la cicatriz del estómago, que se había convertido en una casi imperceptible línea de color blanquecino.

—Es increíble. En todos mis años de sanador nunca había observado nada como esto. No hay ni rastro de infección, ni de fiebre, el pulso es firme y estable. Si no le hubiese tratado yo mismo no me podría creer este cambio. —afirmó Foe con la mirada fija sobre Nakhawatt— ¿Cómo se encuentra?

Frunció el ceño y se concentró en auto examinarse, lo único que sentía era un familiar escozor en el estómago.

—Hambriento, diría yo. Por lo demás perfectamente. —Escuchó a Hamalk reír.

—Le pediré a los sirvientes que le suban algo. Aunque aparentemente está bien prefiero que siga en reposo un par de días. —comentó el sanador—. Así que si no va a compartir la cama con su esposa pediremos que le traigan otra.

—Si no es mucha molestia ¿podría revisarle a ella también?— pidió señalando al inerte cuerpo de Eobe. Ella era quien más le preocupaba en ese instante, le daba igual tener que dormir en el suelo el resto de su vida, solo quería que su esposa estuviese bien.

—¿Está enferma?

—No estoy seguro.

El sanador procedió a revisarla en un silencio solo roto por el sonido de los pasos del murmurador y los extraños sonidos que emitía mientras paseaba por la habitación y meditaba sobre lo ocurrido. Para perjuicio de sus nervios Foe se tomó su maldito tiempo.

—No observo síntomas de ninguna enfermedad, lo único que puedo apreciar es que su pulso es lento y débil. —confirmó al terminar su examen. A Qourk no le gustaba como sonaba las palabras del curandero.

—¿Y eso es malo?

—No es bueno. Si no le importa me gustaría pasarme cada dos horas para tomarle el puso y la temperatura.

—En absoluto.

El nawaii de Othago, que hasta ese instante había permanecido apartado en una esquina, observando todo lo que sucedía, se volvió a acercar a él.

—En cuanto se encuentre más recuperado me gustaría tener una reunión con usted. —Qourk asintió.

—Por supuesto.

—Mientras tanto considérese en su casa. —Beela le hizo una reverencia con la cabeza y se marchó. Había algo en ese muchacho que le recordaba a sí mismo, quizá fuese el hecho de que al igual que él Beela había tenido que asumir el cargo de nawaii demasiado pronto. Se preguntó cuántos años tendría, no aparentaba más de veinte, desde luego, aunque quien sabría.

Por fin se quedaron solos de nuevo, por lo que aprovechó para preguntarle a Halmalk que había sucedido. Su hombre de confianza le contó, con pelos y señales, desde el instante que él le había encontrado delirando en su tienda hasta el momento actual en el que habían irrumpido en la habitación en la que se encontraban. Hamalk le había explicado que si habían entrado de aquel modo había sido porque se habían asustado al ver el resplandor saliendo por la puerta del dormitorio.

Él le quitó importancia, aunque le aconsejó que la próxima vez llamase a la puerta antes de entrar y que se asegurase si continuaba dormido o no antes de actuar, si alguien se atrevía a volver a desnudar a su esposa delante de él no respondería de sus actos.

No había querido utilizar la pequeña cama que le habían llevado, prefería estar sentado al lado de Eobe, la cual apenas se había movido desde la segunda revisión de Foe, el sanador del nawaii de Othago Olandull Beela. Después de tomarle el pulso la había girado para poder tomarle la temperatura con más facilidad, y desde entonces ella había permanecido tumbaba bocarriba, con la cabeza ladeada hacia donde él se encontraba.

Qourk no podía apartar sus ojos de ella y eso que debía llevar mirándola fijamente varias horas. El problema era que cada minuto que pasaba contemplando su elegante belleza y su suave piel más necesitaba abrazarla o acariciarla, y considerando que llevaba dos días allí sentado sin dejar de observarla se sentía absolutamente desesperado por ella.

Ya que no podía ni siquiera rozarla su única opción era deleitarse en ella con su mirada, en sus femeninas curvas de mujer y en su dulzura. Parecía tan frágil ahí tumbada que parecía increíble que tuviera tanta fortaleza como él sabía que poseía. No era algo físico, sino algo espiritual, algo interior. Sin duda era la mujer más asombrosa que había conocido.

Unos golpes en la puerta le sacaron de su ensimismamiento. Era Hamalk, su amigo y hombre de confianza.

—¿Qué tal sigue mi señora?

—Sin cambios. —Su amigo tenía mejor aspecto que hacía un par de días, como si por fin hubiese podido dormir la noche entera de un tirón, hubiese tomado un abundante desayuno y se hubiese dado un buen baño de agua caliente. Hamalk cerró la puerta y se acercó a él.

—Pronto despertará.

—Eso espero.

—¿Y tú? ¿Cómo sigues?

—Físicamente me siento muy bien, solo sigo preocupado por Eobe

—La próxima vez intenta no dejarte acuchillar, ¿quieres? Nos has tenido muertos del susto a todos. —le dijo su amigo. Él sonrió y le dio un manotazo en el muslo.

—Lo tendré en cuenta, no te preocupes. —Su amigo le mostró una carta.

—Los benawais también están preocupados. —La sonrisa se le borró de golpe.

—Si, seguro. Más de uno estará frotándose las manos y esperando ansioso a que estire la pata para ocupar mi lugar.

—Es muy posible, a mí se me ocurren un par de nombres.

—Pues se van a quedar con las ganas. Respóndeles, diles que su nawaii se está recuperando favorablemente y pronto volverá a casa. —Su amigo asintió— ¿Qué tal con Beela? —preguntó preocupado. Apenas había visto un par de veces al nawaii y solo durante unos pocos minutos, por lo que no le había resultado suficiente para hacerse una idea de en qué bando jugaba.

—Es un hombre extraño. Muy callado y reservado, pero nos está tratando bien. Además, yo diría que su hermana y uno de nuestros hombres están haciendo buenas migas.

—¿Tiene hermanas?

—Una. Más joven que él, y si te soy sincero bastante bonita. —Qourk dudaba mucho que después de conocer a Eboe puede considerar a otra mujer bonita— ¿Y quién es nuestro hombre?

—Malluk. —Qourk abrió mucho los ojos— Le tenías que ver, cuando ella aparece se vuelve tartamudo y se sonroja.

—¿De veras? —No se lo podía creer, con el desparpajo natural que tenía ese muchacho nunca se hubiese imaginado nada semejante. Hamalk asintió— Y lo mejor es que parece que a ella le gusta. —Qourk suspiró.

—Dile que nos se haga demasiadas ilusiones, en cuanto Eobe esté recuperada nos marcharemos de aquí.

—Ya lo sabe, no te preocupes.

—¿Y qué hay de Beela? ¿Nos dará problemas? —Su hombre de confianza se frotó el mentón.

—No te sabría decir. —le respondió y apartó la mirada—. Verás, cuando te trajimos aquí… —comenzó a decir con timidez— …bueno, estábamos desesperados, así que le prometí que le daría cualquier cosa a cambio de que te atendiese uno de sus curanderos.

—¿Y crees que está esperando el momento adecuado para cobrarse la deuda?

—Eso me temo. —respondió y antes de darle tiempo a Nakhawatt de decir algo su amigo añadió— Mi señor, no teníamos otra opción su estado era…

—Yamli, déjalo ¿quieres? —Pero su amigo parecía afligido.

—No deberíamos de haber aceptado reunirnos con la Serpiente, nada de esto habría sucedido.

Qourk miró a su esposa una vez más, quizá su amigo tuviera razón. A decir verdad no tenían ni idea que hubiera sucedido si se hubiera negado, tal vez sus benawais se hubiesen rebelado en su contra y hubiesen terminado entrando en una cruenta guerra entre halirianos. Se dio cuenta de algo, únicamente él era el responsable de todo lo ocurrido, si no hubiese cambiado el khuat por Eobe no se encontrarían en esa delicada situación, y así se lo hizo saber a su amigo.

—¿Cómo sabe mi señor que Tallaqtto iba a cumplir con su parte del plan?

—Porque no le interesaba que nos pusiésemos en su contra.

—Ya sabemos lo tramposo que es Tallaqtto, y no hablemos de la Serpiente. Nos hubiesen usado para hacerles el trabajo sucio. Sí, tal vez nuestro pueblo hubiese tenido mucho khuat, aunque te aseguro que si a mi esposa le dan a elegir entre el khuat y mi cabeza elige lo segundo.

—Eso deberíamos haberlo pensado antes de unirnos a esta guerra.

—Teníamos un trono que reclamar. ¿Acaso has cambiado de idea?

Claro que no, pero parecía que sus planes se complicaban por momentos, cuando creía que estaba más cerca de conseguir por lo que tanto tiempo llevaban luchando algo les hacía desviarse de su camino.

—Y todavía lo tenemos. No pienso descansar hasta conseguirlo.

—Nosotros estamos contigo pase lo que pase, Qourk.

Agradecido por la lealtad incondicional de Hamalk se emocionó, no estaba acostumbrado que la gente le apoyase de ese modo. Solo esperaba ser lo suficientemente buen nawaii para cumplir la promesa que les había hecho y no decepcionarles.

—¿Algo más, amigo?

—Sí, haz el favor de lavarte. No me extraña que mi señora no despierte porque entre los yawatt y tú hay una peste en esta habitación que adormecería a cualquiera. —No pudo si no reírse.

—Si tuviera algo a mano te lo lanzaría por insolente.

—Por lo menos esta vez no has amenazado ni a mis pelotas ni a mi lengua, es un alivio.

Su amigo se marchó dejándole algo inquieto por sus palabras. No tenían ni idea lo que el nawaii de Othago les iba a pedir, pero una cosa tenía clara, nadie hace nada si no quiere recibir algo en compensación.

Decidido a averiguar qué es lo que Beela les iba a pedir a cambio se levantó y se dirigió hacia la puerta que se encontraba al lado de la mesa, allí, al otro lado había una pequeña habitación para que pudiera asearse. Quería estar presentable para su entrevista con Beela.

El cuarto era un pequeño rectángulo pintado en blanco, el cual era iluminado por una alargada ventana situada a su izquierda, en la pared del fondo. No muy lejos un espejo reflejaba los rayos del sol para a continuación proyectarlos por toda la pequeña estancia. Se acercó al espejo con cautela, la anterior vez que lo había hecho se había preocupado al ver el horrible aspecto que tenía. Por lo menos en esta ocasión ya estaba preparado. Seguía con las bolsas debajo de los ojos, aunque por lo menos estas ya no eran tan oscuras como antes y la barba que le había crecido le disimulaba la delgadez de su rostro. Sus labios, aunque seguían agrietados, ya no tenían costras, solo delicadas señales de su paso.

No queriendo prestarse más atención de la debida derramó un poco de agua sobre la palangana que había debajo del espejo y comenzó a lavarse con la pequeña pastilla de jabón de aceite de linto. Tenía un olor demasiado característico como para no reconocerlo, una delicada mezcla entre avellanas y miel de flores.

—¡Qourk! ¡No! ¿Dónde está Qourk? —El grito de Eobe le sobresaltó y con el corazón desbocado echó a correr. Por fin su esposa había despertado.

Al llegar a la habitación vio a Eobe intentando salir de la cama al tiempo que seguía gritando su nombre. Él llegó justo a tiempo para sujetarla antes de que, enredada entre la sabana que la cubría, se cayese al suelo.

—Tranquila, mi amor, estoy aquí. —le dijo mientras le ayudaba a incorporarse. Eobe le miró asustada, tenía los ojos de un color rosa tan claro que casi parecían blancos. En ese instante oyó abrirse la puerta.

—¿Hay algún problema? —preguntó una voz de hombre.

—Ninguno. —respondió sin molestarse en mirarle, él solo tenía ojos para su Eobe, que le observaba con incredulidad.

—Qourk. —susurró y comenzando a llorar se abrazó a él— ¡Estas bien! —le decía entrecortadamente por el llanto— Me he asustado tanto cuando he despertado y no te he visto. Pensé que… pensé que…

—Él le devolvió el abrazo con fuerza, había deseado tanto ese contacto que se sentía desvanecer.

—Lo siento, mi preciosa ninfa, no pretendía asustarte, solo me estaba aseando.

Durante no supo cuanto tiempo permanecieron abrazados hasta que Eobe se soltó y le acarició la cara con tanta ternura que no le quedó más remedio que inclinarse y besarle con suavidad en los labios.

—¿Cómo es posible que te hayas recuperado tan rápido? Ayer estabas tan mal y hoy pareces completamente recuperado.

Qourk se agachó y desenredó la sabana de entre las piernas de su mujer, necesitaba tiempo para pensar como le iba a contar todo lo sucedido.

—Tú viniste y me salvaste. —le respondió mientras le pasaba la tela por los hombros para que no cogiese frío. Al fin y al cabo esa había sido la verdad, muy resumida, cierto, pero así era como había sucedido. De pronto ella se estiró y se puso muy seria.

—Ahora mismo te metes en la cama, tienes que descansar. —le dijo agarrándole de la mano y tirando de él.

—Estoy bien, de verdad, me encuentro perfectamente. —sin embargo, su esposa no paró hasta que no estuvo desnudo y tumbado en la cama. Rendido completamente ante ella Qourk le tendió la mano— ¿Vienes conmigo? —Cuando Eobe se abrazó a él aprovechó para darle un tierno beso sobre la cabeza.

—Pareces agotada.

—Me siento como si lo estuviera, y es extraño porque me he pasado toda la noche durmiendo profundamente.

—En realidad llevas durmiendo algo más de dos días.

Eobe se apoyó sobre su codo y le miró con sorpresa. Una cortina de suave pelo rosáceo le acarició el rostro.

—¿Cómo lo sabes, si cuando yo llegué estabas inconsciente?

—Porque llevó dos días consciente. —respondió enroscando sus dedos entre sus cabellos y jugueteando con ellos.

—¿Y por qué no me has despertado? —le preguntó algo molesta.

Qourk le explicó con todo detalle como habían ocurrido las cosas. Sabía que era una historia difícil de creer y que posiblemente Eobe no se lo tomaría bien, nunca lo hacía cuando era algo relativo a sus dones de ianeekou.

Mientras le relataba los pormenores de la historia, y tal y como se había esperado, ella daba muestras de su sorpresa e inquietud.

Pasaron muchos minutos en silencio, él observando a su esposa, Eobe con la mirada perdida en algún punto de aquella habitación y con la boca ligeramente abierta. Garra debió sentir su turbación porque de un salto subió a la cama y a base de cabezazos consiguió poner su cabeza debajo de la mano de su ama.

En vista de que su mujer era incapaz de pronunciar palabra alguna Qourk dijo:

—Es lo más hermoso que nunca nadie ha hecho por mí. —Por lo menos sus palabras le sacaron del trance en el que se encontraba.

—¿Hermoso? Es… es…soy un monstruo.

Pese a que Qourk se había imaginado que no se lo iba a tomar bien aquello era demasiado.

—Claro que no, el murmurador dice que eres una persona muy especial con unos dones muy poderosos.

—¿Alguien más sabe que soy… que hago… cosas raras?

No quería engañarla, había aprendido hace tiempo que con ella era mejor hablar con sinceridad, que su esposa lo prefería de ese modo.

—Hamalk, el nawaii de Othago y su sanador. —Eobe se sentó en la cama y se tapó la cara con las manos. Qourk la imitó y se incorporó.

—¿Qué te pasa? —le preguntó acariciándole la espalda. Sin apartarse las manos de la cara negó con la cabeza.

—Yo solo quiero ser normal.

Impactado por sus palabras comenzó a pensar que todos los problemas de aceptación que su esposa tenía hacia sí misma tenían mucho que ver con la educación que Worji le había dado. Por sus ansias de protegerla le había obligado a esconderse de la gente, le había hecho creer que tenía una malformación de nacimiento y que si alguien descubría su verdadero aspecto la despreciarían. Ella había crecido con esa idea, posiblemente fuertemente asentada por la mujer que decía que era su madre y que, por lo que Eobe le había explicado, la despreciaba más que nadie debido a su malformación.

Si solo pudiera hacerla entender que eso no era cierto, que nadie le haría a un lado ni la repudiaría, y mucho menos él.

—Si fueras normal no me hubieses podido salvar la vida, y ahora posiblemente estaría muerto. —Como ella seguía sin mirarle Qourk la forzó a darse la vuelta y apartarse las manos de la cara— ¿Eso es lo que hubieses preferido? ¿Ser la normal y aburrida viuda del nawaii de Halira? — Eobe rompió a llorar y negó con la cabeza. A veces era un poco brusco diciendo las cosas, pero no conocía otro modo mejor de hacer a la gente entrar en razón. Conmovido por las lágrimas de su esposa Qourk la abrazó con fuerza.

—Yo te quiero, Eobe, y no quiero que cambies. Me da igual cuanto te brille la piel, o cuanto te cambien los ojos de color. No me importa. A mí me gustas tal y como eres, con tus cosas raras, con tus cosas normales, con tu precioso pelo y con tus fascinantes ojos y tu brillante sonrisa, con tu maravillosa piel y tus elegantes modales, con tu bondadoso corazón, tu fortaleza y tu valentía. —A continuación le limpió las lágrimas de la cara. Su esposa abrió mucho los ojos.

—¿De verdad? —Asintió con una sonrisa en los labios.

—No sé qué más puedo hacer para demostrártelo, creí que eligiéndote a ti en vez a los ianeekous te habías convencido. —Eobe le sujetó la cara con suavidad y le depositó un beso en los labios.

—Todavía me estoy haciendo a la idea.

—¿Porqué no descansas un poco? —le pidió acariciándole el pelo. Eobe arrugó el entrecejo.

—¿Y si cuando despierte todo esto ha sido un sueño y sigues enfermo?

—No es un sueño, mira —Qourk cogió una de sus manos y le dio un leve mordisco en el dedo gordo ante los gruñidos de Garra— ¿Convencida? —Ella negó con la cabeza, así que hizo algo que nunca fallaba, comenzó a besarle por el cuello y a mordisqueárselo, y después subió hasta el lóbulo de su oreja el cual succionó hasta que solo tres lametones más tarde la puerta se abrió.

—Ya veo que mi señor se encuentra mucho mejor. — Era Hamalk el descarado—. Y mi señora también. —añadió haciendo una reverencia con la cabeza.

—Garra, ataca. —El yawatt bostezó perezosamente, se lamió una pata y se la pasó por la cara mientras Eobe se cubría con la sábana.

Su hombre de confianza se rió. En otra circunstancia Qourk estaría de bastante mal humor, pero no ese día. Él estaba milagrosamente sano, su esposa, pese a que se la veía algo débil, también se encontraba perfectamente, y sus ganas de venganza sobre los iraluqs eran más fuertes que nunca. La Serpiente iba a pagar muy caro por lo que había hecho.

Qourk se dio la vuelta, al lado de su amigo estaban el sanador Foe y el nawaii de Othago.

—Hemos llamado antes, pero al no recibir respuesta hemos entrado para comprobar que ambos se encontrasen bien. —dijo Olandull Beela—. Uno de los soldados que había custodiando en la puerta nos ha avisado que mi señora había despertado.

—Así es.

—Es una gran noticia. —dijo Beela con una leve sonrisa que le erizó la piel. ¿Qué se traería entre manos? se preguntó Qourk.

—Si se me permite me gustaría tomar las constantes vitales de mi señora. —dijo el curandero. Nakhawatt se hizo a un lado cubriéndose las caderas con la colcha con la que dormían. No perdió de vista ni a su esposa ni a Foe durante el tiempo que duró la exploración.

—Está perfectamente.

—Entonces, y si mi señor nos lo permite, pasaremos esta última noche en Othago y mañana al amanecer partiremos de vuelta a Halira. —dijo Qourk mirando a Beela. El nawaii asintió.

—Si le viene bien me gustaría tener una reunión con usted antes de su partida.

Qourk estuvo de acuerdo, y algo más de media hora más tarde se encontraba esperando a Beela en una de las casas que formaban el palacio.

Había dejado a su esposa descansando, si al día siguiente iban a emprender el camino de vuelta debería recuperar la mayor cantidad de fuerzas posibles. Othago estaba solo a siete días de camino y él quería llegar cuanto antes a su casa. Tenía un plan que trazar y unos benawais que intimidar. No se podía permitir que alguno de ellos le traicionase del mismo modo que Shawick. ¿Cómo no lo vio venir? Que estúpido había sido.

Miró a su alrededor, aquel lugar no tenía nada que ver con la habitación en la que se habían estado recuperando tanto él como Eobe. La sala en la que se encontraba estaba completamente recubierta de madera de nogal, desde el suelo hasta el techo. En el centro había una robusta mesa redonda con cuatro banquetas almohadilladas de color verde oscuro, sin embargo, ninguna de esas cosas era lo que más le había impresionado al entrar.

La pared de enfrente a la puerta estaba decorada con un relieve. No era exactamente que estuviese decorada, si fuera un simple adorno habría un mural sobresaliendo en la mitad de la pared o algo similar, en este caso el relieve ocupaba toda la maldita pared. No había ni una sola pulgada que estuviese vacía.

A Qourk le había costado un par de segundos darse cuenta cual era la escena que representaba. Se trataba de un acantilado con el mar encrespado y un barco siendo rodeado por varios xounais, unas aves que solo habitaban en Othago y que la mayoría de la gente considera de mal agüero.

Aunque la temática no tenía nada que ver no había podido evitar la comparación con las puertas de la entrada a la sala en la que se reunía con sus benawais. Ambas eran obras de arte, únicas e irrepetibles, y con un significado muy parecido, imponer respeto a quien osase a plantarse frente a ellas.

Beela tardó apenas un par de minutos en aparecer. Tan serio como siempre se dirigió hacia una de las banquetas, se sentó dándole la espalda al mural de madera y cortésmente le indicó que se sentara frente a él.

—Si le he pedido que se reúna conmigo es por una razón muy importante.

—Mi señor me dirá. —respondió Nakhawatt.

—Se me han hecho muchas promesas. —dijo. Desde luego ese hombre no se iba por las ramas.

—Los halirianos somos gente de palabra, así que, dígame que pide a cambio de su hospitalidad.

Beela se quedó en silencio, observándole con atención, sin duda intentando averiguar sus intenciones y estudiando sus reacciones, por lo que Qourk se quedó esperando, en el mismo espeso silencio que el hombre que estaba sentado enfrente suyo, sin inmutarse. Él ya había jugado a eso muchas veces y se conocía las reglas a la perfección.

—¿Y si le pido khuat? ¿Estaría dispuesto a darme todo lo que quiera? —preguntó al fin.

—Intentaría satisfacer sus peticiones. —respondió cortésmente intentando no mostrarse demasiado ansioso. Beela estaba jugando con él, eso estaba claro, al igual que no eran esas brillantes y coloridas bolitas de khuat lo que realmente buscaba de él, el problema era que Qourk no tenía ni idea de qué lado estaba el nawaii de Othago, por lo que debería ser muy cuidadoso.

—¿Y si le pido que ponga la mitad de su ejército a mi servicio?

—No veo que motivo tendría mi señor para necesitar un ejército tan numeroso, no obstante, intentaría complacerle.

—¿No lo ve? Estamos en guerra y temo por mi pueblo. —respondió algo irritado. No había sido algo muy evidente, sin embargo, él era mucho más observador de lo que todo el mundo creía, lo cual le solía dar algo de ventaja en ese tipo de lances. No por nada se había pasado tantas horas observando como su padre trataba con sus benawais cuando era pequeño. Decidió presionar un poco a Beela a ver por donde salía.

—Sin ánimo de ofender, no creo que ahora mismo esté en la mira de nadie invadir Othago ni por motivos estratégicos ni económicos.

—Tal vez alguien piense que los hombres othaguenses sean buenos luchadores y los quieran reclutar para su causa.

Bien, parecía que iban llegando a alguna parte. La Serpiente. Quien si no podría convertirse en la preocupación de cualquier hombre. Qourk meditó por un instante si esperar y darle más tiempo a Beela o pasar a la acción. Eligió lo segundo, no le apetecía que la reunión se alargase demasiado, tenía una preciosa esposa desnuda esperando por él.

—Ya veo. Nuestro querido Ijlaak ha estado muy ocupado.

—¿Qué insinúa? —preguntó Beela con dureza.

—No insinúo, comento un hecho. A los iraluqs les faltan veinte mil soldados halirianos, así que están como locos reclutando hombres, sepan luchar o no, por todo el mundo. Ahora la cuestión es: ¿Othago quiere aliarse con los Iraluqs o prefiere resistirse y plantarles cara?

—Ahora me toca preguntar a mí. ¿Por qué Halira se unió a los Iraluqs y cuando estos más les necesitaban les dan la espalda y hablan de plantarles cara?

La tensión entre los dos hombres era claramente palpable. Ambos estaban intentando ser más fuerte que el otro.

—Los motivos no le interesan a nadie.

—Entonces no me pida que crea en su palabra cuando ha traicionado, hasta los que hace poco, eran sus aliados.

Ellos eran muchas cosas, pero no traidores. Qourk comenzó a sentir como la sangre le hervía y como había hecho en muchas otras ocasiones se obligó a clamarse. Resolvió sincerarse con Beela, o por lo menos explicarle lo más básico de lo que había ocurrido.

—No he traicionado a nadie. Teníamos un acuerdo, los halirianos les ayudaríamos a conseguir el cargo de srers para Talaqtto y eso hicimos. Fin del trato.

—Ijlaak dice que... —No pudo evitar interrumpirle.

—Con todo el respeto, Ijlaak es una serpiente rastrera que lo único que sabe es soltar veneno por su boca. Sabe embaucar a cualquiera, es un experto en el arte de convertir mentiras en verdades y conseguir que los demás actúen a su antojo.

—¿Y cómo sé que no es usted el embaucador y el mentiroso en vez de Casem Ijlaak?

—No lo sabe, y pese a que no me lo ha pedido le voy a dar un consejo. Si quiere llegar a ser un buen nawaii debe aprender a distinguir entre quien le miente y quien no, o quien se acerca a usted solo para adularle o por verdadero interés. —A Beela se le endureció el rostro.

—¡No necesito consejos de nadie! Que sea joven no quiere decir que no sepa ser un buen nawaii. —respondió con dureza.

Él conocía a la perfección esa sensación de impotencia y de rabia que se agarraba con saña a sus entrañas cada vez que alguien le criticaba. Era como una mancha de aceite que se extendía con rapidez sobre el agua, contagiándole y volviéndole paranoico. Cada comentario que alguien le hacía él creía que era una dura crítica por su edad o su escasa experiencia. Lo había sentido durante años, de hecho, de vez en cuando, ese sentimiento regresaba para atormentarle.

—Yo soy el menos indicado para criticar a nadie por su juventud. —respondió a Beela— No lo he hecho en esta ocasión y nunca lo haré. Lo que estoy queriendo decir es que solo espero que mi señor sepa elegir el bando correcto. —le dijo con tranquilidad. No quería poner a Beela en contra suya, le debía demasiado como para eso, además, no es que Othago fuera una gran ciudad con un gran ejército, sin embargo, cuanto más aliados tuviese contra Talaqtto mucho mejor. El nawaii de Othago apoyó los codos sobre la mesa.

—¿Y cuál es?

—Yo no puedo decírselo, tiene que elegirlo por usted mismo y después atenerse a las consecuencias que su elección pueda conllevarle, tanto a usted mismo como a su pueblo, y créame cuando le digo que no es una carga fácil de soportar.

El othaguense se quedó en silencio, pensativo, durante unos instantes. Sabía que no debía presionarle demasiado si quería poner a Beela de su lado. Si la Serpiente había intentado convencerle, y no dudaba que lo había hecho, forzándole de ese modo no iba si no a empeorar las cosas.

—¿Y si le pido que me dé a su esposa? —preguntó finalmente. —Eso sí que no. Qourk estalló y se puso de pie.

—Ella no está en venta. —le dijo intentando contener la ira que sentía, al fin y al cabo ese hombre había sido muy amable acogiéndoles y atendiendo todas sus necesidades, pero nombrando a Eobe había traspasado la línea.

—¿Por qué no? Al fin y al cabo ustedes me prometieron que me darían lo que yo quisiera ¿Y si la quisiera a ella? —Qourk podía imaginarse a la perfección cuales eran las ideas de Beela con respecto a su esposa, él las tuvo parecidas en su día.

Quería liarse a golpes con él solo por atreverse a pensar algo como eso, en cambio, apretó los dientes.

—Entonces tendremos un problema. —le amenazó. Beela hizo lo mismo, se puso de pie y apoyando las manos sobre la mesa se inclinó hacia él. Ambos tenían una altura similar, Qourk era unos centímetros más alto, por lo que sus ojos se encontraban casi a la misma altura.

—Siéntese. —le ordenó Beela— No tengo intención de quedarme con su esposa, solo saber hasta dónde es capaz de cumplir su palabra.

Ese maldito niñato estaba jugando con él. Si pudiera le patearía el culo hasta dejárselo en carne viva.

—No juegue con fuego o terminará quemándose.

Sin apartar los ojos del nawaii se sentó con lentitud. Olandull Beela le imitó y ambos permanecieron en silencio durante unas incómodas tres respiraciones hondas.

—Su hombre de confianza, Yamli Hamalk, me contó cuando le trajeron que Ijlaak había pagado a alguien para que le matara.

—Así fue. Uno de mis ghalees, un hombre que hasta entonces yo creía que era de mi total confianza.

—¿No era mi señor quién decía que un buen nawaii debería saber quien le miente y quien le dice la verdad?

—Lo que nunca le he dicho es que yo lo fuera. —le respondió de malhumor.

Beela sonrió, seguro que se lo estaba pasando de lo lindo sonsacándole y forzándole a perder los nervios para conseguir un mejor trato. Si conseguía alterarle no podría pensar con claridad y la negociación se tornaría más a su favor.

—¿Cómo sabe que fue Casem Ijlaak el qué le sobornó? —le preguntó de pronto.

—Interceptamos una nota suya. De hecho, sabíamos que la reunión con él iba a ser una trampa.

El nawaii abrió mucho los ojos para seguidamente entrecerrarlos a causa de la confusión.

—¿Entonces porque aceptaron venir?

—Queríamos desenmascarar al traidor. —Y matar a la Serpiente, aunque eso no se lo iba a confesar. Otro silencio.

—Espero que no se ofenda, pero no sé si es que es un hombre muy valiente o muy estúpido.

—Yo tampoco lo sé, solo espero que aprenda de mi ejemplo. Esta vez me he librado de la muerte por los pelos, quien sabe la próxima.

—¿Qué ejemplo es ese? ¿Esconderse de los enemigos?

—No. No fiarse de las serpientes. Son incluso más peligrosas y sibilinas de lo que creemos.

—No tema por mí, mi señor. Yo no me fio de nadie. —Qourk asintió.

—¿Sabe? Se parece mucho más a mí de lo que me imagina.

—¿En qué? Yo no veo las similitudes.

—Llevo siendo nawaii de Halira desde que cumplí los dieciséis años, por lo que sé la presión a la que está siendo sometido por sus benawais y por su pueblo, y al igual que usted, yo tampoco me fio de nadie.

—Eso no es cierto, sigue confiando en Hamalk, y además me atrevería a decir que en su esposa también.

—¿No le parece que después de lo que ella ha hecho por mí bien vale arriesgarse?

—Las mujeres pueden ser más peligrosas que las serpientes, mi señor.

—¿Tan joven y ya piensa, mi señor, de ese modo?

—Era solo un consejo. —Qourk hizo una sutil reverencia con la cabeza.

—Agradecido, pero créame, mi esposa no es de ese tipo.

—Desde luego, ella parecía realmente afectada el día que llegó a Othago. —Y Beela parecía desconcertado por ello.

—No me cabe duda que lo estaba.

—Mi señor es un hombre afortunado.

Qourk suspiró, ya creía que lo era, sin embargo, aquel no era momento de pensar en eso.

—No quisiera ser descortés, pero creo que es hora de hablar con claridad. ¿Qué es lo que quiere de mí?

Los ojos verdes de Beela se oscurecieron y le miraron con intensidad. Durante una fracción de segundo a Qourk le pareció que aquellos iris destellaban inseguridad y algo parecido a la preocupación, tal vez mezclada con algo de miedo— Está bien, hablemos claro. Mientras Ijlaak estuvo alojado en mi palacio esperando a que los halirianos llegasen recibió… ¿Cómo llamarlo?… Un interesante obsequio.

—¿La cabeza de un hombre en un saco?

—¿La del traidor? —preguntó Beela.

—Me pareció lo más oportuno, dadas las circunstancias.

Beela sonrió por primera vez. Tenía una dentadura perfecta, con dientes blancos perfectamente alineados, y al hablar se volvió a poner serio.

—Por lo visto a él no le gustó nada y enloqueció. Soltó unos cuantos improperios, que ni siquiera me atrevería a repetir. Destrozó el mobiliario, de una de mis habitaciones, y soltó varias amenazas sobre su persona, así como sobre mi pueblo.

—Sinceramente no me extraña nada, aunque debo pedirle disculpas por haberle causado semejante trastorno.

—Esto es algo más que un trastorno, es una agresión directa hacia mi pueblo, por eso, y más sabiendo que mi señor ha sido el causante, quiero que su ejército impida que cuando lleguen los iraluqs se lleven a mi pueblo. Los Othaguenses somos gente de paz, por lo que no queremos saber nada de ninguna guerra.

Bien, eso era algo que podría cumplir sin problemas por lo que asintió. Por un momento había temido que Olandull Beela le pidiera khuat, entonces hubiese tenido muchos problemas con sus benawais.

—Considérelo hecho, mi señor. —respondió aliviado.

En principio podría dejarle el destacamento de trescientos hombres que habían ido con él hasta Othago, después, en cuanto llegase a Halira, les enviaría un pequeño ejército de quinientos hombres, con eso bastaría para protegerles de la incursión de los iraluqs.

Olandull Beela aceptó con la condición de que si la cosa se ponía más fea de lo esperado Nakhawatt le enviaría otros quinientos hombres.

Solo esperaba que los dioses fueran generosos con los halirianos y no sufrieran demasiadas bajas cuando los iraluqs regresasen.

—Hay algo más. —dijo Beela.

—Mi señor dirá. — Esc era el momento en el que le pedía el khuat. El nawaii se quedó pensativo unos instantes.

—Quiero que a su regreso a Halira se lleven a alguien con ustedes. —Solo podía estar tan preocupado por una persona.

—Su hermana. —Beela asintió.

—Ijlaak hizo una amenaza muy directa sobre ella y no pienso permitir que la cumpla. Si no fuera porque mi señor está unido a mi señora le hubiese pedido que aceptase a mi hermana como su esposa, ahora solo me queda pedirle que cumpla la otra promesa que los halirianos me hicieron y protejan a mi hermana. —Qourk asintió.

—La protegeré como si fuera de mi propia sangre. — dijo y a continuación dio un golpe seco con la cabeza para acercarse las trenzas y con la mano derecha las sujetó y las besó.

—Ahora que nos hemos entendido me gustaría que esta noche nos acompañasen mi señor y su esposa a cenar. —dijo Beela. En su tono pudo apreciar alivio.

—Será un placer.

Nuevos edictos

Había muchos tipos de enfado diferentes. Solo hacía falta ser un poco observador para distinguirlos.

Estaba el enfado explosivo, que era aquel que desde la ofensa hasta que se sienten los primeros síntomas transcurre un brevísimo plazo de tiempo. Este es tan pequeño que suele ser prácticamente instantáneo, por lo que es considerado uno de los más peligrosos, ya que al actuar sin pensar, dejándose llevar por la rabia y la ira, suele acarrear graves consecuencias, algunas incluso irreparables.

Luego estaba el enfado íntimo que era aquel que a simple vista nadie sospechaba que existía, pero que uno podía sentirlo burbujear con furia en su interior.

También estaba el enfado progresivo, que era el que según pasaban los segundos iban creciendo y haciéndose más intenso, y luego estaba también el enfado destructivo que era el que Casem Ijlaak estaba padeciendo desde que los halirianos le enviaron la cabeza de su espía metida en un saco de esparto.

Era destructivo porque rompía todo lo que se interponía en su camino, y lo que no también. La habitación en la que había estado hospedado en el palacio de Othago era un claro ejemplo de ello, ya que había sufrido la peor parte. Desde luego no había sido muy cortés pagarle a Olandull Beela de ese modo su hospitalidad, pero toda la culpa había sido de ese maldito de Nakhawatt que insistía continuamente en estropearle los planes. Nunca había odiado a nadie con tanta intensidad como odiaba a ese desgraciado haliriano. Y se lo iba a hacer pagar. Como que se llamaba Casem Ijlaak que se iba a cobrar con creces todo lo que le estaba haciendo.

Por lo menos algo había sacado en claro, un ejército de quinientos othaguenses. No era mucho, sin embargo, en las circunstancias en las que se encontraban, eso era mejor que nada. A decir verdad no le había dado opción a Beela a decir que no, de hecho, le había amenazado con que iba a volver a por sus hombres, y que más valía que estuviesen bien preparados o tendría que apechugar con las consecuencias. Nadie que se opusiese a él saldría bien parado.

Al nawaii de Othago le había cambiado la expresión de la cara, incluso el color, ante sus amenazas. No le extrañaba, cuando a alguien se le toca a la familia o a sus seres amados el miedo arraiga con fuerza en sus entrañas, un miedo frío y espeso que se extiende con rapidez.

Poco después de llegar había descubierto que Olandull Beela tenía una joven y preciosa hermana pequeña. Su primer pensamiento había sido llevársela a Tallaqtto, seguro que le gustaría tener a una hermosa virgen en su cama para entretenerse con ella, de ese modo perdonaría más fácilmente su nuevo fracaso, sin embargo, cambió de opinión en el último momento. Estaba harto de tener tantas contemplaciones con ese animal.

A Beela no le comentó sobre su cambio de planes, solo que el srers exigía que le llevase a su ejército, y que si no lo tenía preparado cuando sus hombres regresasen tendrían que darle todo lo que quisiera, y quería a su hermana y a su ejército tanto por las buenas como por las malas.

Tenía ganas de destrozar el camarote del Tatuado, el barco que había alquilado para que les llevase hasta Othago, el problema era que si lo hacía tendría que terminar durmiendo en la bodega con el resto de la tripulación, por lo que caminaba furioso de un lado al otro de la pequeña habitación intentado controlar su ira.

Tuvieron suerte de que de vuelta a Galduru el mar estuviera en calma, de ese modo pudo controlar algo mejor todo el asunto de los mareos, lo que le permitió observar como la ciudad marítima de Santaree era pasto de las llamas. Las coloridas casas, que se erigían orgullosas a orillas del mar, estaban siendo engullidas por las enormes lenguas de fuego. Cerca del puerto se podían ver al menos seis grandes barcos que bien sabía él a quien pertenecían, al invitado de honor que tenían en la Fortaleza. Ellos eran los causantes de que Santaree estuviese siendo arrasada. Solo esperaba que se estuviesen haciendo los prisioneros suficientes como para satisfacer la promesa que le habían hacho al nawaii de la Isla de Iacara y a sus propios intereses. Todavía le debían a los iacarianos seiscientos esclavos y necesitaban hombres para su ejército. Entre los rebeldes de Galduru, los waggoshianos, y los veinte mil halirianos que le faltaban, sus tropas estaban siendo mermadas con rapidez, por lo que los quinientos soldados de Othago más un millar de Santaree le harían un muy buen apaño.

Permaneció allí de pie, contemplando el paisaje durante mucho tiempo. Dejaron las cosas de Santaree detrás, y cuando comenzaba a ocultarse el sol divisaron los manglares de Imoro. Si pudiera hacerse con un buen número de amazonas en su bando tendría la guerra ganada, el problema era que nadie en su sano juicio entraría en su sitio como ese.

Casem solo conocía a una persona que había salido de allí con vida, su ghalee, Shane Brogan. Por lo menos de eso era de lo que iba presumiendo cuando se emborrachaba, haber sido prisionero de las amazonas de Imoro y haber conseguido escapar. Nunca había dado detalles de cómo lo había conseguido, y de ser cierto no debería de haberle resultado nada sencillo. El manglar era un laberintico lugar cubierto de grandes raíces y ramas de árboles. La vegetación era tan densa que a una persona normal le costaría trabajo hasta respirar allí dentro, pero no a las amazonas ni al resto de sus habitantes. Ellas se movían con la misma facilidad que los mosquitos que lo habitaban.

Al contrario de lo que pasaba en el resto de poblaciones, tanto del este como del oeste, las mujeres eran las que gobernaban y defendían todo el manglar mientras los hombres se dedicaban a labores de cultivo y a cuidar de los hijos.

Por lo que se decía no era nada fácil convertirse en una amazona, había que superar duras pruebas físicas y de aptitud para convertirlas en luchadoras tan ágiles y feroces como los yawatt. A las niñas se las entrenaba desde que podían andar, de ese modo cuando se convertían en mujeres se enfrentaban al duro examen de las antiguas amazonas que por culpa de los achaques de la edad ya no podían luchar o moverse como cuando eran jóvenes.

A Casem le encantaría poder tener un buen número de amazonas entre su ejército, el problema era que no se fiaba de ellas. Las amazonas eran bien conocidas tanto por su fiereza como por lo traicioneras que eran, y ya había tenido suficiente con los halirianos.

Lo primero que hizo al llegar a la Fortaleza fue ir a hablar con su ghalee, Shane Brogan, para ordenarle que enviase un numeroso grupo de soldados a Othago y reclutasen a los quinientos othaguenses que le había exigido a Beela, por las buenas o por las malas. En el caso que ofreciesen resistencia quería la ciudad arrasada y a todos los esclavos que pudieran hacer, mujeres, hombres, niños, ancianos, todo le valdría. También le advirtió sobre la hermana del nawaii, la quería para él. Intacta.

—¿Cómo han ido por aquí las cosas?

—Sin mucha novedad. —respondió el ghalee— Hace un par de días capturamos a uno de los rebeldes, lo malo es que murió antes de decirnos nada de sus compañeros.

—Una pena.

—Lo bueno es que tenemos una pista bastante fiable de donde pueden estar escondiéndose.

—¿Cómo de fiable?

— Es alguien de su familia.

—Bien, pero ten cuidado y asegúrate de que no nos engañe.

—No soy estúpido.

—Yo nunca he que lo fueras, así que no seas tan susceptible. Ambos estamos del mismo lado. —Le recordó Ijlaak— ¿Y Talaqtto?

—Eso era lo que más le preocupaba del tiempo que había estado fuera.

—Sorprendentemente tranquilo. Creo que se trae algo entre manos. —Casem arrugó el entrecejo.

—¿Cómo han ido las borracheras?

—No ha habido ni una, y créeme, le he tenido lo suficientemente vigilado como para haberme enterado.

Eso no era normal, algo había tenido que ocurrir en su ausencia para que Tallaqtto se comportase de ese modo.

—Ya me encargaré yo del srers, tú ocúpate de traer a esos hombres de Othago. —de pronto recordó algo— Por cierto, también necesito que le busques a nuestro invitado de honor un nuevo alojamiento, algo que esté bien vigilado, que tenga luz y que sea algo más confortable que esa inmunda celda donde está, al fin y al cabo sus hombres han cumplido bien con su parte. Santaree ha sido aniquilada. —Brogan asintió satisfecho.

—¿Tienes algún sitio pensado?

—La verdad es que no, he tenido otros problemas de los que preocuparme.

—Nakhawatt. —dijo su ghalee.

—Siempre Nakhawatt. No te imaginas que ganas tengo de acabar con esa apestosa rata haliriana.

—Tal vez deberíamos cambiar de estrategia con respecto a él.

—Ya lo había pensado, créeme, el problema es que no se me ha ocurrido todavía nada decente. —confesó con frustración.

—¿Quieres saber cuál era el lema de mí ghalee cuando yo entré en el ejército?

—No especialmente, pero intuyo que de todos modos me lo vas a contar, ¿no? —Brogan no le hizo caso.

—Si no puedes atravesar la montaña, rodéala.

—Muy instructivo, sin duda.

—Presionemos a los benawais halirianos.

—Si no funcionó en su momento no lo va a hacer ahora.

—Entonces presionemos a su pueblo, les desangraremos poco a poco. Pídele a Talaqtto que recaude impuestos y que obligue a todos los hombres del oeste a que se alisten en el ejército del srers.

Eso era algo que se le había ocurrido mientras el Tatuado le llevaba de vuelta a Galduru. La idea era buena, veía muchas ventajas, pero había un inconveniente, el ejército haliriano se opondría a ellos y les aplastarían como a gusanos. Su ventaja numérica, su entrenamiento militar desde que prácticamente comenzaban a caminar, y sus yawatts, les convertían en un ejército casi imbatible. Era eso lo que le mantenía dando vueltas a la cabeza, intentado encontrar la mejor forma para derrotarles. Casem podía ver las grietas que debilitaban la fortaleza del ejército haliriano y se preguntó por cuál de ellas podría esparcir su veneno para obligarle a Nakhawatt a dar un paso en falso y hacerle caer.

—No funcionaría, por lo menos no la parte del alistamiento.

—Entonces hagamos lo de los impuestos, que nos den la mitad de lo que tienen, con ese khuat podremos contratar soldados de todas partes, incluso quizá pusiésemos hacernos con algunas amazonas. Muchas de ellas cobran por hacer determinados encargos que nadie más se atreve.

—¿Matar a un srers? —preguntó Ijlaak. Quería saber hasta donde serían capaces de llegar esas mujeres y Brogan era la única persona que podía responderle a sus dudas. Su ghalee se encogió de hombros.

—Supongo que si se les paga suficientemente bien… ¿qué te traes entre manos?

Casem sonrió ante la idea de acabar con Talaqtto sin ensuciarse demasiado las manos. Él tendría que fingir consternación por la muerte de su señor y asumir el cargo temporal de srers pese a sus reticencias iniciales. Ya se encargaría él más tarde de que fuera algo permanente. No queriendo descubrirle a su ghalee los planes que tenía le respondió:

—Cada día me gustan más esas amazonas.

—De todos modos no te hagas muchas ilusiones con ellas. No son de fiar. —le dijo desviando la mirada hacia un montón de papeles que había sobre su mesa. El ghalee los cogió para ordenarlos y los dejó en un lado de la mesa. Casem entrecerró los ojos, esa era su oportunidad.

—¿Es cierto lo que vas contando sobre las amazonas y tú? —Brogan se encogió de hombros.

—No tengo porque mentir sobre nada.

—¿Cómo conseguiste escapar? —preguntó intrigado.

El ghalee le miró a los ojos con seriedad, nunca antes se había fijado, Brogan tenía una pequeña y alargada cicatriz en el lado derecho que le bajaba desde la ceja hasta la división de los dos parpados.

—Qué más da. —respondió con sequedad.

—Bueno, tiene que ser una historia muy interesante.
—No lo creas.

Ijlaak dejó de preguntar, sabía que presionando demasiado nunca se conseguían buenos resultados. Tendría que ganarse la confianza del ghalee por completo y después invitarle a beber lo suficiente, hasta que borracho le contase toda la verdad sobre como sobrevivió y escapó de Imoro, así era como le había funcionado con Talaqtto hasta ese instante.

Se despidió de Brogan recordándole que le buscase un nuevo alojamiento a su invitado especial.

Mientras iba en busca de Tallaqtto repasaba mentalmente la historia que se había inventado sobre lo ocurrido en su viaje, tenía que tener bien atados todos los cabos para resultar convincente.

El primer sitio donde le buscó fue en el dormitorio. Para su sorpresa el srers no estaba en el, por lo que a continuación se dirigió a la sala del trono. Allí tampoco estaba. A Casem les costó más de media hora de interrogatorio a los sirvientes descubrir el paradero de Talaqtto.

Lo que más le impresionó al llegar al despacho del srers fue el aspecto de Tallaqtto. Se había bañado y peinado, recogiéndose su larga y encrespada melena rubia en una cola de caballo y se había recortado la barba, ahora estaba al ras de sus mejillas, no larga y sucia como la tenía cuando él había partido hacia Othago, además su piel brillaba lustrosa y parecía tener más energía que de costumbre.

—Mi señor, ¿está todo bien? —le preguntó Ijlaak. Yovn Tallaqtto estaba sentado delante de una robusta mesa de madera entretenido con un buen montón de documentos.

—No, no lo está. Estamos perdiendo mucho khuat. —le respondió levantando la cabeza de los papeles y mirándole. Estaba tan diferente que incluso le costaba creer que fuera el mismo hombre que él había conocido años atrás. No era solo por el cambio físico, había algo más en él, su expresión no era igual que siempre y sus ojos parecían tener un brillo del que antes carecían. Casem comenzó a sospechar que su señor debía de estar tomando sisabia a sus espaldas, una droga que en dosis moderadas aceleraba levemente todos los procesos biológicos del cuerpo, con lo que la persona que la ingería, entre otras muchas cosas, se volvía más activo, sus sentidos se agudizaban, la piel se le volvía más sensible y pensaba con mayor claridad. El problema con la sisabia era que en dosis más altas producía severos problemas de corazón, e incluso en el cerebro, llegando a matar o a dejar en estado vegetal a quien la ingería sin control, y Talaqtto tenía todos los síntomas de estar ingiriendo una buena dosis de sisabia.

Casem hizo como si no se hubiese dado cuenta de nada, si su señor quería morir prematuramente él no se lo iba a impedir, incluso podría echarle una mano sin que nadie lo sospechase. Solo se preguntaba cual de todas las furcias que Tallaqtto frecuentaba había sido la que le había dado la droga, y como le había convencido para que la tomase.

—Bueno, nos encontramos en medio de una guerra y necesitamos gastar mucho khuat para mantener al ejército y… —se justificó Ijlaak. Tallaqtto le hizo un gesto con la mano derecha.

—Ya lo sé, Casem, no te lo tomes así, no te estaba regañando, solo explicándote la situación. —Y señalando con la mano un banco que había enfrente suyo, añadió— ¿Por qué no me cuentas que tal la reunión con los halirianos?

Él se sentó e hizo una pausa dramática para incrementar la tensión del momento.

—No se presentaron, mi señor.

—¿Cómo es posible? —dijo con rabia. Casem negó con la cabeza.

—Estuvimos esperando varios días y ni siquiera dieron señales de vida. Mandamos soldados a ver si se encontraban con ellos por el camino, pero no había ni rastro.

—¡Se han reído de nosotros otra vez! —respondió Talaqtto furioso. Ijlaak bajó la cabeza y miró al suelo fingiendo estar avergonzado.

—Lo sé, mi señor. —Si algo no le gustaba al srers era que se dejase en ridículo a los iraluqs, especialmente a él.

Talaqtto se levantó y comenzó a caminar nervioso por la sala. Estaba cabizbajo y daba largas zancadas con las manos entrelazadas por la espalda. Casem le permitió recrearse en su cada vez más creciente mal humor durante lo que consideró un tiempo prudencial, algo así como media docena de idas y vueltas de su srers.

—¿Qué es lo que está pensando, mi señor?

—Esta es la última vez que el malnacido de Nakhawatt se burla de los iraluqs. Voy a aplastarles como los gusanos que son.

—¿Y cómo piensa hacerlo, mi señor? El ejército haliriano es posiblemente el más poderoso de todos los que existen actualmente. —Talaqtto continuó paseando en silencio.

—Voy a redactar un edicto en su contra. —dijo con decisión varias vueltas más tarde— En contra de todos los que se opongan a mí. Como va a lamentar esa rata sarnosa de Nakhawatt haberse reído de su srers.

Por dentro estaba aplaudiendo y saltando de alegría, todo lo que fuera en contra de los halirianos él lo apoyaría, en cambio, prosiguió con su cara de circunstancia, no quería demostrar demasiada euforia tenía un papel de pusilánime que interpretar.

—¿Está seguro mi señor que eso es lo mejor? Quizá si les forzamos demasiado lo único que consigamos sea que vengan a por nosotros.

—Que lo hagan si se atreven y terminarán todos ellos en las minas de Iacara.

—¿Cómo piensa mi señor enfrentarse a ellos si se da la circunstancia? —preguntó Ijlaak intrigado por los planes que su srers había ideado. La sonrisa de Talaqtto le dio escalofríos.

—Ya se encargaran los demás por nosotros, solo tenemos que redactar los edictos correctos y la gente enfurecida hará el resto.

Casem se sorprendió por la inesperada lucidez del srers, sin embargo, en esa ocasión tampoco expresó sus verdaderos sentimientos, si no que sonrió.

—Por algo mi señor ha llegado a srers, tiene una mente verdaderamente brillante. —Observó como Talaqtto infló el pecho con su agasajo.

—Deja de hacerme la pelota y ayúdame a escribir esos edictos.

Se les había hecho de noche y no habían podido apenas probar bocado, un pedazo de pan con queso acompañado de vino, pero había merecido la pena. En cuanto esos decretos vieran la luz y comenzasen a ejecutarse tendrían a los halirianos comiendo de su mano.

Sorpresas

Desde que habían salido del palacio del nawaii de Othago Malluk apenas le había hecho caso, iba demasiado entretenido con Danaell Beela, la hermana pequeña de Olandull Beela, el nawaii de la ciudad de Othago, como para prestar atención a algo más.

El día había amanecido soleado, sin una sola nube en el cielo y sin viento que agitase las aguas de las siempre peligrosas costas othaguenses, por lo que el embarque fue tranquilo.

Lo primero que hizo Qourk nada más subir al barco fue retirarse a la popa junto con Hamalk para hablar de sus cosas, y Malluk y su nueva amiga Danaell Beela se sentaron en un lado del barco en donde no estorbaban mucho para continuar conociéndose mejor, por lo que ella se quedó sin saber muy bien que hacer.

No se le daba bien socializar con la gente, aún así, Eobe se obligó a acercarse a su amigo y a su nueva acompañante para hablar, para ser amable con la othaguense, aunque pareciese que ella no lo necesitaba. Desde luego, las vibraciones que Eobe percibía de esa muchacha no eran de preocupación ni de miedo, como cabía de esperar en alguien que comienza una nueva vida, si no de excitación y diversión, como si para ella todo eso fuera un juego y no conociese el motivo por el cual tenía que abandonar su hogar y marchase tan lejos. Tal vez no lo hacía y solo la estaba juzgando mal por culpa de los celos.

Desde que la conoció en la cena que Olandull Beela ofreció para ellos la noche anterior no le había gustado esa mujer, no le había gustado nada el modo en el que miraba de soslayo a su esposo y como se comportaba con Malluk. Le tenía embobado, y lo peor era que Danaell era muy consciente de ello y se aprovechaba de las circunstancias. Estaba claro que ella se consideraba guapa, y lo era, de eso no cabía duda, pero al mismo tiempo era altiva, seca y caprichosa.

Qourk le había contado el motivo por el cual se tenían que llevar Danaell con ellos. La Serpiente había amenazado a Beela con entregársela al srers como regalo, y eso era lo que el nawaii de Othago le había pedido a su esposo a cambio de su hospitalidad. Eso y un ejército de quinientos hombres para defenderse cuando los iraluqs regresasen.

Si no hubiera sido por que tenían una promesa que cumplir seguramente se hubiese negado a que Danaell Beela les acompañase a Halira, sin embargo, tenían una deuda de gratitud para con el nawaii y su gente por haberles ayudado cuando más lo necesitaban, así que no le quedaba más remedio que tragar.

Al sentarse al lado de su amigo y de su invitada Garra se acomodó sobre sus pies, el pobre animal llevaba fatal eso de navegar, y mareado no se apartaba de su lado para que ella le consolase y le hiciese mimos y arrumacos. Mientras acariciaba el lomo de su mascota Eobe comprobó que, tal y como había hecho con ella en su día, Malluk le estaba explicando a Danaell cuáles eran las costumbres de Halira.

Eobe estuvo un buen rato en silencio, escuchando como su amigo alababa la cocina haliriana y Danaell la comparaba con la othaguense, cuando decidió que ese sería un buen momento para entrar en su conversación.

—¿En Othago tenéis esos pasteles rellenos de crema de avellana que están tan deliciosos? —preguntó Eobe inocentemente.

—No sé a qué tipo de pasteles te refieres. —respondió la mujer. Su tono fue cortante, muy similar al que usaba la mujer que decían que era su madre, Nivi de Worji.

—Es una masa similar a la del bizcocho, aunque algo más consistente y está rellena de crema de avellana. —Sin ni siquiera mirarla le respondió:

—Sí, tenemos algo similar. —Y para dejar claro que no le interesaba nada de lo que tuviese que decir le preguntó a Malluk— ¿Y de verdad está es solo la segunda vez que navegas? Se te ve muy entero para eso.

—De verdad, te lo prometo. —respondió él y se besó sus trenzas que le llegaban a la altura de los omóplatos— Supongo que tengo sangre medio marinera. —añadió sonriendo. Eobe pudo percibir lo orgulloso que se sentía su amigo por tener tan buena resistencia a los vaivenes del barco.

No se daba por vencida tan fácilmente por lo que volvió a preguntar.

—Ya que estamos navegando, ¿no os gustaría que nos desviásemos un poco para poder visitar algún sitio especial?

—¿Cómo cual, mi señora? —preguntó Malluk con curiosidad.

Creyó que tal vez sincerándose con ellos podría lograr que la dejasen entrar en su pequeño círculo para así no sentirse tan aislada.

—Siempre quise ver el fin del mundo, aunque fuese de lejos.

Danaell Beela comenzó a reír escandalosamente, y lo que más le dolió fue que Malluk hizo lo mismo.

—El fin del mundo dice. —Exclamó la mujer entre risotadas— ¿Dónde se ha criado? ¿En una caverna? —le preguntó a Malluk sin poder dejar de reír— Hasta los niños y la gente que no sabe leer sabe que el mundo no tiene fin, que es redondo.

Avergonzada se agachó y comenzó a acariciar la tripa de su yawatt. No les iba a dar el gusto de ver como los ojos se le llenaban de lágrimas y sus mejillas se coloreaban. Enseguida su animal levantó la cabeza y le lamió la cara, su aliento olía a vómito y le dieron ganas de apartarle, sin embargo, contuvo la respiración y le dejó darle un par de lametazos para consolarle.

Aguantó sentada a su lado lo que consideró un tiempo prudencial para que ninguno se percatase de lo mucho que le había afectado aquello, mientras ambos se reían de ella y hacían comentarios despectivos. En realidad era Danaell la que los hacía, Malluk no la amonestaba, ni la corregía, solo le seguía la corriente, sin duda eso estaba siendo lo que más le estaba doliendo de todo.

Aquellos instantes se le hicieron eternos y cuando lo consideró oportuno le dio un golpecito a Garra en el costado y este echó a andar en dirección al lado opuesto del barco. Eobe le siguió y se quedó allí, de pie, mirando a un horizonte sobre el que comenzaban a divisarse unas esponjosas nubes grises.

No entendía porque esa mujer se comportaba de ese modo con ella. Tal vez si hubiese llevado el pelo cubierto y no hubiese conocido su... No, ella no era deforme, ella era ianeekou, y según decían su maestro y su esposo era muy especial, con unos dones muy poderosos, así que más le valía a esa estúpida tratarla mejor o haría que se arrepintiese. Desconocía como, pero lograría que una noche se le cayese todo el pelo y se levantase calva y sin dientes, ese sería su castigo.

Con la mirada perdida sobre el cada vez más oscuro agua del mar apenas fue consciente de la suave ráfaga de aire que se había levantado y le agitaba el pelo, únicamente cuando su esposo Qourk le abrazó por detrás y le susurró al oído fue cuando ella se sobresaltó y volvió en sí.

—Hacía un día muy bueno, ¿tienes tú algo que ver con este viento y estas nubes? —Intentó negarlo.

—Yo no soy siempre la culpable de todo, ¿sabes?

—Claro que lo sé, solo estoy preocupado por ti. ¿Porqué no estás con Malluk charlando en vez de estar aquí sola y aburrida?

—No estoy sola, Garra está conmigo.

—Está bien, entonces. ¿Por qué no estás con tu amigo? —A Eobe se le hizo un nudo en la garganta.

—Garra es mi único amigo. —Sintió la tristeza procedente de su esposo antes de que este la soltara y la girara.

—¿Os habéis peleado Malluk y tú? —Tampoco tenía sentido mentirle.

—Ojalá. —Respondió con amargura— Por lo menos de ese modo nos hubiese pasado algo. Simplemente se limita a ignorarme. —No quiso explicarle que, tanto Malluk como su invitada, se habían burlado de ella, porque sabía el mal carácter que su marido gastaba y no quería más dramas.

—Ya veo. Nuestra encantadora invitada ocupa todo su tiempo y estás celosa.

—¡Ni ella es encantadora ni yo estoy celosa! —Respondió ofendida intentando no levantar demasiado la voz— Es una antipática que ni tiene modales ni tacto para tratar con la gente.

—Pues a mí no me lo parece.

—Ya claro, de lo único que os dais cuenta los hombres es de si una mujer es bonita o no. —Qourk resopló.

—Te prometo que no me he fijado en ella. Ni siquiera sé de qué color tiene los ojos. —Eobe se cruzó de brazos y ofendida le respondió:

—Eso es porque no la has mirado más allá de sus pechos. — Qourk la sujetó la cabeza con delicadeza. Eobe sabía que ese comentario le había molestado.

—¿Crees qué teniéndote a ti voy a ser capaz de mirar a otra mujer?

—Sí, lo creo.

—Entonces es que no me conoces, Eobe. — respondió con dureza y le soltó. No pudo evitar sentirse mal.

—Yo sé que me quieres. —le dijo acariciándole la parte superior de los brazos— Es solo que no me gusta lo que percibo de esa mujer y me da rabia que nadie más se dé cuenta de qué no es tan inocente como parece.

—Si te sirve de consuelo a Hamalk tampoco le gusta, pero no tenemos otra alternativa, se lo debemos a Beela. —Eobe agachó la cabeza.

—Lo sé. —Y Qourk la abrazó con fuerza contra su pecho. Ambos se quedaron en silencio, ella acariciando la espalda de su esposo y él depositando suaves besos por su cuello. Al separarse no pudo evitar mirar hacia dónde estaban Malluk y Danaell, ella les miraba celosa, por lo que Eobe sujetó el rostro de su esposo y le besó con fuerza en los labios para dejar claro que ese era su hombre y no se lo iba dejar arrebatar por nadie. Durante un largo rato se quedaron observando el mar en silencio, abrazados.

—¿Sabes? Cuando vivía en Galduru me gustaba mirar por el balcón de mi dormitorio a los barcos que pasaban. Algunos se veían muy lejanos y yo siempre me preguntaba a donde irían, de donde vendrían, y me imaginaba como sería subirme a bordo de uno de ellos y viajar y conocer sitios nuevos. —No quería explicarle lo del fin del mundo por miedo a que se riese de ella al igual que Malluk y Danaell— Creía que sería una divertida aventura como la de los cuentos, sin embargo, ahora que ya estoy en uno, estoy deseando llegar a casa y no volver a pisar otro en la vida. —Qourk se carcajeó.

—Me gusta tu plan. —le dijo— ¿Cómo se encuentra Garra? Mi yawatt no ha parado de vomitar desde que hemos zarpado.

Lo primero que hicieron al llegar al palacio fue acomodar a los yawatts, los pobres animales lo habían pasado fatal durante todo el trayecto en barco y necesitaban un buen descanso.

No quería, sin embargo, como buena nawae tenía un papel de anfitriona que cumplir, por lo que acompañó a Danaell Beela a dar una vuelta por el palacio mientras sus sirvientes le buscaban acomodación en una de las habitaciones de invitados. Eobe solo le mostró las partes principales, nada de donde se encontraban sus aposentos, ni el despacho de Qourk, ni el patio donde los soldados se entrenaban.

Durante el recorrido ninguna de las dos habló demasiado. Eobe solo comentaba lo imprescindible para explicarle en que parte se encontraban o como podría llegar hasta allí desde la entrada principal, a lo que Danaell no parecía prestar demasiado atención. No solo era su actitud, sino también las sensaciones que percibía de esa mujer lo que estaba logrando que se pusiese de mal humor. Eran sensaciones de desprecio y superioridad, de falta de respeto, como si no le importase nada que ella estuviese malgastando su tiempo en hacerla sentirse cómoda en Halira.

Acababan de salir de la biblioteca cuando Danaell le preguntó si celebraban muchas fiestas en el palacio. Esa era su oportunidad de poner en práctica la dureza que la madre de Qourk decía que toda buena nawae debería poseer. Eobe se detuvo y se giró para mirar a la muchacha.

—Estamos en guerra, niña. Las fiestas están fuera de lugar. —Ella nunca había sido tan severa y no sabía si lo estaría haciendo bien, sin embargo, era consciente de que, o se imponía en ese instante, o iba a tener muchos problemas con la othaguense. A Danaell, sin duda, le molestó el comentario.

—Mi señora debería saber que no soy ninguna niña. Tengo casi diecisiete años.

—Pues cuando dejes de comportarte como una, dejaré de llamártelo. —La chica la miró con rabia.

—Mi señora está molesta porque Malluk pasa más tiempo conmigo que con usted. Él mismo me ha dicho que eran muy amigos y que antes, cuando viajaban más, siempre estaban juntos.

Eobe sintió su furia burbujear, seguramente sus ojos habrían cambiado de color a esas alturas, pero no le importaba, ojalá sirviera para intimidar a esa mujer.

—Tu señora está enfadada, no molesta. —la espetó. Dio un par de pasos hacia ella y la miró directamente a los ojos— No te voy a volver a consentir, ni a ti ni a nadie, que te rías de mí como lo hicisteis ayer en el barco, ¿te queda claro? —Un trueno sonó a lo lejos, ese si había sido culpa suya, lo había sentido surgir dentro de ella y estallar en el aire.

Por lo visto había surtido efecto. Danaell dio un par de pasos hacia atrás y le hizo una pequeña reverencia antes de decirle:

—Mi señora, lamento lo que sucedió ayer, y si la ofendí le pido disculpas, solo me sorprendió mucho que…

—No necesito tus explicaciones, solo tus hechos.

—No volverá a suceder.

Eobe comenzó a caminar de nuevo y antes de llegar a la escaleras para guiarla hacia la entrada principal una sirvienta apareció. Era una mujer con el pelo canoso y muy delgada.

—La habitación de la invitada ya está preparada, mi señora. —les anunció y las tres se dirigieron hacia allí. Quería saber dónde iba a estar hospedada. A pesar que Danaell no le caía bien su obligación era ser una buena Nawae y devolverle la misma amabilidad que su hermano les había ofrecido durante su estancia en Othago, por ese motivo les había pedido a sus sirvientes que le diesen una buena habitación, que fuese luminosa y no demasiado fría, y por lo visto habían encontrado una que no estaba mal, seguía siendo un poco fría para su gusto, pero en Halira no hacía el calor que solían tener en Galduru, por lo que ningún rincón era lo suficientemente tibio para ella, aunque al parecer si lo era para Danaell Beela.

Eobe pidió a la sirvienta que se retirase para advertirle una última cosa a su invitada.

—Mañana celebraremos una cena en tu honor a la que asistirá gente muy importante de Halira, así que más te vale aprender a comportarte como lo que eres, la hermana del nawaii de Othago y no una niña malcriada. De tu comportamiento a partir de ahora depende la reputación de todo tu pueblo, incluso la reputación de tu hermano, así que te aconsejo que te pases toda la noche meditando muy bien que actitud vas a tomar a partir de ahora.

—Lo haré, mi señora.

Y cuando se disponía a salir la muchacha le preguntó algo:

— ¿Van a querer mi señora y su esposo que me reúna a cenar con ustedes dos esta noche? —Eobe se quedó pensativa un instante, normalmente ellos dos cenaban a solas en el salón de su dormitorio, y la verdad es que no le apetecía mucho estar en su presencia más tiempo del necesario, sin embargo, considerando que era la primera noche de Danaell en Halira tampoco quería ser descortés— Si te apetece, y no estás muy cansada, me reuniré contigo a la hora de la cena. —le confirmó Eobe— Le pediré a una de nuestras sirvientas que venga a preguntarte unos minutos antes si sigues queriendo acompañarme a cenar o prefieres hacerlo aquí, en tus aposentos y descansar.

Danaell hizo una reverencia y ella salió de la habitación.

Eobe había salido a pasear por la ciudad junto con uno de los soldados de su guardia personal, Kaylem, un hombre casi tan alto como su esposo y con unos brazos tan anchos como su cuello. Habían pasado casi dos semanas desde que habían regresado de Othago y su relación con Malluk seguía sin arreglarse. Un par de días atrás habían iniciado una breve conversación, aunque solo se había quedado en eso, ninguno de los dos parecía saber cómo abordar la situación, por lo que la distancia entre ellos era cada vez mayor.

En esa ocasión, y con una bolsita llena de khuats, se dirigió a la zona en donde había ido con Malluk y había visto todas esas tiendas. Lo primero que hizo fue ir a visitar a una costurera y hacerse varios vestidos a medida así como media docena de trajes de ropa interior nuevos, estaba cansada de llevar ropa prestada. Tardó mucho más de lo que se había imaginado allí dentro, pero había invertido bien su tiempo, y dentro de unos cuantos días podría comenzar a usar su propia ropa.

El colgante que había visto aquella primera vez seguía en el mismo sitio por lo que Eobe no dudó en comprárselo. El joyero le quiso regalar unos pendientes a juego como obsequio, sin embargo, Eobe no aceptó, solo se los llevaría pagando, esas eran sus condiciones. Su padre, Hergard Worji, le enseñó no aceptar regalos de nadie que tuviese que trabajar duramente todos los días si quería poner comida caliente en su plato y en el de su familia, y los comerciantes solían ser de esa clase.

Mientras ella pudiese pagar sus compras lo haría, no quería un trato especial por ser la hija ni la esposa de nadie.

Kaylem y ella prosiguieron con el paseo. En una frutería compró un racimo de uvas blancas del cual ambos fueron dando buena cuenta por el camino. No eran demasiado grandes, sin embargo, eran dulces como la miel.

Aunque el soldado estaba siendo muy atento y amable con ella la compañía no estaba siendo tan divertida como cuando salía con Malluk. Al menos, Eobe recibía vibraciones positiva procedentes de él, lo que con seguía que se sintiese a gusto a su lado.

 No pudo evitar pararse al ver un cinturón asomar en uno de los escaparates de una tienda. Era de trenzado cuero marrón oscuro y de unos diez centímetros de ancho con remaches metálicos. Estaba convencida que a Qourk le encantaría por lo que entró a comprárselo para darle una bonita sorpresa. En cuanto el curtidor supo que Eobe quería comprarlo para obsequiárselo a su nawaii insistió en regalárselo. Ella no aceptó, solo se lo llevaría si le dejaban pagarlo. El hombre finalmente cedió, y antes de que pudiese salir de su tienda le hizo varias exageradas reverencias y le besó las manos agradecido y honrado de que la nawae no solo le hubiese visitado, si no también que le hubiese comprado algo que él había fabricado con sus propias manos.

Eobe y Kaylem estaban paseando por una estrecha calle que parecía dar a ninguna parte seguidos bien de cerca por sus yawatts.

—Mi señora, por esa zona de la ciudad ya no hay más tiendas. —le confirmó Kaylem.

Estaba comenzando a contemplar la posibilidad de volverse cuando escuchó risas de un grupo de niños, y movida por la curiosidad se acercó a ver que sucedía. La calle daba a una pequeña plaza cuadrada rodeada por casas, la mayoría de dos plantas, de diferentes colores cada una y que no se encontraban en demasiado buen estado. En el centro había un grupo de unos diez niños sentados delante de una tarima de madera con un pequeño escenario en donde estaban representando una obra con títeres.

Llegaron justo cuando el protagonista, una marioneta con el pelo azul trenzado y grandes ojos azules, decidía echarse una siesta sobre el borde del escenario. Justo en el instante que comenzaba a dar sonoros ronquidos aparecía detrás suyo otra marioneta de otro hombre, este con el despeinado pelo corto y oscuro, con una gran nariz y una verruga en un lado de la cara, que se aproximaba al protagonista, muy despacio, para robarle su pequeño petate de tela roja que llevaba atado a un palito. El nuevo muñeco les pedía a los niños entre gestos que guardasen silencio. Por supuesto, todo el grupo de niños comenzó a gritar al unísono al ver que el malo le quería robar sus pertenencias al protagonista. El títere del hombre de la gran nariz salió corriendo del escenario y la del protagonista se incorporó y comenzó a preguntar despistado que había sucedido. Todos los niños volvieron a gritar a la vez sin que apenas se les entendiese lo que decían.

Eobe, divertida ante el espectáculo, decidió acercarse un poco más al grupo. La marioneta de pelo azul comenzó a preguntar a gritos por donde se había ido Mogulk, a lo que todos los niños respondieron gritando a la vez y señalando hacia la derecha del escenario. El protagonista miró hacia la izquierda y preguntó si era por ese lado, todos los niños respondieron negativamente entre gritos. En ese instante el muñeco de la gran nariz salió corriendo y se colocó detrás del chico de pelo azul entre los gritos de impotencia del pequeño público. Sin embargo, en esa ocasión, no fue lo único que Eobe escuchó, el llanto de un bebé le llegó nítidamente desde detrás del escenario y continuó sin cesar durante la persecución del títere protagonista y del malo de la función.

No supo que sucedió después en la obra, ya que movida por la curiosidad se asomó por la parte trasera y lo que vio le sorprendió. En lo que primero se fijó fue en el baúl de madera que se encontraba no muy lejos del escenario. Estaba abierto, por lo que Eobe pudo observar que estaba repleto de muñecos diferentes.

Solo había tres personas, un hombre y una mujer jóvenes con un bebé de pocos meses de edad. El hombre estaba encargándose de manejar los títeres y de hacer las voces, la mujer, mientras, intentaba consolar al pequeño que no paraba de llorar. Ambos parecían bastante nerviosos y angustiados, especialmente ella que parecía debatirse entre si dejar a su pequeño hijo llorando dentro del cartapacio situado al lado del baúl, o ayudar al hombre a terminar la función. Eobe sintió lastima por ellos por lo que se aproximó a la mujer.

—¿Necesita ayuda? —le preguntó señalando al bebé que acababa de callarse. La titiritera la miró sorprendida, a continuación miró al hombre que, con muchas dificultades, estaba cogiendo la marioneta de una muchacha con dos largas trenzas azules a cada lado de la cabeza de una banqueta colocada a su derecha.

Percibió la desconfianza de la mujer antes incluso de que se le reflejase en los ojos.

—Le prometo que cuidaré bien de su pequeño —le dijo Eobe.

La titiritera miró a Kaylem y a los yawatt y dudó un par de segundos, los justos para que el titiritero tropezase con la banqueta y todas las marionetas que había en ella cayesen al suelo.

—Es una niña. —le respondió tendiéndosela y realizando una rápida y corta reverencia.

Era la primera vez que sostenía un bebé, aunque había visto hacerlo a las sirvientas de la Fortaleza, por lo que sabía que debía sujetar la cabeza con cuidado. La titiritera corrió a ayudar al hombre situado detrás del escenario, no sin antes dirigirle una explicita mirada de aturdimiento.

El bebé comenzó a llorar de nuevo. En ese momento le pareció muy mala idea haberse ofrecido a ayudar a la titiritera, la verdad es que no sabía nada de sobre bebés.

—Mézala un poco. —le dijo Kaylem— A los niños les tranquiliza.
—Eobe le miró sorprendida.

—¿Cómo es que tú sabes tanto sobre bebés? —El soldado sonrió.

—Tengo tres hijos, el pequeño solo se dormía cuando yo le cogía en brazos. Mi esposa estaba desesperada.

Le hizo caso, pero el bebé no paraba de llorar y de derramar gruesas lágrimas por su redonda carita. Desconcertada miró a Kaylem.

—¿Qué hago ahora?

—Tal vez debería pasearse un poco con ella y cantarle algo. A mis hijos eso les gustaba.

Por probar no perdía nada. Eobe daba pasitos cortos al ritmo de una contagiosa melodía que había escuchado en el Bosque de las Lágrimas. La cadencia de la música era suave y al bebé debió gustarle ya que dejó de llorar y poco a poco fue quedándose dormido.

—Buen trabajo, mi señora. —le felicitó Kaylem. Ella le sonrió.

—Gracias a ti, sino no hubiese sabido que hacer.

—Seguro que algún día será muy buena madre.

No estaba segura de eso y se preguntó como actuaría cuando ella y Qourk tuviesen sus propios hijos. Miró a la criatura que tenía entre sus brazos, era tan pequeña y tan indefensa que todos sus instintos se pusieron alerta, quería protegerla para que no le sucediese nada malo, quería abrazarla y mecerla, y en ese momento entendió menos a la mujer que durante diecinueve años había creído que era su madre, Nivi de Worji ¿Cómo había sido posible que la hubiese despreciado del modo en el que lo había hecho? Ella no había tenido la culpa del desliz de su padre con una ianeekou.

Se imaginó cómo reaccionaría ella si su esposo llegase un día con un niño en brazos diciéndole que había sido el fruto de una relación con otra mujer. Se sentiría traicionada y dolida, y dudaba mucho que pudiera llegar a perdonárselo algún día, quizá hasta podría llegar a odiarle. Se avergonzó al darse cuenta que tal vez ella no fuese tan diferente a su madre y pudiese sentir algo de animadversión por esa criatura. No queriendo pensar más en cosas que le hacían daño se obligó a si misma a concentrarse en algo diferente. Determinó ir a sentarse junto con los niños para terminar de ver la función, eso le serviría de distracción.

La marioneta del chico protagonista fue hasta el castillo del padre del títere de la chica de las trenzas que Eobe había visto detrás del escenario, y le entregó una pequeña corona de flores que había conseguido que los ianeekous trenzasen especialmente para él. Esa era la condición que el padre de la chica, el nawaii de Halira, había exigido para concederle una casona de tres plantas cerca del Palacio Azul, una bolsa llena de khuats negros y verdes, los más valiosos de todos, y la mano de su hija.

Todos los niños vitorearon y aplaudieron a su héroe, y ella lo hubiese hecho también de no tener las manos ocupadas sujetando al bebé.

El pequeño público fue abandonando la plaza, algunos dejaban khuats en una pequeña vasija de cerámica situada en un lado del escenario, la mayoría eran pequeñas bolas de color blanco, un par amarillas. Eobe se puso de pie y se dirigió a la parte de atrás del escenario, la titiritera estaba buscando a Eobe con la mirada.

—Ha dejado de llorar. —le dijo al devolverle el bebé a su madre.

La mujer abrazó a su pequeña y la besó en la cabeza cubierta por una finísima capa de pelusilla azul clara.

—Gracias por cuidar de mi hija. —le respondió con timidez.

—No tiene porque dármelas, ha merecido la pena por ver una obra tan divertida.

El titiritero se aproximó hasta donde estaban ambas mujeres.

—Voy a por la vasija, vete mientras guardando las marionetas. —De pronto reparó en ella. Eobe supo el momento exacto en el que él la reconoció antes de qué pudiese expresarlo y hacerle una reverencia.

—Disculpe, mi señora, no sabíamos que usted iba a estar aquí hoy.

—No se preocupe. Yo tampoco lo sabía. —respondió sonriendo.

—No queremos ser descorteses con mi señora, pero tenemos que recoger todo para hacer dos espectáculos más por toda la ciudad. —dijo el hombre. De pronto de le ocurrió una idea.

—Si no es mucha molestia me gustaría acompañarlos, he llegado con la obra ya empezada y quisiera verla entera. —les pidió Eobe. Eso sería muy buena distracción, sin duda. Los dos titiriteros se miraron entre ellos, sorprendidos.

—Sería un honor para nosotros.

Eobe, Kaylem, y los yawatts, se quedaron cuidando del bebé mientras la pareja recogía todo y se dirigían hacia su próximo destino. Durante el camino Eobe fue preguntándoles por su profesión y por su hija. Había nacido hacía solo cuatro meses, y desde entonces no había faltado a casi ninguna de sus funciones. Suralia, la titiritera, apenas había podido descansar después de dar a luz, ya que ese era su único modo que tenían de ganarse la vida. La mujer le explicó que hacía muchos años las pequeñas compañías de titiriteros ambulantes eran muy valoradas, sin embargo, desde que el padre de Qourk se había convertido en nawaii, se había puesto de moda que la gente con dinero tuviese sus pequeñas compañías a las que financiaban a cambio de representar lo que a ellos les interesaba.

Les pagaban para actuar siempre en un mismo lugar, les compraban marionetas nuevas que vestían con ropajes elegantes, y montaban impresionantes escenarios que sus ayudantes iban cambiando según necesitase la representación, incluso contrataban a los mejores escritores para que les creasen emocionantes obras, por lo que prácticamente podían estrenar algo nuevo una vez al mes.

Contra ese despliegue de medios, las pequeñas trupes como las suyas no tenían mucho que hacer, se tenían que limitar a usar sus viejas marionetas e interpretar las mismas historias una y otra vez.

Varias horas más tarde Eobe volvió al palacio con cuatro bolas violeta de khuat menos. Las había depositado en la vasija sin que los titiriteros se diesen cuenta. A ella no le suponía demasiado, sin embargo, para una familia como ellos significaba poder comer holgadamente durante un par de meses, incluso guardar algunas provisiones para el invierno.

A decir verdad se lo había pasado muy bien, la obra había sido muy divertida, un poco infantil, pero se había reído muchísimo, y la pareja había sido muy amable con ella, por lo que les había preguntado si podía ir a visitarles otro día, a lo que los titiriteros habían respondido afirmativamente.

Para no faltar a la verdad se le había ocurrido una idea maravillosa, al menos a ella se lo había parecido. Escribiría la historia de cómo ella y Qourk se habían conocido y enamorado, de su viaje desde Galduru y de como él le había salvado de las garras de los iraluqs y le había llevado hasta Halira sana y salva. Eso sí, tendría que cambiar algunos detalles e introducir algún toque de humor, lo cual no creía que le fuera a resultar muy complicado. Una vez finalizada la obra se la daría a los titiriteros para que la representasen, incluso quizá pudiese comprarles alguna marioneta nueva. Tenía que ser una historia llena de emociones, amor, aventura, e incluso traiciones, para que los halirianos se sintiesen identificados con su nawaii y le apoyasen y respetasen como se merecería.

Sí, era una de las mejores ideas que había tenido en su vida.

Hasta la noche no pudo ver a su esposo, ya que éste había estado reunido con sus benawais y Yowak durante prácticamente todo el día, por lo que ni siquiera había podido entregarle el cinturón que le había comprado.

Se encontraba en el salón de su dormitorio, dándole vueltas a la historia que quería escribir. Había decidido que la iba a comenzar dulcificando un poco como las cosas habían transcurrido. Se suponía que ella, un par de días antes de la celebración de su unión con Iges Staanka, y nerviosa por la situación, se había escapado para dar un paseo a caballo por los alrededores. En ese instante había conocido a Qourk. Ninguno de los dos había sabido quien era el otro, pero se habían enamorado al instante y habían pasado las dos noches antes al día de su unión juntos, haciendo algo tan inocente y romántico como pasear por la orilla del mar, mirando las estrellas.

En esa parte se encontraba cuando la puerta de su dormitorio se abrió y las vibraciones de Qourk la golpearon con fuerza. Estaba furioso y muy cansado.

—¿Qué ha pasado? —le preguntó preocupada en cuanto su esposo cerró la puerta. Qourk le dio un breve beso en los labios.

—¿Qué has hecho durante todo el día? —preguntó su marido dirigiéndose hacia la alcoba— ¿Qué es esto? —preguntó al ver el cinturón sobre su cama.

—Es un regalo que te he comprado esta mañana. Pruébatelo — le pidió ilusionada porque le alegrase lo suficiente para que fuera lo que fuese lo que le sucedía se le pasase un poco. Su marido aceptó y se lo colocó sobre la ropa.

—¿Te gusta? —le preguntó Eobe. Qourk le dio un abrazo a su esposa.

—Mucho. —dijo con pesar después de besarle sobre la cabeza.

—¿Qué ha sucedido, Qourk?

Él se sentó a los pies de la cama, apoyó sus antebrazos sobre sus rodillas y dejó caer la cabeza. Ella le imitó sentándose a su lado y le pasó la mano por la espalda para intentar reconfortarle.

—Los iraluqs. —Respondió—Esta mañana hemos recibido varios edictos procedentes de Galduru firmados por el mismísimo srers Yovn Talaqtto.

—¿Tan malos son? —Nakhawatt asintió y respiró hondo.

—Tallaqtto exige que todas las ciudades, pueblos y aldeas le entreguen una elevada cantidad de khuat al mes, o en su defecto, el equivalente en materias primas, como muestra de buena voluntad para con el nuevo srers. Si no lo hacemos, por cada mes que nos retrasemos en el pago el importe se multiplicará por diez, si pasan tres meses sin que se pague el diezmo el resto de las ciudades y pueblos tendrán que hacerse cargo de la deuda. Y eso no es todo, el nawaii de esa ciudad, pueblo o aldea tendrá que renunciar a su cargo, y en su lugar, el srers nombrará a un sustituto de su entera confianza, además, el ejército, inmediatamente, pasará a pertenecer al de Galduru.

Eobe no se podía terminar de creer lo que le estaba contado su esposo.

—¿Sabes lo que eso significa? —preguntó Qourk. Ella negó con la cabeza.

—Que Talaqtto quiere que seamos sus esclavos. Quiere tener el poder más absoluto que ningún srers haya tenido antes y dominar el mundo.

Estaba atónita. No se imaginaba como, por ejemplo, una ciudad como Othago podría sostener un gasto como ese, o alguna de las pequeñas aldeas que había conocido de camino a Halira. ¿Y el Bosque de las Lágrimas? ¿Qué sucedería con ellos?

—Pero si Tallaqtto hace eso todo el mundo se va a poner en su contra. Cosa que nos conviene, ¿no?

—No, Eobe, todos se van a poner en nuestra contra.

—¿Nosotros? ¿Por qué?— Ahora sí que no entendía nada.

—Tallaqtto ha dejado bien claro que toda la culpa la tenemos los halirianos, más concretamente el nawaii Nakhawatt, por traicionarles y burlarse de los iraluqs, especialmente del srers, y que esta medida es un escarmiento para el resto del mundo, por lo que el primer diezmo que nosotros tendremos que entregar al srers será de tres cuartas partes del khuat que tengamos en nuestras arcas, o en su defecto, la mitad de nuestro khuat y una cuarta parte de nuestro ejército, yawatts incluidos.

—¡Eso no es justo!

—Lo sé. —respondió con seriedad.

Eobe se dio cuenta de la carga que su esposo soportaba sobre sus hombros. Seguramente Qourk estaría sopesando todas sus opciones, si se rebelaba en contra del srers el resto de ciudades y aldeas se pondrían en su contra, y muy posiblemente les declararían la guerra, y si obedecía al srers todos los halirianos, y por su puesto sus benawais, se opondrían a él, querrían echarle del cargo y quien sabía que podrían llegar a hacer. Recordó la colina de los hombres ilustres y le dio un escalofrío al imaginarse la estatua de su esposo acompañar a sus antepasados.

—Decidas lo que decidas yo estaré apoyándote.

Qourk se llevó las manos a la cara y se la frotó con fuerza.

—No sé qué hacer, Eobe, ese es el problema. Odio a Tallaqtto y a la Serpiente con todas mis fuerzas, y no acepto el arrodillarme ante ellos, el problema es que si no lo hago todo va a empeorar, los benawais van a terminar de ponerse en mi contra, los halirianos van a querer mi cabeza y no van a parar hasta conseguirlo. Eso por no hablar de lo que harían el resto de las ciudades. Van a venir todas contra nosotros, y por muy preparado que esté nuestro ejército no podremos soportar una guerra como esa. —explicó con angustia— ¿Y si le pagamos? Nos arruinaríamos, la gente comenzaría a pasar hambre, por lo que tarde o temprano terminarían rebelándose contra mí, así que como ves salgo perdiendo yo sea cual sea el caso.

Ella le sujetó una mano y entrelazó sus dedos con los de su marido. Quería apoyarle, animarle, ayudarle para que todo se solucionase.

—Si tú me lo pides yo puedo ir a hablar con el nawaii de los ianeekous para convencerles que se pongan de nuestro lado. —Eobe nunca se imaginó que esas palabras pudiesen salir de su boca, pero nunca hasta ese entonces la situación había sido tan delicada.

Nakhawatt se llevó la mano de su esposa hasta sus labios y la besó. A pesar de que podía percibir lo que Qourk estaba sintiendo ella le miró y vio la ternura y el amor en sus ojos.

—No podemos hacer eso. Yo te elegí ¿te acuerdas?

Por supuesto que lo hacía, y daba gracias a la diosa Aeneris todos los días por ello.

—Fuiste tú el que eligió, no yo. Soy su hermana y necesito que me ayuden a mí a salvar a mi esposo, así de sencillo.

—Nada es así de sencillo —respondió con tristeza.

—Quiero intentarlo, Qourk.

—Déjame pensarlo, ¿de acuerdo? —Ella asintió, no quería presionarle.

Había resuelto que a la mañana siguiente le escribiría una carta al nawaii del Bosque de las Lágrimas para solicitarle una reunión. Si conseguía convencerle, Eobe presentía que otros pueblos se unirían a ellos. Los halirianos podrían encabezar una rebelión en contra de los iraluqs hasta derrocar al actual srers, y así su marido podría salvar a su pueblo y cumplir con su promesa, convertirse en srers y demostrarles a todos que era el mejor nawaii que habían tenido en mucho tiempo.

—¿Por qué no me cuentas que has hecho durante todo el día? —le pidió su esposo— Necesito distraerme con algo.

Había trascurrido casi una semana y no había recibido noticias del nawaii del Bosque de las Lágrimas.

Tal y como había planeado a la mañana siguiente de tener aquella conversación con su esposo, había redactado una carta solicitándole una reunión urgente al nawaii ianeekou, por lo que la falta de noticias la tenía preocupada. Quizá el latou no hubiese llegado a su destino, o quizá lo hubiese recibido y no le apeteciese ni siquiera atender su petición.

Al igual que todas las mañanas, después de practicar los ejercicios que el murmurador le había enseñado, se pasó por el despacho de su esposo para preguntarle si podría acompañarle a comer o tendría que hacerlo en compañía de Danaell Beela. No había dejado de practicarlos ni un solo día desde que su maestro había partido hacia la Cordillera de los Murmullos a investigar el incidente de Othago.

No lo había pretendido, sin embargo, escuchó parte de la conversación que su esposo estaba manteniendo con sus dos ghalees, Yowak y Ranok

—…soportar —oyó decir a Yowak.

—Si aceptamos sus condiciones nosotros vamos a terminar igual que los galdurianos. —respondió Qourk.

—Y si no lo hacemos el resto de las ciudades nos van a masacrar. —dijo otra voz de hombre que ella no conocía y que supo que pertenecía al hombre al que su marido había nombrado como ghalee recientemente.

—No pienso permitir que mi pueblo pase hambre y que los iraluqs los conviertan en sus esclavos para que saquen el ixt de las minas de Iacara. Aunque me cueste el cargo voy a luchar hasta el final, con todas mis fuerzas para impedirlo.

—¿Ha pensado en algo, mi señor? —preguntó Yowak.

—Viajar hasta Galduru y matar a Talaqtto con mis propias manos.

Una punzada en el corazón le obligó a abrir la puerta. Al verla los dos ghalees su pusieron de pie y le hicieron una reverencia.

—No me gusta que la gente escuche detrás de las puertas, Eobe. —le regañó su marido.

Ella hizo una reverencia y se dio cuenta la mala imagen que debía de estar dando al reconocer que había estado escuchando.

—No era mi intención, mi señor, solo venía a preguntarle si podría reunirse conmigo a comer.

—No, Eobe, hoy no puedo.

Notó la rabia y la tristeza precedente de Qourk y se sintió impotente.

Que fuera consciente de que matar a Tallaqtto era la única solución a sus problemas no le aliviaba del miedo que le había atenazado las entrañas. La última vez que Nakhawatt había salido de viaje casi le había costado la vida, y no quería que nada como eso le volviese a suceder. De pronto una idea comenzó a abrirse paso en su mente. Tal vez sí…

No sabía cómo explicársela, recordaba con claridad aquella pelea que tuvieron cuando ella no quería que Qourk viajara a Othago, y lo que menos pretendía era repetir experiencia.

—¿Qué les hace Talaqtto a los galdurianos? —preguntó para asegurarse que lo que iba a hacer era por una buena razón, que iba a traicionar la promesa que una vez le hizo a su hermano Mawith para que el tiránico gobierno de Talaqtto llegase a su fin.

Al no recibir respuesta de su esposo Eobe miró a los ghalees.

—Los iraluqs los están usando para financiar su ejército, les obligan a darle todo su khuat, todos los productos que puedan obtener de la agricultura, la ganadería y la pesca, y si no lo hacen son apresados y llevados a Iacara para que trabajen como esclavos en las minas de Ixt. — respondió Yowak.

Eobe se llevó las manos a la cara, aquello era mucho más horrible de lo que se imaginaba, y lo peor era que estaba segura que a los halirianos terminarían haciéndoles lo mismo si el srers conseguía salirse con la suya, por lo que preguntó.:

—¿Seguro que matar a Talaqtto es la única solución? — Los profundos ojos azules de su esposo le miraron con fiereza.

—No pienso discutir eso contigo.

—¿Lo es o no? —preguntó. Estaba tentando su suerte demasiado, lo reconocía, pero necesitaba saber.

—Sí, y ahora márchate de aquí.

—Pero es peligroso.

—No me obligues a repetírtelo.

Tenía que hacerlo, solo que era más difícil de lo que había imaginado. Respiró hondo y habló.

—¿Y si te digo que yo sé como podéis acceder a la Fortaleza y recorrer sus pasillos sin que nadie se dé cuenta? —Su esposo se quedó serio, mirándola fijamente, confundido.

—¿Estás jugando conmigo? Porque este no es buen momento.

—¿Crees que no lo sé? Solo te estoy poniendo su cabeza en tus manos.

—¿Tú? ¿Y cómo lo vas a conseguir? —preguntó cruzándose de brazos. Qourk estaba comenzado a enojarse de verdad. Miró a los ghalees, y después volvió su mirada hacia su esposo.

—¿Recuerdas el día que nos conocimos y que te llevé por un pasadizo secreto para llegar a mi dormitorio? —Su esposo asintió— Pues da la casualidad que no es el único. Y también da la casualidad que conozco una entrada oculta a la que se puede acceder desde el mar.

La perplejidad de todos los presentes, especialmente de su esposo, la golpeó tan fuerte que tuvo que obligarse a permanecer de pie.

—¿Por qué haces esto ahora? ¿Por qué no me lo has dicho antes? —le preguntó Qourk después de un par de segundos de silencio. Eobe se encogió de hombros.

—Ahora todo es distinto. Antes tenías opciones para derrocarle, para ganar el cargo de srers, por eso no podía decir nada. Hace muchos años mi hermano y yo hicimos un juramento, ambos guardaríamos el secreto de la Fortaleza hasta la tumba. Lo que ninguno logró tan siquiera imaginar en ese momento eran las cosas tan horribles que iban a suceder tiempo después. Estoy segura que si él siguiera con vida y viera lo que Tallaqtto está haciendo con Galduru y con el resto de las ciudades no lo consentiría. —Ante el recuerdo de Mawith los ojos se le llenaron de lágrimas— Él era muy buena persona, ¿sabes?

Nadie dijo nada más durante un buen rato, tiempo que ella usó para controlar sus emociones como el murmurador le había enseñado, y cuando al fin lo logró dijo:

—Si el srers cree que va a poder hacer daño a mi esposo y a mi gente, y que yo me voy a quedar de brazos cruzados está muy equivocado. Se lo debo a mi familia, y él va a pagar por todo el dolor que nos está causando. —dijo con seriedad.

—Eobe…

—Se va a arrepentir de haber preferido violarme antes que cortarme el cuello el día de mi unión con Staanka.

Un par de horas más tarde los dos ghalees junto con Hamalk, Qourk, y ella misma, estaban planeando la visita sorpresa a la Fortaleza.

Le había costado horrores convencer a su esposo que la dejase ir con ellos. Él quería que les dibujase un plano y les explicase con todo detalles lo que se iban a encontrar. La idea no resultó demasiado buena, el mapa, o al menos lo que había pretendido ser uno, era como una corteza de árbol surcado por las garras de una docena de yawatts, por lo que después de mucho insistir Qourk terminó aceptando, eso sí, con la única condición de que mientras ellos se encargaban de Talaqtto, la

Serpiente, y su guardia personal, ella permanecería escondida en los pasadizos, a salvo de cualquier cosa.

Caminaba de un lado a otro del salón de su dormitorio meditando, poniendo en orden sus sentimientos y sus pensamientos, mientras esperaba a que su esposo apareciese. Le preocupaba en qué tipo de srers se convertiría. Eobe deseaba que tratase por igual a todos los pueblos, ya fuesen del oeste o del este, la cuestión era ¿Lo haría o se comportaría como Talaqtto? Lo dudaba mucho. Por lo que había oído a los soldados halirianos de regreso desde Galduru su padre, Hergard Worji, se había dedicado a ignorar a los pueblos del oeste, es más, había querido unir a su hija con uno de los nawaii del este para forjar una poderosa alianza contra el oeste. Le había dolido escuchar aquello, y ella siempre había negado que fuese cierto, pero quien sabía, le habían ocultado tantas cosas y le habían dicho tantas mentiras que no tenía claro a quién debería creer. Lo único que sabía era que desde que había conocido a las gentes del oeste se había dado cuenta de algo, no había tanta diferencia entre ellos y las gentes del este, de hecho, si alguien le preguntaba, ella le aseguraría a cualquiera que no había ninguna, por ese motivo no llegaba a comprender porque había tanta animadversión de los unos hacia los otros. Posiblemente Doum, el murmurador, pudiese contestarle sus dudas con imparcialidad, aunque para ello que tendría que esperar a que su maestro regresase.

Oyó a su esposo darle las buenas noches a su amigo Hamalk antes de que abriera la puerta del dormitorio. Al menos parecía más relajado, no así ella, que no paraba de pasear de un lado a otro.

Ambos se quedaron mirando a los ojos durante al menos una docena de pesadas respiraciones. Eobe percibía las diferentes emociones que aturdían a su esposo, algunas las compartía, otras las comprendía.

Qourk se acercó despacio a ella, levantó su brazo derecho y le acarició el rostro con suavidad.

—¿Estás segura? —De sobra sabía que se refería al hecho de revelarle la entrada a las entrañas de la Fortaleza y romper el juramento que le hizo a su hermano hace años. Ella asintió.

—¿Y tú? —Él suspiró para a continuación asentir— Ser srers va a resultar más difícil que ser nawaii. —Añadió Eobe.

—Lo sé. Ser srarsa también.

—Lo sé, he vivido con una, eso no me preocupa, solo me preocupas tú.

—¿Quieres que sea sincero? —Eobe asintió.

Qourk se alejó de ella y se dirigió hacia la ventana. El cielo estaba rojizo, sin embargo, en esa ocasión ella no tenía nada que ver con la tormenta que estaba a punto de desatarse.

—Estoy confuso. —Respondió un par de respiraciones más tarde—. Esto es por lo que llevo tantos años peleando, por lo que mis antepasados lucharon y fracasaron. Y yo ahora estoy a punto de lograrlo y demostrarles a todos que no soy tan inútil como ellos creen, y me siento ansioso y excitado, pero al mismo tiempo me asusta todo lo que esto conlleva, la responsabilidad y las repercusiones que va a tener. Los pueblos del este no se tomarán nada bien que otro bárbaro del oeste les gobierne, mucho menos después de lo que Tallaqtto está haciendo.

—Entonces demuéstrales que tú no eres como él, que no eres como los otros srers que ha habido. Tiéndeles la mano, preocúpate por ellos, preocúpate por todos. Ayúdales a que confíen en ti.

—¿Para qué después me corten la cabeza? —respondió girando para mirarla.

—No. Para que después te respeten y escriban alabanzas sobre Qourk el Justo, Qourk el Pacificador, que perduren en el tiempo. —Su esposo negó y se dio la vuelta.

—Suena muy bonito, pero… —Al ver que no se decidía a continuar hablando le espetó:

—Pero nada, Qourk. Lo intentarás, lucharás por ello, trabajarás duro, y sí, habrá gente que se opondrá a ti férreamente, que intentarán con todas sus fuerzas que fracases, incluso algunos querrán acabar contigo para ocupar tu puesto, sin embargo, no podrán, y les demostrarás a ellos también lo equivocados que están contigo. Y seguro que habrá días que te parezcan una pérdida de tiempo y querrás dejarlo todo y huir lejos, aunque no lo harás, no está en tu naturaleza, y seguirás luchando por toda esa gente, y un día verás como todos tus esfuerzos serán recompensados.

Antes de que Qourk se diese la vuelta Eobe sintió su miedo.

—Das demasiadas cosas por sentado. —le respondió con seriedad. Eobe se preocupó.

—¿Cómo cuales?

—¿Y si no quiero gobernar para ellos? ¿Y si solo quiero someterlos como lo han hecho ellos con nosotros durante tantos años? —Eso era lo que a ella verdaderamente le inquietaba, que su esposo solo quisiera dejarse llevar por sus ansias de venganza.

Permanecieron en silencio largo rato hasta que juntó el coraje suficiente para preguntar con suavidad.

—¿Entonces… eso es lo que quieres? —Tardó en responder.

—Ahora mismo lo único que sé es que no me gustan las gentes del este.

Ella conocía bien a su esposo, o eso creía. Qourk era serio, tenaz, a veces inflexible y demasiado severo, no obstante, también tenía buen corazón, y era dulce y cariñoso, y se preocupaba de verdad por su pueblo.

Desde que habían llegado aquellos edictos había estado inquieto, angustiado. Por las noches apenas dormía, y la comida casi ni la probaba, decía que tenía el estómago cerrado, así que si Eobe lograba que se preocupase por las gentes del este solo la mitad que lo hacía por los suyos tendría mucho terreno ganado. Ella levantó su ceja derecha.

—¿Ah, no? ¿Entonces que pasa conmigo?

—No sé ¿qué pasa contigo? —respondió.

—Yo soy del este.

— Claro que no.

—Por supuesto que lo soy. Crecida y criada en Galduru, con costumbres y acento del este.

—Eres ianeekou.

—Solo de nacimiento y de apariencia. Una gran parte de mi corazón es galduriano, la otra se convirtió hace unos meses en haliriano. —Qourk arrugó el entrecejo. A Eobe le hubiese gustado saber en que estaba pensando, esperaba que fuese en cómo hacer para gobernar sin dejar a nadie de lado.

—Tú perteneces a… —En vista que Qourk no conseguía aclararse ella dijo:

—Yo no pertenezco a ningún sitio, y al mismo tiempo pertenezco a tres lugares a la vez. Al bosque por nacimiento, a Galduru por ser el lugar en el que he crecido, y a Halira por amor a su nawaii. ¿No es curioso? —Lejos de ayudarle solo le había confundido más—. Qourk, ellos no son tan diferentes a vosotros, sufren igual que vosotros cuando algo les preocupa, lloran igual que vosotros cuando se les muere alguien a quien quieren, sangran igual que vosotros cuando un cuchillo les hiere, pasan hambre igual que vosotros cuando no tienen ni una mísera cuchara de sopa que llevarse a la boca, solo que alguien ha sembrado de rencor vuestras cabezas y vuestros corazones y ese odio no os deja ver más allá. —Su marido agitó la cabeza.

—Las cosas no son tan sencillas.

—Lo sé.

—¿Y si no puedo hacerlo? ¿Y si no sé gobernar para todos? —Eobe no quería presionarle más.

—Entonces hazlo como mejor sepas.

Aliados inesperados

Solo cinco hombres más su esposa Eobe era el pequeño grupo que iba a viajar hacia Galduru una vez más, de hecho, ni siquiera a los yawatts les estaba permitido acompañarles. Según les había explicado Eobe iban a tener que moverse por estrechos pasillos, y en algunos tramos deberían ser tan silenciosos como pensamientos, por lo que apenas podían llevar armas, solo un par de dagas y un tocklo, una espada corta que los halirianos solían utilizar con maestría en el combate cuerpo a cuerpo.

La tarde anterior de su partida se había reunido con sus benawais para explicarles que tendría que ausentarse un par de días y que ellos se quedaban a cargo de los asuntos urgentes de Halira. Tal y como se esperaba se habían enfurecido al ver que su nawaii se negaba a explicarles los motivos de su fugaz escapada, sin embargo, él había permanecido impasible ante incluso algunas de las amenazas veladas de alguno de ellos.

Por nada del mundo les iba a explicar sus planes y arriesgarse a que le traicionasen de nuevo, ya había tenido suficiente con Shawick.

Antes de su partida les había dado instrucciones estrictas de no hacer absolutamente nada sobre los edictos de Tallaqtto, ni aceptar ni rechazarlos, y esperaba que le obedeciesen. Ya se encargaría él de eso a su debido tiempo, cuando fuera srers.

Podía pecar de muchas cosas, pero no de descuidado, por lo que les escribió una carta explicando a sus benawais el verdadero propósito de su viaje y sus instrucciones al respecto. No se fiaba de ellos por eso le había pedido a Sibeelha, su madre, que les entregase el documento al día siguiente de su partida hacia Galduru.

Le había tenido que contar la situación y él motivo de su repentino viaje. En todo momento Sibeelha había estado de acuerdo con su hijo, excepto por el hecho de llevar solo una escolta de cinco hombres y una esposa que le distrajese.

A su madre no le terminaba de gustar Eobe y eso le apenaba, porque a él le demostraba todos los días que sin duda no había podido escoger una mejor esposa y una mejor Nawae.

Le había hecho prometer a Sibeelha que no diría ni una sola palabra a nadie de la conversación que habían mantenido, su vida y la de sus hombres dependía de ello. Su madre aceptó y le deseó buena suerte en su viaje. No pudo evitar emocionarse al pensar que tal vez la próxima vez que se vieran él sería srers y que ella por fin tendría verdaderos motivos para sentirse orgullosa de su hijo.

El reducido grupo subió a bordo del barco que les iba a llevar hasta Galduru. No era lujoso ni grande, tampoco es que les importase, con que fuese veloz les valía, y ese lo era. Los marineros le habían asegurado a Yowak que al atardecer del décimo día, y si el clima era favorable, serían capaces de llegar a las costas de Galduru, lo cual no estaba nada mal considerando que si hubiesen hecho el mismo viaje a lomos de sus yawatts les hubiese costado cerca de un mes y medio. Lo que esos marineros no sabían es que con Eobe a bordo la suerte estaba asegurada. Ya se encargaría él de que su esposa hiciese que el clima se pusiese de su lado.

En su plan había varios puntos que le inquietaban, y uno de ellos era el cambio de las mareas. Según le había comentado Eobe en esa zona cambiaban bruscamente, así que deberían estar muy atentos si no querían morir ahogados dentro de los túneles que les llevaría hasta la Fortaleza. Por lo visto cuando subía la marea los angostos pasadizos se anegaban con rapidez. Ella lo había experimentado en una ocasión y si no le había llegado a suceder nada había sido gracias a la intervención de Mawith.

Le hubiese gustado conocer al hermano de su esposa. Pese a ser un hombre del este, y por lo que Eobe le había contado sobre él, parecía alguien del que te podías fiar, y un buen guerrero, además sentía una enorme gratitud por haberse portado tan bien con ella y haberla querido tanto a pesar de que su madre no hacía otra cosa que intentar ponerle en su contra y separarles.

Con todo el mundo a bordo, y mientras partían, miró al Palacio Azul, su hogar, y toda su vida pasó ante sus ojos en un instante; Su estricta infancia, las duras lecciones de sus progenitores, lo mucho que había tenido que luchar desde que entró al ejército para que los soldados halirianos le respetasen, la prematura muerte de su padre, su ascensión como nawaii, los desprecios y humillaciones de sus benawais, las duras negociaciones con los iraluqs, el viaje hasta Galduru, la matanza en la Fortaleza, Eobe, Eobe, Eobe, Eobe y su ofrecimiento para ponerle el cargo de srers en las manos.

Estaba tan cerca de conseguir su sueño…

Incluso hasta los expertos marineros que les llevaban a Galduru estaban sorprendidos por la rapidez con la que habían llegado. A la mañana del noveno día eran capaces de ver a lo lejos la silueta de la Fortaleza erigirse orgullosa sobre un acantilado liso de piedra caliza.

Fondearon el barco y esperaron a que comenzase a atardecer para asegurarse que los barcos pesqueros que estaban faenando por las inmediaciones volviesen al puerto, así ellos podrían acercarse a la Fortaleza lo máximo posible sin llamar demasiado la atención.

Acceder no iba a ser fácil, Eobe les había avisado del peligro de resbalarse una vez dentro de los pasadizos, las rocas estarían mojadas, incluso en algunas zonas el mar no se habría retirado del todo, por lo que deberían andar despacio y con mucho cuidado.

Repasaron el plan varias veces para cerciorarse de que todo el mundo sabía lo que tenía que hacer y todo transcurriese sin ningún incidente. Las horas pasaban con lentitud y el estar atrapado no le estaba ayudando mucho a relajarse. Intentó imaginarse como sería su vida después de autoproclamarse srers, sin embargo, las imágenes de las mil maneras en las que deseaba matar a la Serpiente se entremezclaban con el resto. No se veía a si mismo viviendo en Galduru, no le gustaba su clima tan cálido y húmedo, aunque debería permanecer allí algún tiempo hasta que la situación se tranquilizase. Quizá pudiese vivir la mitad del año en Halira y la otra mitad en Galduru, de ese modo podría conocer de primera mano que sucedía con las gentes del este y actuar en consecuencia. Seguramente Eobe estaría de acuerdo con su plan, al menos eso esperaba, porque a donde fuese él quería que su mujer le acompañase.

No había dejado de mirar hacia la Fortaleza en toda la mañana así que cuando Eobe se acercó para llevarle algo de comer continuaba en la misma posición, con la mirada fija en el horizonte y el sudor cayéndole por la frente a causa del sol.

Su esposa vestía el atuendo típico ianeekou, sin embargo, lo que más le sorprendió fue que se había cubierto el pelo con un pañuelo de color azul oscuro.

Según le había explicado la elección del color fue en honor al nawaii de Halira, lo que le hizo que el pecho se le inflase de orgullo. Lo del cubrirse el pelo fue por costumbre, nunca había estado en su ciudad con la cabeza descubierta y el hacerlo le hacía sentirse indefensa, como si estuviese desnuda.

Un pedazo de cecina, pan correoso y queso fue el delicioso majar de ese día, y mientras comenzaba a dar cuenta de su aburrido almuerzo su esposa le preguntó:

—En pocas horas te convertirás en srers. ¿Cómo te sientes? —Giró la cabeza para ver donde se encontraban sus hombres. Ninguno estaba cerca, aún así dijo en voz baja.

—Nervioso. —Su esposa se limitó a mirarle con intensidad.

—No te quiero poner más nervioso, pero sabes que para entrar en la Fortaleza hay que pasar por pasadizos estrechos y oscuros, ¿verdad?

Él asintió intentando tragar un pedazo de pan. Claro que lo hacía, y sinceramente prefería no pensar en ello. No le gustaba nada la oscuridad y estar allí atrapado y a oscuras durante tanto tiempo no le hacía nada de gracia. Eobe entrelazó sus dedos con los suyos y le dio un fuerte apretón.

—No te preocupes, no dejaré que te pase nada malo. Si te sientes mal allí dentro, si no puedes aguantar la sensación sujétame por los hombros con fuerza, cierra los ojos e imagínate lejos de allí, imagínate tumbado sobre la hierba de Halira mientras contemplas las estrellas.

Quería protestar, decirle que él no era ningún chiquillo, sin embargo, su ternura le dejó sin habla.

—Y si eso tampoco funciona entonces encontraré otra entrada para ti. —añadió Eobe. Qourk se inclinó hacia ella para besarla, pero no le dio tiempo, un grito de sus hombres avisándole de que no estaban solos le hizo ponerse de pie. Uno de los barcos pesqueros se estaba aproximando demasiado a ellos.

Les ordenó a sus hombres que no hiciesen ningún movimiento brusco, quería que creyesen que eran inofensivos pescadores. Su táctica no debió dar resultado por que unos pocos minutos más tarde una bola de fuego salía despedida del barco para estrellarse contra el suyo.

Por suerte ningún hombre resultó herido, no así la nave, a la cual el impacto consiguió abrir una brecha en estribor. No habían terminado de recomponerse cuando un segundo proyectil cayó sobre la popa.

Los marineros, prestos, soltaron un bote y todos ellos comenzaron a bajar por unas inestables escaleras de cuerda para subir a la barca e intentar llegar a tierra firme.

En ese momento lo único que Qourk podía hacer era en intentar poner a salvo a su esposa y maldecir por haber aceptado que les acompañase.

Comenzaron a remar con fuerza, sin embargo, antes de que se pudiesen dar cuenta, estaban rodeados por seis botes ocupados por seis hombres cada uno y un recipiente metálico en el centro del cual surgían nerviosas lenguas de fuego. Uno de los hombres echó algo a la vasija y con unas tenacillas lo saco poco tiempo después para lanzárselo con rapidez. La piedra recubierta de fuego cayó cerca de donde estaban.

—Nos hubiese dado si hubiese querido. —dijo Yowak.

—¿Por qué nos atacáis? —les gritó Qourk. Un hombre de una de las barcas situadas a su derecha se puso de pie.

—¿Qué han venido a hacer unos halirianos a Galduru?

Qourk se arrepintió de no haberse cubierto la cabeza al igual que su esposa, de ese modo esos hombres que se suponía que eran pescadores no les hubiesen descubierto.

—Es un asunto personal que nada tiene que ver con vosotros.

—Eso lo decidirá nuestro ghalee. ¡Seguidnos!

Qourk miró a Hamalk y a Yowak y ambos asintieron. En la situación en la que se encontraban no podían hacer mucho más excepto dejarse guiar y esperar el mejor momento para desarmar a ese grupo de hombres, matarlos y continuar con su idea inicial. Si Eobe no estuviese en el medio...

—¿Cuál es el plan, mi señor? —preguntó Hamalk.

No había ningún plan, por una vez en su vida, Qourk no tenía ni idea que hacer. En vista de que no respondía, Yowak dijo:

—Está claro que no son simples pescadores, y por sus vestimentas y las armas tan rudimentarias que utilizan diría que tampoco son soldados de Tallaqtto. Yo propongo que los sigamos y descubramos quienes son, tal vez nos sirvan de ayuda contra el ejército del srers.

Sí, era buena idea, excepto por una cosa, a Qourk le asustaba lo que esa gente pudiese hacer con su esposa, ya fueran gente de Tallaqtto, saqueadores, o simples pescadores que quisieran ganarse una buena recompensa.

—¿Cuántos calculáis que son? —preguntó Qourk.

—Yo diría que en el barco van unos cincuenta hombres más los que van en las barcas, más luego la gente que tengan en tierra, así que calculo que en total serán unos ciento cincuenta hombres.

Ciento cincuenta para seis no era un buen número, especialmente si les atacaban todos a la vez. En caso contrario sus posibilidades de salir victoriosos se multiplicaban. Si solo no estuviese Eobe con ellos, o si por lo menos estuviese acompañada de su yawatt, Garra la defendería con su vida, igual que él.

—Si alguien intenta hacerle algo a mi señora yo mismo les arrancaré la garganta con mis propias manos. —Aseveró Yowak, y a Qourk no le cabía duda que podría cumplir con sus palabras, él había visto en alguna ocasión como lo había hecho.

—Yo puedo deshacerme de cinco antes de que se den cuenta de lo que está pasando. —Añadió Kaylem.

—Lo mismo digo. —Dijo Pomock, otro de los soldados que les

acompañaba, besándose las trenzas. Todos y cada uno de ellos fueron sumándose a la lista. Conmovido por su apoyo y lealtad asintió.

—Esconded bien las armas.

Su esposa entrelazó sus dedos entre los suyos. Estaba enfadado con ella por haber insistido tanto en ir. La miró, tenía los ojos un par de tonalidades más claras de lo normal, y en vez de recriminarla como le apetecía se descubrió a sí mismo susurrando.

—No tengas miedo, no voy a dejar que nadie te haga daño.

Les guiaron por mar hasta una pequeña playa en donde desembarcaron. Desde allí, a punta de espada, tuvieron que andar casi cerca de una hora hasta que llegaron a una enorme casa de dos plantas de color tierra, con los balcones, las ventanas, las puertas y las tejas en color blanco, y que seguro que tenía unas preciosas vistas al mar. Al verla Eobe gimió.

—¿No nos llevarán hasta allí? ¿Verdad?

—Me parece que sí. —respondió Hamalk.

Su esposa volvió a gemir y se giró bruscamente. A Qourk estuvo a punto de salírsele el corazón cuando vio que la espada de uno de esos hombres estuvo a punto de clavársele en el pecho.

—¿A dónde nos llevan? —le preguntó con dureza, cosa que le sorprendió.

Nadie le respondió, por lo que Eobe se paró en seco y se cruzó de brazos. Qourk la sujetó del codo y la obligó a seguir caminando.

—No hagas esto más difícil, mujer.

—Solo quiero saber a dónde nos llevan. No creo que sea mucho pedir.

—Somos sus prisioneros, no nos van a decir nada.

Ella comenzó a mascullar palabras que no conseguía entender. Juraba por sus antepasados que como hiciese alguna estupidez la iba a dejar que fuese nadando todo el trayecto de vuelta a Halira.

Por suerte su esposa pareció entrar en razón y no volvió a abrir la boca hasta que pisaron el descuidado jardín de la casa que habían visto a lo lejos. En sus buenos tiempos debía de haber sido un lugar realmente hermoso, con fuentes de mármol blanco de las que ahora solo se veían las ruinas, árboles frutales, en otros tiempos fértiles, y que ahora solo eran un esqueleto carbonizado, y exuberantes y olorosas flores en el lugar de las plantas secas y muertas que lo cubrían todo.

—¿Qué ha pasado aquí? —preguntó Eobe.

—Los dueños murieron por preguntar demasiado. — Respondió uno de sus raptores.

—¡Eso es mentira! —protestó.

El hombre rió y le dio un empujón a Kaylem para que se adentrara en la casa.

—Mi señora, por favor, intente permanecer en silencio. —Le pidió Hamalk con toda la educación de la que era capaz en ese instante.

Ella le miró, sin duda para que reprendiera a su amigo, pero no lo hizo, de hecho, le estaba agradecido por haberla regañado.

Por dentro el lugar no estaba mucho mejor que el jardín. Suelos sucios y rotos, paredes llenas de hollín, leves rastros de lo que antes debían de haber sido lujosos muebles y que habían sido reducidos a cenizas, eso era todo lo que quedaba de lo que debía haber sido una majestuosa mansión.

La mitad de los hombres que les había acompañado hasta el recibidor se desviaron, y el resto les dirigió hasta el salón principal. Al entrar, Eobe volvió a gemir.

Las paredes que en algún momento habían estado cubiertas por brillantes espejos estaban llenas de desconchones, irregulares pedazos de espejos amenazando con caerse y manchas negras. Sin duda, el incendio que había destruido el recibidor también había llegado hasta allí. Los afilados pedazos de cristal que antaño habían adornado aquellos muros permanecían amontonados en un rincón junto con los restos de los muebles carbonizados. Los ventanales que daban al mar estaban apoyados en la pared, rotos y sucios y los pájaros entraban y salían a su antojo de la sala llena de hollín, plumas y excrementos de animales. Fuertes pisadas de hombre se aproximaron a ellos.

—Vamos a ver que tenemos aquí. Oyó decir a un hombre.

Instintivamente Qourk se giró para mirar hacia la puerta, arrastrando a su esposa detrás de él. Era un hombre de mediana edad, con una fea cicatriz en la mejilla derecha y prácticamente calvo.

—¿Quién de vosotros es el que manda? —preguntó paseando y observándoles detenidamente a cada uno. Al llegar a su altura se paró y le miró a los ojos—. Nada más y nada menos que el mismísimo nawaii de Halira ¡Vaya sorpresa!

Qourk oyó a Eobe gemir de nuevo y le dieron ganas de reñirla. El hombre miró detrás de él y vio a su esposa.

—¿Y tu quien eres? —preguntó con curiosidad.

Al notar como su mujer salía de detrás de él le sujetó de la mano e intentó impedir que lo hiciera, sin embargo, no lo consiguió. La rabia que sentía en ese instante era indescriptible, esa mujer era una maldita entrometida y una inconsciente y si salían bien de todo eso se iba a encargar de que no volviese a desobedecerle nunca más.

— ¿Acaso mi señor Lasos se ha olvidado ya de mí? —preguntó.

Qourk la miró asombrado, y no fue el único. Aquel hombre y el resto de los que estaban en esa sala hicieron lo mismo. Qourk supo el momento exacto en el que ese hombre reconoció a su esposa.

—¿Cómo sé que es cierto que usted es quien creo y no una impostora? —preguntó con dureza.

—Muy sencillo. ¿Si no fuese yo como podría saber que fuiste tú quien nos descubrió a mi hermano Mawith y a mi tirándoles huevos podridos a los soldados, y también que fuiste tú quien me recogió del suelo cuando aquel caballo me tiró y me partí el brazo, o que fuiste tú quien me llevó en brazos hasta mi dormitorio y te quedaste conmigo, cantándome una canción hasta que llegaron los sanadores para que yo dejase de llorar? También fuiste tú quién nos hiciste de acompañante a mi hermano y a mí el día que conocí a Iges Staanka. ¿Te acuerdas que no quería entrar en el salón y entre ambos me convencisteis?

El hombre se arrodilló y les gritó a sus hombres que hiciesen lo mismo.

—Mi joven señora Eobe, perdóneme. Perdónenos a todos por no haberla reconocido. Pero, ¿cómo nos íbamos a imaginar encontrarla vestida con esas ropas y en semejante compañía? —le dijo con voz de arrepentimiento.

—No te preocupes, Hurius, han pasado muchas cosas desde la última vez que nos vimos. Es normal que os haya costado trabajo reconocerme.

—Quiero que sepa que no hemos dejado de buscarla desde el día de la unión. ¿Qué le sucedió? ¿Por qué desapareció de ese modo?

Su esposa le miró, ella estaba sorprendentemente tranquila, incluso sus ojos estaban recuperando su tonalidad violácea.

—No desaparecí, los halirianos me salvaron la vida y me llevaron con ellos. Ahora soy la nawae de la Ciudad Azul de Halira.

El hombre levantó de golpe la cabeza y la miró sorprendido, a continuación le miró a él y se incorporó, les hizo una señal a sus hombres, los cuales se pusieron de pie con agilidad y les apuntaron amenazadoramente con las espadas.

—Ahora ya estás en casa. No tienes nada que temer. —le dijo sujetándola del brazo e intentando llevársela con él.

Eso no se lo iba a consentir a nadie, así que ignorando las amenazas de las armas se arrojó a por el hombre.

—Nadie se lleva a mi mujer.

Un buen número de sus raptores le cayeron encima, las puntas de sus espadas tan cerca de su piel que podía sentir el frío metal a punto de penetrar en su cuerpo.

—¡No! —Qourk no supo como Eobe se soltó del hombre y se abrazó a él antes de que le ensartasen como a una rata—. Yo estoy con él porque quiero, porque le quiero. Yo elegí unirme a este hombre por propia voluntad. Por favor, mi señor Lasos, créame.

Esa no era la verdad, sin embargo, no iba a corregir sus palabras, no cuando la integridad de su cuello pendía de ello.

—Ellos mataron a toda tu familia.

—¡No! ¡Fueron los iraluqs! Fue Talaqtto quien los mató, incluso quiso matarme a mí. Los halirianos no han hecho más que protegerme, y yo siempre les estaré agradecida por ello.

—A tu hermano le mató uno de…

—¡No! —gritó su esposa tapándose los oídos. Él la abrazó con fuerza y Eobe, temblando, se refugió en su pecho.

—Esta conversación está fuera de lugar. Decidnos porque nos habéis traído hasta aquí o soltadnos. —exigió Qourk.

El hombre, con un movimiento de su brazo les ordenó a sus soldados que bajasen las armas y comenzó a caminar en círculo a su alrededor. Al ponerse nuevamente de frente a él le encaró.

—Cuantas cosas podría conseguir si le entrego a Talaqtto tu cabeza. No tienes ni idea.

—El que no tiene ni idea eres tú. Talaqtto es mentiroso y un paranoico, lo único que conseguirás será que te corte la cabeza a ti también. Una preocupación menos, ya sabes. Si has podido conmigo, ¿quién le asegura que no irás a por él?

—Vaya. Estoy sorprendido. ¿Sabe Talaqtto que vas hablando así de él cuando se supone que sois fieles aliados?

—Talaqtto es solo aliado de sí mismo.

—Pues el día del ataque no lo parecía, los halirianos combatieron al lado de los iraluqs. Yo estaba allí, lo presencié todo, y estuve a punto de morir, aunque para desgracia de ambos no lo hice y ahora…

—¿Ahora qué? —preguntó Qourk cuando el hombre dejó de hablar— ¿Le haces el trabajo sucio a Talaqtto y a su Serpiente? —Hurius Lasos se enfrentó con él.

—De eso te encargas tú.

—Y eso es lo que te da tanta envidia, ¿verdad?

Pese a su edad era un hombre increíblemente rápido, desenvainó su espada y le clavó la punta en el cuello. Si no llega a ser porque Eobe estaba entre los dos y le dio un fuerte empujón a Lasos le hubiese rebanado el pescuezo.

—¡No! ¡Basta ya! —gritó su esposa al tiempo que sus hombres desenvainaban los tocklos y se enfrentaban contra sus raptores—. ¡No hemos venido aquí para esto! —Y se encaró con Lasos—. Si alguna vez has sentido algo de afecto por mi padre nos dejarás marchar. —Un trueno sonó a lo lejos. Eso había sido culpa de Eobe, estaba seguro, así como que tendría los ojos del color del vino. Cuando Lasos gimió Qourk supo que había estado en lo cierto.

—Hay muchas cosas que mi padre nos ha ocultado a todos. —dijo Eobe.

—Tú no eres ella.

—¿Qué más datos quieres que te dé para que te convenzas? —Entonces Eobe se aproximó a uno de los restos de lo que antes habían debido ser elegantes muebles, cogió un trozo de carbón y se manchó las cejas— ¿Qué tal ahora? —Lasos negó.

—No puede ser.

—¿Y qué tal si te digo que esta casa en la que nos encontramos es mía, qué es la que le obsequió mi padre a mi prometido, Iges Staanka, como regalo por nuestra unión? ¿Y qué tal si te explico las reacciones de todos y cada uno de lo que vinimos para conocerla el día que mi padre se la entregó? ¿Me creerás si te cuento que a Staanka no le gustó, que le pareció pequeña, fría, poco acogedora y mal decorada? ¿Me creerás si te digo que mi hermano le llamó paleto sin gusto en voz baja y yo me reí, y mi padre y tú nos regañasteis? ¿Me creerás si te cuento que mi madre no quiso venir y se quedó en la Fortaleza fingiendo que se encontraba enferma a causa de los nervios de la unión?

—¿Qué está sucediendo?

—¿Podemos hablar a solas, mi señor? —le pidió.

Por nada del mundo la hubiese dejado sola con ese hombre, así que Qourk les siguió hasta una pequeña habitación del segundo piso.

Lasos tampoco iba solo, uno de los hombres que iba en los botes les acompañaba, sin duda no se fiaba de él, y hacían bien, desde luego.

Durante el corto trayecto, su esposa había buscado su aprobación con la mirada. Él estaba harto de decirla que no se entrometiese en sus cosas, sin embargo, en ese instante, parecía que ella podía conseguir mucho más de ese hombre que todos sus acompañantes juntos, por lo que asintió y la dejó que hablara por él. Además, tenía mucha curiosidad por saber que vínculo les unía a ambos.

Lo primero que Eobe hizo cuando la puerta de esa habitación se hubo cerrado fue quitarse el pañuelo de la cabeza. Al igual que una cascada su pelo rosáceo cayó todo a lo largo de su espalda. Antes no se había percatado de cuanto le había crecido desde la primera vez que la vio.

—Toda la vida he crecido creyendo que el que mi pelo fuese de este color era una malformación de nacimiento, y que tenía que llevarlo oculto para que la gente no me repudiase. Pues bien, gracias a mi esposo he descubierto qué no tengo ninguna malformación, sino que soy una ianeekou, que hay mucha gente como yo en el oeste y que no es como mis maestros me contaron. Todos ellos me mintieron constantemente y me ocultaron información sobre el oeste y sus gentes para que nunca descubriera mi procedencia. —Lasos agachó la cabeza.

—Su padre solo quería protegerla. Yo nunca supe por qué obligaba a la gente de su alrededor a mentirla sobre todo lo que tuviese relación con el oeste. Nunca lo quise saber.

—Entonces comprenderá todo lo que le debo a los halirianos. No solo me salvaron de que Talaqtto me violase el día de la unión, y quien sabe que otros horrores me hubiesen esperado si no llega a ser por ellos, si no que me descubrieron toda la verdad, me ayudaron a aceptarme y me salvaron la vida cuando los iraluqs, haciéndose pasar por waggoshianos, me raptaron del campamento haliriano. Mi señor Lasos no tiene ni idea las atrocidades que la Serpiente de Talaqtto ha hecho contra mi esposo, por eso hemos regresado a Galduru. Queremos venganza. Nadie que le haga daño a mi gente va a salirse con la suya, y como tanto los galdurianos, como los halirianos, y los ianeekous son mi gente, Talaqtto va a pagar por todo lo malo que está haciendo. Por eso le pido a mi señor, que aunque esté del lado del actual srers, por el aprecio que sé que le tenía a mi padre nos deje libres para que hagamos lo que hemos venido a hacer.

—Yo solo estoy del lado de un srers y ese es Hergard Worji. —Eobe le hizo una reverencia con la cabeza.

—Entonces le solicito ayuda, a mi señor, para que nos ayude a derrocar a Talaqtto. —Lasos le miró de arriba abajo.

—¿Vosotros solos pretendéis matar al srers?

—Y a Casem Ijlaak, su serpiente. —añadió Qourk.

—Estáis locos. Nosotros llevamos meses intentándolo, oponiéndonos a ellos, luchando por nuestro pueblo y no lo hemos conseguido. ¿Qué te hace pensar que un pequeño número da halirianos lo hará?

Eso era justo lo que Qourk necesitaba para descubrir quienes eran esas personas.

—¿Vosotros sois grupo de rebeldes que le están haciendo la vida imposible a los iraluqs? —preguntó.

—Sí. —respondió Lasos con orgullo. Nakhawatt dio un paso y le tendió la mano.

—Los enemigos de mis enemigos son mis aliados.

—Creía que los halirianos no soportaban a los del este.

—Estoy comenzando a cambiar de idea. —Quería decir que había sido culpa de su esposa, pero se contuvo, ese tipo de información era privada.

Seguía sin bajar la mano y Lasos sin apartar la mirada de él. Estaba claro que ni le gustaba ni le tenía confianza.

—¿Y después de matar al srers qué? —No le iba a engañar.

—Los halirianos ocuparemos el lugar que durante tantos años se nos ha negado. —le confirmó dejando caer el brazo.

—¿Pretendes convertirte en el nuevo srers y qué el resto lo aceptemos como si nada?

—No, como si nada no. Si después de que mate a Talaqtto te quieres oponer a mí, tendrás toda la libertad para hacerlo, pero ahora déjanos echar a esa rata de la Fortaleza.

—¿Y cómo pretendéis hacerlo?

Qourk miró a su esposa. No estaba muy seguro de querer explicárselo a alguien más y traicionar a Eobe y a la promesa que le hizo a su hermano. Además, cuanta más gente conociese el secreto, más vulnerables se volverían cuando gobernasen.

—Eso es problema nuestro.

Hurius Lasos comenzó a pasear nervioso por la vacía estancia. Al menos esa sala estaba más limpia que el resto.

—No acepto otro srers del oeste. Ya estamos teniendo de sobra con este.

—Yo no soy Talaqtto, así que no me juzgues antes de conocerme. —Antes de que le diese tiempo a responder Eobe lo hizo por él:

—Será un gobernante justo. Yo he visto como trata a su pueblo y como se preocupa por ellos.

—Las gentes del oeste no se preocuparán por las gentes del este. Eso lo sabemos todos.

—Al igual que los del este no se preocupan por los del oeste. —Respondió Eobe—. Eso también lo sabemos todos.

—Mi señora, no pretendo ser grosero, pero él es su esposo, al qué le debe fidelidad y respeto.

—Pero también soy galduriana ¿o estás tan obnubilado por mi apariencia que se te ha olvidado?

—No, mi joven señora.

—Si yo supiera que mi esposo se va a comportar como Talaqtto nunca hubiese traicionado la memoria de mi padre ni de mi hermano acompañándoles en este viaje, nunca le hubiese apoyado ni defendido, y lo sabes.

—Las gentes del oeste no son de fiar.

—No todos somos iguales. —espetó Nakhawatt.

Nadie dijo nada más durante mucho tiempo, Lasos seguía paseando, con las manos en la espalda y haciendo gestos con la cabeza.

Había jugado a eso con los iraluqs hace tiempo y sabía perfectamente cómo ganarse a ese hombre para que no le pusiera trabas a la hora de autoproclamarse srers, sin embargo, algo le hacía dudar. Aunque seguían sin gustarle los del este no quería pasarse el resto de su vida siendo odiado por la gente, sinceramente, estaba cansado de eso. Quería que le respetasen y que, como le dijo una vez su esposa, le escribiesen canciones y los titiriteros representasen obras en las que él fuese el héroe protagonista y que todos, tanto niños como adultos, aplaudiesen su aparición y le vitoreasen, y para lograr eso solo podía hacer una cosa.

—Tal vez ya sea momento en que las gentes del este y del oeste nos unamos y convivamos en paz. —Lasos se paró en seco y se giró y le miró entrecerrando los ojos.

—No confío en tus palabras.

—Entonces dame la oportunidad de qué te lo demuestre con hechos.

Su raptor echó a andar en dirección a su acompañante y comenzaron a hablar en voz baja. Eobe se aproximó a él y le sujetó la mano.

—Pase lo que pase estoy muy orgullosa de ti. —le susurró.

A pesar de lo mucho que le había hecho enfadar no hace mucho él lo estaba también de ella, sin embargo, en vez de decírselo se giró y le comenzó a limpiar los tiznazos negros que se había hechos sobre las ccjas.

—Estas mucho más guapa con la cara limpia. —Ella miró a sus espaldas con disimulo.

—Nos están observando.

—Que lo hagan. —le respondió con indiferencia—. ¿Crees que nos ayudarán o nos rebanaran el cuello?

—Creo que terminarán dejándonos libres.

—Eso espero.

Qourk se giró, ambos hombres seguían hablando y de pronto le picó la curiosidad.

—¿Quién es ese hombre para que tengas tanta familiaridad con él?

—El jefe de la guardia personal de mi padre. En realidad era como un segundo padre para mí, cuando el mío estaba ocupado siempre estaba él por ahí para regañarme. —respondió con una leve sonrisa.

—Ahora entiendo porque los rebeldes están haciendo tanto daño a los iraluqs. No son un simple grupo de campesinos con ansias de venganzas.

—Hurius es un buen hombre, fiel y sincero, y uno de los mejores soldados de mi padre. Él fue quien enseñó a mi hermano a luchar.

—Me hubiese gustado conocer a tu hermano. —Eobe agachó la cabeza.

—Seguro que no le hubieses caído bien, por lo menos al principio. —Le pareció increíble sonreír en esas circunstancias, pero lo hizo.

—¿De verdad le tiraste huevos podridos a unos soldados? —Ella volvió a sonreír, esta vez con ganas.

—La culpa fue de ellos por burlarse de Mawith. Él era pequeño y apenas podía levantar la espada y ellos se reían de él, así que…

Qourk negó con la cabeza y sonrió de nuevo al tiempo que le acariciaba el rostro.

—Me estás comenzando a dar miedo.

—Eso es porque eres un hombre listo. —Lasos se acercó a ellos de nuevo.

—¿Se os ha ocurrido pensar en que vais a hacer con el ejército Iraluq después de matar a Talaqtto y reclamar el cargo de srers?

—Contábamos con qué los galdurianos se pusiesen de nuestra parte aunque solo fuera durante unas horas.

—¿Por eso, mi joven señora ha venido con vosotros? —Miró a Eobe.

—En realidad me ha resultado imposible que se quedara en casa. —respondió no queriendo dar detalles. Todavía no sabía si podía confiar en ese hombre o no. Lasos rió.

—No cambias con la edad, ¿verdad? —le preguntó a su mujer.

—¿No te ha contado nunca que un día la atamos al poste de su cama por escaparse de la Fortaleza sin que nadie supiese como y faltar a sus clases y que volvió a desaparecer? Su pobre meeca casi se muere de la preocupación ese día. —le contó a Qourk.

—No, nunca me lo había contado.

—Fue Mawith quien me desató. —aclaró Eobe.

—Está bien. Os dejaremos ir. —Qourk, agradecido, le hizo una reverencia con la cabeza.

—Eso no es todo. Os ayudaremos contra el ejército Iraluq, pero debéis saber que los goddios están a punto de llegar.

—No hay problema, mil de mis hombres vienen de camino.

—Ellos son cerca de tres mil, y si a eso les sumamos los iraluqs más los galdurianos que se pongan de su lado. Estamos en desventaja.

—Vienen con sus mil yawatts, así que estamos empatados. —Lasos sonrió.

—Eres arrogante.

—Soy sincero.

—Vamos a necesitar un milagro. —respondió Lasos.

Qourk miró a su esposa. Si pudiera hablar con libertad le diría *"y por esto es por lo que no quería que vinieras"* en cambio se sinceró.

—Lo sé.

—Tal vez pueda conseguir convencer a los soldados galdurianos que ahora sirven al srers, aunque no son muchos los que quedan, quizá cien, y nosotros somos solo cuatrocientos. —Eso no se lo esperaba. Yowak había calculado que serían otro centenar, sin embargo, cuatro veces más era algo que en esa circunstancia les venía muy bien.

—Pregunta por Naiaran, es uno de los nuestros que está infiltrado con los iraluqs, dile que Yamli ha venido a buscarle para pagarle lo que le debe. Él sabrá de lo que estás hablando. —Lasos asintió.

— Si tuviésemos tiempo podría convencer al nawaii de la península de Goddium, Oron Zraii, para que se pusiese de nuestro lado. Era muy amigo de Worji.

—Mándale un latou. —le pidió Eobe.

—No llegará a tiempo.

—Aguantaremos. —le confirmó Qourk—. Yo puedo mandar otro a mis benawais y a mi ghalee, que encuentren barcos a como dé lugar y nos mande cinco mil hombres más, el problema es que tardaran cerca de una semana en llegar. —Hurius Lasos le miró entrecerrando los ojos.

—Espero no haberme equivocado contigo— le dijo.

La entrada a la cueva estaba tan escondida y era tan angosta que tuvieron que entrar arrastrándose como gusanos, lo cual era bastante complicado, ya que las piedras se les clavaban y el mar, que estaba terminando de retirarse, les congelaba las articulaciones y les hacía resbalar. Ahora comprendía porque Eobe no había querido llevar a los yawatts, no hubieran podido pasar por allí.

Por precaución todos iban atados con cuerdas alrededor de la cintura, de ese modo se aseguraban que nadie se perdía en la oscuridad.

Su esposa iba la primera, guiándoles despacio y sin quejarse ni una sola vez por lo duro de la situación. De sus hombres no le extrañaba, eran soldados acostumbrados a las situaciones más duras y difíciles, pero su Eobe había sido criada entre algodones por lo que su fortaleza y resistencia le asombraba y le enamoraba más de lo que estaba.

Las rodillas comenzaban a molestarle a causa de las rozaduras producidas con las rocas, y justo cuando creía que le estaban comenzando a sangrar llegaron a una explanada. Lo supo por cómo se expandía el sonido de sus pesadas respiraciones.

La primera en ponerse de pie con cuidado fue su esposa, que le ayudó a él a salir y a levantarse. Una vez todos los hombres hubieron salido se colocaron nuevamente en fila y se agarraron de las manos. Eobe les había explicado que de ese modo podrían comunicarse sin hablar. Uno de los inconvenientes de esos laberinticos pasillos era la resonancia, cualquier sonido, por pequeño que fuera, se ampliaba demasiado, por lo que había zonas especialmente delicadas en donde los muros no eran tan gruesos o tenían pequeñas aberturas, que a la vez que dejaban pasar aire y algo de luz, filtraban los sonidos.

Las contraseñas que Eobe les había dado eran un apretón significaba parar, dos rápidos presencia cercana de escalones, un tirón de mano continuar.

Su esposa se pegó a la pared y comenzó a andar al mismo paso lento que llevaba mientras se estaban arrastrando. Lo que él había calculado que eran cerca de veinte pasos más tarde notó como Eobe le dio un apretón de mano. Él se lo dio a Hamalk, su amigo a Yowak y así respectivamente. Tal y como les había enseñado, tres pasos después del apretón todos se pararon.

Qourk la oyó palpar la pared hasta que dio con lo que ella buscaba. Un tirón de mano más tarde todos atravesaron una estrecha hendidura en la pared y continuaron por otro pasillo. El suelo resbalaba y a Qourk le daba la sensación que tanto las paredes como el techo se le iban a venir encima de un momento a otro. Por si no fuera suficiente con la compacta oscuridad que les rodeaba la pesada humedad que había en el ambiente les impedía respirar con normalidad.

Su esposa debió sentir su inquietud porque comenzó a acariciarle la mano que llevaba sujeta con su dedo pulgar y susurró:

—Pronto saldremos de aquí y se podrá respira mejor.

Y fue cierto. Unos veinte pasos más tarde comenzaron a subir escalones y al llegar al final pudieron notar como el aire estaba menos viciado y les resultaba más fácil respirar.

Qourk perdió la cuenta de cuantos pasillos atravesó, cuantos escalones subió y bajó y cuantas aberturas dejaron atrás, incluso en alguna ocasión se sorprendió al darse cuenta que debían estar subiendo por una escalera de caracol llena de entradas por la que su esposa se orientaba perfectamente, o por lo menos eso esperaba.

Le daba la impresión de haber llegado al final de un túnel cuando Eobe les hizo parar. La oyó tantear por la pared hasta que encontró algo metálico y lo deslizó. En el muro que tenían enfrente se abrió una pequeña ranura por la que su esposa se asomó. Miró a ambos lados y la volvió a cerrar.

—El salón del trono está vació. —les dijo susurrando.

Habían previsto ese contratiempo antes de partir de Halira por lo que todos retrocedieron y dejaron a Eobe que les guiase hasta los dormitorios, una vez allí ellos tendrían que encontrar en donde se alojaban Talaqtto e Ijlaak con mucho sigilo y acabar con esas dos alimañas de una vez.

Varios tramos de escaleras y varios angustiosos pasillos oscuros más tarde Eobe volvió a detenerse. La oyó abrir una puerta con mucho cuidado, sin embargo, al otro lado seguía estando tan oscuro como el pasadizo por el que habían llegado.

Qourk no supo como su mujer se las apañó para asegurarse de que no había nadie al otro lado, pero en cuanto lo hizo se dio la vuelta, le palpó el pecho y con sus manos subió hasta su cabeza, le obligó a agacharse y le besó en los labios con desesperación. Ya habían llegado.

—Ten mucho cuidado. —le susurró al oído—. Yo te estaré esperando aquí mismo.

Eso le hacía sentirse más tranquilo, al menos su mujer estaría a salvo en la seguridad de esos oscuros pasillos que tan bien se conocía.

Eobe retiró la pesada tela que tapaba la salida. Hacía al menos un par de horas que había amanecido por lo que la fina luz que se filtraba por las ventanas les permitía atravesar aquella tétrica sala llena de animales disecados sin tropezar.

La única vez que hubo estado allí, el día del asalto a la Fortaleza, cuando Eobe le había guiado hasta su dormitorio, no le había gustado ese lugar, y seguía sin hacerlo. Todos aquellos animales muertos parecían querer cobrar vida de un momento a otro.

Lo más cautelosos posible salieron al pasillo. Qourk recordaba con claridad que dos puertas más a la derecha se encontraban los aposentos de su esposa, por lo que decidió ir hacia la izquierda.

Mientras un par de sus hombres se parapetaban en las escaleras para controlar que no apareciese nadie por sorpresa el resto corrían hasta el final del corredor. Cada uno de ellos se esforzaba en escuchar detrás de una puerta distinta. Detrás de la suya no se oía absolutamente nada por lo que miró a sus hombres para comprobar que tal suerte estaban corriendo. En cuanto puso sus ojos sobre su mejor amigo y hombre de confianza, Yamli Hamalk, este le hizo señas con la mano, indicándole que se acercase en silencio.

Excepto los dos soldados que continuaban apostados en las escaleras, los demás se aproximaron hasta donde estaba Hamalk. Una vez reunidos, Qourk pegó la oreja a la madera. El sonido no era muy fuerte por lo que no era capaz de distinguirlo bien, algo como un repiqueteo suave y arrítmico. Con mucho cuidado comenzaron a abrir la puerta, dentro, un hombre desnudo de cintura para arriba, se estaba lavando enérgicamente. No debieron ser tan silenciosos como pretendían ya que aquel hombre giró la cabeza al tiempo que gritaba:

—¿Quién anda ahí?

Era el mismísimo srers Yovn Talaqtto, pero estaba muy cambiado. Se había cortado el pelo, se había afeitado la barba y su piel brillaba rosáceamente limpia.

Hamalk le miró y él le hizo una seña afirmativa con la cabeza. Su hombre de confianza abrió la puerta de golpe y desenvainando su tokclo del guantelete de cuero de su antebrazo izquierdo entró en el dormitorio. Él entró a continuación mientras Talaqtto gritaba para alertar a su guardia de que unos intrusos se habían colado en la Fortaleza.

No le dio tiempo a más. Su amigo, con una increíble rapidez le seccionó la garganta mientras ellos entraban y cerraban la puerta para que nadie oyese los gritos del srers.

El Iraluq era un hombre fuerte y luchador por lo que, a pesar de su herida mortal, se fue a por Hamalk y comenzó a propinarle puñetazos mientras intentaba esquivar los envites del tocklo su amigo.

Molesto por su resistencia Qourk le propinó una patada a la altura de las rodillas y Talaqtto se cayó al suelo. Ambos se miraron, el srers quería decirle algo, podía leérselo en los ojos, solo que el profundo corte que Hamalk le había hecho se lo impedía, eso sí, el odio que desprendía con su mirada era abrasador.

Él no apartó sus ojos ni un instante, quería demostrarle que él no era un hombre con el que se pudiese jugar ni que se le pudiese poner a prueba.

Le hubiese gustado quedarse allí viendo como se moría lentamente, pero tenía una serpiente a la que destripar y un cargo que reclamar, así que le hizo una seña a Hamalk. Su amigo entendió a la perfección lo que quería de él, se agachó, agarró del pelo al srers y Qourk, con un corte preciso, le diseccionó la cabeza.

Con el ansiado trofeo colgando de la mano izquierda de Hamalk ambos se dispusieron a buscar a Ijlaak.

Probó en todas las habitaciones del pasillo, incluida la que pertenecía a su esposa, sin éxito alguno. No había ni rastro de la Serpiente.

—El despacho del srers. —susurró Yowak.

—Seguro que tiene el suyo propio. —afirmó Kaylem.

—Vamos a buscarlo. —ordenó Qourk.

No les dio tiempo de llegar hasta el despacho, ya que al mismo tiempo que ellos subían las escaleras que daban al pasillo del despacho del srers, Ijlaak las bajaba.

Lo primero que hizo en cuanto les vio fue gritar con todas sus fuerzas para alertar a todos los soldados de la presencia de intrusos en la Fortaleza, a continuación salió corriendo como el cobarde que era, y se encerró en una de las habitaciones.

La puerta era de robusta madera y la serpiente debía haberla atrancado por dentro, ya que por muchas patadas y muchos empujones que la diesen no conseguían que se moviese.

—Necesitamos abrir esta puerta. Busca algo. —le ordenó a Kaylem. Su soldado asintió y comenzó a examinar las salas distribuidas todo a lo largo de aquel corredor en busca de algo que le pudiese valer. Los dos hombres que había dejado apostados en las escaleras llegaron corriendo.

—Ya están aquí, mi señor.

Hamalk dejó la cabeza de Talaqtto en un rincón y se preparó para el ataque al igual que el resto de ellos. Qourk desenvainó su tocklo del guantelete de su antebrazo izquierdo y comenzó a girarlo con rapidez, describiendo círculos en el aire. Cada media docena de círculos trazaba un ocho dirigiendo la punta de su arma hacia su hombro izquierdo y devolviéndolo a su posición inicial.

Los soldados del srers cargaron contra ellos y en los pocos minutos que Kaylem tardó en regresar con una lámpara de aceite encendida ellos habían matado a todos los hombres y los estaban apilando a un lado del pasillo.

Su soldado estrelló la lámpara contra la puerta logrando que el aceite impregnase la madera y el fuego comenzase a realizar su inexorable trabajo de destrucción.

—Mi señor. Debería venir a ver esto. —le pidió Yowak señalando por una ventana que daba a Galduru.

Por lo visto ellos no habían sido los únicos que habían recurrido al fuego para cumplir con su parte del trato. La parte más lejana de la ciudad estaba iluminada por tres grandes incendios que parecían descontrolados. Incluso desde allí arriba podían observar gente corriendo de un lado a otro, asustados, de algo que ignoraba que sería, en ese instante no podía perder el tiempo en averiguar que estaba sucediendo, ya se ocuparía de ello más tarde, cuando fuese srers.

La espera era lo que más en tensión le ponía. El maldito fuego consumía la madera demasiado despacio para su gusto. Apenas podía aguantar las ganas que tenía entrar en ese lugar y desquitarse con Ijlaak por todo lo que le había hecho.

Por fortuna más soldados llegaron hasta donde ellos se encontraban, al menos de ese modo estaría entretenido el tiempo suficiente para no enloquecer. El ejercicio era bueno para aplacar la ansiedad y mantener la mente ocupada, aunque por lo visto en ese momento no era suficiente. De vez en cuando miraba impaciente hacia la puerta que estaba siendo devorada por las llamas y que con arrogancia insistía en permanecer casi intacta.

Cansado de esperar Qourk se alejó de la pelea y comenzó a buscar por las habitaciones algo que le pudiese servir para derribar la maldita puerta. Las dos primeras salas no contenían nada que le valiese la pena, en la primera únicamente descomunales librerías repletas de libros que cubrían la pared por completo, del suelo al techo; en la segunda tapices y media docena de endebles banquetas almohadilladas. Por fin, en la tercera habitación en la que buscaba encontró un pilar de mármol de cerca de un metro de altura que sostenía un gran plato hondo metálico con hierbas estimulantes y cerca de veinte sillas rodeándolo.

De un manotazo tiró el plato, el vibrante y grave sonido del metal al golpear el mármol del suelo se expandió por toda la sala, rebotando de pared en pared como un desagradable eco.

Qourk se agachó, abrazó el pilar y con esfuerzo lo levantó. Al rodear el mármol con los brazos notó el frío penetrar por su piel y el espeso aroma de las hierbas quemadas que se había quedado impregnado en el.

Raudo regresó junto con sus hombres, a Pomock le sangraba el brazo, aunque eso no le impedía seguir peleando, el resto parecía estar bien. Durante el poco tiempo que él se había ausentado el número de soldados del srers se había duplicado. Eso le inquietaba porque pese a que ellos eran mejores luchadores estaban en clara desventaja.

Con furia golpeó la puerta de madera con el pilar de mármol hasta que esta reventó, no le importaba quemarse las manos con el fuego que seguía realizando su trabajo, solo quería terminar de una vez con todo aquello, y con un par de golpes más la derribó.

Sin apenas pensar Qourk se giró hacia donde sus hombres luchaban contra los soldados del srers y les arrojó el pilar esperando deshacerse de al menos un par de contrincantes. Sin prestar atención a cuantos soldados derribaba entró corriendo en el despacho de Casem Ijlaak.

La Serpiente era resbaladiza, pero él era rápido, y antes de que pudiese escapar le agarró por el cuello y le estrelló contra la pared en la que se estaba refugiando de él, a la izquierda de la puerta. Qourk pudo ver en sus ojos que estaba asustado.

—¿Ahora qué? ¿Ya no eres tan arrogante, verdad? —preguntó disfrutando del momento—. ¿Qué creías? ¿Qué me iba a quedar tranquilamente en mi casa llorando como una niña mientras tú y Talaqtto me robáis todo lo que me pertenece?

Ijlaak sacó una pequeña navaja de alguna parte e intentó clavársela en el estómago. Con la mano libre Qourk le sujetó por la muñeca y se la retorció hasta que la Serpiente, emitiendo un grito, la dejó caer al suelo.

Tenían que salir de esa sala antes de que se anegase de humo y ambos muriesen asfixiados por lo que apretó el agarre que tenía sobre su cuello y le obligó a caminar en dirección al pasillo.

—Vas a ordenarles a tus hombres que se rindan.

—Nunca.

—Está bien, entonces lo haremos por las malas. —Qourk desenvainó su tocklo de su guantelete y sin vacilación le cortó la oreja derecha. Ijlaak gritó y se llevó la mano a la cara para intentar taponarse la sangre que comenzaba a brotar a borbotones. Le giró con violencia para enfrentársele.

—Por favor, sé estúpido y déjame despedazarte lenta y dolorosamente como lo hice con el hombre que enviaste a secuestrar a mi esposa, o con Shawick, mi ghalee. —Le pidió Qourk con una cruel sonrisa en los labios—. No te imaginas cuanto disfruté con ello.

Ambos se quedaron mirando unos segundos, solamente los gemidos de los hombres que estaban combatiendo se interponían entre ellos. Iba a tener que cortarle algún otro miembro para convencerle. Levantó su tocklo.

—¡Alto! —gritó Ijlaak sin que nadie le hiciese caso.

—Hazlo de nuevo, pero esta vez con más ganas.

—¡Alto! —les gritó a sus hombres con todas sus fuerzas—. ¡He dicho alto! —los soldados del srers dejaron de combatir mientras alguno de los suyos terminaba lo que había dejado a medias.

Todos los hombres, sin excepción, les observaron atentamente. De los suyos el único herido era Pomock, el resto, pese a estar agitados por la lucha se encontraban en perfecto estado, no así los soldados del srers. Algo más de la mitad de los hombres yacían en el suelo de mármol entre oscuros y densos charcos de sangre. Apenas quedaban doce hombres en pie.

—Hamalk, recoge nuestro trofeo y muéstraselo a nuestros amigos.

En cuanto su hombre de confianza hizo lo que él le había ordenado un leve murmullo de sorpresa se escapó de la garganta de la mayoría de ellos.

—Ahora ya sabéis bajo las órdenes de quien estáis. —les dijo Qourk.

Los soldados se miraron confundidos entre ellos durante varios tensos segundos en los que podía escuchar con claridad como la respiración de la Serpiente se iba volviendo más pesada y rápida.

Lentamente los soldados fueron arrodillándose ante él. Ya comenzaba a paladear el dulce sabor de la victoria.

—¡Noo! —gritó la Serpiente—. ¡Me obedecéis a mí, yo soy el sucesor de vuestro srers! ¡Yo soy vuestro nuevo srers!

Siempre había sospechado de las intenciones de Ijlaak, era demasiado astuto como para estar detrás de un paleto como Talaqtto. Qourk estaba convencido que la aspiración de su vida había sido que los iraluqs llegasen al poder para gobernar en las sombras, así mientras Yovn Talaqtto se llevaba las críticas y los insultos él se aseguraba de estar bien resguardado, llenándose los bolsillos de khuats y acumulando riquezas y poder.

Sin embargo, lo que había pretendido había sido aguantar el tiempo suficiente detrás de su nawaii, convertido en srers gracias al ejército haliriano, hasta que la guerra se hubiese calmado y la gente se hubiese rendido ante las despiadadas imposiciones de Talaqtto, entonces, posiblemente, él se las hubiese apañado para asesinar a su srers y ascender como su legítimo sucesor. Apostaba que le hubiese envenenado lentamente mientras se aseguraba más y más poder, incluso le hubiese convencido para firmar algún documento en donde el srers le nombrase su koirun, hasta que una buena mañana Talaqtto no se hubiese despertado de una de sus borracheras. A nadie le hubiese extrañado, desde luego, los galdurianos incluso lo hubiesen celebrado.

Una idea de le pasó por la cabeza. Por mucho que disfrutase arrancándole la vida con sus propias manos de forma lenta y dolorosa seguro que los galdurianos estarían la mar de encantados de hacerlo por él, y quizá, solo quizá, le agradeciesen el gesto. Sería como comenzar a tenderles la mano, como una muestra de buena voluntad para lo que iba a venir en un futuro.

Qourk le empujó con fuerza para forzarle a caminar. El gesto le hizo que le doliese el dorso de ambas manos a causa de las quemaduras.

—Vamos a ver si los galdurianos piensan del mismo modo.

El neekai de plata

Demasiados recuerdos.

El día que Qourk se la llevó de allí estaba completamente convencida que no iba a regresar, sin embargo, ahí estaba, en las entrañas más secretas de la Fortaleza que tantas veces había recorrido junto con su hermano.

Solo un grueso muro de piedra le separaba del salón del trono en donde en innumerables ocasiones había visto a su padre reunirse con sus benawais, o recibir delegaciones de otras ciudades, incluso el día que le presentó a los Staanka. Recordaba como, sentado en esa silla, vestido con su túnica anaranjada, parecía un hombre tan imponente que hasta a ella le sobrecogía en esos momentos.

Recordó cómo se escapaba de sus clases para ir a ver a su padre a su despacho, a veces le llevaba galletas de teka que robaba de la cocina y se quedaba allí con él, sentada sobre sus rodillas, mientras que Hergard terminaba de leer algún documento, o redactaba algún escrito. Su padre nunca supo cuanto le gustaba disfrutar de esos momentos, del olor del papel mezclado con el de las galletas recién horneadas, de los graciosos ruiditos que sin darse cuenta emitía cuando se concentraba, y sobre todo de todo el cariño que él le daba, de como la rodeaba por la cintura con su brazo izquierdo para mantenerla a salvo y segura sobre sus piernas.

Le echaba tanto de menos…

Atraída por los recuerdos deslizó la pared hacia su izquierda y salió. Necesitaba pasearse una vez más por esa sala para pedirle perdón por lo que estaba haciendo. Eobe sabía que Hergard nunca hubiese estado de acuerdo ni con su unión ni con que otro bárbaro del oeste se convirtiese en srers, sin embargo, dadas las circunstancias, no podía hacer nada mejor.

Antes de salir se cercioró que el salón estuviese vacío. No se había olvidado de la promesa que le había hecho a su esposo de permanecer oculta y a salvo en los pasadizos, sencillamente la habitación estaba vacía, y ella no corría ningún peligro, en el caso de que alguien llegase hasta allí ella podría salir corriendo y volver a esconderse.

Despacio comenzó a caminar en dirección al trono. Era una maciza silla de color oscuro, en el asiento un almohadón anaranjado permanecía fijado a la madera. Se arrodilló a su lado y acarició el brazo derecho con añoranza, después bajó la mano hacia el cojín.

—Si lo levantas encontraras algo que te pertenece. —dijo una voz de hombre.

Eobe se sobresaltó, golpeándose en el codo con la dura madera del brazo. Al salir del pasadizo no había visto a nadie. ¿De dónde había salido ese hombre? Y sobre todo ¿Quién era? Oh, cielos, Qourk se iba a enfadar mucho cuando se enterase.

Asustada se giró para mirar al hombre. Estaba a contraluz por lo que no podía distinguirle bien.

—¿Sorprendida de verme? —le preguntó.

Las sensaciones que recibía de aquella persona no eran de alguien que quisiese hacerle daño, solo percibía tristeza, aún así ella se puso de pie y se preparó para salir corriendo en cualquier momento. La imagen del hombre aproximándose a ella comenzó a volverse nítida, y ahogando un gemido de sorpresa echó a correr hacia él.

—Mi señor, Zraii. ¿Qué hace aquí? —Eobe hacía mucho tiempo que no veía al nawaii de la península de Goddium, Oron Zraii, el mejor amigo de su padre. El hombre estaba muy desmejorado, había adelgazado mucho y la abundante y espesa mata de pelo castaño oscuro, que recordaba que poseía, se había convertido en una grisácea y rala melena. Caminaba arrastrando los pies con las manos en la espalda, como si hubiese envejecido de golpe treinta años.

—Soy el invitado de honor del srers, o mejor dicho, de su hombre de confianza. —No era solo tristeza lo que Eobe percibió en su voz, era dolor, agotamiento y abatimiento—. Y tú, pequeña, no deberías de estar aquí. Si te encuentran los hombres del Talaqtto te matarán como a toda tu familia. Y yo no podría vivir con esa carga también.

Quizá esa fuese la única oportunidad que tenía para que los goddios les ayudase, y la iba a aprovechar, iba a hacer como con Lasos, recurrir a la amistad que le unía a su padre para que se pusiese de su lado.

—He venido junto con mi esposo y un pequeño grupo de sus hombres para derrocar al srers. —Su revelación le sorprendió.

—¿Cómo vais a hacerlo?

—Esa no es la cuestión, mi señor. Sabemos que su ejército está a punto de llegar. ¿Podremos contar con su ayuda para echar a los iraluqs de la Fortaleza y de Galduru y reclamar el trono para mi esposo?

—Creí que todos los Staanka habían muerto el día de tu unión. —Esa iba a ser una parte difícil de explicar.

—Mi esposo no es ningún Staanka, es el nawaii de Halira. —La miró horrorizado.

—Qourk Nakhawatt es un buen hombre y un buen nawaii, mi señor, yo lo he visto con mis propios ojos. Los halirianos han sido muy buenos conmigo, me rescataron de las garras de Talaqtto cuando él quiso hacerme daño, me acogieron con ellos y me protegieron. Les debo lealtad.

—Le debes lealtad a tu padre, Eobe.

—Y por eso estoy aquí, porque no puedo permitir que Talaqtto siga haciéndole daño a los galdurianos ni a nadie más. Con los edictos que ha firmado va a perjudicar a mucha gente, sobre todo a los halirianos y eso tampoco lo puedo consentir, ellos son ahora mi pueblo.

—¿Qué edictos?

A Eobe le sorprendió que no supiese nada, él como nawaii debería haber recibido la misma carta que su esposo, a menos Zraii estuviese del lado del srers, en ese caso… no, él nunca se aliaría con Tallaqtto.

¿Y si era todo una trampa?

Una ola de pánico la atravesó todo el cuerpo comenzando desde el estómago y extendiéndose con rapidez. No, tenía que controlarse, así que comenzó a respirar como el murmurador le había enseñado.

El nawaii de Goddium parecía realmente no saber de lo que le estaba hablando. Pese a que no recordaba las palabras exactas, le explicó lo mejor que pudo todo lo que había sucedido, como Tallaqtto quería convertirles a todos en sus esclavos.

Eobe pudo sentir como lo que le había contado al nawaii le había afectado, y ambos permanecieron en silencio unos instantes. Ella quería darle tiempo a Zraii para que meditase sobre las consecuencias que esos edictos podrían acarrearles a todos.

—Amo a mi esposo y no pienso permitir que nada ni nadie le haga daño. —Eso era algo que quería dejar bien claro para que no hubiese malos entendidos más tarde.

Zraii continuó en silencio. Eobe hubiese dado cualquier cosa por poder leer la mente de ese hombre. Esperaba que sus palabras le hubiesen inquietado lo suficiente como para replantearse ayudar a un haliriano a subir al trono. Tal vez ese fuese el problema, Qourk también era del oeste al igual que el actual srers, por lo que dijo:

—Si lo que le preocupa a mi señor es si mi esposo se comportará como Talaqtto…

—Eso es exactamente lo que me preocupa.

—Él no es así, nunca lo ha sido y nunca lo será. —Zraii negó.

—No confío en él.

—Dele una oportunidad, por favor. Él tiene buenas intenciones.

—Te la doy a ti, no a él.

—Mi señor, si me la da a mí se la da a él, somos los dos o ninguno.

Zraii comenzó a pasear nervioso a lo largo de la sala. Ojalá no le hubiese presionado demasiado y aceptase ayudarles, eso les facilitaría mucho las cosas. Las vibraciones del amigo de su padre le decían que estaba a punto de ganársele, solo le faltaba un pequeño empujón.

—Tal vez debería de saber que Hurius Lasos, el jefe de la guardia personal de mi padre, está de nuestro lado.

—¿Lasos? ¡Por todos los hijos del Gran Asej! —Eobe se escandalizó por la exclamación—. Ese hombre sí que es duro de pelar. —Ella sonrió.

—Es quien está encabezando a los rebeldes.

—Por supuesto, solo alguien como él podría hacerlo. —Zraii suspiró—. Está bien pondré mis barcos y mis hombres a tu disposición.

—Y a la de mi esposo.

—Y a la de tu esposo. Y ahora abre el asiento del trono de tu padre, ahí dentro mi buen amigo Hergard guarda algo de gran valor que te pertenece y que deberías tener.

Eobe le hizo caso y se volvió a agachar al lado del trono. Palpó con cuidado para encontrar una muesca o una pequeña hendidura que le indicase por donde levantar el pesado asiento. No había nada y por mucho que tiraba hacia arriba ni siquiera se movía. Frustrada le miró.

—No puedo. —Oron Zraii se acercó a ella.

—Yo tampoco. —le dijo mostrándole sus manos.

Horrorizada Eobe contempló como le faltaban la mayoría de los dedos de la mano izquierda y el pequeño de la derecha.

—¿Cómo…? ¿Qué…? —no podía ni siquiera formular la pregunta.

—Los hombres de Ijlaak tienen muchos métodos para sonsacar información a una persona.

A Eobe se le llenaron los ojos de lágrimas al imaginarse todo por lo que ese hombre había sufrido. De pronto se dio cuenta de que las cicatrices no parecían recientes, sin duda habían sido hechas hace más de un mes. Una espantosa idea le cruzó la mente.

—¿Cuánto tiempo lleva aqui, mi señor?

—Vine a la unión de la hija de mi mejor amigo, una muchacha preciosa. El destino, o más bien el infortunio, me hizo retrasarme y cuando llegué todos habían muerto. A mí me hicieron prisionero, me tuvieron mucho tiempo encerrado en una mazmorra hasta que… —Al hombre se le quebró la voz avergonzado agachó la cabeza.

—¿Les dio algo que querían de mi señor? —Zraii asintió.

—Ignoro por qué sigo con vida, pero se van a arrepentir por todo lo que me han hecho. —aseveró con lleno de ira.

—Ya lo están haciendo. Mi esposo se está encargando de ellos.

—Yo quiero mi parte. —Y ella le comprendía perfectamente. Cuando Shawick, el ghalee de su marido, había intentado asesinarle, Eobe quería haberle hecho mucho daño, solo que Qourk se le había adelantado. Zraii señaló la silla.

—Ábrela.

Intentar centrase en el asiento no era fácil, a su mente solo le venían imágenes de las manos de Zraii deformadas por las torturas. Quien sabe que le habrían obligado a hacer o a contarles mientras le estaban cortando los dedos. Con un escalofrío cambió de postura, colocándose al otro lado de la silla, desde allí tiró con fuerza y el asiento se abrió. Una pequeña cavidad de la anchura de la palma de su mano apareció cubierta por otro almohadón de color verde oscuro.

Eobe miró a Zraii, este asintió con la cabeza y ella lo levantó. Debajo, un colgante plateado descansaba sobre la madera desnuda. Con su mano derecha lo cogió. Era grande y estaba frío. A simple vista Eobe pudo ver que el colgante tenía muchos brazos en los que la cadena se había enredado y pequeños adornos incrustados en el, así que con cuidado la fue extrayendo hasta que la desenredó por completo.

Era un neekai de plata.

Había visto uno en otra ocasión, el nawaii del Bosque de las Lágrimas llevaba uno como ese colgando del cuello.

—Perteneció a tu madre. —le dijo Oron Zraii.

—¿Cómo lo sabe?

—Yo estuve allí el día que tu padre se lo quitó.

—¿Lo robó? —preguntó sorprendida. No se imaginaba a Hergard haciendo algo como eso.

—Supongo que en cierto modo así fue. Tu madre se estaba muriendo desangrada, tirada en el suelo sobre un enorme charco de sangre y te tenía entre sus brazos.

—¿Mi padre la…?

—No, no, cuando él llegó allí nada se podía hacer por ella.

—Que horrible debió ser para mi padre contemplar como moría la mujer que amaba y no poder hacer nada para evitarlo. —dijo recordando su viaje a Othago cuando su marido había estado al borde de la muerte. Zraii la miró sorprendido.

—¿Amar? ¿Cómo se le ocurre semejante cosa a mi joven señora? Su padre y esa mujer ni siquiera se conocían. —¿Qué no se conocían? ¿Cómo era posible?

—¿Entonces yo…? —estaba muy confusa, si su padre y su madre

biológica no se conocían ¿Eso significaba que Hergard no era su padre?—. No entiendo. Si mi madre era la nawae ianeekou y mi padre no la conocía… ¿De quién soy hija? ¿Quiénes son mis padres?

Zraii respiró hondo antes de responder.

—Tus auténticos padres eran los nawaiis del Bosque de las Lágrimas.

Eobe, con estupor, observó el colgante que descansaba entre sus manos. Apenas podía pensar, toda su vida había sido una mentira, ni siquiera su familia había sido de verdad, ni siquiera su padre y su hermano eran de su sangre, pero tenía que haber un error, a su padre no le gustaban las gentes del oeste ¿cómo iba a criar a uno de ellos como su propia hija?

—No puede ser ¿Cómo está tan seguro de eso, mi señor? Tal vez mi padre y esa mujer…

—Yo estuve allí con tu padre cuando te encontró y decidió quedarse contigo. —la interrumpió.

—¿Por qué lo hizo? A mi padre no le gustaban las gentes del oeste. —preguntó aturdida.

—Tu madre, Nivi, acababa de dar a luz a un bebé muerto y Hergard pensó que tú le ayudarías a superar el dolor de su pérdida.

—¿Ayudarla? Si me odiaba con todas sus fuerzas.

—Sí, bueno, el plan no salió como mi amigo esperaba, por eso él te quería tanto.

—¿Pero yo no era su hija?

— No naciste de él, cierto, pero te amaba como si lo hubieras hecho, incluso más debido a los desprecios de Nivi.

Conmocionada se sentó sobre el escalón de mármol que elevaba el trono. En ese instante oyó unos pasos que se acercaban, por lo que se puso de pie y echó a correr en dirección al pasadizo secreto.

Oron Zraii estaba mirando en dirección a la puerta cuando ella deslizó la pared, entró, y sin hacer ruido la corrió hasta que esta estuvo cerrada. Quería saber lo que estaba sucediendo al otro lado así que movió la mirilla y observó a través de ella.

Al principio no podía verlos, solo escuchaba susurros de alguien que estaba preocupado por el nawaii de la península de Goddium, eso podía sentirlo incluso desde allí dentro.

—Ya se lo he dicho muchas veces. No pienso marcharme hasta que haga lo que tengo que hacer. —dijo el nawaii y echó a caminar hacia el enorme ventanal, entonces Eobe vio a la mujer que le seguía, era Shaulia, su meeca.

Ansiosa por verla y explicarle todo lo que le había sucedido salió de su escondite sin preocuparse si hacía ruido o no, echó a correr y al llegar a su altura se detuvo. Su meeca se giró al oírla aproximarse.

—¡Oh, niña! ¿Dónde te habías metido? ¡Qué preocupados hemos estado todos! ¡Qué preocupados! No sabíamos que te había sucedido, no estabas con los muertos y nadie te había visto. —le decía llorando al tiempo que se abrazaba a ella.

—Lo siento. Lo siento mucho meeca. No tuve tiempo de despedirme. —le dijo al tiempo que le acariciaba la cabeza para consolarla—. Yo quería, pero no tuve tiempo.

—¿Estás bien, niña? —preguntó su meeca—. ¿Qué te ha sucedido? ¿Dónde has estado todo este tiempo?

—Estoy perfectamente. Estoy unida a…

—¡Maldita sea, mujer! ¿En qué habíamos quedado? — le gritó Qourk.

Asustada se giró. Su esposo, junto con el resto de sus hombres, cerca de una docena de soldados del srers y un hombre al que no conocía, habían aparecido de repente en la sala. Su meeca le agarró del brazo para hacerle a un lado y se colocó delante de ella para protegerla.

—Es mi esposo, meeca, Qourk Nakhawatt, el nawaii de Halira, no temas. —dijo haciéndole a un lado con suavidad. Le hizo una reverencia a su esposo—. Mi señor, antes de que me diga nada déjeme explicarle el porqué he roto el trato que habíamos hecho. Ha sido por una buena causa, se lo aseguro. Él es Oron Zraii, el nawaii de la península de Goddium. —dijo señalando hacia el lugar donde se encontraba el amigo de su padre—. Y está de nuestro lado. —Quiso apuntillar para dejar las cosas claras. Quork la miró con intensidad, estaba nervioso, preocupado por ella, y ansioso por la situación.

—¿Qué llevas en la mano? —le preguntó con dureza. Estaba enfadado con ella. Le miró a los ojos.

—Perteneció a mi verdadera madre. —Apretó el colgante con fuerza y se llevó la mano al pecho. No quería darle más explicaciones delante de todos esos hombres.

—Tú y yo hablaremos más tarde. —le dijo y miró a Zraii—. Le agradezco a mi señor su colaboración. Le prometo que no se va a arrepentir por confiar en los halirianos.

—Que quede claro que si estoy haciendo esto es por la deuda que tengo con Hegard Worji y con su hija Eobe.— aclaró Zraii.

—Sea por el motivo que sea a mí me vale. —respondió Nakhawatt.

—Quiero algo a cambio de mi poner mi ejército a vuestra disposición.

—Mi señor dirá.

—Quiero verle sufrir tanto como él me hizo sufrir a mí. —espetó Zraii señalando con su mano izquierda mutilada al hombre que su esposo llevaba sujeto por el cuello y que sangraba abundantemente por el lado derecho de la cabeza. Qourk asintió.

—Entonces creo que a mi señor le complacerá mi idea. —Respondió su esposo—. Se lo voy a entregar al pueblo de Galduru para que hagan con él lo que deseen, y mi señor podrá observar desde el balcón.

Zraii arrugó el entrecejo, sin duda meditando la proposición de Qourk. Debió de agradarle porque un par de latidos de corazón más tarde sonrió por primera vez desde que se encontraron.

Antes de que Qourk le entregase a los galdurianos, ella necesitaba hacer algo. Con paso firme se acercó hasta donde estaba su esposo.

—¿Él es la Serpiente?

—Sí.

Sinceramente se decepcionó bastante. Se lo había imaginado alto y fornido, parecido a su señor Talaqtto, en cambio, era de una estatura similar a la suya y escuálido, incluso diría que de aspecto enfermizo. Le abofeteó una vez.

—Esto es por mí. —dijo—. Y esto por mi esposo. —Añadió dándole otra bofetada, esta vez con mucha más fuerza, y a continuación le escupió tal y como Mawith le había enseñado a hacer.

—¡Maldita zorra! —gritó Ijlaak. Su esposo le propinó un codazo en la nariz y cuando se llevó las manos a la cara Qourk le arrojó al suelo y le dio varias patadas a la altura del estómago.

—¡Nadie le habla así a mi esposa! —gritó lleno de furia.

Su meeca gimió, impresionada por la agresividad de su marido, a ella, en cambio, se le hinchó el corazón y se sintió orgullosa de estar unida a un hombre como Nakhawatt, un hombre que la defendía con su vida si hacía falta, y que la amaba con tanta intensidad.

—¿Usted es la meeca de Eobe? —preguntó Qourk. Shaulia asintió.

—¿De qué lado está? —le preguntó Qourk.

—Del de mi señora, desde luego. —respondió ofendida.

—Meeca, quien está de mi lado tiene que estarlo del de mi esposo. ¿Estás de acuerdo con eso? —preguntó Eobe. Pese a confiaba en Shaulia no podían arriesgarse a que alguien les traicionase de nuevo e intentase atentar contra él. La mujer la miró con preocupación.

—¿Consideras qué merece sentarse en el mismo trono en el que se sentó tu padre? ¿Es digno del cargo? —Ella asintió sin dudar.

—Lo es.

—Entonces estoy también del lado de tu esposo. —Eobe la abrazó con una sonrisa.

—No te vas a arrepentir, te lo prometo, ninguno lo va a hacer.

—¿Eobe? —le llamó su esposo. Le miró y no necesitó más, quería saber si podían confiar tanto en Shaulia como en Zraii. Comprendía su preocupación, después de todo lo sucedido con Shawick era normal que desconfiase de la gente, sobre todo de los desconocidos.

Dejándose guiar por las vibraciones de Zraii y de Shaulia, asintió. No sentía ni rastro de traición en ella como lo había hecho con el ghalee, solo miedo y preocupación. Ojalá no se equivocase con ellos.

—Está bien. Eobe, quiero que te escondas en un sitio seguro con tu meeca y esta vez nada de estupideces. ¿Me has oído? —Cuando ella asintió, él añadió—. Las cosas van a ponerse feas y no te quiero por medio, me da igual a quien o que veas u oigas, te quiero a salvo. ¿Está claro?

—Muy claro.

—Más te vale que sea verdad. ¡Ah! Y llevaros a Pomock con vosotras, necesita que alguien le cure el brazo. —se fijó en el soldado, hasta ese momento no se había percatado de que estaba sangrando.

Los ojos se le fueron solos hacia Hamalk. El hombre de confianza de su esposo llevaba en su mano derecha la cabeza cortada de alguien. Nunca había visto nada tan espantoso y le dieron ganas de vomitar.

—¿Es la cabeza de Talaqtto? —Qourk asintió.

—Kaylem, ve con ellos. Ponles a salvo y que no les pase nada. —amenazó su esposo. El soldado asintió.

—En las cocinas hay un lugar seguro para todos. —aseveró Shaulia.

—Entonces nos veremos allí en un par de horas.

"Las cosas se van a poner feas" oyó decir a Qourk en su cabeza y un nudo atenazó su estómago.

—Ten mucho cuidado.

El enfado de su esposo se esfumó en cuanto sus palabras salieron de su boca.

—Tú también.

Habían enviado a Shaulia a despejar la cocina, que a esas horas debería estar hirviendo de actividad, mientras qué Eobe, Pomock y Kaylem recorrían una vez más los pasadizos secretos de La Fortaleza. Habían entrado por la pequeña abertura de debajo de las escaleras del primer piso, desde allí tendrían que dar un rodeo enorme para llegar a la salida que daba a las cocinas, ese era el camino más seguro para llegar sin que nadie les descubriese.

Intranquila por cómo le estaría yendo a Qourk guió a los soldados por los túneles. Ellos eran minoría y a esas alturas todo el ejército Iraluq y la guardia personal del srers ya se deberían de haber enterado de que los halirianos habían penetrado en la Fortaleza y habían matado a Talaqtto. Iban a ir a por ellos, de eso estaba convencida, solo esperaba que los goddios llegasen pronto para echarles una mano y el resto de la guardia personal del srers se pusiera de su lado, solo así podría asegurarse el éxito.

"Por favor, que lleguen los goddios pronto, por favor" no paraba de pedir una y otra vez mentalmente.

Pasaron por debajo de una alcantarilla situada en el patio de armas, en donde un hombre con voz ronca les estaba gritando órdenes a sus hombres. Eobe hizo parar a Pomock y a Kaylem y escucharon con atención. Él hombre estaba furioso no solo porque los rebeldes hubieran aplastado a la mayoría de los retenes de la ciudad y estuviesen incitando a la población galduriana a rebelarse contra los iraluqs y a apoyar al nuevo srers, si no porque los halirianos hubiesen burlado a sus guardias y se hubiesen infiltrado en la Fortaleza, hubiesen matado a Talaqtto y le hubiese entregado a Ijlaak a los galdurianos.

El corazón la latió con velocidad. Lasos estaba cumpliendo con su parte del trato. ¿Eso significaba que lo estaban consiguiendo? Le pidió a la diosa Aeneris con todas sus fuerzas que así fuera.

Intentando no ponerse demasiado eufórica por las noticias continuó su camino. Al llegar a la salida que daba a la alacena se quedó escuchando. Su meeca le estaba explicando a alguien que debía irse a su casa hasta que las cosas se calmasen. Aquella persona no tardó mucho en irse, aún así ellos esperaron unos instantes en salir.

Su meeca estaba de espaldas sobre un caldero de barro que colgaba pesadamente sobre el fuego principal de la cocina. En cuanto les sintió se giró:

—Les he mandado a todos a sus casas, así nadie nos molestará.

—Gracias meeca. No sabes cuánto te agradezco que nos estés ayudando.

—A ver, ¿dónde está el herido? —Pomock se acercó y Shaulia le examinó el corte—. Yo no soy sanadora, pero no parece demasiado grave. —dijo. Le acercó una banqueta y le obligó a sentarse. Su meeca cogió una botella de vidrio trasparente que había sobre la mesa y le echó el líquido sobre la herida. El soldado siseó y ella giró la cabeza, no quería ver cómo le cosía.

La cocina estaba tal y como ella recordaba, con la gran chimenea de oscura piedra que siempre permanecía encendida ocupando la pared del fondo y los dos hornos, uno a cada lado de ella como grandes bocas de fuego dispuestas a engullirse a cualquiera que se acercase demasiado. De pequeña siempre le habían asustado.

El resto de paredes estaban recubiertas por estanterías y armarios ocupados por diferentes tipos de utensilios de cocina. Cazuelas, sartenes, bandejas, platos, vasijas, cubiertos de metal y de madera, cuchillos de todos los tamaños, botellas de vidrio de diferentes grosores, formas y tonalidades, y cientos de cosas más, algunas de las que desconocía su utilidad.

Una robusta mesa de madera de nogal repleta de cacharros de barro, canastos llenos con diferentes tipos de verduras y frutas, en la que cabrían cómodamente una docena de personas a la hora de la comida, presidía el centro de la sala. Entre todo aquello Eobe vio una bandeja de plata con un plato repleto de huevos, salchichas y queso, y otra con bollos de pan de leche recién hechos. Ella no fue la única que se fijó en ellos, Kaylem se dirigió hacia la bandeja y cogió una salchicha.

—¡No se te ocurra probar eso! —le riñó Shaulia—. Es del srers.

—No creo que a estas alturas le importe mucho si me como su desayuno.

—Tú verás, pero está envenenado. —confesó la mujer. Kaylem tiró al suelo el alargado pedazo de carne y se limpió los dedos sobre su pantalón de cuero. Eobe gimió.

—¡Meeca! ¿Le ibais a dar a Talaqtto una comida que sabías que estaba envenenada?

—Por supuesto, llevamos haciéndolo un par de semanas. ¿Acaso creías que íbamos a estar con los brazos cruzados viendo como maltrata a nuestro pueblo? —Ella sonrió.

—¿Fue idea tuya? —Mientras terminaba de zurcir la herida de Pomock se encogió de hombros.

—Solo espero que no se te ocurra nada de eso con mi esposo. —dijo divertida.

—Todo depende de cómo se comporte él con nuestro pueblo. —respondió su meeca con seriedad.

Kaylem y Pomock se pusieron en guardia inmediatamente. Pese a que Eobe le quitó importancia al comentario ambos continuaron tensos.

—Meeca, mi esposo no es Talaqtto. Sé que no te gusta porque es del oeste, pero es buena persona. Sí, admito que a veces es algo brusco en su manera de decir las cosas, sin embargo, es justo y noble.

—Sigue siendo del oeste.

—Y yo también. —respondió descubriéndose la cabeza.

Shaulia se giró como si tal cosa y echó la aguja con la que había cosido a Pomock en un cuenco de cristal. A continuación, cogió la botella transparente que había usado con el haliriano y vertió un poco de líquido en el cuenco.

—Tú también lo sabías todo y no me dijiste nunca nada. —le reclamó Eobe sorprendida por la indiferencia ante su confesión.

—Era lo mejor para ti.

—No, lo mejor para mí hubiese sido que me dijeseis quien y que era desde el principio, me hubiese ahorrado muchas lágrimas, ¿sabes?

—Fue decisión de tu padre.

—Él no era mi padre. Eso también lo sabías, ¿verdad?

El silencio de Shaulia fue la mejor de las confirmaciones. No era momento para los reproches, solo quería que la mujer que la había criado dejase a un lado sus prejuicios por las gentes del oeste y le diese una oportunidad a su esposo, y así se lo hizo saber a su meeca.

—Ya lo estoy haciendo. —respondió Shaulia.

—Quiero que lo hagas de corazón.

La mujer comenzó a pasear por la cocina, recogiendo y colocando, sin duda meditando sobre sus palabras. De pronto se paró delante de ella y la miró a los ojos.

—Te quiero como si fueras mi propia hija, carne de mi carne. —le dijo con ternura. Eobe se emocionó y le acarició el rostro.

—Tú eres la única madre que he tenido. —Shaulia asintió claramente emocionada.

—¿Amas a ese hombre?

—Con todas mis fuerzas. Daría mi vida por él. —confesó con sinceridad.

—¿Cómo puedes amar a alguien que ha contribuido a matar a tu familia?

Eobe recordó como esos primeros días fueron horribles para ella. No conseguía superar la tragedia que había vivido, se sentía sola y desamparada, asustada por el feroz grupo de hombres que le había sacado de su hogar para llevársela a un sitio que hasta hacía poco ni siquiera sabía que existía, y por si no hubiese sido suficiente con eso sus dones de ianeekou habían comenzado a ver la luz aterrándola y haciéndola enloquecer, por lo que amar a Qourk había sido lo único que había podido hacer para no perder la cabeza, había sido algo instintivo, ella solo había alzado la mano en busca de algo a lo que aferrarse y ahí había estado él, ayudándola a su modo.

—Él es lo único que tengo. —Shaulia suspiró.

—¿Es bueno contigo? —Asintió.

—Muy bueno. Y cariñoso, atento, y amable. Se desvive por mí.

—No me gusta cómo te ha gritado antes. —Eobe sonrió.

—Solo estaba preocupado. Es su modo de demostrarlo. Le había prometido que permanecería escondida para que no me descubriese nadie y me hiciesen algo malo. Los hombres de Ijlaak han intentado secuestrarme un par de veces, y Talaqtto intentó violarme el día de la unión con Staanka. Por eso me gritó, porque yo rompí mi palabra, y le asusta pensar que alguien pueda hacerme daño.

—Igual que tu padre. —Eobe se cubrió la cabeza de nuevo, no se sentía cómoda teniéndola al descubierto en ese lugar.

—¿Dónde está tu corona, niña? —le preguntó su meeca.

—Escondida, en un sitio seguro dónde no le haga daño a nadie.

—Esa corona no te hacía daño, solo te protegía. No puedes estar dentro de la Fortaleza tanto tiempo sin ella.

—¿Por qué no? —de pronto sospechó algo—. ¿Los murmuradores que contrató mi padre le hicieron algo a estos muros? —Su meeca no pudo responder ya que Kaylem le interrumpió, tenía que volver con Qourk y ellas tenían que esconderse.

Eobe le preguntó a Pomock que tal se encontraba, si tenía fuerzas de sobra le quería junto a su esposo. El soldado asintió, por lo que ella y Shaulia corrieron a esconderse en los pasadizos hasta que ellos volviesen sanos y salvos a buscarla.

Había pasado mucho tiempo desde que los dos soldados se hubieron marchado. En una ocasión Eobe había dejado sola a Shaulia y había ido a la entrada secreta de la sala del trono a ver si conseguía averiguar que estaba sucediendo. Nada, eso era lo que estaba pasando, la sala estaba vacía y no se oía absolutamente nada excepto su agitada respiración. Regresó a la cocina, su meeca le estaba esperando nerviosa, por lo que le preguntó si había sucedido algo en su ausencia. Nada, la más absolutas de las nadas, y eso no era bueno para su ansiedad, que iba incrementándose por momentos hasta el punto en el que la cabeza le daba vueltas y le costaba trabajo respirar.

Tenía que tranquilizarse, por lo que comenzó a practicar los ejercicios de respiración que Doum, el murmurador, le había enseñado. Empezaba a sentirse un poco mejor cuando oyó voces de hombre al otro lado del muro. Con su mano libre apretó la de su meeca. Ojalá que fuesen ellos.

—Mi señora. ¿Puede oírme? —Era Kaylem. —Ya puede salir de su escondite. —gritó el soldado.

No se lo pensó dos veces, corrió la pared, movió el mueble de la alacena lo suficiente como para que ambas cupiesen de lado, y salió corriendo. Lo primero que hizo fue buscar a su esposo con la mirada.

—¿Dónde está Qourk? —preguntó al no encontrarle por ninguna parte.

—¿A qué viene tanta prisa por verme, mujer? —le preguntó con una sonrisa en los labios.

Él estaba entrando a la cocina en ese preciso instante, seguido de Hamalk y otro hombre al que no conocía de nada. Caminaba hacía ella con tanta seguridad, con tanta decisión, con esas larguísimas trenzas azules ondeando a cada paso que daba y con esos ojos azules tan penetrantes, clavándose en ella, que parecía todopoderoso, indestructible.

No le importó que los soldados halirianos, más Oron Zraii, más un desconocido, le estuviesen observando, ella echó a correr y se abrazó a su esposo.

—¿Estás bien? Tienes sangre. —Sus ropas estaban manchadas con sangre, así como sus manos y tenía la cara llena de salpicaduras.

—No es mía. ¿Tú estás bien? —Eobe asintió.

—Shaulia y yo hemos estado escondidas todo el tiempo. ¿Qué tal os ha ido a vosotros? —Qourk arrugó en entrecejo.

—¿Seguro que estás bien?

—Solo un poco nerviosa. —Qourk le acarició el rostro.

—Tu amigo Lasos se está portando mucho mejor de lo que me imaginaba. Y tal y como nos había prometido, mi señor Zraii ha puesto a su ejército a nuestro servicio. —Eobe suspiró.

—¿Qué habéis hecho con la Serpiente? —Su esposo miró al nawaii de la península de Goddium.

—Se la hemos dejado a los galdurianos.

Su respuesta le sorprendió. Creía que él mismo querría arrancarle la piel a tiras por todo lo que les había hecho.

—¿Y cómo han reaccionado ellos?

—Solo me alegro que no lo hayas visto, es todo lo que te voy a decir al respecto.

—¿Tan horrible ha sido? —Qourk desvió la mirada y la paseó alrededor de la sala en la que se encontraban.

—¿En esta cocina no hay nada para beber?

Estaba claro que no la quería responder por lo que se imaginó que había sido un espectáculo sobrecogedor. Junto con Shaulia comenzó a sacar vasos para todos y a servirles, seguramente estarían sedientos y agotados, incluso hambrientos. Le preguntó a su meeca si las dos hogazas de pan y el queso que había en uno de los muebles se podían comer, ella respondió afirmativamente y procedió a cortar los alimentos en porciones iguales, bueno, no tan iguales, para su esposo se reservó la más grande.

Eobe sintió una ráfaga de aire acariciar su nuca y con un escalofrío se giró. Varios de los ventanales de la cocina se encontraban abiertos, pero no fue eso lo que realmente vio. Aquel lugar no estaba precisamente bien resguardado, si los iraluqs se enteraban que estaban allí podrían tenderles una emboscada, atacarles por la puerta que daba a la Fortaleza y por la que daba a patio donde se encontraban los establos y la granja privada con sus ovejas, sus gallinas y el resto de animales. No creía que fuera conveniente que permaneciesen en ese lugar, tan a la vista, durante mucho tiempo.

—¿No deberíamos coger los alimentos y comérnoslos escondidos en algún sitio? —le preguntó a su esposo mientras le daba su ración de pan y queso.

—La guardia personal del srers está prácticamente al completo de nuestro lado y los tengo a todos protegiendo la Fortaleza. No son muchos, aunque sí los suficientes como para que tengamos un momento de descanso. No hay nada de qué preocuparse.

—¿Seguro? —preguntó arqueando una ceja. Qourk sonrió. Shaulia les interrumpió ofreciéndole un vaso de barro.

—Es zumo de naranja. —Enseguida Kaylem se lo quitó de las manos y le dio un buen sorbo.

—No tengo intención de envenenar a nadie más, no temas. —

dijo Shaulia. Qourk arrugó el entrecejo.

—¿Qué está sucediendo?

—Meeca y el resto de sirvientes estaban envenenando a Talaqtto.

—Ese bastardo se lo merecía. —dijo Nakhawatt con dureza—. Que quede clara una cosa. Si mi esposa confía en esta mujer, yo también y por consiguiente vosotros también ¿está claro? —Todos asintieron.

Eobe le arrebató el vaso a Kaylem y se bebió de un trago todo lo que quedaba. Intentó aparentar indiferencia aunque a decir verdad estaba pendiente de la reacción de su meeca y de sus vibraciones, si ese zumo hubiese estado envenenado se hubiese puesto nerviosa o se hubiese preocupado, en cambio, Shaulia se había quedado tan tranquila, orgullosa.

Ella era la que no terminada de estar tranquila, su esposo había puesto toda su confianza en ella y no podía fallarle, por lo que pese a lo mucho que quería a esa mujer la tendría vigilada de cerca, ya habían tenido suficientes traiciones.

—¿Y ahora qué? —preguntó Eobe para cambiar de tema.

—Mañana a medio día me presentaré ante los galdurianos como su nuevo srers. Hasta entonces tenemos mucho trabajo que hacer, hay que supervisar que tanto los rebeldes como los goddios que siguen de nuestro lado no están teniendo demasiados problemas. Tengo que decidir también quienes serán los nuevos benawais, organizar el ejército y ponerme rápidamente a saber cómo ha dejado todo Talaqtto.

Algo le sucedió, no supo que, estaba tan tranquila hablando con su esposo y de pronto la cocina comenzó a girar a su alrededor con mucha velocidad. Sabía que Qourk le había sujetado por los brazos y le oía decir algo, solo que no entendía las palabras. En algún momento la debieron tumbar en el suelo porque cuando se despejó se encontraba descansando sobre el frío suelo de piedra.

—Más te vale confesar. —Oyó como Qourk gritaba. Eobe intentó incorporarse.

—Tranquila, mi señora. Permanezca acostada. —le dijo un hombre.

—Yo no he hecho nada. —Oyó como decía su meeca.

—Has intentado matarme y por tu culpa mi esposa…

—¡No! —gritó. No podía permitir que culpasen a Shaulia, lo que le había sucedido no era fruto de un envenenamiento como debía estar pensando su esposo, era culpa de los conjuros que los murmuradores le habían hecho a la Fortaleza. Forcejeando contra el soldado se levantó, pese a que la cabeza se le fue un poco logró sostenerse bien. Qourk estaba aprisionando a su meeca contra la pared y excepto el hombre que estaba con ella y Oron Zraii, el resto le estaban rodeando.

—No ha sido ella. Los murmuradores le han hecho algo a los muros de la Fortaleza. —Dijo captando la atención de su esposo—. Ya me sentía mal antes de que llegaseis vosotros, mientras estábamos escondidas.

—No mientas para salvar su cabeza.

—¡No lo hago! ¡Es la verdad! Por favor, Qourk, créeme.

Varias pesadas respiraciones más tarde él soltó a Shaulia y se acercó a ella. Eobe le sujetó la cara con las manos.

—Estás helada. —le dijo abrazándola. Bueno, entre sus brazos se encontraba un poquito mejor.

—Tenemos que sacarte de aquí.

—No quiero irme.

—¡Maldita sea, mujer! —Le espetó apartándole de su cuerpo—. ¿Qué quieres enfermar o volverte loca como cuando las abejas? —No, claro que no quería, pero no podía dejarle solo, si permanecía allí por lo menos sabría que estaría sucediendo.

—Si me voy enloqueceré igualmente pensando en que os estará pasando, si os va todo bien, si alguien… —se encogió de hombros—. Bueno, ya sabes. —añadió desviando la mirada. Qourk negó.

—Lo siento, Eobe, esta vez no. Te quiero a salvo fuera de aquí.

—Pero…

—¿Estás segura que quieres discutir sobre esto conmigo?

Agachó la cabeza, su esposo tenía razón, no era conveniente para ella seguir en ese lugar por lo que aceptó de mala gana.

—Quiero estar mañana aquí cuando te presentes antes los galdurianos. —Y eso no era negociable.

—Está bien, que alguno de vosotros busque a Lasos, que una guardia escolte a mi esposa hasta su guarida y la traigan mañana a la hora de mi presentación. Que su meeca y Pomock la acompañen. —El soldado hizo una leve mueca de desagrado. Seguro que él también deseaba quedarse al lado de su señor.

Permanecieron en la cocina observando como Qourk trabajaba con sus hombres, como organizaban su futuro ejército y su gobierno. Cada minuto que pasaba sin salir de la Fortaleza le hacía debilitarse, marearse, incluso sentir náuseas, por supuesto no dijo nada, no quería preocupar más a Qourk de lo que estaba.

Lo que debió ser una hora más tarde Kaylem y Naiaran, el soldado al que no conocía, regresaron.

—Los rebeldes esperan a mi señora.

Eobe se abrazó a Qourk. Pese a que no iba a ser la primera vez desde su unión que no iba a dormir junto a él se sentía como si lo fuera. Al soltarse llevó sus manos hasta el rostro de su esposo y le atrajo hacia ella, no le importaba que estuviese manchado de sangre seca, simplemente le besó delante de sus hombres, de su meeca y de Zraii. Tampoco le importaba haberle dicho mil veces que tuviese cuidado y se lo pidió otra vez más.

—Más le vale a ese amigo tuyo tratarte bien, si no se las va a ver conmigo.

—Lo hará, no te preocupes por mí. —le dijo.

Debería irse, había gente que la estaba esperando, pero no podía, tenía un mal presentimiento, algo dentro de ella le decía que no dejase solo a Qourk.

—Intenta descansar ¿vale? —le dijo con ternura mientras le acariciaba el rostro.

Ella asintió, se abrazó una vez más a él y le dijo al oído.

—Le voy a pedir a la diosa Aeneris que te cuide por mí.

Se le hacía extraño montar en caballo después de tanto tiempo sin hacerlo, y echaba de menos a su yawatt Garra. Habían intentado salir con discreción de la Fortaleza, pero un pequeño grupo de galdurianos que andaban escondiéndose del caos que estaba produciéndose en la ciudad les vieron y la reconocieron al instante.

Galoparon rápido para escapar de la ciudad antes de que la noticia llegase a oídos de todos y tuviesen algún problema. Según se iba alejando de la Fortaleza iba sintiéndose un poco mejor, tanto que al llegar al escondite de Lasos se encontraba prácticamente recuperada.

Los rebeldes habían construido toda una serie de túneles debajo de la casa que su padre le había obsequiado a Iges Staanka por su unión, y que nunca habían llegado a disfrutar. No era un lugar elegante, ni espacioso, ni siquiera era bonito, pero era seguro, y eso era lo más importante. Le había dolido mucho ver en qué estado había quedado la casa que su padre con tanto cariño les había regalado, de todos modos no era como si ella quisiese irse a vivir allí cuando su esposo fuese proclamado srers oficialmente, deberían hacerlo en la Fortaleza, aunque para eso primero deberían hacer llamar a unos cuantos murmuradores y que limpiaran el lugar de lo que fuese que le hicieron sus compañeros, de otro modo ella no podría pasar demasiado tiempo allí dentro sin enfermar.

Recostada en un pequeño camastro de uno de los habitáculos que los rebeldes habían construido en piedra, Eobe sujetó por encima de su cabeza la cadena del colgante, que llevaba fuertemente sujeto, permitiendo que el neekai de plata cayese a la altura de sus ojos, y se quedó observándolo durante un buen rato a la tenue y anaranjada luz de las lámparas de aceite. Era una pieza preciosa, labrada con tanto cuidado y tantos detalles que era como tener un neekai de miniatura entre las manos. No podía creer que aquella obra de arte le perteneciese, que hubiese sido de su verdadera madre, la nawae del Bosque de las Lágrimas, sencillamente todo aquello le parecía un sueño. Tal vez eso era lo que le estaba ocurriendo, su meeca le había debido de leer alguna historia de los ianeekous antes de dormir, por eso estaban soñando con ellos, excepto que la dureza del catre y de la pared de piedra contra sus músculos se sentía demasiado real como para ser un sueño.

Sin apartar la mirada del colgante se preguntó cómo debería haber sido su madre. ¿Habría sido bonita? ¿Cariñosa? ¿Se hubiese portado bien con ella? ¿La hubiese querido igual que Hergard Worji? Quiso creer que sí. Le entristeció el no haber podido conocerla, ni a ella ni a... De pronto se dio cuenta de algo, tal vez aquel hombre que conoció en el bosque, el nawaii, fuese su verdadero padre. Durante unos segundos la respiración se le cortó y se llevó la mano libre hacia su pecho. ¿Y si lo era? ¿Él la habría reconocido? ¡Oh, cielos!

—¿Estás bien, mi niña?

Eobe apartó la mirada del colgante, Shaulia, su meeca, se había sentado a su lado y la miraba con preocupación.

—¿Por qué no me dijisteis nada antes? ¿Por qué nadie lo hizo? —preguntó.

—Fue la voluntad de tu padre. Él no quería que la gente se aprovechase de ti, que te hiciesen daño por lo qué eras.

—Lo sé, meeca, pero eso no hace que sienta menos rencor. —Recordó sin querer como se habían reído de ella el que una vez había sido su amigo, Malluk y Danaell Beela, lo mal que se había sentido por sus burlas—. Yo merecía saberlo, conocer de donde procedía.

Ninguna de las dijo nada durante un tiempo.

—Me hubiese gustado conocer a mi verdadera madre, a lo mejor ella sí que me hubiese querido. —susurró con tristeza.

Shaulia la abrazó y ambas permanecieron en esa posición hasta que alguien les llevó un poco de fruta para cenar.

Eobe pasó la noche inquieta, sin apenas poder dormir, imaginándose lo que estaría haciendo su esposo, como le estaría yendo, si él también pensaba en ella y se sentía tan ansioso por cuanto les iba a cambiar la vida en apenas unas horas. Seguro que lo estaba. En el poco tiempo que llevaban juntos había aprendido a conocer bien a ese hombre, le parecía mentira que después de como se habían conocido hubiesen formado una bonita y sólida unión en la que confiaban tanto mutuamente y se apoyaban en todo. Recordó cómo se conocieron, ella había estado tan asustada y Qourk había aparecido de pronto, tan cruel y tan insensible, con esa autoridad y seguridad en si mismo que se había sentido aterrada, sin embargo, poco a poco fue enamorándose de él. A decir verdad tuvo que admitir que comenzó a sentirse atraída físicamente por él desde su primera noche juntos, nunca había visto un hombre desnudo antes y Qourk era tan maravillosamente masculino, con esos hombros tan anchos, esos músculos tan duros y marcados, esos labios, esas manos… y en esos momentos de intimidad era tan dulce y atento con ella y le había hecho sentir tantas cosas que había caído completa e irremediablemente enamorada de él, tanto que no tenía ni idea que haría sin él.

Cuando una punzada de terror le golpeó el estómago y se lo retorció dolorosamente comenzó a rezar en voz baja a la diosa Aeneris *"Cuídalo por mí, por favor, que no le pase nada a Qourk, cuídalo por mí"* repitió hasta que agotada se quedó dormida.

La ciudad había amanecido en una tensa calma.

A esas alturas todo el mundo se había enterado de lo sucedido, que el srers Talaqtto había sido asesinado a manos del nawaii de Halira, el cual había llegado acompañado de un pequeño ejército y de su esposa, nada más y nada menos que la mismísima Eobe Worji. No tenía ni idea como se habían enterado con tanta rapidez de todo, pero así había sido, y a su vuelta a la Fortaleza la gente la estaba esperando agolpada en las calles, igual que el día de su unión con Staanka, excepto que aquel trágico día todo el mundo la vitoreaba y arrojaban pétalos de flores a su paso, y en ese momento la gran mayoría permanecía en silencio, excepto alguno que se atrevía a gritarla *"¡Traidora!"*. Eso le dolió. Tal vez visto desde la posición de los galdurianos puede que llevasen razón y que lo fuese, maldición, si incluso ella se había considerado de ese modo al principio de unirse a Qourk, pero no lo era, y si estaba haciendo todo aquello estaba siendo por ayudar a los galdurianos y al resto de pueblos y ciudades tanto del este como del oeste a tener una vida mejor lejos de las garras de Talaqtto.

Lo primero que hizo al llegar a la Fortaleza fue echar a correr para ir a buscar a su esposo. No estaba en el salón del trono, por lo que subió corriendo hasta el despacho que había pertenecido a su padre con la esperanza de encontrarle allí. Al enfilar el pasillo supo que había elegido el lugar correcto, Qourk se encontraba en el despacho, lo supo nada más ver a los dos soldados que estaban apostados en la puerta. Con decisión y el corazón desbocado se dirigió hacia la habitación. Los dos soldados le cerraron el paso y se lo impidieron.

—Soy la esposa de Qourk Nakhawatt, por lo tanto vuestra futura srarsa, así que os ordeno que me dejéis pasar a ver a mi esposo. —les espetó.

—Nadie tiene permitida la entrada. —le respondió uno de ellos con seriedad.

—Yo no soy nadie, yo soy… —la puerta se abrió. Qourk estaba al otro lado muy serio. Quería saltar sobre él y abrazarle y besarle, pero los dos soldados seguían oponiéndose entre ambos.

—¿Qué está ocurriendo?

—No me dejan pasar. —protestó.

—Ella es mi esposa y tiene permitida la entrada siempre que quiera. —Ambos soldados asintieron y se echaron a un lado, igual que Qourk, que se hizo a un lado para dejarla pasar. Eobe levantó la barbilla y entró en el despacho. En cuanto oyó a Qourk cerrar la puerta detrás de ella se giró y se abalanzó sobre él para abrazarle. Él metió la cabeza en el hueco entre su cuello y su hombro y la devolvió al abrazo con fuerza. Eobe notó sus vibraciones y se preocupó.

—¿Qué ha pasado, amor?

Qourk negó con la cabeza. Su esposo depositó en su cuello un beso tan suave que le hizo cosquillas.

—Te he echado de menos. —le confesó. —Eobe le acarició la cabeza.

—Yo a ti también. —Su esposo se soltó, le acarició el rostro y le preguntó.

—¿Has descansado bien esta noche? ¿Te encuentras mejor?

—Sí, mucho mejor, aunque no he podido dejar de pensar en ti en toda la noche. ¿Ha ido todo bien por aquí?

—Creo que los galdurianos no están muy contentos con que yo vaya a convertirme en su nuevo srers.

—Bueno, eso ya lo sabíamos antes de venir aquí.

—Ya, pero no significa que deje de inquietarme.

Eobe le acarició la cara con su mano libre, su creciente la barba le raspó la palma. Qourk buscó su otra mano y la sujetó.

—¿Qué llevas aquí? —le preguntó mientras tiraba de ella en dirección a la silla de detrás de la gran mesa que presidía la sala. Se sentó y sujetándola por las caderas la arrastró con él.

Sosteniéndolo de la cadena dejó resbalar el colgante hasta estar completamente suelto. El árbol de plata se balanceaba con entusiasmo por lo que su esposo tuvo que sujetarlo para poder inspeccionarlo de cerca.

Con el ceño arrugado Qourk preguntó.

—¿Es lo que creo que es? —Cuando ella asintió dijo—. ¿De dónde lo has sacado?

—Perteneció a mi verdadera madre. Mi padre, quiero decir, Hergard Worji se lo quitó cuando me encontró. —Y Eobe le explicó la historia que Zraii le había contado.

—¿Eso significa que tu verdadero padre es…?

Sabía que se refería al nawaii del Bosque de las Lágrimas que ambos habían conocido, por lo que no le dejó terminar la frase.

—No lo sé. Tal vez. —A decir verdad quería preguntarle su opinión, pero no le parecía buen momento, ya tenía demasiadas preocupaciones como para que ella añadiese otra más—. ¿Me podrías arreglar la cadena para no tener que llevarlo todo el tiempo en la mano?

Su esposo lo cogió, uno de los eslabones estaba partido. Miró a su alrededor pero no debió encontrar nada que le sirviese por lo que lo separó del resto, se puso de pie y fue directo hasta uno de los pesados libros que descansaban sobre uno de los muebles situados a sus espaldas. Con su tocklo cortó una fina cuerda de seda de color verde oscuro que separaba las páginas, se volvió a sentar y ató la cadena.

—Esto servirá de momento. —Eobe, que continuaba de pie, le dio las gracias al tiempo que se lo colgaba del cuello.

Alguien llamó a la puerta. Era Hamalk que la saludó nada más verla.

—¿Todo preparado?

—Casi.

—Está bien, pero daos prisa, no quiero que Eobe permanezca más tiempo de lo necesario en este lugar. —Hamalk asintió.

—Estamos terminando de colocar en su lugar a los soldados tal y como mi señor ha ordenado.

Qourk se volvió a poner de pie y se acercó a su amigo. Ambos se fundieron en un sólido abrazo y se golpearon en la espalda.

—Ya nos queda poco, Yamli.

Cuando se separaron pudo observar que Hamalk tenía los ojos acuosos. Qourk rió y le dio una suave palmada en la cara y ambos volvieron a abrazarse.

—Hemos esperado tanto tiempo para esto. —dijo emocionado.

—Te prometí que lo conseguiríamos, ¿no?

—Mi señor siempre cumple sus promesas.

—No sé cómo pagarte tu amistad y lealtad todos estos años, solo espero que quieras seguir siendo mi hombre de confianza en esta nueva y difícil andadura que tenemos por delante.

—Siempre. —Su esposo sonrió abiertamente.

—Sabía que podía contar contigo.

—Y hablando de contar. He hablado con Lasos, después de la presentación se reunirá contigo.

—¿Aceptará? —Hamalk se encogió de hombros.

—No le conozco lo suficiente como para responder a eso.

—¿Qué tiene que aceptar? —preguntó curiosa. Qourk la miró dubitativo.

—Quiero pedirle que sea mi benawai. —Con asombro preguntó:

—¿En serio?

—Totalmente. Es una jugada arriesgada pero que si sale bien creo que me va a reportar grandes beneficios.

—¿Cómo cuales?

—Si acepta mi proposición él verá que mi oferta de tender la mano a los galdurianos, y por consiguiente al resto de las gentes del este, es verdadera, eso le hará confiar en mí y ponerse de mi lado, y no solo a él, sino también a todos los hombres que le siguen. Además, es mejor tener al enemigo cerca, controlado, y Lasos me interesa por muchos motivos, es un hombre leal y de palabra, que conoce de sobra los entresijos de todo lo que rodea la Fortaleza y al srers, y es un hombre de acción, seguro que sus conocimientos me son muy útiles a la hora de enfrentarme a mis futuros enemigos. Necesito gente así a mi lado.

Parecía que Qourk lo tenía todo pensado, cosa que le alegró.

—Resulta que mi esposo no es solo guapo, sino que también es inteligente ¡Qué suerte la mía cuando me eligió para unirme a él! —le respondió sonriendo.

¡Sorpresa! Qourk Nakhawatt, el nawaii de la Ciudad Azul de Halira, y el nuevo srers, se había sonrojado.

—Anda, ve a cambiarte de ropa para la presentación. —le pidió.

—Así estoy bien.

—Yo prefiero que uses la ropa de cuando vivías aquí. ¿Lo harás por mí? —daría la vida por él así que asintió y se marchó para ponerse algo más… galduriano.

Había elegido una vaporosa túnica de color blanco junto con un pañuelo haciendo juego. El blanco era el color oficial del luto por la muerte de un ser querido, ese era su homenaje personal no solo a su familia, si no a todas las personas que habían fallecido desde que los hombres del oeste habían irrumpido en la Fortaleza hasta ese mismo instante.

Las campanas comenzaron a sonar, señal que el srers y la srarsa iban a presentarse ante toda la población en apenas unos minutos.

Eobe se dirigió con prisas hasta el despacho de su padre, bueno en realidad ahora le pertenecía a Qourk. Su esposo la felicitó por la elección, le había parecido un bonito detalle que quisiese presentase ante todos de ese modo.

—¿Preparado? —le preguntó sintiendo una fuerte opresión en el estómago.

—Eso creo. ¿Y tú? —Ella asintió, por lo que ambos bajaron hasta la sala del trono para hacer la presentación oficial.

Tenía que confesar que estaba nerviosa por convertirse en srarsa, aunque intentaba disimularlo para que Qourk no se inquietase más de lo que estaba. Solo esperaba de corazón ser lo suficientemente buena y poder ayudar a su esposo para que su mandato resultase próspero y pacífico, y que todos los pueblos y ciudades, tanto del este como del oeste, olvidasen sus rencillas y pudiesen vivir en paz y armonía. Eso era lo que realmente quería.

Su esposo le ofreció su brazo para caminar juntos hacia el palco que daba a la ciudad. Los ventanales estaban abiertos por lo que la brillante luz del sol les cegaba y el sonido de las personas que estaban esperando a que ellos apareciesen les llegaba como el murmullo de un enjambre de abejas.

Qourk le apretó la mano y se agachó para decirle algo al oído.

—Eres lo mejor que me ha pasado en la vida.

Eobe miró a su esposo y volvió a recordar como le había conocido, todo lo que ocurrió el día de su unión y todo lo que habían vivido después, como tuvo que deshacerse de sus miedos y todo el resentimiento que sentía, por los halirianos en general y en Qourk en particular, para poder comenzar una nueva vida y ser feliz. Sabía que durante el tiempo que durase su unión tendrían momentos buenos, pero también momentos difíciles, algunos quizá demasiado duros para superarlos. A la mente le vino el recuerdo de la fría y tormentosa relación que habían mantenido los que hasta hace poco había considerado como sus padres, Hergard y Nivi. No, ella nunca permitiría que la bonita relación que mantenía con su esposo terminase del mismo modo, haría cualquier cosa para que no sucediese.

No era ningún secreto que Qourk tenía un carácter muy fuerte, tenía que ser de ese modo si quería que la gente le respetase. Había luchado mucho para conseguir llegar hasta donde lo había hecho, y ella le admiraba y respetaba por ello, pero eso no era todo, Eobe conocía muy bien su lado tierno y cariñoso, y su dulzura y su pasión que le habían hecho caer rendida a sus pies.

—Quiero que sepas que pese a todo lo que sucedió aquel día me alegro que vinieses a Galduru y que me obligases a unirme a ti. Me siento muy orgullosa de ser tu esposa y te quiero más que a nada en el mundo. —Intentando contener la emoción Qourk le besó la palma de la mano y ambos salieron a que su nuevo pueblo les conociese y les diesen su aprobación.

Alguno iba temblando, o quizá fuese ambos, estaba demasiado nerviosa como para distinguirlo.

En cuanto hubo puesto un pie en el amplio palco miró con disimulo a ambos lados. Era un precioso día soleado, de esos en los que de vez en cuando corre una leve brisa que impregna el ambiente de olor a flores, hierbas aromáticas y a mar. Todos los halirianos que les habían acompañado en ese viaje estaban a su lado, así como Shaulia, su meeca, Oron Zraii y Hurius Lasos. Al otro lado los galdurianos permanecían de pie, curiosos y expectantes. Seguramente la gente que había llegado más tarde y se encontraban más lejanos a ellos no escucharían bien lo que iba a ocurrir en poco tiempo, sin embargo, no le cabía la menor duda que los pregoneros llevarían las palabras de su esposo por toda la región, incluso más allá. Hamalk se acercó al borde y gritó.

—¡Pueblo de Galduru, de Goddium, y de cualquier otra región del mundo que esté presente hoy aquí. En este acto tan importante para todos, en este luminoso día, se presenta ante vosotros con el corazón en la mano, el nuevo srers, Qourk Nakhawatt!

Los galdurianos guardaron silencio cuando observaron a su esposo caminar hasta el borde, en donde su amigo Hamalk se había retirado hacia una esquina para que su señor se llevase toda la atención.

—Pueblo de Galduru y de cualquier otra región, ante vosotros y ante el gran Asej me presento con humildad y con una promesa. Sé que el anterior srers ha sembrado vuestras tierras de miedo, de dolor, de hambre. Que os ha intentado arrebatar todo lo que con tanto sacrificio y esfuerzo os ha costado conseguir, ha matado y esclavizado a vuestros hijos, vuestros esposos, a vuestros padres, pero yo no soy él. Sé que la mayoría de vosotros odiáis a las gentes del oeste, y que muchos tendréis motivos, que no queréis que yo me convierta en vuestro nuevo srers, que no confiáis en mi, y lo comprendo, pero solo os pido que me deis una oportunidad de demostraros que no todos los hombres el oeste somos iguales. En este día me presento ante vosotros con la promesa de gobernar con justicia, honor, igualdad y respeto hacia todos los pueblos tanto del este como del oeste, y junto con mí…

Cuando Qourk dejó de hablar se dio cuenta que algo raro estaba sucediendo y dirigió su mirada hacia el público que tan atentamente estaba escuchando las palabras de su esposo. De entre los galdurianos una marea de cerca de cien cabezas rosáceas y ropajes blancos se abrieron paso hasta lo más cerca del palco que los soldados les permitieron.

Qourk giró la cabeza y la miró, ella estaba tan perpleja como él, por lo que negó, no tenía ni idea que hacía esa gente allí en ese preciso momento. A la cabeza de la comitiva ianeekou se encontraba el nawaii junto con la que Eobe supuso sería su esposa, en cuanto hizo contacto visual con ellos les hizo una leve reverencia. Inconscientemente Eobe se echó mano al colgante que llevaba escondido debajo de su ropa y lo apretó con fuerza. ¿Y si ese hombre era su padre? Los temblores de su cuerpo se incrementaron de tal modo que estaba convencida que cualquiera podía darse cuenta.

Por lo visto ellos no fueron los únicos impresionados por su aparición, todos los presentes comenzaron a cuchichear entre sí. Tal era la conmoción que tuvieron que hacer sonar las campanas un par de veces más para que la muchedumbre se callase y que Qourk pudiese finalizar su discurso.

—Bien, como iba diciendo, me presento ante vosotros con la promesa de gobernar con justicia, honor, igualdad y respeto hacia todos los pueblos y junto con mi esposa Eobe… —Qourk estiró la mano hacia ella y sin apenas ser consciente de lo que estaba haciendo echó a andar en su dirección y agarró su mano. Su esposo tiró levemente de su brazo y la acercó a él lo más posible— … a la que la mayoría de vosotros conocéis bien, conseguir que la paz y la prosperidad vuelvan a nuestras tierras y hogares.

Desde su posición Hamalk gritó.

—¡Larga vida a la srarsa Eobe Nakhawatt! —Y a continuación se arrodilló ante ella, así como todos los soldados halirianos, su meeca, Oron Zraii, Hurius Lasos y su esposo.

¡Oh, no! eso no era lo que la tradición mandaba, el srers nunca se arrodillaba ante nadie, ni siquiera ante su esposa o su madre, sin embargo, Qourk estaba allí, delante de todos, con la rodilla derecha hincada en la tierra y la cabeza gacha.

No iba a permitírselo, así que se aproximó a él y le tendió la mano.

—Tú no, tú no debes arrodillarte ante nadie. —Sus palabras resonaron más de lo que pretendía, entonces se dio cuenta que todo el mundo se había quedado en absoluto silencio observándoles.

Qourk levantó la cabeza, todo el amor, el respeto y el orgullo que sentía por ella reflejado en sus ojos.

—Ante ti no debería hacer otra cosa.

Con los ojos empañados en lágrimas le obligó a levantarse y miró hacia el público, todos, absolutamente todos los asistentes a la presentación comenzaron a arrodillarse ante ella, incluido el nawaii ianeekou y su delegación.

Miró a su esposo asombrada. Nunca se hubiese imaginado nada como eso, mucho menos después de oír como algunas personas le habían gritado apenas unas horas antes *"traidora"* de vuelta a la Fortaleza. Por el rabillo del ojo vio a Qourk asentir completamente de acuerdo con la escena que estaba presenciando. Ella no tenía ni la más mínima idea que hacer en ese momento.

—Agradéceles. —le dijo su esposo.

Eobe se adelantó un par de pasos y carraspeó un poco para aclararse la garganta. Giró la cabeza para mirar a su esposo, que se había puesto de pie, observándola con atención.

—Querido pueblo. —Les gritó volviendo a mirarles— Os agradezco desde el fondo de mi corazón vuestro apoyo, y al igual que mi esposo os prometo que trabajaremos con tesón y constancia para que nadie tenga nunca que volver a sufrir como lo habéis tenido que hacer por culpa del anterior srers y sus hombres. Poneos en pie, por favor.

Una vez todas las personas se levantaron Eobe retrocedió hasta quedar por detrás de Qourk, entonces Hamalk volvió a gritar.

—¡Larga vida al srers Nakhawatt!

Eobe miró a su alrededor, todos sus hombres hicieron lo mismo, su meeca también, y un buen número de los presentes. Quería gritarles que si todos ellos estaban a su lado entonces tendrían que hacerlo al lado de su esposo, que si no le querían porque él era haliriano a ella tampoco deberían quererla porque era ianeekou. Con decisión se acercó a su esposo, lo había decidido, iba a quitarse el turbante del pelo para que todo el mundo supiese la verdad. Levantó su mano derecha y antes de que pudiese llegar a su objetivo se asustó. Sí, eso fue exactamente lo que le sucedió, le entró miedo de lo que pudiesen pensar de ella, de la reacción de la gente, así que agarró con fuerza la mano de su esposo y le dio un fuerte apretón.

—Esto es mucho más de lo que me esperaba. —le dijo con tranquilidad. Sintiéndose una cobarde respiró hondo.

—Ellos te van a querer, algún día lo harán, ya lo verás. Aprenderán a quererte igual que lo hice yo. —Qourk la sonrió y le acarició el rostro.

—Eso espero.

Epílogo

La tormenta le había sorprendido a una hora de la aldea más cercana, por lo que cuando llegó estaba empapado y muerto de frío. Ya no era tan joven como antes y sus huesos dolían tanto que apenas era capaz de caminar media hora más. Confiando en encontrar un alma caritativa que le diese cobijo en una espantosa noche como aquella llamó a la puerta de la primera casa que encontró.

Un hombre de mediana edad y que se estaba quedando calvo le abrió la puerta. El anaranjado resplandor de la chimenea que se encontraba a sus espaldas brillaba detrás de él con la promesa de una noche seca y templada.

—¿Qué quiere? —le preguntó.

—Disculpe que le importune, buen hombre. Iba de viaje al sur y esta tormenta me ha sorprendido cerca de su aldea. Ya soy un hombre anciano y mis huesos no soportan el frío y la humedad. Me preguntaba si podría dejarme pasar la noche resguardado de las inclemencias del tiempo.

El hombre le miró de arriba abajo, como considerando si él era peligroso o no, hasta que finalmente se hizo a un lado.

—No tenemos mucho que ofrecerle, un camastro en el suelo y un tazón de sopa caliente con pan.

—Eso es mucho más que suficiente.

La casa era sencilla y humilde, de madera, con pocos y ajados muebles, una mesa con seis banquetas alrededor ocupadas por tres niños de diferentes edades, un par de viejas mecedoras y un aparador lleno de vasijas de barro y metal. A cada lado de la sala una puerta daba paso a diferentes estancias, a la derecha la cocina, a la izquierda los dormitorios.

—Alguno de vosotros, id a por una manta para que este pobre hombre pueda secarse y unos calcetines para que tenga bien abrigados y secos los pies. —les dijo a sus hijos. El mayor, que debía tener unos trece años, salió disparado al dormitorio, mientras que los dos pequeños le miraban atentamente.

—Criselda, trae un cuenco con sopa caliente y un pedazo de pan. ¿Quieres?

Cuando el muchacho regresó con una fina manta de color parduzco él sustituyó sus empapadas ropas por aquel pedazo de tela seco y los viejos calcetines.

Mientras la mujer, bajita y regordeta, colgaba su ropa a secar cerca de la chimenea él comenzó a comer. Hacía varios días que no probaba comida caliente por lo que se comió el cuenco de sopa con avidez.

—El sur está muy lejos de aquí buen hombre ¿Qué le lleva a hacer un viaje tan largo?

—Mis huesos. —Respondió después de tragar una cucharada de sopa—. La vida en la Cordillera de los Murmullos ya no es buena para mi salud, por lo que mis hermanos me mandan a tierras más cálidas.

—¿Usted es un murmurador? —le preguntó con sorpresa el hijo mediano. Le faltaba uno de los dientes delanteros y el otro estaba a medio salir.

—Así es jovencito.

—Entonces conocerá muchas historias.

Partió un pedazo de pan con las manos y se lo llevó a la boca.

—No tantas como me gustaría pero más de las que un viejo como yo puede acarrear ya sobre pesados libros.

—¿Nos puede contar alguna? —preguntó el pequeño entusiasmado.

—No le molestéis. ¿No veis que debe estar cansado del viaje? —protestó el padre.

—No es ninguna molestia, buen hombre. Contarles una historia a sus hijos es lo menos que puedo hacer para pagarles su hospitalidad.

Los dos hijos pequeños aplaudieron.

—¡Queremos oír una historia!

Él sonrió y asintió con la cabeza al tiempo que terminaba de cenar y meditaba cual sería la más apropiada. El calor de la sopa junto con la manta y la chimenea estaban comenzando a hacerle efecto, sus entumecidos miembros le hormigueaban placenteramente y su estómago se sentía satisfecho, por lo que decidió contarles su mejor historia, una que muy poca gente conocía tal y como verdaderamente había ocurrido. Una a la altura de la generosidad de esa familia.

—¿Conocéis la historia de cómo Qourk el Reconciliador llegó a convertirse en srers? —El mayor de los hijos protestó.

—Es una historia de para niños pequeños y para chicas.

—Eso es porque solo conoces una de las muchas versiones que el paso de los años y los hombres que las contaban han ido alterando.

—¿Y usted la conoce? —preguntó el muchacho.

—Y si me permitís contárosla vosotros también lo haréis.

Todos asintieron. El hombre avisó a su esposa y cuando esta estuvo sentada en la mesa con ellos comenzó el relato.

—Algunas historias antiguas cuentan como Qourk, por aquel entonces el joven nawaii de la Ciudad Azul de Halira, se encontraba una noche paseando por las playas de Galduru. Era la noche antes de la unión de la hija del por aquel entonces srers, Hergard el Tranquilo, con el nawaii de la ciudad de Wagga, y la muchacha, nerviosa por la unión, salió a pasear por la misma playa solitaria. El destino y la diosa Aeneris, que les estaba contemplando desde el cielo, quiso que se encontraran. Se dice que Qourk cayó perdidamente enamorado de la muchacha nada más verla y que a ella le sucedió lo mismo con él. Ambos pasaron la noche juntos, hablando y riendo, y al alba los dos enamorados se despidieron con lágrimas en los ojos. Él le había explicado que al día siguiente tendría que partir hacia su tierra después de asistir a la unión de la hija del srers, y ella, con el corazón roto no le había quedado más remedio que contarle quien era…

—¿Ves como es una historia de chicas? —protestó el mayor de los hijos.

—Ese es el problema, que todo eso es mentira. Los trovadores y titiriteros han ido adaptando la historia para que el público que les escuche se implique más con la trama, se emocionen, incluso lloren, para así recaudar más khuat, pero en realidad nada sucedió de ese modo. La verdad es mucho más trágica que todo eso. La verdad es que un ejército formado por los hombres del oeste y encabezado por los iraluqs irrumpieron cuando la ceremonia de la unión del nawaii de Wagga, Iges Staanka y la hija de Hergard Worji, el Tranquilo, estaba dando comienzo. Los iraluqs y los halirianos dieron muerte a casi todos los asistentes a la unión y justo cuando el nawaii de Iraluq, Yovn Tallaqtto, el Sanguinario, iba a abusar de la bella Eobe, que era la hija de Worji, Qourk Nakhawatt se lo impidió, y ahí comienza la auténtica historia de cómo cambió el mundo hasta como ahora lo conocemos. ¿Quieres que te la cuente entera o prefieres otra?

El muchacho se sonrojó.

—Sí, quiero oír la historia. —Su padre carraspeó.

—¿Cómo se piden las cosas Philp?

—Por favor.

Él sonrió y comenzó a explicarle la historia tal y como los relatos de sus hermanos los murmuradores habían recogido a lo largo de los años. Uno de ellos, Doum, había sido maestro de la srarsa Eobe, y después de los hijos que había engendrado con su esposo, tres saludables niños y una preciosa niña que habían seguido los pasos de sus progenitores, lo cual le otorgaba una total fiabilidad a los hechos que les iba a contar a aquella familia.

No se saltó nada, ni siquiera las partes más feas de la historia como cuando Nakhawatt obligó a Eobe a unirse a él para que ella pusiese a sus pies al ejército del Bosque de las Lágrimas; ni cuando ella se volvió loca a causa de la aparición de sus dones de ianeekou; o los días seguidos de lluvia que ella causó debido a su depresión; ni cuando un Iraluq, haciéndose pasar por waggoshiano, intentó secuestrar a la muchacha y Qourk le entregó al yawatt de su esposa para que este le devorase; ni cuando él la eligió a ella en el Bosque de las Lágrimas; ni la traición de Shawick, el ghalee; ni de cómo ella le devolvió a la vida a su esposo; ni tan siquiera la mala relación de Eobe con Danaell Beela y sus celos; ni tampoco como consiguió Nakhawatt convertirse en srers. Nada, no se dejó ni una sola coma.

Miró a la familia, el hijo menor le observaba con los ojos y la boca muy abiertos.

—¿Y qué sucedió después? —preguntó el mediano.

—El gobierno de Qourk, el Reconciliador, fue muy largo. Ningún otro srers ha conseguido gobernar durante veintisiete años. De hecho, Qourk el Reconciliador no solo ostenta ese título, sino que también fue el primer srers que renunció a su cargo en favor de su koriun, su primogénito, Qoresh el Sabio. Sin embargo, no todo fue bonito. Los primeros tres años fueron muy duros para él, y no solo por su tarea como srers. Al mismo tiempo Nakhawatt continuaba siendo el nawaii de Halira, por lo que los problemas se duplicaron. Excepto su esposa y su círculo más cercano nadie más confiaba en su capacidad para gobernar, pero poco a poco, la gente comenzó a darse cuenta de las buenas intenciones de su srers.

Nakhawatt era un hombre muy inteligente, por lo que se rodeó tanto de sus hombres de confianza como de sus enemigos. Al primero que convenció fue a Hurius Lasos. El mismo día de su presentación como srers tuvieron una larga reunión, el ghalee de la guardia privada de Hergard el Tranquilo no confiaba mucho en Nakhawatt, aún así este aceptó convertirse en uno de sus benawais. Al srers esa jugada le hizo ganarse muchas simpatías con los galdurianos y unos cuantos enemigos más entre los benawais halirianos.

No soportaban que su nawaii les hubiese cambiado por alguien del este, por lo que le estuvieron haciendo la vida imposible hasta que un par de años más tarde, harto de las provocaciones y los problemas que le estaban causando su propia gente dio con la solución, convocó una reunión con sus benawais en la que expulsó del cargo a la gran mayoría de ellos acusados de rebelión contra el srers. Eligió unos nuevos benawais y proclamó a Naiaran, uno de sus hombres de confianza, como nuevo nawaii de Halira. De ese modo solucionaba dos problemas al mismo tiempo, cumplía la promesa que le había hecho a su soldado, la de pagarle el buen servicio que le había hecho al infiltrarse entre los iraluqs durante tanto tiempo, jugándose la vida en el proceso, y que los halirianos dejasen de causarle problemas. Todo aquello causó un gran revuelo entre su pueblo y por breve espacio de tiempo creyó que no conseguiría su objetivo, pero lo hizo. Ya tenía algo menos de lo que preocuparse.

Le costó mucho ganarse la confianza de la gente, y a pesar que seguían sin gustarle demasiado los pueblos del este él hizo todo lo posible para comportarse de manera justa con ellos.

De lo primero que se ocupó en cuanto fue nombrado srers fue anular los edictos de Tallaqtto y poner fin a la cruenta guerra que, con su ayuda, el anterior srers había iniciado. Firmó pactos con Oron Zraii, el nawaii de la península de Goddium y con Olandull Beela, nawaii de Othago, para que se convirtiesen en fuertes puertos comerciales. También se alió con el nawaii del Bosque de las Lágrimas, a cambio de que ellos les ayudasen a que su bosque recobrase la grandiosidad de épocas antiguas los ianeekous tendrían que colaborar para que las tierras del oeste fueran fértiles y las cosechas abundantes. Así mismo ayudó a reconstruir la ciudad de Santaree y trabajó muy duro para sacar a los esclavos que se encontraban en la isla de Iacara extrayendo el ixt de sus minas.

Las negociaciones con el nawaii, Tallaiowa fueron difíciles, él no quería deshacerse de su fuente de riqueza pero Nakhawatt no estaba dispuesto a rendirse, de conseguir liberar a esa gente dependía gran parte de su triunfo y su reconocimiento como srers. Negoció con él, ofreciéndole poco a poco más poder y más importancia comercial, convirtiendo así a Iacara en el principal puerto comercial de materiales preciosos, metales y textiles, y además mandó a los presos que poblaban la isla de Lix a trabajar en las minas como castigo por su delito, sustituyendo así a los esclavos liberados.

Por desgracia no pudo sacar a todos los hombres de allí a tiempo, muchos murieron a causa del duro trabajo y las pésimas condiciones laborales, pero la mayoría de las familias le agradecieron el gesto jurándole lealtad.

Poco a poco todos los pueblos, excepto el Iraluq, fueron reconociendo el buen trabajo que estaba haciendo, y once años después de que Qourk el Reconciliador lograse el cargo de srers, se reunió en la ciudad montañosa de Wagga con todos los nawaiis, excepto con el Iraluq, para redactar y firmar el Estatuto de Conciliación entre Pueblos, que fue el tatarabuelo de nuestro código legislativo actual.

—¿Nuestro qué? —preguntó el hijo pequeño.

—Nuestras leyes actuales. —le explicó.

—¿Y nadie intentó nunca matarle como él hizo con Talaqtto? —preguntó Philp, el hijo mayor.

—Lo hicieron. Algunos lo intentaron con todas sus fuerzas, pero solo uno estuvo a punto de lograrlo. Le tendieron una emboscada en el Valle de los Peyacks, y de no ser por su yawatt hubiese perdido algo más que el extremo inferior de su pierna izquierda. Su animal le empujó justo a tiempo, antes de que una tonelada de rocas les cayese encima. El pobre animal murió sepultado bajo las rocas. Por suerte para Nakhawatt solo su pierna quedó atrapada y gracias a que sus hombres le llevaron enseguida al Bosque de las Lágrimas los ianeekous consiguieron no solo salvarle la vida, sino también el resto de su pierna.

—¿Y consiguieron saber quien había sido el que había intentado matarle? —preguntó en esta ocasión el hombre que le había abierto la puerta.

—Un mercenario muy bien pagado por uno de los benawais halirianos que él había destituido.

Exclamaciones de sorpresa inundaron la casa.

—¿Qué sucedió con él? —preguntó el padre.

—Tanto el mercenario como el benawai fueron enviados a las minas de ixt de Iacara. —respondió—. Y nunca más se supo de ellos.

—¿Y qué sucedió con su esposa, con la srarsa Eobe? —preguntó Criselda.

—¡Oh! Ella fue una mujer excepcional que hizo cosas maravillosas por la población. Por supuesto continuó al lado de su esposo, aconsejándole en muchas ocasiones y ayudándole a convertirse en el hombre que hoy todos conocemos y admiramos. Pero ella no se quedó sentada en su trono de la Fortaleza viendo como su esposo gobernaba, se dedicó a ayudar a la gente con problemas. Muchas personas no lo saben pero gracias a ella se construyó en Galduru el primer sanatorio para enfermedades graves y contagiosas y el primer orfanato. Incluso me atrevería a decir que una gran parte del respeto y la admiración que consiguió Qourk el Reconciliador fue gracias a su esposa.

—¿Y descubrió si el nawaii ianeekou fue su verdadero padre?

—Lo hizo, ella misma se lo preguntó. Su verdadero padre fue el anterior nawaii. Murió de pena tres meses después de la desaparición de su hija y el fallecimiento de su esposa.

—Pobre hombre, que historia tan triste. —Exclamó Criselda—. Me hubiese gustado que hubiese conocido a su padre.

—Lo conoció. Hergard el Tranquilo fue el único padre para ella, al que ella quería y respetaba como tal. Cuando fue madre se dio cuenta de eso.

—¿Y fue feliz?

—¡Oh, sí! ¡Ya lo creo! Su esposo y sus hijos la hicieron muy feliz, durante muchos años. Qourk y ella se amaron mucho, tanto que cuando su esposo renunció al cargo ambos se fueron a vivir a las afuera de Galduru, a una preciosa villa con vistas al mar. Cuentas las crónicas que esos años fueron como una luna de miel para ambos, libres de las presiones y las responsabilidades disfrutaron de su vida como no habían podido hacerlo hasta ese momento, y envejecieron juntos, hasta que muchos años después, una mañana de primavera, una de sus sirvientas, preocupada por su tardanza en levantarse fue a buscarles. Ambos estaban acostados juntos y abrazados, como solían dormir. Así fue como murieron y como fueron enterrados.

A Criselda se le saltaron las lágrimas.

—Chicos, creo que ya es hora de irse a la cama. —anunció el padre.

Los muchachos se despidieron y se dirigieron a la habitación. El hombre que le había abierto la puerta le preparó el camastro en el salón, junto a la chimenea que poco a poco iba consumiéndose. Antes de acostarse le dio las gracias nuevamente por su hospitalidad y solamente en la soledad de la noche se concedió la oportunidad de confesar que no había sido del todo justo con ellos, les había omitido intencionadamente un detalle muy importante. En todas esas historias que circulaban alrededor del mundo sobre Qourk el Reconciliador y Eobe se contaba algo que hasta los niños pequeños sabían que era una fantasía, una licencia literaria para que la historia se convirtiera en leyenda y que perdurase a lo largo de los años. Se decía que ellos eran la reencarnación de la diosa Aeneris y su esposo Aseeru, que después de tanto tiempo, el gran dios Asej por fin reconoció que se había equivocado al separar a su hija favorita del lado de ese mortal, y quiso darle otra oportunidad de ser feliz junto al hombre que amaba.

Nadie, ni los ianeekous ni los murmuradores consiguieron saber nunca como aquella información logró escapar del Bosque de las Lágrimas, lo único que sabían es que era completamente cierta, y que por fin los dos amantes podían descansar juntos y felices en el Ahwall para toda la eternidad.

Agradecimientos

En primer lugar quería agradecer a Red Apple por confiar en esta historia y concederme el honor de ser su primera publicación. Espero que este sea el primero de muchos éxitos.

A mi familia por su apoyo incondicional, y porque sin ellos mi protagonista masculino seguiría sin nombre.

A Blanca y a Lena, que se leen todos mis tochazos, incluso los que están a medias. Gracias por vuestros consejos y apoyo. No sé qué haría sin vosotras, ¡chicas!

A la otra parte de mis trillizas, Ángeles y Mar, con vosotras me quedo sin palabras. Gracias por todo, por estar siempre ahí, tanto en los buenos momentos como en los malos, por las risas, los plantes locos, los viajes, las mudanzas, las actuaciones. Creo que podría seguir enumerando hasta el infinito.

Al resto de mis niñas, que aunque alguna esté lejos y no nos podamos ver tan a menudo como nos gustaría siempre estáis ahí para lo que haga falta.

A toda la gente nueva y fantástica que he conocido desde que publiqué mi primera novela.

Y por supuesto, quería agradecerte a ti, lector, de todo corazón, por dedicarme un ratito de tu vida y compartir el fantástico mundo del Bosque de las Lágrimas conmigo y sus protagonistas. Espero que disfrutes de ella tanto como lo he hecho yo.

Otros títulos de la editorial

El destino no espera a nadie y quien lo teme, está perdido.

Tiempo atrás, una profecía vaticinó un acontecimiento terrible que alteraría el orden natural del Cosmos. El desencadenante no sería otro que el nacimiento de un nuevo dios, que llegaría a convertirse en el siguiente soberano del Palacio de la Luz. Con el objetivo de cambiar la historia, Zeus envió a su ejército para eliminarlo y, de esa manera, acabar con el peligro y mantener su reinado.

Sin embargo, pocas veces las cosas salen según el plan trazado, por mucho que haya sido un dios quien lo haya orquestado todo.

El chico escapó.

Ahora, quince años después, con la amenaza del posible resurgimiento de Cronos pendiendo sobre sus cabezas, aquel niño que fue marcado para morir debe encontrar la manera de permanecer con vida mientras protege al ser más importante del universo. ¿Conseguirá evitar una segunda Edad Dorada en la que los seres humanos de todos los mundos regresarán a vivir de nuevo en las cavernas y seguir respirando o el peso de sus enemigos será demasiado para soportarlo?

Otros títulos de la editorial

En una eterna lucha donde no existe el bien ni el mal absoluto, tan sólo dos bandos enfrentados. Donde la luz encierra más oscuridad de la que se cree y en las tinieblas puede crecer la esperanza. Nacerán dos seres muy distintos destinados a estar juntos y derribar cualquier barrera que pretenda separarlos. Empezando por una cruenta guerra de siglos de duración y la imposición de una sociedad alimentada por el odio.

Red Apple Ediciones

Katherine J. Bennett ©2017

Sigue a Red Apple Ediciones y no te pierdas ninguna de nuestras novedades en:

www.redappleediciones.com

Printed in Poland
by Amazon Fulfillment
Poland Sp. z o.o., Wrocław